말하기 영작문 트레이닝

장근섭 지음

making
english
sentences
for
speaking

네이티브처럼 문장 만드는 35가지 법칙
말하기 영작문 트레이닝

지은이 장근섭
펴낸이 정규도
펴낸곳 (주)다락원

초판 1쇄 발행 2013년 2월 25일
초판 9쇄 발행 2019년 12월 16일

책임편집 유나래, 장의연
본문 디자인 윤지은
표지 디자인 하태호
전산편집 윤현주
본문일러스트 김나나

다락원 경기도 파주시 문발로 211
내용문의: (02)736-2031 내선 523
구입문의: (02)736-2031 내선 250~252
Fax: (02)732-2037
출판등록 1977년 9월 16일 제406-2008-000007호

Copyright ⓒ 2013, 장근섭

저자 및 출판사의 허락 없이 이 책의 일부 또는 전부를 무단 복제·전재·발췌할 수 없습니다. 구입 후 철회는 회사 내규에 부합하는 경우에 가능하므로 구입문의처에 문의하시기 바랍니다. 분실·파손 등에 따른 소비자 피해에 대해서는 공정거래위원회에서 고시한 소비자 분쟁 해결 기준에 따라 보상 가능합니다. 잘못된 책은 바꿔 드립니다.

값 24,500원
ISBN 978-89-277-0048-7 13740

http://www.darakwon.co.kr
- 다락원 홈페이지를 방문하시면 상세한 출판 정보와 함께 동영상 강좌, MP3자료 등 다양한 어학 정보를 얻으실 수 있습니다.

네이티브처럼
문장 만드는
35가지
법칙

말하기
영작문
장근섭 지음
트레이닝

making
english
sentences
for
speaking

DARAKWON

머리말

"영어를 잘할 수 있는 방법은 정말 없는 걸까?"

10년간 모은 방대한 데이터, 시작은 이랬다

남들이 말하는 엘리트 코스를 밟고 행시에 일찍 합격해 공무원 생활을 시작했지만 국제회의나 해외출장을 갈 때마다 영어가 발목을 붙잡았다. 회의 때도 그랬지만 사람들과 어울릴 때 쓰는 일상적인 대화에서도 큰 어려움을 느꼈다. 영어를 공부한지 오래 되었는데 간단한 말도 한 마디 못할까? 단어도 문법도 배울 만큼 배웠고 문제가 없는데 쉬운 문장 하나 만들기도 힘들까? 간신히 생각해낸 문장은 어째서 뜻이 안 통하는 엉뚱한 문장이 될까? 영어를 잘 할 수 있는 방법은 정말 없는 것일까?

어느날, **영어 때문에 겪는 좌절감을 더 이상 참을 수 없게 되었다.** '이번에야말로 제대로 영어를 공부해서 끝장을 내보자!' 이렇게 굳은 다짐을 하고 영어를 파고들기 시작했다.

말하고 싶은데 영어로는 도저히 말이 안 나오는 우리말 문장부터 고민하기 시작했다. 발등의 불을 끄는 것부터 시작해야 끈기도 생기고 실제 영어 실력 향상에도 도움이 될 것이라 생각했기 때문이다. 먼저, 한국어 문장을 토대로 생각해낼 수 있는 모든 가능한 영어 문장을 적어봤다. 도저히 생각이 안 날 때는 사전을 참고하기도 했다. 그리고 이 문장들이 맞는지 네이티브에게 물어보고 하나하나 확인해나갔다. 한 사람에게 물어보고 미심쩍으면 다른 네이티브에게도 의견을 구했다. 그래도 이해가 안 되면 이상과 같은 과정을 되풀이하며 다양한 사람들의 확인을 거쳤다.

공부하는 과정에서 깨달은 것이 있었다

이 책에 있는 예문들을 보면 알겠지만, 단어를 몰라 영어 문장을 구사하지 못하는 경우는 거의 없다. 그런데도 선뜻 영어가 잘 나오지 않는 것은 바로 그 밑에 깔려 있는 영어식 사고가 부족하기 때문이었다. 즉, **영어를 잘하려면 영어식 사고로 바꾸어야 한다.**

공부를 계속 해나가면서, 한국어를 영어로 전환할 때 참고가 될 만한 '규칙'도 있음을 알게 되었다. 물론 언어에 무슨 규칙을 논한다는 것 자체가 어불성설이다. 하지만 오랫동안 관찰한 결과, 영어에도 어느 정도 경향성이 있는 것을 발견했다. 그것들을 나름대로 분류하고 체계화한 결과물이 바로 이 책이다.

'영어 문장을 보고 뜻을 해석하는 것'과 '내 생각을 영어로 말하는 것'에는 근본적인 차이가 있다. 이것은 비행기를 보고 각 부품이 어떤 기능을 하는지 알아내는 것과, 항공기를 설계한 후 부품들을 가지고 비행기를 만드는 작업이 다른 것과 같다. 비행기에는 30만개의 부품이 필요하다고 한다. 비행기를 만들기 위해서는 각 부품이 어떤 역할을 하는지 이해해야 할 뿐만 아니라 유체 역학, 항공 역학과 같은 '이론적 지식'이 필수적으로 필요하다.

영어 말하기에도 똑같은 원리가 적용된다. 영어 문장의 뜻은 단어만 알아도 대강 짐작할 수 있다. 그러나 영어로 의사 표현을 하기 위해서는 개별 단어는 물론이거니와 문법과 영어식 사고에도 정통하지 않으면 안 된다.

이제 영어가 좀 보이니 대답은 하나다

영어에 지름길은 없다. 묵묵히 하루 하루 조금씩 나아갈 뿐이다. 이 책을 주의깊게 읽고 직접 영어 문장을 만들어본다면 약간은 그 시간을 단축할 수 있다고 장담할 수 있다. 고뇌 끝에 이해하게 된 영어의 정수를 이 책에 쏟아부었기 때문이다.

이 책은 중급 이상의 실력으로 도약하고자 하는 영어 학습자에게 초점이 맞춰져 있다. 초급자가 해야 할 일은 맞든 틀리든, 자연스럽든 어색하든 영어 문장을 가급적 많이 접하고 많이 암기하는 것이다. 이 책은 200여개의 한정된 예문을 상세하게 분석하고 있기 때문에 초급자에게는 잘 맞지 않을 수 있다.

이 책을 시작하기 전에 독자에게 한 가지를 간절히 당부하고 싶다. 반드시 한국어 표제문을 영어 문장으로 스스로 만들어보자. 직접 해보는 것과 그냥 눈으로 읽고 마는 것은 하늘과 땅만큼 차이가 난다. 직접 해봐야 주어로 뭘 써야 할지, 시제는 뭘로 할지, 관사가 필요한지 아닌지 감을 익힐 수 있다. 또, 나의 약점이 무엇인지 알 수 있으므로 영어 공부를 위한 독한 동기부여가 될 것이다. 틀려도 좋으니, 되든 안 되든 반드시 문장을 만들어본 후에 책에 나온 영어 문장과 해설을 참고하자.

저자는 이 책에 완벽함을 기하기 위해 모든 노력을 기울였다. 하지만 잘못이 있다면 모든 책임은 저자에게 있다. 책을 보다 궁금한 점이 있으면 블로그(http://blog.naver.com/engstudio)를 이용하면 된다.

이 책이 출판되기까지 모든 과정을 함께해 준 다락원의 노고를 빼놓을 수 없다. 책의 완성도를 높이기 위해 꼼꼼히 검토하고 좋은 의견을 주신 다락원 출판부에 진심으로 감사의 말을 전한다.

이 책을 통해 독자의 영어 실력이 조금이라도 향상이 된다면 저자에게는 더 할 수 없는 즐거움이 될 것이다.

2013년 2월 장근섭

이 책의 특징

늘 궁금했던 영어 문장을 담았다
한국인이 가장 궁금해할 만한 문장만 골라 담았다. 말하고 싶었지만 영어로는 잘 나오지 않던 문장을 위주로 구성했다. 우리말을 영어로 바꿔보는 133개 표제문을 통해 900여개가 넘는 영어문장을 살펴볼 수 있으며, 추가로 제시된 약 100개의 문장이 맞고 틀리는지 체크하면서 다채로운 영어문장을 접할 수 있다.

생생한 말하기 영어다
성인 영어 사용자가 일상 생활에서 사용하는 구어체 영어가 관심 대상이다. 모든 표제문은 실생활에서 이루어지는 대화를 전제로 하고 있으므로 '맥락'이 무엇보다 중요하다. 따라서 모든 예문에는 그에 맞는 적절한 맥락이 주어져 있다. 문장이 맞는지 틀리는지도 역시 구어체 문장이 기준이 된다. 맞는 문장, 틀린 문장에 대한 기준이 네이티브마다 달라 혼란스러운 경우가 적지 않았다. 문법과 네이티브의 의견을 종합해서 결정하되, 맞는 문장의 범위를 가급적 폭넓게 인정했다.

북미식 영어를 기준으로 했다
모든 문장은 미국과 캐나다에서 쓰는 북미식 영어를 기준으로 삼았다. 이는 저자가 영국식 영어에 반대해서가 아니라 저자의 미국 유학 경험을 토대로 이 책을 썼으며, 저자의 튜터들이 모두 미국인과 캐나다인이었기 때문이다. 북미식 영어는 어차피 가장 널리 쓰이는 영어인만큼 독자들에게 친숙하게 다가갈 수 있고 널리 활용하기도 적절할 것이다.

영어의 일반적인 경향을 제시한다

우리가 어렴풋하게만 느끼는 영어식 사고를 학습에 도움이 되도록 35개 법칙으로 규칙화했다. 이 35개 법칙만 제대로 알아도 한국어를 영어로 바꾸는 일이 훨씬 쉬워질 것이다. 그러나 이 책에서 제시하는 한영 전환 법칙은 100% 완벽한 것은 아니다. 일반적으로 영어에 이런 경향이 있다는 말이지, 자연과학처럼 완전무결한 법칙이 정해져 있다는 말이 아니다. 이 규칙의 효용성은 독자들이 영어식으로 생각하는 것을 돕는다는 데 있다.

문장을 상세하게 문법적으로 분석했다.

원어민은 태어나서 언어 민감기(10세 이전)를 거치면서 영어에서의 문법 능력을 본능적으로 습득한다. 한국 사람들은 이런 혜택을 입지 못했기 때문에 의식적으로 문법 사항을 머리속에 주입해야 한다. 특히 중급 이상이 되어 영어를 능숙하게 표현하기 위해서는 문법적 지식이 필수다. 인간의 언어체계는 매우 정교하고 논리적이기 때문에 기본적인 문법 지식을 바탕으로 대부분 합리적 설명이 가능하다. 따라서 많은 설명이 문법에 중점을 뒀다. 문법이 필요 없다는 말은 거짓이다. 외국어로 영어를 접하는 사람들에게 영문법 지식은 많을수록 좋다.

이 책의 구성과 활용

STEP 1 _ 문장 만들기
우리말로 된 표제문을 보고 영어문장을 빈칸에 써본다. 바로 영어로 떠올리기 힘들면 우리말 표제문을 영어식으로 먼저 바꿔보고 영어로 떠올려봐도 좋다. 귀찮더라도 이 부분을 꼭 하고 넘어가야 영어 실력이 향상된다.

STEP 2 _ 맞는 문장 체크하기
제시된 영어문장 중에 맞고 틀린 것을 구분해본다. 자기가 쓴 문장이 있는지 대조해보고, 없으면 어떤 문장이 있는지 살펴보면서 맞는 것을 체크해보자.

STEP 3 _ 문장 확인하기
각 문장에 대한 상세한 설명을 보고 확인해본다. 권장하는 문장은 **1**로, 문법상 틀렸거나 문장에는 문제가 없더라도 상황에 맞지 않는 경우는 **❶**로 표시했다. 틀렸다고 할 수는 없으나 딱히 권장하지 않는 문장은 **1**로 표시했다. 맞는 문장 중심으로 공부하는 것도 좋지만 틀린 문장이 왜 틀렸는지 아는 것도 중요하므로 틀린 이유를 꼭 알고 넘어가자.

★ **이런 문장들도 생각해보세요**
앞에서 배운 규칙이 적용된 문장을 어떤 것이 맞고 틀린지 체크해본다. 표제문보다 더 구어체적인 다양한 문장이 가득하다.

★ **좋은 영어문장 MP3 파일**

MP3 듣기

문장을 그냥 눈으로 보는 데서 그치지 말고 직접 읽어보는 것도 중요하다. 133개 표제문을 영어로 바꾼 900여 개의 좋은 문장을 MP3 파일로 제공한다. 물론 틀린 문장은 넣지 않았다. 원어민이 말하는 속도만큼 읽을 수 있도록 영어 문장을 많이 읽어보자. 자꾸 읽어서 혀가 익숙하게 만들어야 한다. MP3 파일은 다락원 홈페이지(www.darakwon.co.kr)에서 무료로 내려 받을 수 있다. 옆에 있는 QR코드를 찍으면 스마트폰으로도 바로 MP3를 들어 볼 수 있다.

이 책에 도움을 준 네이티브 영어 선생님들

그동안 저자에게 영어를 가르쳐줬던 영어 선생님들을 소개한다. 맞는 문장과 틀린 문장을 가려내기 위해 다양한 배경을 가진 네이티브들에게 영어를 물어보고 확인했다. 독자의 이해를 돕기 위해 나이, 학력 등 필요한 정보를 밝혔다. 참고로, 이들은 모두 대학 재학 중이었거나 학사 학위 이상 소지자이다.

Ken　50대. 텍사스주 태생. 조부모 대에서 이탈리아에서 미국으로 이민 왔다고 한다. 20대 이후 아시아에서 주로 살았다. 열렬한 독서가로, 훌륭한 영어를 구사한다.

Dave　30대 후반. 캐나다 캘거리 출신. 전형적인 백인이다. 대학에서 영어교육을 전공한 석사 학위 소지자이다. 한국에 온지 3년 되었으며 훌륭한 영어를 구사한다.

K_P　20대 초반. 켄터키주 깡촌 시골 출신. 흑인이다. 그의 고향은 월마트가 가장 큰 쇼핑센터일 정도로 아주 작은 타운이다. 대학 재학 중이다. 일본어를 대충 할 줄 안다. 가끔씩 생소한 영어를 구사할 때가 있다.

Sophia　20대 초반 여성. 한국에서 초등학교를 다니다가 텍사스로 이민 간 교포이다. 대학 재학 중이다. 네이티브 영어의 95% 정도 영어를 구사한다고 생각한다. 하지만 가끔씩 한국어의 영향을 받은 흔적이 보인다. 한국어도 잘 한다.

Erica　20대 초반 여성. 한국계 미국인이다. 미국에서 태어났다. LA 거주하며 대학에서 심리학을 전공하고 있다. 네이티브 영어의 90% 정도 구사한다고 생각한다. 한국어는 잘 못하지만 영어에 가끔씩 한국어의 영향을 받은 흔적이 보인다.

George　40대 중반 남성. 캐나다 위니펙 출신. 전형적인 백인. 대학에서 건축학을 전공했다. 한국에 온 지 6년 정도 되었으며 대학이나 기업 연수원에서 영어를 가르치고 있다. 한국인 부인이 있지만 한국어는 거의 구사하지 못한다.

Patt　60대 중반 여성. 미국 뉴욕 출신이고 시애틀에서 오랫동안 거주했다. 백인이다. 미국 병원의 행정 파트에서 근무했었다. 한국어는 전혀 못 한다.

Contents

Part 0 영어식으로 생각하기: 영어는 어떻게 생각할까?

법칙 01　영어는 단도직입적이다 · 17
법칙 02　영어는 논리적이다 · 33
법칙 03　영어는 현재 중심이다 · 51
법칙 04　영어는 끝까지 따진다 · 65

Part 1 영어문장, 이렇게 만들어라

법칙 05　'단어 대 단어' 대입틀을 벗어나라 · 83
법칙 06　빼먹어도 된다, 핵심만 옮겨라 · 101
법칙 07　요말 조말 바꿔보고 안 되면 돌아가라 · 111
법칙 08　긴 문장은 쪼개라 · 127
법칙 09　긍정은 부정으로, 부정은 긍정으로 · 141

Part 2 주어를 잘 골라야 좋은 문장이 된다

법칙 10　도대체, 주어란 무엇인가? · 161
법칙 11　'～라면'과 '～때문에'도 주어가 된다 · 181
법칙 12　사람과 사물의 역할 바꾸기 · 191
법칙 13　주어는 하나다 · 207

Part 3 동사만 잘 잡으면 게임 끝이다

법칙 14　기본동사, 기본이 아니라 핵심이다 · 225
법칙 15　영어는 have가 지킨다 · 241
법칙 16　영어 동사로 한국어 부사까지 잡는다 · 257
법칙 17　같은 동사 재탕은 안 된다 · 271
법칙 18　순간과 지속을 구분하자 · 283

Part 4 ▸ 애매한 서술어, 이렇게 바꿔라

- 법칙 19 구동사로 쉽게 표현한다 · 303
- 법칙 20 '전치사 + 명사'로 우리말 동사를 대신하라 · 321
- 법칙 21 형용사로 한국어 동사를 대신하라 · 335
- 법칙 22 There is/are로 웬만한 표현 다 할 수 있다 · 349

Part 5 ▸ 능동태냐 수동태냐, 그것이 문제로다

- 법칙 23 한국어 능동문을 영어 수동태로 · 363
- 법칙 24 한국어 피동문을 영어 능동태로 · 377

Part 6 ▸ 시제가 맞아야 문장이 분명해진다

- 법칙 25 한국어로 과거시제라도 영어로는 천차만별 · 395
- 법칙 26 '과거보다 앞선 과거' 표현하기 · 417
- 법칙 27 시제일치에 목숨 걸지 마라 · 429
- 법칙 28 까탈스런 시제, 비위 맞추기 · 443

Part 7 ▸ 동사를 알면 목적어가 보인다

- 법칙 29 헷갈리는 목적어, 이렇게 찾아라 · 463
- 법칙 30 이런 목적어에 주의하라 〈동 + 목 + 전 + 명〉 · 479
- 법칙 31 한국어는 타동사, 영어는 자동사 · 497
- 법칙 32 한국어는 자동사, 영어는 타동사 · 509

Part 8 ▸ 가짜 영어를 조심하자

- 법칙 33 사전, 영어책, 인터넷에 나오는 틀린 영어 · 529
- 법칙 34 콩글리시 박멸하기 · 541
- 법칙 35 한국 문화와 서양 문화는 달라도 너무 다르다 · 561

일러두기

한국 상황을 기본으로 했다
이 책에 나오는 문장은 영어를 모국어로 사용하는 사람만을 청자로 전제하지는 않는다. 이 책에서 네이티브만 이해할 수 있는 어려운 숙어를 배제하고 누구나 쉽게 말할 수 있는 쉬운 문장을 추구하는 이유도 바로 이 때문이다. 북미식 영어가 중심이지만 문장의 배경이 미국이나 캐나다인 것은 아니다. 오히려 많은 문장이 한국 상황을 전제로 삼고 있다. 한국 사람이 영어를 수단으로 자기가 하고 싶은 말을 표현하는 상황이라고 생각하면 된다.

주어진 상황에 따라 문장이 달라진다
이 책에는 '나'를 중심으로 여자친구(수지), 친구(지호), 직장동료(손과장), 부하(박대리), 상사(김부장) 등 다양한 사람이 상황에 등장한다. 화자-청자의 사회적 거리 및 친밀도도 단어 선택과 관사 사용에 미묘하게 영향을 미친다. 따라서 반드시 주어진 상황을 읽고 거기에 맞는 문장을 만들어보자.

대명사로 사람을 지칭한다
사람을 지칭할 때 한국어는 명사를 주로 사용하고 영어는 대명사를 주로 사용한다. 따라서 표제문에는 '그 여자는/그 남자는' 또는 '그녀는/그는'이라는 표현 대신 '수지는' '지호는'처럼 명사를 써서 표현했다. '그녀/그'를 일상 대화체에서 사용하는 사람은 없다. 기존의 영어 학습서와 달라 어색하게 보일 수는 있지만, 철저하게 대화에서 사용할 만한 문장만 다루기 위해 사람 이름을 그대로 사용한 것이니 독자의 이해를 바란다. '수지는', '지호는'이라고 된 주어는 Susie와 Jiho이라고 옮기지 말고, 이 문장에 앞서 '수지'와 '지호'가 언급되었다고 가정하고 대명사 She 또는 He라고 하면 된다. 목적어도 마찬가지로 her와 him이라고 옮기면 된다.

To climb steep hills requires slow pace at first.
험한 산을 오르려면 우선 천천히 걸어야 한다

-William Shakespeare

Part 0

영어식으로 생각하기
: 영어는 어떻게 생각할까?

언어와 사고, 언어와 문화는 뗄 수 없는 관계를 이루고 있습니다. 마치 동전의 양면처럼 같은 모습의 다른 측면이라 할 수 있지요. 따라서 서로 다른 언어를 사용하는 사람들은 세계를 바라보고 인식하는 방식이 다릅니다. 이런 점에서 한국어를 영어로 옮기려고 할 때 어려움을 겪게 됩니다. 단순한 언어 구조의 차이뿐 아니라 언어 이면에 있는 문화와 가치관의 차이가 반영되기 때문입니다.

예를 들어 어떤 사람이 현재 일본에 체류 중이라는 것을 나타내는 '그 사람 일본 갔잖아.'라는 표현을 영어로 말할 때는 He went to Japan.도 좋지만 He is in Japan.이 더 영어다운 표현입니다. 우리말이 '그 사람이 과거에 간 사건'에 중점을 둔다면, 영어는 '현재 그 사람의 상태'에 초점을 맞추기 때문입니다.

이 장에서는 이처럼 한국어와 영어가 어떻게 다른지, 그리고 왜 그런 차이가 생겼는지 살펴보겠습니다.

법칙 01   영어는 단도직입적이다

법칙 02   영어는 논리적이다

법칙 03   영어는 현재 중심이다

법칙 04   영어는 끝까지 따진다

법칙 01 영어는 단도직입적이다

001 이 옷 어때?
002 지난주에 부장이 바뀌었어
003 아직. 지금 지하철 들어 와. 이제 타려고.

 ## 영어는 단도직입적이다

영어는 구체적이다

언어는 그 언어를 사용하고 있는 사람들의 의식, 문화와 영향을 서로 주고 받으면서 발전한다. 언어가 사고를 결정하는지, 사고가 언어체계를 결정하는지는 여전히 미지수이나 양자가 서로 영향을 주고받는 것은 부정할 수 없는 사실이다. 예를 들어 한국어를 사용하는 사람들이 다른 사람보다 돋보이기를 싫어하고 우회적으로 의사 표현하는 것을 좋아하기 때문에 한국어에서 서술어가 뒤쪽에 오게 되지 않았나 추정할 수 있다. 또한 수천 년 동안 공동체 생활을 하다 보니 서로를 잘 알고 일일이 말하지 않아도 이심전심으로 통하기 때문에 주어나 목적어를 자주 빼먹는다는 특징도 있다.

반면, 영어로 표현할 때는 상대방과 상하관계에 얽매이지 않고 주어-목적어간 논리적 연관관계를 명확히 해야 할 때가 많다. 한국어 표현을 영어로 옮길 때면 당장 주어와 목적어부터 무엇으로 할지 고민하지 않는가? 영어에서는 문장성분을 생략하지 않으며, 특히 주어를 생략하는 법이 없다. 누가 어떤 대상에게 어떤 작용을 하는지가 명확해야 한다. 이렇게 인과관계가 분명하고 주체, 객체가 분명한 사회를 저맥락사회(low-context society)라고 한다. 우리나라 계약서가 달랑 한 장인데 비해 서양사람들의 계약서는 수 십 페이지에 달하는 것도 그들이 모든 것을 명확하게 규정해야 직성이 풀리는 저맥락사회, 저맥락문화에 살기 때문이다. 따라서 이들이 쓰는 언어인 영어는 '저맥락 언어'라고 부를 수 있을 것이다.

또한 서양사람들은 하고 싶은 말을 정확하게 표현하는 것을 중요하게 생각한다. 서양문화에서 그리스 시대부터 수사학이 발달한 이유도 여기에 있다. 영어는 추상적인 표현보다는 구체적인 표현과 단어를 선호한다. 예를 들어, '(얼마 전에) 부장님이 바뀌었다.'를 표현할 때 My boss was replaced.라고 하면 어색하다. 영어에서는 일반적으로 부장님이 승진(promote), 강등(demote), 전출(transfer), 해고(fire) 되었는지를 구체적으로 말하기 때문에, was replaced라고만 하면 '바뀐 것은 알겠는데, 그래서 부장님이 어떻게 되었다는 거지?'하고 궁금해하게 된다. 이처럼 replace에 내포된 불확실성 때문에 이 표현은 '해고'의 완곡어법으로 쓰이기도 한다. 네이티브는 replace를 들으면 대체로 해고된 것으로 생각하는 것이다. '부장님이 바뀌었다.'는 '새 부장님을 가지고 있다.'이므로 We have a new boss.라고 하는 것이 단순 명쾌해서 좋은 문장이다.

영어는 결론이 먼저다

서양식 문장은 연역적 구성을 기본으로 한다. 반면에 한국어는 귀납적 전개를 하는 경우가 많다. 이 책의 범위를 넘어서는 것이므로 깊은 설명을 하지 않겠지만, 평소에 영어로 글을 쓰거나 말을 할 때 본인의 주장을 먼저 제시하고 그 이유를 이어 설명하는 습관을 기르는 것이 영어를 잘 하는 지름길이기도 하다.

영어의 연역적 성향, 한국어의 귀납적 성향은 문장 구조에서 얼마든지 찾아볼 수 있다. 문장 구조상 영어는 SVO(주어 + 동사 + 목적어) 구성, 한국어는 SOV(주어 + 목적어 + 동사)[1] 구성이다. 서술어가 제일 마지막에 오는 한국어의 구조는 단정적 표현을 회피하는 성향에 아주 적합한 문장 구조이다. 한편으로 생각하면 한국 사람들이 이런 식으로 문장구조를 변형시켰다고 할 수도 있겠다. 즉, 상대방의 반응을 살피고 공동체 속에 자신을 감추며 자신의 주장을 명확히 제시하지 않으려고 서술어를 가장 마지막에 위치시켰다고도 볼 수 있다.

예를 들어 '나는 그거 좋아한다.'고 얘기하려다가 상대방이 썩 내켜 하지 않는 눈치면 얼른 '나는 그거 좋아하기보다는…'처럼 결론을 바꾸기 용이하다. 영어로 I love it.이라고 내뱉어버리면 주워담을 방법이 없는데 우리말은 언제든 결론을 바꿀 수 있는 여지가 있는 것이다.

서술어, 겹치지 말고 하나만 써라

우리말은 서술어가 마지막에 오기 때문에 영어에서는 거의 찾아보기 힘든 술어 중첩 현상이 흔하다. 한국어 문법 측면에서 봤을 때는 용언과 용언을 연결하는 연결어미, 주동사의 의미에 다각적인 의미를 부여하는 보조동사, 보조형용사 등이 바로 이런 술어 중첩 사례라고 할 수 있겠다.

한국어의 술어 중첩 현상이 영어로는 동사 하나로 표현되거나 〈동사 + 부사/전명구〉 형식으로 나타나는 일도 매우 흔하다. '입었다'와 '입고 갔다'를 동사 wear 하나로 표현해보자. '어젯밤에 걔 청바지 입었다.'는 She wore blue jeans last night. 이고, '걔는 어젯밤 파티에 청바지 입고 갔다.'는 She wore blue jeans to the party last night.이다.[2] 한국어 문장에서 '입었다'와 '입고 갔다'를 영어로 옮길 때는 동사 wore 하나로 족하다. wore가 단독으로 쓰이면 '입었다'지만, to the party와 결합하면 wore의 뜻이 '입고 갔다'로 확장된다고 이해할 수 있겠다. 술어가 중첩된 한국어 문장을 영어로 옮길 때는 〈동사 + 동사〉로만 표현하려고 하지 말고, 핵심 메시지만 동사(여기서는 wore)로 옮기고 나머지는 부사 또는 전명구(여기서는 to the party)로 표현하면 의외로 쉽게 풀리는 경우가 많다는 것을 염두에 두자.

001 이 옷 어때?

옷을 사려고 백화점에 간 부부. 옷 가게에 진열된 원피스를 꺼내 이리저리 살펴보면서 아내가 남편에게 의견을 묻는다.

STEP 1
문장만들기

• 표제문을 영어 문장으로 만들어보세요.

[   ]

STEP 2
비교하기

• 표제문을 영어로 잘 옮긴 것에 모두 체크하세요.

1. How is this clothes?
2. How are these clothes?
3. How's this dress?
4. How is it?
5. How's this?
6. How about this?
7. What do you think of it?
8. How do you think of it?
9. Do you like it?
10. Does it look good?

| 가능한 문장 | 3, 4, 5, 6, 7, 9, 10

> **STEP 3**
> **확인하기**
> • 문장을 확인하세요.

★ **영어식 사고로 전환하기** '옷'은 반사적으로 clothes라고 생각하기 쉽다. clothes는 집합적 개념으로, '그 사람은 엄청 비싼 옷을 입고 있다.'에서 말하는 넓은 의미에서의 '옷'이 바로 clothes이다. 즉, He is wearing expensive clothes.라고 한다. 그 사람이 입고 있는 바지, 재킷, 셔츠 등을 총칭하는 것이 clothes이다. 하지만 영어는 구체적인 표현을 선호한다. 지금 상황에서 표제문의 '옷'은 '원피스'를 가리킨다. 아내가 들고 있는 '원피스'를 염두에 두고 영어 문장을 만들어보자.

1 How is this clothes?
2 How are these clothes?
틀렸다. clothes는 '집합적인 의미의 옷/의복'을 뜻한다. 따라서 '옷 한 개'를 가리키고 있는 표제문에 어울리지 않는다. this clothes는 아예 문법적으로 틀렸다. clothes는 항상 복수 취급을 하므로, 양복 한 벌(a suit), 청바지 한 벌(a pair of jeans)을 가리키는 경우에도 these clothes라고 해야 한다.

3 How's this dress?
좋다. 지금 맥락에서 '이 옷 어때?'는 구체적으로 '이 원피스 어때?'란 뜻이다. 원피스(one piece)는 콩글리시로, 올바른 영어단어는 dress이다.

4 How is it?
좋다. 화자 바로 앞에 있는 옷을 가리키거나, 화자가 옷을 손에 들고 '이거 어때?'라고 말할 때 유용하게 쓸 수 있는 표현이다. How's it? 같이 축약해서 쓰지는 않으니 주의하자. 우리는 보통 it을 '그것'으로 해석하기 때문에 약간 멀리 떨어져 있는 대상을 가리킬 때 사용한다고 생각하기 쉽다. 바로 앞에 있는 물건을 말하는 상황에 it을 써도 괜찮을까 의구심을 가질 수도 있지만, 아무 문제가 없다. 차차 살펴보겠지만 it은 한국어의 '이것'에 해당되는 경우가 아주 많다. 아예 'it = 이것'이라고 생각하면 된다.

5 How's this?
좋다. 발음상 편의 때문에 How is this?라고 하지 않고 How's this?라고 항상 How와 is를 축약해서 말한다.

6 How about this?
7 What do you think of it?
좋은지 나쁜지 상대방의 의견을 묻는 상황이므로 '~가 어때?'라는 뜻의 How about ~? 이나 What do you think of ~?를 이용한 표현도 가능하다.

8 How do you think of it?
틀렸다. how는 think의 목적어가 될 수 없기 때문이다. 한국어 '어떻게'가 영어로는 what에 대응하는 경우가 많으므로 주의해야 한다. think 대신 like로 바꾸면 how를 써서 How do you like it/this?라고 할 수 있다. 문법적으로 보면, think에는 목적어가 필요하므로 대명사 what이 맞다. 하지만 like 다음에는 이미 목적어(it/this)가 있으므로 부사가 오면 되는데, how가 바로 의문부사이다. 여기에 대한 대답은 It's great(멋진데)! 또는 It looks good on you(너한테 잘 어울려). 등이 될 것이다.

9 Do you like it?
영어 문장으로 옮길 때 우리말 표현을 여러 가지로 바꿔볼 필요가 있다. 옷을 보고 '이거 괜찮아?'하고 물어보는 것이므로 이렇게 말해도 좋다. 물론, Do you like this?도 괜찮다.

10 Does it look good?
'괜찮아 보여?'라는 뜻으로 이렇게도 표현한다. 바로 앞에 있는 물건에도 it을 자연스럽게 쓸 수 있도록 여러 번 반복해서 연습하자. 물론 Does this look good?도 좋다.

추가 표현 A⁺

백화점 탈의실에서 옷을 입고 나와 '이 옷 어때?'라고 물을 때

앞에서 살펴본 표현도 모두 가능하며, '나에게 잘 어울려?'라는 의미가 포함된 문장도 가능하다.

1. Does it look good on me?
2. How does it look on me?
3. Does it fit me?
4. Does this fit me well?
5. Does it go with me?
6. Does it suit me?
7. Is this a proper fit?

1~2 나에게 어울리는지 묻는 것이므로 적당하다. 전치사 on에 주의한다.

3~4 타동사 fit은 〈A(사물) + fit + B(사람)〉 형식으로 쓰이며, 'A(사물)이 B(사람)에게 잘 어울린다'란 뜻이 된다. fit은 주어가 사물이어야 하며, on이나 with 등의 전치사 없이 뒤에 바로 목적어가 온다.

5 틀렸다. 〈go with + 사람〉 형식으로는 쓸 수 없다. go with = match이며, '(어떤 옷이 다른 옷)과 어울리다/매치가 잘 되다'란 뜻이다. 지금 입고 있는 옷에 스타일이 잘 매치가 되는지, 색깔 조합은 잘 되는지 묻는 표현이다. 예를 들어, I want a hat to go with this dress(이 원피스에 어울리는 모자가 있으면 좋겠다).처럼 쓴다.

6 크게 세 가지 뜻이 있다. (1) Does it fit me(내 몸에 잘 맞아)? (2) Does this color look good on me(색깔이 괜찮아)? (3) How does it look on me(내게 잘 어울려)? 따라서 지금 맥락에 사용하는 데 문제 없다.

7 좋다. 한국어 서술어(잘 맞아?)를 영어 명사구(a proper fit)로 전환했다. 영어는 이처럼 명사 중심으로 표현하기를 좋아한다.

002 지난주에 부장이 바뀌었어

지난주에 우리 부서에 부장님이 새로 임명되어 오셨다. 지호에게 하는 말이다.

STEP 1 문장만들기
- 표제문을 영어 문장으로 만들어보세요.

[   ]

STEP 2 비교하기
- 표제문을 영어로 잘 옮긴 것에 모두 체크하세요.

1. My general manager was changed last week.
2. My boss was replaced last week.
3. My supervisor was replaced last week.
4. A new boss was appointed last week.
   ▶ appoint 지명하다, 발령 내다
5. The new boss was appointed last week.
6. We had a new boss last week.
7. We have a new boss last week.
8. We have a new boss as of last week.
9. As of last week, we have a new boss.
10. We had a new boss appointed last week.

| 가능한 문장 | 1, 2, 3, 4, 5, 8, 9, 10

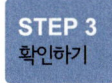
• 문장을 확인하세요.

★ **영어식 사고로 전환하기** '바꾸다'라고 하면 먼저 change를 떠올리게 된다. 하지만 change는 '취미를 바꾸다', '옷을 바꾸다'처럼 다른 걸로 변경하는 것을 가리키는 동사이므로, 사람을 change한다는 것은 조금 어색하다. 지금 상황에서는 '교체하다'를 뜻하는 replace가 낫지만, 이 역시 뜻이 명확하지 않다는 단점이 있다.

① **My general manager was changed last week.**
어색하다. '바뀌었다'를 changed로 직역한 문장이지만 동사 change는 사람한테 쓰기는 살짝 어색한 단어이다. 또한 '부장'은 general manager보다 boss 또는 supervisor가 더 좋은 표현이다. 명령 체계의 내 위쪽에 있는 사람은 누구나(anybody higher in the chain of command) 내 boss일 수 있다. 통상 바로 위 상사는 supervisor라고 한다.

② **My boss was replaced last week.**
`replaced` 앞에서 '바꾸다'로 replace를 추천했지만 100% 완벽하지는 않다. 네이티브는 replaced라는 말을 들으면 일반적으로 해고(fired)되었다고 생각한다고 한다(이 경우 replace는 fire를 돌려 말하는 '완곡어구'이다). 물론 replace되어 다른 부서로 갈 수도 있고 승진도 할 수 있지만 그런 경우 거기에 맞는 구체적인 동사를 써주는 게 좋다.

③ **My supervisor was replaced last week.**
my supervisor는 바로 직근 상사, 즉 직급이 과장인 나에게는 '부장님'을 뜻한다. 다만 replace는 ②와 같은 문제가 있다.

④ **A new boss was appointed last week.**
⑤ **The new boss was appointed last week.**
'발령받았다'라는 뜻으로 수동태 was appointed도 좋다. A new boss는 처음에 부장 교체 사실을 이야기할 때 쓴다. 이 말을 하기 전에 부장에 대해 언급한 적이 있다면 그 다음부터는 주어로 The new boss나 대명사 He/She를 써야 한다.

⑥ **We had a new boss last week.**
⑦ **We have a new boss last week.**
⑥은 '지난주 부장님이 새로 왔다가 무슨 일이 생겨서 가버렸다(He's gone)'는 뜻이다. had 대신 got을 쓰면 훌륭한 문장이 된다. 이때는 '지난주에 새 부장님이 오셨다'란 뜻으로 '그 결과 아직도 부장님이 그 자리에 계신다'는 뜻이 포함된다. ⑦은 last week

는 과거 시점인데 동사는 have로 현재시제이므로 문법적으로 틀렸다. We have had a new boss since last week.으로 고치면 역시 좋은 문장이 된다.

8 We have a new boss as of last week.
9 As of last week, we have a new boss.
가장 좋은 표현이다. 굳이 부장이 교체되었다는 사실을 말할 필요 없이, 지금 새 부장이 와 있다고 말하면 된다. as of는 '~기준으로, ~날짜로'라는 뜻인데, 그때부터 현재까지 상태가 계속된다는 의미이므로 현재시제와 함께 써도 상관없다. as of last week는 문장 앞에 와도 되고 뒤에 와도 된다.

10 We had a new boss appointed last week.
좋다. 표제문을 '새 부장님이 발령을 받았다.'로 전환하면 생각하기 쉽다. ⟨had + 목적어 + p.p.⟩ 형식의 피동문이다. 부장이 새로 부임해서 이미 일을 하고 있는 상태일 수도 있고, 아직 일은 시작하지 않고 절차를 밟고 있는 중(예를 들어, 부장이 외국 근무하다가 발령 받고 귀국하는 중)일 수도 있다.

003 아직. 지금 지하철 들어와. 이제 타려고.

여자친구와 방금 데이트를 마치고 지하철을 기다리고 있다. 얼마 있다가 여자친구가 내게 전화를 해서, '지하철 탔어?'(Did you get on the subway yet?)라고 물어본다. 이에 승강장으로 들어오는 지하철을 보며 곧 탈 것이라고 대답한다.

아직. 지금 지하철 들어와

STEP 1
문장만들기

• 표제문을 영어 문장으로 만들어보세요.
[   ]

STEP 2
비교하기

• 표제문을 영어로 잘 옮긴 것에 모두 체크하세요.

1. Not yet. The train is approaching.
   I'm getting on the subway shortly.
2. Not yet. The train is arriving now.
   I'm getting on it shortly.
3. Not yet. The train is coming now.
   I'm getting on the subway shortly.
4. Not yet. The subway is coming now.
5. Not yet. The train is coming in.
6. I'm about to get on.

| 가능한 문장 | 1, 2, 3, 4, 5, 6

법칙 01 27

> **STEP 3 확인하기**
> • 문장을 확인하세요.

★ **영어식 사고로 전환하기** 상대방이 '지하철 탔어(Did you get on the subway yet)?'라고 물어볼 때, 한국사람이라면 표제문 같은 답변을 많이 할 것이다. 하지만 영어로 표현할 때 '이제 타려고'는 굳이 말할 필요가 없다. 전철이 역에 도착하고 있다고 하니 금방 탈 것이라는 사실은 너무도 자명하기 때문이다. 우리말은 이처럼 중언부언하는 경우가 많다. 네이티브들은 한국사람들이 비슷한 문장을 반복함으로써 자신이 말하고자 하는 메시지를 전달한다고 본다. 하지만 영어는 가급적 중복을 줄이고 핵심 위주로 간단명료하게 표현한다. 따라서 마지막 문장 I'm getting on the subway shortly(이제 타려고).는 보통의 네이티브라면 잘 쓰지 않을 것이다. 물론 이 문장을 쓴다고 틀렸다는 말은 아니다. 다만 한국어에서 불필요하게 중복된 문장은 영어로 옮기지 않는 것이 자연스러운 영어 구사에 꼭 필요하다는 점을 염두에 두자.

1️⃣ **Not yet. The train is approaching. I'm getting on the subway shortly.**
2️⃣ **Not yet. The train is arriving now. I'm getting on it shortly.**
3️⃣ **Not yet. The train is coming now. I'm getting on the subway shortly.**

위에서 말한 대로 마지막 문장은 중언부언이다. 물론 틀린 건 아니지만, 영어로 얘기할 때는 가급적 같거나 비슷한 문장은 반복하지 않는 것이 좋다.

`The train` 지하철은 1호선, 2호선, 3호선 등 이미 행선지가 정해져 있다. 따라서 a train이 아니라 the train이라고 해야 말이 된다.

`approach/arrive/come` 기차가 '다가오다, 접근하다'를 표현하기 위해 approach, come, arrive 같은 동사를 쓸 수 있다.

`get on` '지하철을 타다'라고 할 때는 get on the train/subway라고 한다. 앞에서 train을 언급했으므로 train/subway 대신 2️⃣처럼 간단히 it이라고 해도 된다.

4️⃣ **Not yet. The subway is coming now.**
5️⃣ **Not yet. The train is coming in.**

앞서 설명한대로 '금방 탈 거야'라는 부분은 굳이 말하지 않아도 된다. 지하철이 들어오고 있으니 곧 탈 것은 당연하기 때문이다. 5️⃣의 coming in은 틀린 것은 아니지만 coming 또는 coming into the station이라고 하는 것이 더 자연스럽다.

6 I'm about to get on.

좋다. Not yet. The train is coming.을 빼고 이렇게만 말해도 괜찮다. I'm about to get on.이 두 문장을 포함하고 있기 때문이다. 앞서 말한 대로 한국어는 비슷한 문장을 반복해서 자신의 의사를 표현하는 경향이 있지만, 영어는 가급적 짧고 경제적인 문장을 선호한다. 따라서, 실제 대화 상황에서는 6으로 짧게 대답하고 다른 주제로 넘어 가는 것이 자연스러운 대화 흐름이 될 것이다.

`get on` get on은 목적어 없이도 사용 가능하다. 따라서 I am about to get on it. 또는 I'm about to get on the subway.라고 하지 않아도 문제가 없다.

이런 문장도 생각해보세요

• 다음 중 맞는 문장에 모두 체크하세요.

A 그 여자는 눈물을 흘리며 방으로 뛰어 들어갔다
▶ 실수를 저지른 것이 창피해서 그 여자가 눈물을 흘리며 방으로 급히 들어갔다.

1. She shed tears and ran into the room.
2. She ran into the room as she was crying.
3. She was in tears when she ran into the room.
4. She ran into the room in tears.
5. She got into the room in tears.

Key point '뛰어 들어갔다'는 ran into로 옮기는 것이 가장 자연스럽다. 동사 run은 단독으로 쓰면 '뛰다'지만, run into ~는 '뛰어서 ~로 들어가다'이다. 우리말은 '뛰어', '들어', '가다' 같이 술어를 중첩 사용하는 경우가 많지만 영어는 행동을 묘사하는 동사를 자주 사용한다. '그 식당에 들어갔다'를 I went into the restaurant.이라고 하면 김이 빠진다. 상황에 따라 I walked/stepped/ran into the restaurant.이라고 해야 생동감이 난다. 1 사전에 '눈물을 흘리다'는 shed tears로 나오지만 실생활에서는 잘 안 쓰는 표현이다. 쓴다 해도 I won't shed a single tear over you(너 때문이라면 단 한 방울의 눈물도 아깝다). 같이 부정문에 주로 쓰인다. 등위접속사 and도 썩 좋지 않다. She was shedding tears as/when she ran into the room.이 1 보다 자연스럽다. 2 좋다. cry에 '외치다'란 뜻이 있어, 소리 내어 우는 것만 뜻한다고 오해하는 경우가 많다. 하지만 cry는 '눈물을 흘리다'란 의미로, 소리가 나건 나지 않건 상관 없이 사용할 수 있다. 3 좋다. 순서를 바꿔 She ran into the room when she was in tears.라고 해도 괜찮다. 4 좋다. 우리말은 '눈물을 흘리며'를 절(clause)로 표현했는데 영어 문장에서는 전명구 in tears로 전환했다. 이 부분은 Part 4에서 자세히 다룰 것이니 참고하자. 5 틀렸다. get into는 '(물리적인 공간으로) 들어가다'란 뜻인데 열쇠, 비밀번호 등으로 접근이 제한된 공간으로 들어간다는 뜻이 깔려 있다.[3] 예를 들어, I caught her trying to get into the room(걔가 그 방에 들어 가려고 하는 걸 목격했다).는 권한이 없는 사람이 그 방에 침입하려고 했다는 말이다. get into는 get into a fight(싸우다), get into trouble(문제에 빠지다), get into a major company(대기업에 들어가다), get into a big argument(대판 싸우다)처럼 쓰이는데, 물리적인 공간에 들어간다는 뜻으로 사용되는 일은 많지 않고 대부분 비유적으로 사용된다. get in 역시 같은 뜻으로 쓰인다. 예를 들어, How did you get in here?는 '(열쇠도 없는데, 또는 비밀번호도 모르는데) 여긴 어떻게 들어왔어?'란 의미이다.

B 밖이 추우니 따뜻하게 입고 나가라

▶ 추운 날씨에 밖에 나가는 딸에게 엄마가 하는 말이다.

1 Because it's cold outside, dress warmly when you go out.
2 Because it's cold outside, bundle up when you go out.
3 It's cold outside. Bundle up when you go out.
4 Bundle up. It's cold outside.

Key point **1**~**3** 표제문에 '밖이 추우니'가 있지만 **1**, **2**처럼 because를 쓰지 않는다. 인과관계가 분명한 상황에서 굳이 접속사를 쓸 이유가 없다. '따뜻하게 입다'는 dress warmly 라고 해도 되고 bundle up이라는 숙어를 쓰면 더욱 훌륭한 표현이 된다. wear warm clothes/clothing도 괜찮다. '나가다'는 간단히 go out이나 go outside라고 한다. '밖이 추우니 따뜻하게 입어라'라고만 말해도 되지만 통상 한국사람들은 이처럼 '나가라, 들어가라, 와라, 가라'를 문장에 습관적으로 사용한다. 앞서 말한 바와 같이, 서술어(동사, 형용사)가 문장 마지막에 위치하다 보니 서술어를 중첩하여 복잡미묘한 의미를 전달하는 것이 한국어의 특징이다. 이는 서술어를 문장 앞쪽에 두는 영어에서는 상상하기 어려운 일이다. **4** 훌륭하다. bundle up이라는 말에 '따뜻하게 입고 나가라'는 의미까지 모두 포함한다고 생각해도 되고, 영어로는 굳이 나가라, 들어가라는 말을 할 필요가 없다고 생각해도 되겠다. 여기서는 나가느냐 들어오느냐가 중요한 것이 아니라 '따뜻하게 입어라'라는 의미가 중요하기 때문이다.

C 와인 마시고 취했다

▶ 지금 와인에 취한 상태로 하는 말이다.

1 I get drunk after I drank wine.
2 I got drunk after drinking wine.
3 I got drunk with wine.
4 I got drunk on wine.
5 I'm drunk after drinking wine.
6 I'm drunk on wine.

Key point **1** 틀렸다. 활동 동사의 현재 시제는 통상 일반적인 습관을 의미하며 '지금 현재' 내 상태를 뜻하지 않는다.⁴ **2** 좋다. 한국어 표제문은 지금 현재 취한 상태이지만 과거시제 '취했다'를 썼다. Part 6에서 살펴보겠지만, 한국어는 현재 상태를 묘사할 때 과거시제를 사용하는 경우가 아주 많다. 하지만 영어로 현재상황을 묘사할 때는 **5**, **6**처럼 현재시제나 현재완료, 현재진행형 등 현재 관련 시제를 사용하는 것이 일반적이다. 그렇다면, 지금 현재 취한 상태를 표현하기 위해 영어문장에서 **2**처럼 과거시제를 써도 될까? 문장만 가지고 말하자면,

②는 과거 어느 시점에 술 취했다는 사실을 언급할 뿐 현재까지 취한 상태인지 아닌지는 이것만 가지고는 알 수가 없다. 하지만 내가 지금 이 문장을 말하고 있는 상황을 생각할 때 내가 취한 상태인 것이 분명하므로, ②도 괜찮다. ③ with wine이 아닌 on wine이 맞다. '~으로 취하다'라고 할 때는 got drunk on ~이란 표현을 쓴다. ④ 앞서 설명한 대로 이 문장만으로는 지금 취한 상태인지 아닌지 알 수 없지만, 맥락상 뜻이 분명하므로 문제 없는 문장이다. ⑤ 좋다. 우리말은 과거시제를 사용했지만, 영어는 현재시제임에 주의하자. after drinking wine보다 ④의 on wine이 훨씬 간결하고 자연스럽다. ⑥ 좋다. 우리말 '와인 마시고'는 절(clause)인데 영어로는 on wine, 즉 전명구로 전환되었다. I'm drunk on beer(맥주 마시고 취했어). 또는 I'm drunk on love(사랑에 빠졌다). 등으로 쓰인다.

D **고민하고 고민하다가 결국 이것을 고르게 되었다**

▶ 쇼핑몰에 옷을 사러 갔다가 이거저거 다 살펴본 다음에 옷을 하나 골랐다.

1. I gave it a lot of thought, and I finally chose this.
2. I gave it a lot of thought, and I finally decided this.
3. I gave it a lot of thought, and I finally decided on this.
4. I finally chose this after giving it a lot of thought.
5. I finally went for this after a lot of thought.
6. I ended up with this after a lot of thought.

Key point ① '고민하다'를 뜻하는 give it a lot of thought를 활용했다. it이 반드시 필요하다. ② 틀렸다. decide를 타동사로 쓸 때는 〈decide + 절/구〉 형태로 쓰는 것이 일반적이다. 그렇지 않을 때는 보통 자동사로 쓰인다. ③ 지금 맥락에서 decided on this는 '여러 가지 옵션 중에서 이 옷을 선택했다/골랐다'는 뜻이다. decide on에는 두 가지 의미가 있다. 하나는 '장소, 시간 등에 대한 결정을 내리다'이고, 다른 하나는 '여러 가지 가능성 중에서 ~를 선택하다'라는 뜻이다. 예를 들어 decide on a venue는 '장소를 결정하다'는 뜻이고, decided on Sadang Wedding Hall이라고 하면 '(여러 가지 중에서) 사당 웨딩홀로 결정했다'는 뜻이다. ④~⑤ 절 하나를 부사구(after a lot of thought)로 전환했다. go for something = choose something이다. ⑥ 좋다. '고민하고 고민하다가 결국 ~를 고르게 되었다'를 간단히 end up with로 표현했다. 절(고민하고 고민하다가)을 구동사로 표현한 것이다.

정답 | A ①,②,③,④ B ③,④ C ②,④,⑤,⑥ D ①,③,④,⑤,⑥

법칙 02 *영어는 논리적이다

004 걔는 공부를 잘해

005 걔는 공부를 못해

006 수지는 값싸고 좋은 물건 찾는 데 일가견이 있어

007 술 잘 못 해요

008 기침이 심하고 목이 아파

 # 영어는 논리적이다

영어는 순서가 중요하다

영어는 단어 배열 순서에 따라 뜻이 달라진다. 따라서 영어에서 배열 순서는 매우 중요하며 엄격하게 그 순서가 지켜진다. 같은 단어를 쓰더라도 순서와 구조에 따라 I love you.와 You love me.의 의미가 완전히 달라진다. 각 구성 성분은 구조화되어 있어서 벽돌을 쌓듯이 촘촘하게, 규격화된 벽돌을 아귀를 맞춰서 〈그림 1〉처럼 쌓는다. 각 벽돌들은 제 자리를 굳건히 지키고 있어야 한다. 수미일관하고 논리적이다.

반면 한국어는 각 단어들이 접착제, 즉 조사를 들고 다닌다. '내가 너를 사랑해', '너를 내가 사랑해', '너를 사랑해', '사랑해' 모두 같은 뜻으로 이해된다. 각 돌을 대충 어디에 놓더라도 어울린다. 다소 엉성한 느낌이 없지 않으나 자연을 최대한 살린 〈그림 2〉의 담과 같은 느낌이다. 한국어에서는 맥락으로 이해하는 경우가 많고 구문이 다소 허술하다. 조사가 명사/대명사의 문장 내 역할을 결정하므로 문장 성분의 위치가 상대적으로 자유롭다. 영어가 순서를 엄격하게 지키는 것과 큰 차이가 있다.

〈그림 1〉 영어의 구조

〈그림 2〉 한국어의 구조

영어의 꽃, 명사

영어에서 〈그림 1〉과 같은 치밀한 담을 쌓는 가장 기본적인 품사는 무엇일까? 그것은 바로 명사이다. 명사야말로 영어에서 가장 중요한 품사라고 할 수 있다. 영어는 SVO 구성인데 SV가 정해지면 그 다음으로 형용사와 명사 세상이 되는 것이다.

한국어는 SOV 구성으로서 SO가 자리를 잡으면 부사, 용언(동사, 형용사) 중심으로 의미를 전달한다. 많은 경우 주어와 목적어가 아예 생략되기도 한다 문장이 평서문인지, 의문문인지, 긍정문인지, 부정문인지 모두 용언의 활용에 달려 있다. 그래서 한국어 품사의 꽃은 동사이다.

열렬한 한류팬인 East Los Angeles College의 영어과 교수 Sharon Allerson은 2008년부터 한국어를 배우고 있다. 언어학자로서 그녀는 "한국어는 동사 위주로 전개되는 게 흥미로워요. '꽃'인 동사가 '나비'인 명사와 부사를 끌어들이는 느낌이라고 할까요."라고 분석한다.[5] 이렇듯 대부분의 언어학자들이 한국어가 동사 중심의 언어라는 점에 동의한다.

이런 영어와 한국어의 차이점을 상징적으로 보여주는 성경 구절이 있다. 마태복음은 '아브라함이 이삭을 낳고 이삭은 야곱을 낳고 야곱은 유다와 그의 형제를 낳고…'로 시작한다. 보다시피 한국어에서는 동사 '낳고'를 계속해서 반복한다. 하지만 영어로는 Abraham was the father of Isaac, Isaac the father of Jacob, Jacob the father of Judah and his brothers…에서 보듯이 동사는 한 번만 쓰면서 명사 중심으로 서술하고 있다. 한국어 문장은 '누가 누구를 낳고' 형식으로 되어 있는데 영어는 '누가 누구의 아버지이다'라고 표현하고 있는 것이다. 단편적인 예이기는 하지만 한국어는 동사 중심, 영어는 명사 중심임을 상징적으로 보여주는 예문이다.

아울러, 다음과 같은 인사말/덕담/축하하는 말을 살펴보자.

　　　생일 축하합니다. 　Happy birthday.
　　　안녕하세요. 　Good morning.
　　　명절 잘 보내세요. 　Happy holidays.
　　　추석 잘 보내세요. 　Happy Chuseok.
　　　새해 복 많이 받으세요. 　Happy New Year.
　　　결혼기념일 축하 드립니다. 　Happy anniversary.

위 예문을 보면서 느끼는 점이 없는가? 한국어는 동사로 끝맺는데, 영어는 예외 없이 〈형용사 + 명사〉 구성을 취하고 있다. 마찬가지로, '그 사람 수영을 잘 한다'는 He swims very well.이라고 해도 되지만 He is a good swimmer.라고 하는 것이 더 자연스럽다. 여기서 swimmer는 professional swimmer(전문 수영선수)일 필요가 없다. 그저 '(프로든 아마추어든) 수영을 하는 사람'을 swimmer라고 한다.

이와 같은 차이점에 주목하면서 영어문장을 구성해보자.

004 걔는 공부를 잘해

항상 좋은 성적을 받는 친구에 대해 말한다.

STEP 1
문장만들기

• 표제문을 영어 문장으로 만들어보세요.

[   ]

STEP 2
비교하기

• 표제문을 영어로 잘 옮긴 것에 모두 체크하세요.

1. He is doing very well in school.
2. He is doing very well at school.
3. He studies very well in school.
4. He studies very well at school.
5. He is a good student.

| 가능한 문장 | 1, 2, 3, 4, 5

STEP 3
확인하기

• 문장을 자세히 확인하세요.

★ **영어식 사고로 전환하기** '공부를 잘한다'는 do well in school이다. 영어는 명사로 표현하는 법이 발달되어 있다. 따라서 우리말로는 다소 어색하지만 표제문을 '걔는 공부 잘하는 학생이다.'로 전환해보자. 우리말은 〈부사 + 동사〉 표현이 압도적이기 때문에 〈형용사 + 명사〉 구성이 어색하다. 하지만 영어는 〈형용사 + 명사〉 구성이 아주 자연스럽다. He is a good student.는 완벽한 문장이다.

1 He is doing very well in school.
옳은 문장이라는 데 이견이 없을 것이다. in school은 '학업 성취' 측면을 말하기 때문에 do well in school은 '공부를 잘한다'는 뜻에 적합한 표현이다.

2 He is doing very well at school.
do very well at school은 공부를 잘한다는 것이 기본적인 의미이다. 동시에, 여학생들한테 인기가 많거나(popular with girls) 사교적이라는 뜻도 부수적으로 갖고 있다. 따라서 맥락이 분명한 경우에만 사용하는 것이 좋다.

<u>in school vs. at school</u> in school과 at school은 의미 차이가 있다. in school은 학업 측면(academically)만 말하고, at school은 학업 측면도 있지만 재학(attendance), 학교생활(school life), 교우관계 측면을 주로 말한다. 예를 들어, He was poor in school.이라고 하면 학업 측면에서 잘하지 못했다, 즉 '공부를 못했다'란 의미가 되지만, He was poor at school.은 '학교 다닐 때 가난했다'란 의미이다. in school이냐 at school이냐에 따라 poor의 뜻이 달라진다. 하지만 대화에서는 맥락을 통해 어떤 의미인지 알 수 있기 때문에 in school과 at school의 구별을 이렇게까지 엄격히 하지 않아도 된다.

3 He studies very well in school.
1과 같은 뜻이다. 동사 do 대신 study를 써서 뜻을 좀 더 명확히 표현하였다.

4 He studies very well at school.
기본적인 뜻은 1과 같다. 아울러, 이차적인 뜻으로 He studies very hard at school. 즉, '학교에서 공부 열심히 한다'란 의미도 있다. at school이 중의적이기 때문에 문장이 다른 뜻으로 해석될 여지가 생긴 것이다. 예를 들어, He studies very well at school, but he gets distracted as soon as he gets home.은 '걔는 학교에서는 공부를 열심히 하지만 집에서는 (TV, 게임, 컴퓨터 등의 방해를 받아) 공부를 잘 안 한다'란 뜻이다.

5 He is a good student.
명사를 강조하는 영어의 특징을 보여주는 문장이다. good student라고 하면 '착한 학생'을 떠올릴 수도 있다. 저자도 처음 이 문장을 봤을 때 그렇게 생각을 했으니 말이다. 하지만 good student는 '공부 잘하는 학생, 성적이 우수한 학생'이란 뜻이다. 우리는 He swims very well. = He is a good swimmer.라고 많이 알고 있으나, 1과 5가 같은 뜻이라고 하는 점은 선뜻 와 닿지 않을 수 있다.

005 걔는 공부를 못해

성적이 바닥을 기는 친구에 대해 이야기한다.

STEP 1
문장만들기
- 표제문을 영어 문장으로 만들어보세요.
[   ]

STEP 2
비교하기
- 표제문을 영어로 잘 옮긴 것에 모두 체크하세요.

1 He doesn't do well in school.
2 He doesn't do well at school.
3 He is a bad student in school.
4 He is a poor student in school.
5 He is a poor student at school.
6 He is doing very poorly in school.
7 He is not the best student in school.

|가능한 문장| 1, 2, 4, 5, 6, 7

STEP 3
확인하기
- 문장을 자세히 확인하세요.

★ 영어식 사고로 전환하기   '공부를 못한다'는 don't do well in school 또는 do poorly in school이다. 하지만 '공부를 잘한다'와 마찬가지로 영어로 〈형용사 + 명사〉 구성을 시도해보면 더 자연스러운 문장이 된다. 그렇다면 He is a good student.의 반대 문장은 무엇일까? He is a bad student.인가, 아니면 He is a poor student.인가?

1 He doesn't do well in school.

좋다. '공부를 못한다'를 doesn't do well로 표현했다. do 대신 study를 써도 같은 뜻이다.

school school, class, church 등 보통명사가 단순히 장소가 아닌 본래적 의미(공부하는 곳, 예배 보는 곳)로 사용되는 경우 대개 관사 없이 쓴다.

2 He doesn't do well at school.

공부를 못한다는 뜻도 되지만 앞서 설명한 대로 at school 때문에 '학교 생활이 불량하다', '다른 애들하고 잘 못 사귄다'라는 뜻이 될 수도 있다. 맥락을 통해 무슨 뜻인지 알 수 있을지도 모르지만 굳이 이런 애매한 문장을 사용할 이유가 없다.

3 He is a bad student in school.

'공부 잘하는 학생'이 a good student니까 '공부 못하는 학생'은 a bad student일까? good의 반대말은 bad지만 a bad student는 '문제아'라는 의미이다. 규칙을 따르지 않고, 선생님께 예의도 없고, 친구들하고 쌈박질만 하는 나쁜 학생이라는 뜻이다. 공부를 못한다는 뜻은 없으므로 이 문장은 틀렸다.

4 He is a poor student in school.
5 He is a poor student at school.

좋다. He is a good student.의 반대말로 가장 적합하다. '공부 못하는 학생'은 a poor student이다. 또한 He is a poor student in math(걔는 수학을 잘 못 한다).처럼 특정 과목을 못 한다고 할 때도 잘 쓰인다. **5**는 at school이라고 했지만 a poor student의 뜻이 명확하므로 괜찮은 문장이다.

6 He is doing very poorly in school.

좋다. poorly는 부사로 '(실적, 결과, 성적이) 형편없이, 저조하게'라는 뜻이다. do well의 반대는 do badly가 아니라 do poorly이니 주의하자.

7 He is not the best student in school.

좋다. 글자 그대로만 보면 '1등이 아니다', 즉 2등부터 꼴등 사이 어딘가에 있다는 뜻인데, 일반적으로 '공부 못한다'는 뜻을 완곡하게 전하는 말이다. in school 대신 at school이라고 쓰면 공부를 못한다는 뜻 외에 '행태나 행실에 문제가 있다(He has some behavioral problems)'는 뜻이 추가된다. 따라서 in school이라고 해야 뜻이 명확해진다.

006 수지는 값싸고 좋은 물건 찾는 데 일가견이 있어

수지는 알뜰하기 그지 없다. 취미가 값싸고 좋은 물건을 찾는 것이라 좋은 물건을 귀신같이 찾아내고 동네 물가도 훤히 꿰고 있다.

STEP 1
문장만들기

- 표제문을 영어 문장으로 만들어보세요.

[   ]

STEP 2
비교하기

- 표제문을 영어로 잘 옮긴 것에 모두 체크하세요.

1. She has an eye for less expensive but good quality products.
2. She has an eye for less expensive but good quality items.
3. She has an eye for cheap but good quality stuff.
4. She has an uncanny eye for finding inexpensive and/but good quality stuff.
5. She has an uncanny skill for shopping.
6. It's scary how good she is at shopping.
7. She is so good at shopping, it's scary.
8. She has an uncanny sense for finding bargains.
9. She is a smart shopper.

| 가능한 문장 | 2, 3, 4, 5, 6, 7, 8, 9

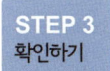
STEP 3 확인하기 • 문장을 자세히 확인하세요.

★ **영어식 사고로 전환하기** 표제문을 통째로 영어로 옮기려고 생각하면 막막하다. 쉽게 말하면 '수지는 쇼핑을 잘 한다.'이므로 She's good at shopping.이란 표현이 가능하다. 또 '일가견이 있다'는 '(분별할 수 있는) 눈이 있다'이므로 She has an eye for ~로 표현할 수도 있다. 특히 영어는 '~한 사람'이라고 표현하기를 좋아한다. 표제문을 다르게 말하면 '걔는 현명한 구매자이다.'이므로 smart shopper를 써서 표현해도 된다.

1 She has an eye for less expensive but good quality products.
2 She has an eye for less expensive but good quality items.
3 She has an eye for cheap but good quality stuff.

'~에 일가견이 있다'를 have an eye for ~로 쓸 수 있다. 단, **1**의 products는 비즈니스 용어로서 지나치게 격식적이므로 적당하지 않다. 보통 일상생활에서 사용하는 '물건'은 items 또는 stuff라고 하면 된다.

quality quality는 '고급의', '양질의'란 뜻으로 명사 앞에서 형용사로 쓰인다. 예를 들어, quality service는 '양질의 서비스', quality goods는 '우량품', quality newspaper는 '고급지/교양지', quality time은 '(가족, 애인과 함께 보내는) 소중한 시간'이다.

4 She has an uncanny eye for finding inexpensive and/but good quality stuff.

uncanny 좋다. uncanny는 '신비하고 묘한, 초인적인, 초자연적인, 기괴한, 무시무시한'을 뜻한다. have an eye 대신 have an uncanny eye라고 하면 신기함을 강조하는 느낌이 된다. 앞서 설명한 대로 뒤에는 전치사 for가 필요하다.

and/but '값싼(inexpensive)'과 '양질의(good quality)'를 연결할 때는 and와 but 모두 좋다.

5 She has an uncanny skill for shopping.

'일가견이 있다'는 has an uncanny skill로 옮겼고 '값싸고 좋은 물건을 찾는다'를 shopping으로 묶었다.

6 It's scary how good she is at shopping.
7 She is so good at shopping, it's scary.

'소름 끼치도록 놀랍다'란 뜻을 전달하기 위하여 형용사 scary를 사용했다. 우리말답게 말하면 '정말 귀신이다' 정도가 되겠다.

8 She has an uncanny sense for finding bargains.

have an uncanny eye 대신 have an uncanny sense라는 말도 쓴다. 또한 '값싸고 좋은 물건'을 bargains라는 단어 하나로 간단하게 표현할 수 있다. bargains! 이 얼마나 단순하고 훌륭한 단어인가!

9 She is a smart shopper.

He is a good student.와 같은 원리이다. '쇼핑을 아주 잘 하는 사람'을 a smart/good/wise shopper라고 한다. 우리말로는 꽤나 복잡하고 긴 문장을 영어로는 이처럼 간단히 쓸 수 있다.

007 술 잘 못 해요

나는 술을 몇 잔만 마셔도 얼굴이 빨개지고 금방 취해버린다.

STEP 1 문장만들기

• 표제문을 영어 문장으로 만들어보세요.

[   ]

STEP 2 비교하기

• 표제문을 영어로 잘 옮긴 것에 모두 체크하세요.

1. I can't drink very well.
2. I don't drink very much.
3. I get drunk easily.
4. I'm easily affected by alcohol.
5. I'm not strong for alcohol.
6. I am weak for alcohol.
7. I'm not good at drinking.
8. I'm not a good drinker.
9. I don't hold liquor so much.
10. I can't hold my liquor very well.
11. I have a limited capacity for alcohol.
12. I have a low tolerance for alcohol.
13. I'm not much of a drinker.

| 가능한 문장 | 1, 3, 4, 7, 8, 10, 11, 12, 13

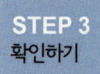 • 문장을 자세히 확인하세요.

★ **영어식 사고로 전환하기** '술 잘 못 해요.'는 I don't drink very well. / I'm not good at drinking.이라고 해도 된다. 표제문은 '나 술 금방 취해요.'란 뜻이므로 I get drunk easily. 라고 해도 된다. 또 달리 말하면, '술이 세지 않다', '술이 약하다', '주량이 약하다', '주량이 적다' 로 고쳐 생각해볼 수 있다. '주량이 약하다'는 a low tolerance for alcohol이다. 한편, 이 장을 시작하며 강조한 바와 같이 영어의 꽃은 명사이다. 그렇다면 명사 drinker를 사용하여 표현할 수 있는 방법은 없을까?

1 I can't drink very well.
좋다. 한국어 표제문의 직역에 가장 충실한 문장으로 전혀 문제가 없는 자연스러운 문장이다. 한편, 표제문을 '술 몇 잔만 마셔도 졸리다', '한 두 잔만 해도 맛이 간다'로 생각하면 After two drinks I just want to fall asleep. / After a couple of drinks I just pass out. 같은 문장도 좋다. pass out은 '의식을 잃다(become unconscious)', '기절하다', '실신하다'란 뜻이다.

2 I don't drink very much.
괜찮다. '술을 잘 마시지 못한다'란 말을 다시 바꿔보면 '술을 많이 못 마신다'란 뜻이다. 따라서 drink well보다는 drink much가 적당하다. 사실 이 문장은 중의적이다. '음주 횟수가 많지 않다'는 뜻도 있지만 '술자리에서 마시는 술의 양이 적다'란 뜻도 있다.

3 I get drunk easily.
4 I'm easily affected by alcohol.
영어로 옮길 때는 우리말을 먼저 이리저리 바꿔보는 노력을 해야 한다. '술 잘 못 해요'를 달리 표현하면 '쉽게/빨리 취한다'고 할 수 있다. '쉽게 취한다'는 get drunk easily, '술의 영향을 쉽게 받는다'는 be easily affected by alcohol이라고 표현한다.

5 I'm not strong for alcohol.
6 I am weak for alcohol.
우리말로는 '술이 세다/약하다'라고 표현하지만 영어로는 술이 강하고 약한 정도에 strong/weak을 써서 표현하지 않는다.

7 I'm not good at drinking.

좋다. be good at ~은 '~을 잘 한다', be poor at ~은 '~을 못 한다'는 뜻으로 널리 사용된다. I'm poor at drinking. 역시 표제문 맥락에 부합하는 자연스러운 문장이다. 전치사 at 뒤에는 의미에 따라 동명사 또는 명사가 온다.

8 I'm not a good drinker.

좋다. 여기서 good의 뜻은 '좋다/나쁘다' 할 때의 '좋다'가 아니라 '잘 한다/못 한다' 할 때의 '잘 한다'에 해당한다. 마치 He is a good student.에서 a good student가 '착한 학생'이 아니라 '공부 잘 하는 학생'이듯이 a good drinker는 '술을 잘 마시는 사람'을 가리킨다. 8과 같은 뜻으로 I'm a poor drinker.라고 할 수도 있다. '그 사람 술버릇이 나쁘다.'는 He's a bad drinker.이다. 예를 들어, 직장 동료가 술 마실 때 시끄럽게 마시고 술 취해서 병을 깬다든가 폭력을 행사하는 등 술버릇이 나쁘면, He is a bad drinker. 또는 He is an obnoxious drunk.라고 할 수 있다. obnoxious [əbnáːkʃəs]는 '아주 불쾌한', '싫은'이란 뜻이며 지금 맥락에서는 '(술버릇이) 고약한' 정도로 볼 수 있겠다. drunk는 형용사일 때는 '술 취한', 명사로는 '술꾼', '술주정뱅이'란 뜻이다.

9 I don't hold liquor so much.
10 I can't hold my liquor very well.

9는 틀리고 10이 맞는 표현이다. 9는 don't → can't, liquor → my liquor, so much → very well로 바꿔야 한다.

`can't` don't가 완전히 틀린 것은 아니지만, 지금 맥락에서 내가 나에 대해 말할 때는 '할 수 있다, 할 수 없다'라고 말하는 것이 더 자연스럽다. 반면에 다른 사람에 대해서 말할 때는 He doesn't hold his liquor very well.처럼 doesn't를 쓴다. 이때는 제3자에 대한 묘사이기 때문에 doesn't가 can't에 비해 자연스럽게 들린다.

`my liquor` 왜 liquor 대신에 굳이 my liquor라고 하는지 이상할 수 있다. 하지만 이 문장의 글자 그대로 내 술을 잘 붙잡지 못하고 바닥에 떨어뜨리는 광경을 상상해 보자. '누구의 술'을 떨어뜨리는 것인가? 바로 내 술을 떨어뜨리는 것이다. 그래서 my liquor라고 한다. 여기서 liquor는 '독주'가 아니라 '(일반적인 뜻의) 술'을 지칭한다. hold one's liquor는 '술을 마셔도 취하지 않다'란 뜻의 숙어이므로 잘 기억해두자.

`very well` so much와 very much는 어색하며, very well이 적절하다.

11 I have a limited capacity for alcohol.

'별로 잘하지 못하는, 정해진 용량'의 뜻으로 limited capacity를 사용할 수 있지만 상당히 격식 차리는 표현이다.

12 I have a low tolerance for alcohol.

좋다. 지극히 정상적인 문장이다. 영어가 명사 중심으로 표현한다는 점을 잘 보여주고 있다. '관용/아량'이란 뜻의 tolerance는 '내성, 저항력'이라는 뜻도 있다. 지금 맥락에서는 '술에 대한 저항력', 즉 '주량'이란 뜻으로 사용된다. a low tolerance는 '많이 담지 못한다' 즉, '많이 못 마신다'는 뜻이다. alcohol 대신 liquor나 booze를 써도 된다. booze는 '술'이란 뜻으로 비격식적 용어인데, '술을 진탕 마시다'라고 할 때 hit the booze라고도 한다. 동사로도 쓰이는데 주로 booze it up, get boozed(진탕 술을 마시다)의 형태로 쓴다.

13 I'm not much of a drinker.

표제문에 정확히 부합한다. I don't enjoy drinking(술 안 좋아한다). 또는 I don't drink that much when I drink(술 별로 안 마신다).의 뜻이다. 한국어의 '술을 마시다'라는 동사가 영어의 명사 drinker(술 마시는 사람)로 전환되었음에 주목하자. not much of ~는 '~를 썩 좋아하지 않는다', '~를 아주 잘 하지는 못 하다', '대단한 ~는 아니다'란 뜻이다. 썩 좋아하지 않거나 잘하지 못함을 표현할 때 잘 쓰는 숙어이니 꼭 기억하기 바란다.

참고하기

〈말하기 영작문 트레이닝〉 6쇄까지는 **1** I can't drink very well. / **7** I'm not good at drinking. / **8** I'm not a good drinker.를 틀린 문장이라고 했었으나, 7쇄부터는 이들을 맞는 문장으로 분류하기로 하였다. 이 문장들은 세대 간 언어 차이를 확실히 보여 주는 사례라고 생각한다. 이 책의 원고를 준비하고 있을 때 저자의 튜터들은 30대 후반 ~ 60대 후반이었는데, 이들은 모두 **1 7 8**이 틀렸다고 했다. 그러나 2015년 이후에 영어를 가르쳐줬던 튜터들은 주로 20대 초중반이었고, 모두 **1 7 8**이 아무런 문제가 없는 자연스러운 문장이라고 했다. 그래서 저자는 튜터 중 한 명(20대 후반)에게 이 문장들에 대해 친구들이 어떻게 생각하는지 일종의 투표를 해보도록 요청했고, 9명에게 물어 본 결과 1명(30대 중반)을 제외하고는 모두 **1 7 8**이 전혀 문제가 없다고 했다. 이에 저자는 **1 7 8**을 맞는 문장으로 분류하기로 하였다. 다만, 지금도 저자의 오랜 튜터 George(50대 초반)는 이 문장들이 틀렸다는 주장을 굽히지 않고 있다. 따라서 독자들은 **1 7 8**을 표제문 맥락에 사용할 수 없다고 생각하는 사람들(주로 40대 이상)도 있음을 유념하기 바란다.

008 기침이 심하고 목이 아파

지금 독한 감기에 걸려 기침이 심하게 나고 목이 아프다. 친구에게 이런 상태를 얘기한다.

STEP 1 문장만들기
- 표제문을 영어 문장으로 만들어보세요.

[   ]

STEP 2 비교하기
- 표제문을 영어로 잘 옮긴 것에 모두 체크하세요.

1. I cough hard, and my throat sores.
2. I cough hard, and my throat is sore.
3. I cough badly, and my throat is sore.
4. I'm coughing very hard, and my throat is sore.
5. I'm coughing badly, and my throat is sore.
6. I'm coughing hard and have a sore throat.
7. I have a bad cough and a sore throat.

| 가능한 문장 | 4, 5, 6, 7

STEP 3 확인하기
- 문장을 자세히 확인하세요.

★ **영어식 사고로 전환하기** '기침이 심하다'는 '심하게 기침하다'이므로 I'm coughing hard.이다. 그럼 '목이 아프다'에서 '목'은 영어로 무엇일까? 바깥에서 보이는 목은 neck이고 몸 안에 있는 목, 즉 '후두'는 throat이다. 여기서 '목'은 '후두'이므로 neck이 아니라 throat이다.

후두가 아픈 것은 sore throat라고 한다. 영어는 〈형용사 + 명사〉 구성이 자유로우므로 '기침이 심하다'는 bad cough로, '목이 아프다'는 sore throat로 표현 가능하다.

1 I cough hard, and my throat sores.
'기침하다'는 동사 cough를 활용하면 된다. 하지만 sore는 형용사로 '피부가 쓸려 벗겨진', 그래서 '조금만 닿아도 쓰리고 아픈', '상처나 염증이 생긴'이라는 뜻이며 동사로는 사용되지 않는다.

2 I cough hard, and my throat is sore.
3 I cough badly, and my throat is sore.
sore가 형용사니까 '목이 아프다'를 my throat is sore라고 하면 된다. 문제는 '기침을 심하게 하다'이다. 위 문장처럼 현재시제로 사용할 수 있을까? cough는 '기침하다'라는 뜻의 활동동사이다. 활동동사의 현재시제는 보통 일반적인 진리나 사실, 습관, 원칙 등을 말하며 현재 화자의 동작을 표현하지 못한다. 따라서 이 표현은 둘 다 틀렸다.

4 I'm coughing very hard, and my throat is sore.
5 I'm coughing badly, and my throat is sore.
'기침하고 있다'라는 지금 벌어지고 있는 상황을 설명하는 것이므로 현재진행시제로 써야 한다. '심하게'는 very hard나 badly가 무난하다. very hard는 '아주 열심히'라는 뜻도 되고 '아주 심하게'라는 뜻도 된다. 여기서 very hard = harshly이다.

6 I'm coughing hard and have a sore throat.
좋다. '목이 아프다'는 be sore도 되지만 have a sore throat도 괜찮다. 그런데 I'm coughing 같이 현재진행시제가 아니라 왜 have라는 현재시제를 썼을까? 그것은 소유 동사(예: have)나 감각 동사(예: feel, see)는 현재시제로 당장 현재 진행되고 있는 것을 묘사하기 때문이다. 이런 동사는 현재진행시제를 쓰지 않는다. 따라서 and로 연결되기는 했지만 시제가 서로 다르다.

7 I have a bad cough and a sore throat.
좋다. 동사보다는 명사를 좋아하는 영어식 문장이다. 우리말로는 '기침이 심하다, 목이 아프다'처럼 절(clause)로 표현했지만, 영어는 have 동사와 함께 명사구 a bad cough와 a sore throat를 사용하였다. 이처럼 우리말 용언은 영어의 〈형용사 + 명사〉로 전환되는 경우가 많다. 영어 문장으로 옮길 때는 명사 또는 명사구로 표현이 가능한지 항상 생각해봐야 한다.

이런 문장도 생각해보세요

• 다음 중 맞는 문장에 모두 체크하세요.

A 구직 지원하신 것 잘 되시기 바랍니다
▶ 구직 원서 접수했거나 원서 접수하러 가는 사람에게 성공을 기원하는 말이다.

1. I hope your application will be okay.
2. I hope you find a job soon.
3. Good luck for your application to the job.
4. Good luck with your application (for a/the job).

Key point **1** 괜찮다. '잘 되시기'를 will be okay로 옮겼다. **2** '구직 지원하신 것'을 '직장을 빨리 잡으시기 바란다'로 바꿔 말하면 좋다. 한국어는 '직장을 잡다'라고 말하는데 영어로는 '직업/일을 찾다'로 해서 find a job이란 표현을 쓴다. 한편, 〈I hope + that 절〉에서 that 절은 현재시제, 미래시제 다 좋으므로 I hope you'll find ~라고 해도 된다. **3**~**4** Good luck 다음 연결되는 전치사는 for/at이 아니라 with가 적당하다. Good luck with ~가 '~에 행운을 빕니다'란 뜻이다. 또, '~에 대한 지원'은 application for ~이므로 **3**은 to the job이 아니라 for a job, 혹은 for the job이라고 해야 한다. for a job은 일반적인 의미의 일자리를, for the job은 앞서 한 번 언급했던 일자리나 서로 이미 알고 있는 특정한 일자리를 뜻한다. **4**는 문맥상 분명하므로 for a/the job은 생략해도 된다. 물론 **1**, **2**처럼 말해도 되지만 **4**가 보다 자연스러운 영어식 문장이다. 가급적 명사를 활용하여 문장을 구성하는 노력을 기울이기 바란다.

B 그 사람은 성격이 명랑해서 남과 잘 어울린다
▶ 그 사람은 사교적이고 성격이 좋아서 다른 사람과 잘 지낸다.

1. He is so cheerful and gets along with people.
2. He has a bright personality and gets along with people.
3. He has a cheerful character and a lot of charisma.
4. He is a socializer.
5. He is a people person.

Key point **1** '성격이 명랑한/밝은'은 cheerful, bright이다. **2** personality는 '(밖으로 드러나는) 인성/개성', character는 '(원래의 타고난) 성격'을 말하는데 지금 맥락에서는 같은 뜻으로 써도 된다. **3** charisma의 정확한 의미를 오해하기 쉽다. 한국어에서 '카리스마가 있다'는 '생래적으로 자연스럽게 뿜어 나오는 에너지가 있어 감히 함부로 덤비거나 도전하기 어렵다'는 뜻이다. 하지만 영어 charisma는 단순히 '매력'이라는 뜻이다. He has a lot of charisma.는 He is sociable. 또는 He is cheerful. 또는 He attracts people.과 같은 뜻이다. **4** socialize는 '사귀다, 어울리다, 교제하다'는 뜻이며 socializer는 'socialize를 좋아하는 사람'이다. '성격이 명랑해서 남과 잘 어울린다'를 영어로는 명사 socializer로 개념 규정을 했다. **5** people person 은 '사람 만나기를 좋아하는 사람', '사교적인 사람'을 뜻한다. 나비처럼 이리저리 옮겨 다니는 사람을 연상시키는 social butterfly도 같은 뜻이다.

C 나는 체질적으로 잠을 깊이 못 잔다

▶ 나는 늘 숙면을 취하지 못 하고 자다가 자주 깬다.

1 Naturally I can't sleep well.
2 I usually don't sleep deeply.
3 I rarely sleep well.
4 I have trouble sleeping (well).
5 I usually have a light sleep.
6 I'm a light sleeper.
7 I am a poor sleeper.

Key point **1** 틀렸다. naturally에 '천부적으로/선천적으로'라는 뜻은 있지만, 타고난 재능을 표현할 때 보통 사용된다. 예를 들어, The boy was naturally artistic.은 '그 아이는 예술적 재능을 타고 났다./천부적인 예술성을 가지고 있었다.'이다. '체질적으로'와는 거리가 멀다. **2** 좋다. '체질적으로'는 '보통/일반적으로'(usually)라고 생각하면 쉽다. **3** 표제문은 잠을 잘 자는 경우가 거의 없다는 말이므로 rarely를 쓰면 된다. I rarely get a good night's sleep. / It's very rare for me to have a solid night's sleep. / I seldom sleep well.도 좋다. **4** 좋은 문장이다. 표제문을 달리 표현하면, '잠을 자는 데 문제가 있다'이므로 have trouble sleeping well이 가능하다. '체질적으로'는 have trouble에 녹아 있다. **5** 좋다. '잠을 깊이 못 잔다'는 '선잠을 잔다'이므로 have a light sleep이 좋다. **6** '체질적으로 잠을 잘 못 자는 사람'을 영어로 가장 잘 표현하는 것이 sleeper이다. 이렇게 되면 영어 문장 만들기가 쉬워진다. '깊이 못 자는'을 표현하기 위해 형용사 light만 생각해내면 된다. 한국어 '체질적으로 깊은 잠을 못 잔다'를 영어로는 light sleeper로 개념 규정했음에 주목하기 바란다. sleeper는 단독으로 쓰이지 않고 a heavy sleeper(잠을 깊게 자는 사람), a light sleeper(잠을 얕게 자는 사람), a sound sleeper(잠을 곤히 자는 사람)처럼 쓴다. **7** 좋다. 다만 poor sleeper는 light sleeper보다 범위가 넓다. 꿈을 너무 많이 꾼다든가, 잠자는 시간이 너무 짧다든가 등 여하한 형태로든 잠을 충분히 푹 자지 못하는 것을 통틀어 poor sleeper라고 한다.

|정답| A **1**, **2**, **4**   B **1**, **2**, **3**, **4**, **5**   C **2**, **3**, **4**, **5**, **6**, **7**

법칙 03 * 영어는 현재 중심이다

009 오랜만에 외출했어
010 지갑 AS 맡겼어
011 스카이프 가입했어?
012 네 정거장 남았어

영어는 현재 중심이다

영어는 과정보다 결과다

한국어에서는 서술어가 중요하고 결정적인 역할을 맡다 보니 사건의 중간 과정을 묘사하는 데 능하다. 즉, 중간 과정을 말함으로써 현재도 그 결과가 지속되고 있음을 '간접적으로' 유추 또는 추정하도록 하는 문장을 잘 사용한다.

　예를 들어, 한국어는 '그 사람 휴가 갔다.'(과거시제)라고 함으로써 그 사람이 현재 휴가 중임을 표현한다. 영어도 과거시제 동사를 사용하여 문장을 구사할 수 있지만 일반적으로는 He is on vacation.(현재시제)이라고 말한다. 그대로 우리말로 옮겨 보면 '지금 그 사람 휴가 중이다.'가 되겠다. 따라서 '그 사람 휴가 갔다. → 그 사람 휴가 중이다. → He is on vacation.' 식으로 한국어 문장을 영어식으로 전환해서 생각하면 영어 문장을 생각해내기 수월할 것이다.

　이번에는 한국어 현재진행시제 문장을 예로 들어보자. 현재진행시제인 '그 사람 전화 받고 있다.' 즉, '그 사람 통화 중이다.'를 영어로는 어떻게 말할까? '전화 받고 있다'에 집착하면 He is receiving the phone.이라고 말하기 쉽다. 하지만 이 문장은 말이 안 된다. '(다른 사람이 던진) 전화기를 받고 있다'라는 뜻으로조차 쓰지 않는다. 영어로는 현재시제로 He is on the phone.이라고 한다.

　앞에서 살펴봤듯이 영어는 명사로 표현하려고 노력한다. 〈전치사 + 명사(전명구)〉 형식으로 묘사를 하는데 아무래도 역동성에 있어 한국어보다는 제약이 있다. 영어는 중간 과정보다는 현재 보이는 모습을 묘사하는 데 더 많은 관심을 갖는다.

There is/are 구문으로 현재 상태를 표현한다

there is/are 구문은 '~이 있다'의 뜻으로 기본적으로 '상태'를 나타낸다. 학교에서 There is a book on the desk(책상 위에 책이 한 권 있다).를 배운 기억이 날 것이다. 중간 과정이 포함된 한국어 문장이 there is/are 구문으로 나타나는 경우도 많다. 예를 들어, '벽에 그림이 하나 걸려 있다.'는 There is a picture on the wall.이라고 한다. '걸려 있다'라고 했으니 '걸다'에 해당하는 hang을 쓴다고 생각할 수 있지만, 영어는 걸었든 매달았든 못으로 박았든 상관하지 않고 '현재 상태' 중심으로 사물을 그림 그리듯이 기술한다.

그렇다면 한국어 문장 '(그 제품에 대한) 수요가 요새 엄청나게 늘어났다.'를 there is/are로 표현할 수 있을까? 물론 이렇게 역동적인 상황도 there is/are로 표현이 충분히 가능하다. There is a huge increase in demand for it.이라고 하면 된다. 이렇듯 상당히 다이나믹한 상황도 there is/are를 써서 아주 상황 묘사적인 문장으로 바꿔보자. 결과적으로 다소 정적인 문장으로 전환될 것이다.

009 오랜만에 외출했어

공부하느라 한동안 집에만 있다가 외출했다. 밖에 있다가 수지와 전화 통화하며 하는 말이다.

STEP 1 문장만들기
- 표제문을 영어 문장으로 만들어보세요.

[   ]

STEP 2 비교하기
- 표제문을 영어로 잘 옮긴 것에 모두 체크하세요.

1. I went out in a while.
2. I'm outside. I haven't been out in a long time.
3. I haven't been outside in a long time.
4. I am out for the first time in a while.
5. I am outside for the first time in a while.
6. I'm out of the apartment for the first time in a while.
7. I'm out of my place for the first time in a while.

| 가능한 문장 | 2, 3, 4, 5, 6, 7

STEP 3 확인하기
- 문장을 자세히 확인하세요.

★ **영어식 사고로 전환하기** 영어로도 과거시제(went out)를 이용해서 현재 바깥에 나와 있는 상황을 표현할 수 있지만, 현재완료시제나 현재시제를 활용하는 것이 보다 영어식 문장이다.

한국어 문장이 과거시제이든 현재시제이든 신경 쓰지 말고 실질적으로 표현하려고 하는 시점이 무엇인지 염두에 두어야 제대로 된 문장이 나온다.

1 I went out in a while.
`오랜만에` '오랜만에'는 for the first time in a while이라고 해야 올바른 표현이다. in a while은 '오랫동안'이라는 뜻만 가지고 있다.
`went out` went out은 외출했다가 현재 귀가한 상태에서 외출한 사실을 말하는 경우 사용할 수도 있고, 현재 외출한 상태에서도 쓸 수 있다. 다만 외출한 현장에 있는 사람에게 말할 때는 I went out ~ 대신 I came out ~이라고 해야 한다.

2 I'm outside. I haven't been out in a long time.
3 I haven't been outside in a long time.
I haven't been out in a long time.의 뜻은 하나지만 한국어로는 상황에 따라 다르게 말한다. 이 문장은 '과거 불특정 시점부터 현재 직전까지 밖에 나간 적이 없다'는 뜻이다. '바로 지금 현재' 내가 나가 있는지, 아니면 그대로 집에 있는지는 따지지 않는다. 한국어는 내가 지금 밖에 나가 있느냐, 아니냐에 따라 다른 문장을 쓴다. 즉, 내가 지금 바깥에 나와 있는 경우 '오랜만에 밖에 나왔다(지금 밖에 있다)'라고 하고, 여전히 집에 있는 경우 '밖에 나가본 지 오래됐다' 또는 '오랫동안 밖에 안 나갔다(계속 집에 있다)'라고 한다. 물론 표제문 맥락에서는 전자, 즉 '오랜만에 밖에 나왔다'란 뜻이다. Part 6에서 현재완료시제에 대해 상세히 설명하고 있으니 참고하기 바란다.

4 I am out for the first time in a while.
out 때문에 약간 어색한 표현이다. be out은 '외부에 있다'는 뜻도 되지만 '(동성애자가) 커밍아웃했다'가 연상된다는 네이티브도 있다. 가급적 be outside나 be out of my apartment/place를 이용한 **5**~**7**이 바람직하다.

5 I am outside for the first time in a while.
6 I'm out of the apartment for the first time in a while.
7 I'm out of my place for the first time in a while.
우리말은 과거시제 '외출했다'이지만 영어로는 현재시제를 사용하고 있다. 이렇게 책에서 보면 너무 당연하지만 실제 대화 상황에서는 선뜻 입에서 안 나올 수 있으니 여러 번 반복해서 입에 붙도록 해야 한다. **7**의 my place는 '내 집'이다. place를 '집'이란 뜻으로 자주 사용한다.

010 지갑 AS 맡겼어

지갑이 망가져서 어제 AS 센터에 맡겨 놓았고, 현재는 고치고 있는 중이다. 아직 찾아 오지 않은 상태이다.

STEP 1 문장만들기
- 표제문을 영어 문장으로 만들어보세요.

[   ]

STEP 2 비교하기
- 표제문을 영어로 잘 옮긴 것에 모두 체크하세요.

1. I left it to an AS center.
2. I left it to a repair shop yesterday.
3. I left it at/in a repair shop yesterday.
4. I have left it at a repair shop.
5. I took it to a repair shop yesterday.
6. It's at a repair shop.
7. It is being fixed.
8. It is being repaired.

| 가능한 문장 | 3, 4, 5, 6, 7, 8

STEP 3 확인하기
- 문장을 자세히 확인하세요.

★ 영어식 사고로 전환하기   지금 지갑을 AS 센터에 맡겨 놓은 상황이다. '맡겼다'를 무조건 직역하려고 하지 말고 '지갑은 AS센터에 있다.'고 우리말을 바꿔 생각해보자. 그러면 It's in a repair shop.이 어렵지 않게 떠오를 것이다. 또는 '지금 수선 중이다.'라고 바꿔보면, It's being repaired. 역시 어렵지 않게 생각해낼 수 있다.

1 I left it to an AS center.
after service의 줄임말인 AS는 콩글리시이며, AS center도 콩글리시이다. '수리점'은 repair shop 또는 그냥 shop이라고 한다.

2 I left it to a repair shop yesterday.
3 I left it at/in a repair shop yesterday.
수리점에 맡겼으니 언뜻 left it to ~가 맞을 것 같지만 left it at/in ~이라고 해야 한다. 과거시제를 썼으므로 '어제 지갑을 수리점에 맡긴 행동'만을 가리킨다. 엄밀히 말하면 지갑이 아직 거기 있는지 오늘 찾아왔는지는 알 수 없다. 다만, 일반적으로 어제 맡긴 것을 금방 찾기 어려우므로 지금 맥락에서처럼 '어제 맡겼는데 아직도 거기 있다'는 뜻으로 사용하는 데 문제는 없다.

`at/in` at a repair shop은 '수리를 위해' AS센터에 있다는 뜻이고 in a repair shop은 AS센터라고 하는 '물리적 장소'에 있다는 뜻이다. 이 문맥에서는 at a repair shop이 더 자연스럽지만 in a repair shop이라고 해도 큰 문제는 없다.

4 I have left it at a repair shop.
현재완료시제는 과거 행동의 결과가 지금까지 영향을 미치고 있음을 뜻한다. 즉, 지갑을 AS센터에 맡겼고 아직도 거기 그대로 있다는 뜻이다. 현재완료시제는 '구간'을 의미하므로 구체적인 '시점'을 뜻하는 yesterday는 함께 쓰지 않는다.

5 I took it to a repair shop yesterday.
'맡겼다'는 took(가지고 갔다)을 쓰면 제격이다. take A to B(A를 B에 가지고 갔다)의 형태로 쓴다.

6 It's at a repair shop.
이번에는 다른 방식으로 접근해보자. 지갑을 AS 맡겨 놓았으니 지금 현재 지갑은 수리점에 있는 것이다. 그러니 맡기는 동작에 신경 쓰지 말고 지금 현재 상태만을 생각해서 '지갑은 수리점에 있어'라고 말해도 된다.

7 It is being fixed.
8 It is being repaired.
'지금 고치고 있는 중이다'를 뜻하는 영어 표현이다. fix(수리하다)는 주로 전자제품을 고칠 때 사용하는 동사이나 이 경우도 쓸 수 있다. 지갑이 주어이고 현재 '수리되는 중'이므로 〈be동사 + being + 과거분사〉의 수동태 현재진행시제를 썼다.

011 스카이프 가입했어?

멀리 떨어진 두 사람이 인터넷 전화 프로그램인 스카이프로 통화하려고 한다. 상대방이 스카이프 회원인지 확인하고 있다.

STEP 1 문장만들기
· 표제문을 영어 문장으로 만들어보세요.
[   ]

STEP 2 비교하기
· 표제문을 영어로 잘 옮긴 것에 모두 체크하세요.

1 Did you join Skype?
2 Did you sign in Skype?
3 Did you sign up with Skype?
4 Did you sign up for Skype?
5 Are you a Skype member?
6 Do you use Skype?
7 Do you have Skype?
8 Do you have a Skype account?
9 Are you on Skype?

| 가능한 문장 | 1, 3, 4, 6, 7, 8, 9

STEP 3 확인하기
· 문장을 자세히 확인하세요.

★ 영어식 사고로 전환하기   '가입하다'는 뭐라고 할까? join 또는 sign up with를 떠올릴 수 있다. 혹은, 과거에 가입했으니 현재 Skype account를 '가지고'(have) 있거나 Skype를 '사

용하고'(use) 있을 것이다. 따라서 동사 use/have를 현재시제 문장으로 쓸 수도 있다. 한국어 동사는 영어 전명구로 바꾸는 시도를 해보는 것도 좋다. 표제문을 영어식으로 '스카이프에 닿아 있니?'로 전환해서 Are you on Skype?로 바꿀 수 있다. 한국어는 과거의 행동이 현재까지 유효하다는 전제를 갖고 있는 데 비해, 영어는 단도직입적으로 현재 어떤 상태인지에 관심이 많다.

❶ Did you join Skype?
스카이프 회원으로 가입되어 있느냐는 의미이므로 동사 join을 사용한다. 영어도 상황에 따라서는 과거시제 문장으로 현재 상태를 물어볼 수 있다.

❷ Did you sign in Skype?
sign in은 '로그인하다'는 뜻으로 표제문에 맞지 않다. 하지만 '로그인 했니?'라고 물을 때도 이렇게 쓰면 안 된다. 이때는 Did you sign in to Skype? 또는 Are you logged in to Skype?라고 해야 한다.

❸ Did you sign up with Skype?
❹ Did you sign up for Skype?
좋다. sign up은 '가입하다'의 뜻이다. '~에 가입하다'라고 할 때는 sign up with/for ~의 형태로 사용된다.

❺ Are you a Skype member?
직역하면 '너 스카이프 회원이니?'가 되므로 그럴 듯해 보이지만, 네이티브는 이런 식으로는 말하지 않는다.

❻ Do you use Skype?
❼ Do you have Skype?
❽ Do you have a Skype account?
'가입하다'에 적합한 영어단어는 use나 have이다. ❽처럼 '스카이프 계정 갖고 있니?'로 물어볼 수도 있다.

❾ Are you on Skype?
한국말로는 과거시제를 써서 '가입했니?'라고 물어보지만 영어로는 현재시제를 써서 '스카이프 회원이니?'라고 물어볼 수 있다. 더 나아가서는 전치사를 활용하여 Are you on Skype?처럼 현재 시점에 스카이프에 닿아(on) 있는지(즉, 스카이프에 가입해 있는지) 상태를 물어본다. 상황에 따라 ❾는 '지금 스카이프에 로그인해 있어?', '너 스카이프 들어와 있어?'라는 뜻으로도 사용될 수 있다.

012 네 정거장 남았어

지하철역 근처 약속 장소에서 친구를 기다리고 있다. 친구가 내게 전화해서 네 정거장 남았다고 한다.

STEP 1
문장만들기

• 표제문을 영어 문장으로 만들어보세요.

[   ]

STEP 2
비교하기

• 표제문을 영어로 잘 옮긴 것에 모두 체크하세요.

1. I have left 4 stops.
2. I have 4 stops left.
3. There are 4 stops to go.
4. There are 4 more stops.
5. I have 4 stops to go.
6. I have 4 stops to make.
7. I have 4 more stops.
8. I am 4 stops away.

| 가능한 문장 | 2, 3, 4, 5, 7, 8

STEP 3
확인하기

• 문장을 자세히 확인하세요.

★ **영어식 사고로 전환하기** '남았어'에 현혹되어 과거시제를 사용하면 안 된다. 한국어에서는 지금 열심히 가고 있으면서도 과거시제를 써서 '네 정거장 남았어.'라고 말한다. 이것을 영어

로 전환할 때는 현재시제를 써서 '네 정거장을 (남은 상태로) 가지고 있다.' 또는 '네 정거장 떨어져 있다'와 같이 말한다.

1 I have left 4 stops.
'남다'에서 leave를 떠올릴지도 모른다. 하지만 leave는 '남다'가 아니라 '남기다, 남겨두다'라는 의미이므로 이 문장은 틀렸다.

2 I have 4 stops left.
좋다. I have no time left(남은 시간이 없어요).처럼 상당히 광범위하게 사용되고 있는 〈주어 + 동사 + 목적어 + 분사〉의 문장 형식이다. 하지만 같은 SVOC 형식인 I had my hair cut.(능동적), I had my purse stolen.(피동적)과는 have의 역할이나 의미가 상당히 다르다. 〈have + 목적어 + 분사〉는 주어의 능동적 의지를 나타내기도 하고 주어가 피동적임을 나타내기도 한다. have가 '사건을 일으키다'의 뜻으로 쓰이는 경우 〈have + 목적어 + 분사〉는 능동적인 의미를 나타내며, '사건을 경험하다'는 뜻으로 쓰이는 경우 피동적인 의미를 나타낸다.

3 There are 4 stops to go.
4 There are 4 more stops.
좋다. 숫자 관련 표현을 할 때는 there is/are 구문을 시도해보면 좋다.

5 I have 4 stops to go.
6 I have 4 stops to make.
I have 4 stops to go.는 좋지만 I have 4 stops to make.는 틀렸다. 후자는 심부름 등 내게 주어진 일을 하는 중에 네 군데를 들러야 한다는 뜻이다.

7 I have 4 more stops.
좋다. 다만, 중의적이다. 6과 마찬가지로 '심부름을 하고 있는데 이제 네 곳만 더 들르면 된다'는 뜻으로 쓰일 수도 있다.

8 I am 4 stops away.
말이 안 되는 것처럼 보이지만 훌륭한 문장이다. 4 stops away는 보어 역할을 하는 부사구이다. 4 stops가 부사 away를 수식한다. 처음에는 명사가 형용사와 부사를 수식한다는 점이 선뜻 받아들여지지 않겠지만 크기, 길이, 너비를 나타내는 특수한 상황에서 명사가 형용사, 부사를 수식하는 경우가 적지 않다.[6]

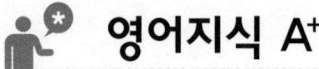
영어지식 A⁺

명사가 형용사와 부사를 수식한다고?

중학교에서 배웠을 문장 I am 20 years old.를 살펴보자.
문장형식으로 보면 〈주어 + 동사 + 보어〉 즉, 2형식이다. twenty years old는 '형용사구'로서 be 동사의 보어이다. 그럼 20 years와 old는 무슨 관계일까? 간단히 말하면 20 years는 old를 수식한다. old한데 20 years만큼 old하다는 뜻이다. 이처럼 크기, 길이, 너비를 나타내는 특수한 상황에서 명사가 형용사, 부사를 수식하기도 한다. I am 20 years old.에서 20 years old는 20 years가 old를 꾸며주는 형용사구이다.
다른 예로 '그건(화장실은) 세 개 층 밑으로 내려 가시면 있습니다.'는 It's 3 floors down.이라고 한다. 3 floors down은 3 floors가 down을 수식하는 부사구이다. 20 years old / 3 floors down은 주격 보어 역할을 한다. 앞에 나온 4 stops away도 주격 보어 역할을 하는 부사구라고 이해하면 되겠다.⁷
독자들 중에는 뭐 이 설명이 맞다 치고, 이런다고 뭐가 실질적으로 도움이 되겠냐고 묻는 사람도 있을 것이다. 그러나 다음 문장을 보면 이런 이론적 배경이 영어 문장을 만드는 데 얼마나 큰 도움이 되는지 알 수 있다.

개는 나보다 한 학년 위다.   He is a grade above me.
회의에 30분 늦었다.   I was 30 minutes late for the meeting.
강물이 무릎 정도 높이였다.   The water was knee high.
두 타 차로 플레이오프 진출에 실패했다.   I was two shots short of making the playoff.
그 건물은 2층 건물이었다.   The building was two stories high.
가블린은 나보다 머리가 한 개 정도 작았다.   The goblin was a head shorter.
편지는 2장이었다.   The letter was two pages long.

이런 문장도 생각해보세요

• 다음 중 맞는 문장에 모두 체크하세요.

A 너 스카이프에 로그인했어?
▶ 지금 스카이프에 들어와 있느냐는 뜻이다.

1. Did you sign in on Skype?
2. Did you sign in to Skype?
3. Did you log in on Skype?
4. Did you log in to Skype?
5. Did you log on to Skype?
6. Did you sign in?
7. Did you log in?
8. Are you logged on?
9. Are you logged in?
10. Are you on Skype?

Key point **1~4** '~에 로그인하다'라고 할 때는 sign in, log in 다음에 전치사 to를 사용한다. 따라서 **1**, **3**은 틀리다. **5** 좋다. 네이티브들 중에는 log/sign in과 log/sign on을 구분하는 사람들도 있지만, 일반적으로 어떤 표현을 사용하든 큰 상관이 없다. **6~7** 대화하는 사람들끼리 '스카이프'를 염두에 두고 있다는 점을 알고 있다면 to Skype는 생략해도 된다. **8~9** 지금 현재 로그인 상태인지를 알면 되므로 영어현재시제를 쓸 수 있다. 영어로도 '로그인했어?'에 대응하여 과거시제로 얼마든지 표현할 수 있다. 하지만 지금 현재 로그인한 상태이냐 아니냐가 궁금한 상황이므로 이처럼 현재시제를 쓰면 더욱 영어다운 문장이 된다. **10** 한국어 과거시제 동사가 영어로는 현재시제 전명구로 전환되었다. on Skype는 맥락에 따라 '로그인 상태'를 뜻할 수도 있고 '스카이프 회원'을 뜻할 수도 있다. on이 '~에 닿고 있음'을 뜻하는 것을 감안할 때 충분히 추론이 가능한 뜻이지만, '로그인 했어?'에서 on Skype를 상상하는 것은 매우 어려운 일이다.

B 미안합니다만, 영업이 끝났습니다.
▶ 어느 상점에 갔더니 직원이 영업시간이 끝났다며 양해를 구한다.

1. Sorry. Business was closed.
2. Sorry. We finished the business today.
3. Sorry. Business is closed.

4 Sorry. We're closed.

5 Sorry. Our shop is closed for the day.

Key point **1** 과거에 영업이 끝났지만(아마 5분전, 10분전이 될 수도 있을 것이다), 영업을 끝내는 행동이 아니라, 현재 영업이 종료된 상태라는 점을 말하고자 하므로 과거시제로 쓰면 안 된다. **2** 오늘 영업을 종료했다는 말이 아니라 오늘 그 사업을 종료했다(더 이상 그 사업을 하지 않는다) / 그 일을 끝마쳤다(어떤 프로젝트가 있는데 그 일을 완성했다) 등의 다양한 의미로 쓰인다. **3**~**4** The building is closed for repairs. / The store is closed. / The museum is closed on Mondays. / This road is closed to traffic.처럼 장소, 건물, 기관, 상점이 closed되는 것이고, 또는 **4**처럼 사람(사실 사람을 주어로 내세웠지만 의미는 '우리 업소, 우리 가게'가 된다)이 closed되는 것이지, business가 closed되는 것은 아니다. **5** We 대신 Our shop을 써도 지장 없다. 다만, Our shop is closed라고만 하면 '우리 가게 폐업했다'는 의미로 해석될 수 있으므로 for the day를 추가하여 오늘 영업이 종료되었다는 뜻을 명확히 전달하는 것이 좋다.

C 그 사람 휴가 갔습니다

▶ 휴가를 떠난 박대리가 어디 가 있냐고 직장동료가 내게 묻는다. 언제 휴가 갔는지는 언급하지 않고 단지 그가 휴가 중이라는 사실만 얘기하고 싶다.

1 He went on a vacation.

2 He went on vacation.

3 He went on the vacation.

4 He went on his vacation.

5 He has gone on vacation.

6 He has gone on a vacation.

7 He is on vacation.

8 He is on a vacation.

Key point **1**~**4** 문법적으로 과거시제 문장을 쓰기 위해서는 시점을 명확히 밝혀주어야 한다. 하지만 구어에서는 구체적 시점이 없다고 하더라도 어쨌든 그 사람이 휴가를 갔다는 점은 분명하니 과거시제를 써도 상관 없다. **3**에서 '휴가 중이다'는 go on a/one's vacation 이라고 하므로 go on the vacation은 틀린 표현이다. **5**~**6** 현재완료시제로 '휴가중인 상태'를 나타낼 수 있다. He has gone은 '가버려서 현재 여기 없다'는 뜻이다. **7**~**8** 휴가 갔다고 얘기할 것 없이 그냥 휴가 중이라고만 해도 상관 없다. 여기에서도 한국어 과거시제 동사가 영어 현재시제 전명구로 바뀐 것을 알 수 있다.

| 정답 | A **2**, **4**, **5**, **6**, **7**, **8**, **9**, **10**   B **4**, **5**   C **1**, **2**, **4**, **5**, **6**, **7**, **8**

법칙 04 *영어는 끝까지 따진다

- 013　우리 아들은 중학교 2학년이에요
- 014　8월에는 한국이 베트남보다 더울 거야
- 015　다른 색깔 있어요?

영어는 끝까지 따진다

전치사를 빼먹으면 안 된다

고급영어 학습자는 한국어에 없는 관사, 전치사 때문에 학습 과정에서 좌절하는 경우가 많다. 초급 단계에서는 표현을 외워 자기 생각을 전달하는 데 급급하지만 중고급자 이상이 되면 어법상 맞는 표현을 하고 싶은 욕구가 커지기 때문이다.
아래 대화를 살펴보자.

> A: 나 집 샀어.
> B: 어디에?
> A: (지금 살고 있는 곳과) 같은 동네야.

'같은 동네야'는 정식 문장으로 It's in the same neighborhood.라고 한다. 한국어식으로 직역해서 It's the same neighborhood.라고는 하지 않는다. 줄여 말하는 경우에도 the same neighborhood라 하지 않고 in the same neighborhood라고 한다. 한국어로 '같은 동네이다'를 영어로는 전치사 in을 꼭 넣어야 말이 되는 것이다. 이처럼 영어는 끝까지 따진다. 물론 한국어도 엄밀하게 따지는 측면이 있겠지만 한국어에 없는 전치사, 관사는 한국어 사용자가 소홀히 하기 쉬운 부분이다.
'아무리 이쁜 신발이라도 걷는 사람, 보는 사람까지 힘들게 만드는 신발은 꽝!'을 영어로 표현한다고 하자. 우선 '걷는 사람', '보는 사람'을 어떻게 표현해야 할까? '걷는 사람'은 '그 신발을 신고 걷는 사람'이므로 영어로 the one wearing it이라고 한다. 목적어 it이 반드시 필요하다. '보는 사람'은 '그 신발을 신고 걷는 사람을 보는 사람'이므로 others watching that person walk in it이다. in it은 '그 신발을 신고'인데 문맥상 in it이 반드시 필요하다. 이렇게 해서 다음 문장이 탄생한다.

> However pretty a shoe is, if it makes the one wearing it and others watching that person walk in it uncomfortable, then it's not worth buying it.[8]

어려운 관사, 기본은 이렇다

네이티브가 아닌 사람이 관사를 제대로 쓰는 것은 불가능하다. 하지만 상급 영어를 구사하기 위해서는 관사를 빼놓고 갈 수 없다. 관사의 기본은 이렇다. 가산명사의 경우 '불특정한 한 개'일 때는 부정관사 a를 쓰고 여러 개일 때는 복수형을 쓴다. '특정한 한 개'일 때는 정관사 the를 쓴다.

예를 들어, 친구의 전화를 받는데, 마침 회의하러 회의실로 이동 중이었다. 이런 상황에서 '나 회의 간다.'라고 할 때 I'm going to a meeting.이라고 해야 할까, 아니면 I'm going to the meeting.이라고 해야 할까? 상황에 따라 다르다. 상대방이 전혀 알지 못하는 갑자기 발생한 회의는 첫 번째 문장처럼 a meeting이라고 한다. 하지만 내가 전에 얘기한 적이 있거나 내가 어떤 회의에 가는지 상대방이 알 때는 두 번째 문장처럼 the meeting이라고 한다. 매주 월요일 아침 회의 간다고 할 때는 두 번째 문장이 좋다. 상대방이 내가 월요일 아침마다 주간업무 회의를 한다는 것을 알고 있기 때문이다.

물론 예외도 많다. '점심 먹었다.'는 I had lunch.로, lunch에는 일반적으로 관사를 사용하지 않는다. 하지만 '점심 엄청 많이 먹었어요.'는 I had a big lunch., '오늘 점심은 특별했다.'는 I had a special lunch today.라고 한다. 보통과 다른 lunch는 한 개, 두 개를 셀 수 있는 가산명사가 되어 부정관사가 필요하다. 한편 '건강 조심하기 바란다.'는 Take care.이다. '건강 잘 챙겨라.'는 Take good care of yourself.이다. 이때는 Take a good care of yourself.라고 하지 않는다. care는 여전히 불가산명사로 쓰이기 때문이다.

'나는 베라크루즈가 제일 좋다.'를 I like Veracruz the most.라고 할까? 우리 눈으로는 완벽하게 보인다. 하지만, 자동차 모델은 고유명사이기는 해도 정관사 the가 필요하다. 따라서 I like the Veracruz the most.가 맞다. 여러 네이티브에게 물어봤지만 딱히 왜 정관사 the가 필요한지 제대로 설명하는 사람이 없었다.[9]

관사는 하루 아침에 익힐 수 없다. 다양한 문장을 접하면서 관사를 쓰지 않을 때, 부정관사를 쓸 때, 정관사를 쓸 때 문장의 뜻이 어떻게 달라지는지 그 미묘한 차이를 익혀가면 어느 순간 네이티브의 마음을 엿볼 수가 있다. 관사는 시간이 많이 걸린다. 여기까지 살펴 보았듯이, 한국어에서 함축적으로 표현한 것을 영어에서는 꼬치꼬치 따져가며 문장을 만들고 있으니 우리도 이 점에 신경을 써야 한다.

013 우리 아들은 중학교 2학년이에요

한국에서 중학교를 다니는 아들을 소개하고 있다.

STEP 1 문장만들기
- 표제문을 영어 문장으로 만들어보세요.
[   ]

STEP 2 비교하기
- 표제문을 영어로 잘 옮긴 것에 모두 체크하세요.

1 He is the second grade in middle school.
2 He is the second grader in middle school.
3 He is a second grader in middle school.
4 He is a second-year student in middle school.
5 He is in the second grade in middle school.
6 He is in second grade in middle school.
7 He is in second grade in middle school, which is 8th grade in the United States.

|가능한 문장| 3, 4, 5, 6, 7

STEP 3 확인하기
- 문장을 자세히 확인하세요.

★ 영어식 사고로 전환하기   '우리 아들은 중학교 2학년이에요.'는 He is the second grade in middle school.일까? 딱 봤을 때는 아무 문제도 없는 것처럼 보인다. 하지만 영어 문장의 be동사는 주어와 보어(명사 또는 형용사, 드물게 부사)가 반드시 같은 자격으로 연결되어

야 한다.(예: He is a student. / He is nice. / He's upstairs.) 아들이 '2학년 전체'가 될 수는 없다. 아들은 '2학년 안에' 들어있는 것이므로 He is in second grade처럼 전치사를 집어 넣어 정확하게 문장 성분(in second grade는 형용사구) 표시를 해준다. 또는 a second grader 또는 a second year student라고 해서 '한 명의 2학년 학생'임을 분명하게 밝혀준다.

1 He is the second grade in middle school.
틀렸다. He = the second grade가 되어 버린다. He is in the second grade라고 해야 말이 된다.

2 He is the second grader in middle school.
3 He is a second grader in middle school.
4 He is a second-year student in middle school.
'2학년 학생'은 a second grader 또는 a second-year student라고 한다. 학생이 딱 한 명이라면 the second grader라고 할 수도 있겠지만 같은 학년에 학생이 여러 명이고 he가 그 중 한 명이므로 3, 4처럼 부정관사 a를 사용해야 한다. '나는 학생입니다'라고 할 때 I am the student.가 아니라 I am a student.라고 하는 것과 같은 이치다.

5 He is in the second grade in middle school.
6 He is in second grade in middle school.
둘 다 좋다. 서수사 first, second, third에는 반드시 정관사를 붙여 the first, the second, the third라고 해야 할 것 같은 느낌을 받는다. 물론 이렇게 해도 되지만, 정관사 없이 He is in second grade라고 해도 된다. 한편, 우리 아들이 어느 '한' 중학교에 다니니 in a middle school이라고 해야 하지 않을까 생각할 수 있다. 하지만 부정관사 a 없이 in middle school이라고 말한다.

7 He is in second grade in middle school, which is 8th grade in the United States.
미국은 초등학교부터 고등학교까지 12학년으로, 초등학교 5년, 중학교 3년, 고등학교 4년이다. 우리나라 중학교 2학년은 미국의 8학년에 해당하므로, 미국인과 대화한다면 이렇게 말하면 된다.

014 8월에는 한국이 베트남보다 더울 거야

베트남에 있는 친구와 통화 중이다. 지금은 6월인데 갈수록 더워지고 있다고 한다. 지금은 베트남이 덥지만 8월에는 한국이 실질적으로 베트남보다 더울 것이라고 말해 준다. 베트남에는 하루 한 번 정기적으로 열대성 소나기(스콜)가 내리지만 한국에는 비가 안 오고 후덥지근 하기 때문이다.

STEP 1 문장만들기

- 표제문을 영어 문장으로 만들어보세요.

[   ]

STEP 2 비교하기

- 표제문을 영어로 잘 옮긴 것에 모두 체크하세요.

1. Korea is going to be hotter than Vietnam in August.
2. In August, Korea will be a lot warmer than Vietnam.
3. Korea is going to be hotter and more humid than Vietnam in August.
4. Korea is going to be hotter and stickier than Vietnam in August.
5. It will be warmer in Korea than in Vietnam in August.

> 6 It will be warmer in Korea than it will be in Vietnam in August.
>
> 7 It's going to be hotter here than there in August.

| 가능한 문장 | 1, 2, 3, 4, 5, 6, 7

STEP 3 확인하기
• 문장을 자세히 확인하세요.

★ **영어식 사고로 전환하기** '올해 유독 날씨가 덥다'는 It's unusually hot this summer.처럼 주로 it을 주어로 사용한다. 하지만 꼭 it에 구애받는 것은 아니다. '한국은 8월에 덥다'고 하면 It's hot in Korea in August.라고 해도 되지만 '한국'을 주어로 삼아 Korea is hot in August.라고 할 수도 있다. 하지만 앞 문장처럼 쓰는 것이 일반적이다.

1 Korea is going to be hotter **than Vietnam in August.**
2 In August, Korea will be a lot warmer **than Vietnam.**
괜찮다. is going to는 미래시제를 표현하며 조동사 will과 같은 뜻이다. 보통 우리가 알고 있는 것과 달리 warm은 '따뜻한'의 뜻도 있지만 '날씨가 더운'으로도 자주 쓴다.

3 Korea is going to be hotter and more humid **than Vietnam in August.**
4 Korea is going to be hotter and stickier **than Vietnam in August.**
모두 좋다. humid는 '날씨가 습한'이란 뜻이고, sticky는 '끈적끈적한'이란 뜻이 있는데 '날씨가 무더운'이란 뜻도 갖고 있다.

5 It will be warmer in **Korea than** in **Vietnam in August.**
가장 좋은 문장이다. than Vietnam이 아니라 than in Vietnam인 점에 주의하자. than과 in Vietnam 사이에는 it will be warmer가 생략된 형태이므로 그냥 Vietnam이라고 하면 틀린 문장이 된다. 비교를 할 때는 같은 대상으로 해야 한다. 여기서는 in Korea와 in Vietnam을 비교한 것이므로 in Vietnam이라고 해야 한다.

6 **It will be warmer in Korea than it will be in Vietnam in August.**
불필요하게 길고 복잡한 것 아닌가 의구심이 들 수 있으나 전혀 그렇지 않다. 표제문을 잘 표현한 문장이다.

7 **It's going to be hotter here than there in August.**
대화하는 사람들이 서로가 어디에 있는지 알고 있는 상황이므로 here(여기)와 there(거기)를 써서 표현해도 된다.

015 다른 색깔 있어요?

옷 가게에서 바지를 고르고 있다. 사이즈는 맞는데 색깔이 맘에 들지 않아 점원에게 묻는다.

STEP 1 문장만들기
- 표제문을 영어 문장으로 만들어보세요.
[   ]

STEP 2 비교하기
- 표제문을 영어로 잘 옮긴 것에 모두 체크하세요.

1. Do you have different color?
2. Do you have a different color?
3. Do you have different colors?
4. Do you have any different colors?
5. Do you have another color?
6. Do you have these pants in a different color?
7. Do you have these in another color?
8. Do you have them in a different color?
9. Do you have ones in a different color?
10. Do you have another one in a different color?
11. Do you have another in a different color?
12. Do you have other ones in a different color?
13. Do you have others in any different colors?

| 가능한 문장 | 2, 3, 4, 5, 6, 7, 8, 10, 11

STEP 3 확인하기
• 문장을 자세히 확인하세요.

★ **영어식 사고로 전환하기**   color는 가산명사이므로 단수일 때는 부정관사 a가 필요하며, 혹은 복수형으로 colors라고 해야 한다. 여기서 a different color / different colors / another color 사이에 차이점은 크게 없다. 모두 '다른 색깔로 된 같은 스타일 옷'을 의미한다. 표제문에서는 '다른 색깔'이 '같은 스타일의 색깔이 다른 바지'로까지 의미가 확장되어 있다. 영어로도 물론 구어체에서는 간단하게 a different color 또는 different colors라고 할 수도 있지만, 일반적으로는 대명사와 전치사를 활용하여 them in a different color처럼 정확하게 표현하는 것을 선호한다.

1 Do you have different color?
2 Do you have a different color?
3 Do you have different colors?
4 Do you have any different colors?
5 Do you have another color?

'다른 색상 있어요?'를 뜻하는 영어 문장이다. 표제문은 다른 색깔 옷이 있냐는 질문이지만 '옷'이라고 말하지 않아도 옷 가게에서 이루어지는 대화이므로 가능하다. 단 구어체라서 문어에서는 사용이 곤란하다. 앞서 말한 대로 color는 가산명사라서 부정관사 a가 필요하므로 **1**은 틀렸다. 한편 **3**의 different colors 대신에 more colors하고 해도 되고, **4**의 any different colors 대신에 any other colors라고 해도 된다.

6 Do you have these pants in a different color?
7 Do you have these in another color?

문어체와 구어체에서 모두 쓸 수 있는 좋은 문장이다. 바지를 고르고 있기 때문에 these pants in a different color를 목적어로 두었다. these pants를 간단히 대명사 these로 표현한 **7**도 가능하다. in a different color 대신 앞에서 알아본 것처럼 in different colors / in any different colors / in another color라고도 할 수 있다.

8 Do you have them in a different color?

아직 물건을 고르기 전의 상황인데, pants를 가리키는 대명사로 them을 써도 될까? 전혀 문제되지 않는다. 단지 좀 더 상황에 맞는 표현을 하기 위해 대명사를 비교해보자면, 바지를 붙잡은 채로 말할 때는 these, 바지를 가리키면서 말할 때는 those를 쓸 수 있다. 하지만 바지를 붙잡거나 가리키면서 말할 때 일반적인 대명사 them을 써서 them in a different color라고 해도 된다.

9 Do you have ones in a different color?

pants를 가리키는 대명사로 ones는 사용할 수 없다. 모자, 셔츠 등 단수명사의 경우, 다른 걸 보여달라고 할 때는 one in a different color라고 하면 아무 문제 없이 잘 통한다. 하지만 pants나 shoes처럼 복수형으로 쓰는 단어를 받을 때 ones는 쓸 수 없고 them, these, those 같은 대명사를 써야 한다.

10 Do you have another one in a different color?
11 Do you have another in a different color?

another one도 좋고 another를 단독으로 써도 좋다. another는 형용사, 대명사로 두루 쓰인다.

12 Do you have other ones in a different color?
13 Do you have others in any different colors?

틀린 표현이다. 12의 other ones는 '다른 것'을 직역한 말인데 말이 안 되는 표현이다. 13은 '다른 색상의 다른 스타일 바지 좀 보여줄래요?'란 의미로, 뜻이 완전히 달라진다. 바지 스타일도 마음에 안 드니 다른 것을 보고 싶다는 뜻이다.

이런 문장도 생각해보세요

• 다음 중 맞는 문장에 모두 체크하세요.

A 우리 아들은 지금 사춘기다
▶ 아들이 중학교 1학년인데 이제 막 사춘기가 시작되었다.

1. He is puberty.
2. He is in puberty.
3. He is in adolescence.
4. He has reached puberty.

Key point ① 한국어 문장은 '우리 아들 = 사춘기' 식으로 표현된다. 하지만 영어에서는 he = puberty가 될 수 없기 때문에 puberty는 단독으로 보어가 되지 못하며, 형용사구(in puberty)를 만들어야 한다. 따라서 He is puberty.라고 하면 틀리고 He is in puberty.라고 해야 한다. ②~③ 둘 다 좋다. puberty는 11, 12살 정도에 겪는 생물학적, 신체적 변화를 뜻하며, adolescence는 16~18세에 겪는 정서적, 감성적 변화를 가리키는 것이 보통이다. 일상적인 상황에서는 둘 다 쓸 수 있다. in puberty/adolescence는 '사춘기에 있는'이란 뜻이다. ④ 좋다. '사춘기가 되다'라고 할 때 reach puberty 대신에 hit puberty도 좋다.

B 부산에 있는 백화점 숫자가 인천에 있는 것보다 훨씬 많다
▶ 인천과 부산의 백화점 수를 비교하고 있다.

1. The number of department stores in Busan is larger than in Incheon.
2. Busan has many more department stores than Incheon does.
3. There are many more department stores in Busan than in Incheon.
4. There are far more department stores in Busan than in Incheon.
5. There is a great deal of more department stores in Busan than in Incheon.

Key point ① 좋다. in Busan / in Incheon에 전치사 in이 반드시 필요하다. ② 좋다. does는 앞에 나온 have를 가리키는 대동사이다. does는 생략해도 무방하다. ③~④ there is/are ~를 사용해도 충분한 문장이다. '훨씬 더 많은'을 many more와 far more로 표현하였다. ⑤ 틀렸다. a great deal of는 a lot of와 같은 뜻이다. 하지만 〈a great deal of + 불가산명사〉 형식으로 쓰며, 〈a great deal of + 복수명사〉 형태로는 쓰지 않는다. a great deal은 강조어로 '훨씬'이라는 뜻이므로 a great deal more department stores는 괜찮다.

C 골프연습장에 간다

▶ 집 근처 골프 연습장(집 근처에 연습장이 몇 개 있지만 내가 가는 곳은 정해져 있다.)으로 출발하기 직전에 여자친구 수지한테서 전화가 왔다. 수지는 이 골프 연습장을 본 적도, 가본 적도 없다.

❶ I am going to a driving range.
❷ I am going to the driving range.

Key point ❶~❷ 그 골프연습장에 대해 전혀 보거나 듣지 못했다면 ❶이 맞다. 또는 굳이 어디 가는지 특정해서 말하고 싶지 않을 때도 ❶을 쓴다. a driving range는 시내에 있는 어느 연습장이라도 되기 때문이다. 하지만 표제문의 경우, 수지가 이 연습장에 가본 적은 없지만 내가 보통 가는 장소가 정해져 있으므로 ❷가 옳다. 저자의 네이티브 친구는 ❶과 관련하여 흥미로운 얘기를 해줬다. 만일 자기가 여자친구에게 ❶이라고 말했다면 의심 어린 눈초리로 꼬치꼬치 캐물을 것이라고 한다. 진짜로 골프연습장에 가는 것이 맞는지, 명확하게 말하지 않는 것이 무슨 꿍꿍이가 있는 거 아니냐고 의심할 수 있다고 한다. 따라서 여자친구에게는 반드시 ❷라고 얘기하라고 충고를 덧붙였다. 관사를 어떻게 쓰느냐에 따라 의미가 달라진다.

D 지호는 키가 보통이다

▶ '키가 크다'는 He is tall. '키가 작다'는 He is short.이다. 그렇다면 '키가 보통이다'는 어떻게 말할까?

❶ He is medium/average/normal.
❷ He is of medium/average/normal height.
❸ He is medium/average/normal height.
❹ He is medium/average/normal in height.

Key point '중간', '보통'은 medium/average/normal 모두 괜찮지만, average가 가장 일반적이다. medium은 average와 비슷한 뜻이지만 수학 용어이고, normal은 '평균'이 아니라 '평균 범위', '정상 범위', 즉 구간 개념이다.[10] ❶ 틀렸다. He is tall/short.처럼 문장을 만들 수 없다. 이 문장만 봐서는 키를 말하고 있는지, 체격을 말하고 있는지 알 수 없다. ❷ 좋다. 전치사 of가 들어간 점에 주의하자. 〈of + 명사〉는 형용사구를 이룬다. 예를 들어 '도움이 되다'를 be of help라고 한다. ❸ 좋다. 〈of + 명사〉에서 가끔씩 of를 생략하는 경우가 있다. 예를 들어, '걔들은 나이가 같다'는 They are the same age.라고 한다. 오히려 They are of the same age.는 문법적으로 옳음에도 불구하고 거의 사용되지 않는다. 하지만 of 생략 현상이 항상 발생하는 것은 아니다. 어떤 네이티브는 of medium/average/normal height에서 of를 생략할 수 없으므로 아예 ❸이 틀렸다고 하기도 한다. ❹ 좋다. '키 측면에서/키 기준으로'를 명시하기 위해 in height를 추가했다. 단독으로는 어색하고 He is average in height, but overweight(키는 보통인데 몸무게는 좀 나간다).처럼 뒤에 구/절이 따라 와야 비로소 완전한 문장이 된다고 하는 사람도 있다.

Part 0 참고하기

1 영어는 be동사를 포함하여 동사만 서술어가 될 수 있으므로 SOV라고 해도 무방하나, 한국어는 동사, 형용사, '명사 + 이다(서술격 조사)'가 서술어(predicate)가 될 수 있다. 따라서 SOP라고 해야 가장 맞는 말이기는 하지만, 동사가 사실상 서술어를 대표하므로 SOV라고 표시한다.
독자들이 특히 헷갈리기 쉬운 것이 '한국어의 형용사'와 '영어의 형용사'이다. 품사 이름이 같기 때문에 암묵적으로 비슷할 것이라 생각할 수 있지만, 실상 둘은 완전히 다른 것이다. '한국어의 형용사'는, 간단하게 말하면 동사와 같고, '영어의 형용사'는 그 성질이 명사에 가깝다고 보면 된다. 예를 들어, '걔 예쁘다.'는 영어로 She is pretty.이다. 한국어 '예쁘다'는 활용을 하고 자체적으로 서술어 기능이 있지만, 영어 pretty는 〈be동사 + 형용사〉 형식으로만 사용된다. 반드시 be동사와 함께 써야 서술적 의미를 갖게 되는 것이다. 문법적인 측면에서, She is pretty.와 She is a student.는 본질적으로 같은 구문으로, 둘 다 SVC 2형식 구문이다. 그래서 '영어의 형용사'는 명사에 가깝다고 한 것이다.
한국어의 동사와 형용사를 아우르는 개념이 '용언'이다. 이 단어를 사용할까 말까 고민을 많이 했는데, 결론적으로 '동사'를 사용하기로 했다. 이 책은 문법적인 내용을 많이 다루다 보니 내용이 쉽지 않다. 이런 상황에서 독자들에게 익숙하지 않은 '용언'을 사용하는 것이 자칫 독자의 흥미를 떨어뜨릴 가능성도 높고, 서술어의 대부분을 동사가 차지하고 있는 점을 고려할 때 '동사'를 사용하기로 한 것이다. 이 책에서 한국어의 '동사'는 대체로 형용사를 포함하고 있다고 보면 되겠다. 다만, 맥락에 따라 부득이 필요한 경우 '용언'을 사용하는 경우도 있다.

2 문용 『한국어의 발상, 영어의 발상』 p.237-238 참고

3 여기에는 예외도 있다. get into a car, 즉 '자동차에 탑승하다' 뜻으로 쓰일 때가 바로 그 경우이다. 예를 들어, I was about to get into the car(차에 막 타려고 하던 찰나였어요).는 정상적인 문장이다.

4 영어의 '현재시제'는 동사에 따라 '현재 상태'를 표현하기도 하고 '일반적인 습관'을 표현하기도 한다. be동사, 감각 동사, 상태 동사는 I am in a taxi. / I have a cold. / I hear you.처럼 현재시제로 '현재 상태'를 표현한다. 하지만 활동 동사(action verbs)는 현재시제로 '일반적인 습관'을 표현하며, 지금 막 일어나고 있는 것은 현재진행시제로 표현한다. get은 활동동사이므로 현재시제로 일반적인 습관을 표현한다.

5 http://news.donga.com/Culture/3/07/20120524/46477627/1 (2012.5.24일자)

6 Greenbaum(1996: 212)에 명사구(Noun Phrases)의 기능 중 하나로 형용사, 부사 수식어(premodifier of adjective and adverb)로서의 기능을 열거하고 있다.

7 기존 5형식 이론에 의하면 SVC에서 보이는 형용사 및 형용사구를 말한다. 하지만, 문장에 따라서는 부사구(adverbial phrases)가 문장의 필수적인 성분으로 기능하는 일이 허다하다. A. Hornby

같은 학자들은 이를 SVA로 논하고 있다. 5형식 이론은 상당히 중요한 토대이기는 하지만 모든 문장 구조를 설명해주는 완벽한 이론은 아니니 SVA같이 기존 5형식 이론에 나오지 않는 문장도 수용할 수 있는 사고의 유연성이 필요하다.

8 출처: http://www.feetmanseoul.com/?p=1184&akst_action=share-this
원문은 However pretty a shoe can be, if it makes the one wearing it and others watching that person walk in it uncomfortable, then it's a goner.이지만 네이티브에 의하면 약간 어색하다고 한다. 특히 goner가 어색하다고 한다. goner는 '살아날 가망이 없는 사람/동물' 또는 '퇴물/한물 간 사람'이라 맥락에 잘 맞지 않는다고 한다. 이 문장을 네이티브의 도움을 받아 문법적으로 하자가 없는 문장으로 고친 것이 66페이지의 문장이다. 하지만 이것도 한국어 문장을 영어로 직역을 한 것이기 때문에 여전히 약간 어색한 점이 남아 있다. (저자가 이 문장을 선택한 이유는 한국어에 없는 전치사나 대명사에 신경을 써야 한다는 점을 잘 보여주는 사례이기 때문이다.)
그렇다면, 같은 뜻을 전달하고자 하는 경우 실제 대화 상황에서는 어떤 문장을 사용할까? 다음과 같은 문장을 생각해 볼 수 있겠다.
(1) However pretty the shoes are, if they make the person wearing them uncomfortable, and also the people who see her, they are not worth buying.
(2) However pretty the shoes are, if they make her and the people who see her uncomfortable, they are not worth buying.
(3) However pretty the shoes are, if they make you uncomfortable, they are not worth buying.
(1) 신발 한 짝만 신고 다니는 일은 없으니까 신발을 지칭할 때는 복수형 the shoes가 일반적이다. uncomfortable의 중복을 피하기 위해 and also를 사용했으며, watch보다는 see가 좋다. buying them 대신 them을 문장의 주어로 내보내 they are not worth buying이라고 한 점에 주목하라.
(2) 영어는 대명사를 잘 쓴다. '신는 사람'은 어차피 여자일 테니 her로 단순화하고, '보는 사람'을 the people who see her로 쉽게 표현했다.
(3) 여기서 you는 일반 주어이다. '신는 사람'을 you로 단순화했다. 서양인은 다른 사람이 나를 어떻게 보는지 우리만큼 신경을 쓰지 않으므로 '보는 사람'을 언급하는 것이 오히려 어색할 수도 있다. 이런 경우 (3) 같이 아주 단순한 문장이 가능하다.
종합적으로 봤을 때 (2)가 가장 한국어 문장에 근접하면서도 영어 관점에서도 가장 무난하다.

9 '베라크루즈 (한 대) 가지고 있다'고 할 때는 I have a Veracruz.처럼 말한다. 즉 '한 대'를 말할 때는 a Veracruz가 가능하다. 하지만 '차종'을 말할 때는 the Veracruz라고 해야 한다.

10 상대방이 How tall is he?라고 물었을 때 대답으로 He is average.라고 할 수는 있다. 맥락이 아주 분명하기 때문이다. 하지만 이 경우에도 He is medium.이나 He is normal.은 쓸 수 없다.

Part 1

영어 문장 이렇게 만들어라

'이 영화 정말 재미있다.'를 영어로 말하려고 할 때 어떻게 말하면 될까요? '영화'는 movie, '재미있는'은 fun이므로 대부분 This movie is very fun.을 떠올릴 것입니다. 하지만 fun은 이 상황에 맞는 단어가 아닙니다. 우리말에 지나치게 끼워 맞추려고 하면 네이티브에게는 어색한 말이 되죠. Part 1에서는 영어 문장을 시도할 때 이처럼 우리가 흔히 하는 '직역식 문장 옮기기'의 함정을 벗어나기 위해 염두에 두어야 할 몇 가지 원칙을 제시합니다.

법칙 05	'단어 대 단어' 대입틀을 벗어나라
법칙 06	빼먹어도 된다, 핵심만 옮겨라
법칙 07	요말 조말 바꿔보고 안 되면 돌아가라
법칙 08	긴 문장은 쪼개라
법칙 09	긍정은 부정으로, 부정은 긍정으로

법칙 05 *'단어 대 단어' 대입틀을 벗어나라

016 이 영화 정말 재미있다. 그치?

017 강의를 조금 재미있게 했어야 했는데

018 오늘 시험 봤어

019 택시 탔어

 # '단어 대 단어' 대입틀을 벗어나라

시행착오를 즐겨라

한국어와 영어는 너무나도 다른 언어이다. 그래서 한국어 문장을 글자 대 글자로 영어 문장으로 직역한 결과물은 전혀 영어답지 않은 문장이 되기 십상이다. 하지만 영어에 익숙하지 않은 우리가 우리말을 영어로 표현하려니 어쩔 수 없이 한국어 문장에 있는 단어들을 직역하게 된다. 바로 여기서 한국어로부터 온 온갖 종류의 간섭과 잡음이 영어 문장에 젖어들게 된다.

어느 한 순간에 갑자기 영어를 잘 할 수 있는 방법은 없다. 오랫동안 시간을 투자하고 고통스러운 연습 과정을 거쳐 조금씩, 아주 조금씩 영어실력이 늘어나는 것이다. 그 과정에서 당연히 시행착오도 겪게 되지만 시행착오를 두려워하지 말아야 한다. 실수하는 과정에서 많은 것을 배우게 되기 때문이다.

수많은 시행착오를 이겨내고 드디어 내가 말하고 싶은 영어 문장을 완성했다고 해도 여기서 멈추지 말고 그 문장을 여러 형태로 바꾸어 시도해야 된다. 주어도 바꿔보고, 동사도 바꿔보고, 목적어도 바꿔보고, 구문도 바꿔보자. 이렇게 하면 그 동안 몰랐던 영어의 새로운 면을 제대로 알 수 있게 된다. 사실, 이것은 상당히 고통스러운 과정이지만 이렇게 해서 얻는 결과물은 고통 이상의 짜릿함과 뿌듯함을 느끼게 해줄 것이다.

이리저리 한국어 표현을 바꿔보기도 하고 다른 각도에서 바라보기도 하면서 유사한 영어 문장을 시도하는 과정에서 영어 실력이 쌓인다. 단번에 제대로 된 문장을 만들어 내는 경우도 있겠지만, 사실 대부분은 아주 초보적인 수준의 문장을 만들고 이것들을 다듬어 비로소 제대로 된 문장을 만들어나가게 된다. 이런 경험이 쌓이면서 영어식 사고가 조금씩 자리잡게 되는 것이다.

016 이 영화 정말 재미있다, 그치?

수지와 함께 전쟁영화를 보고 나가는 길이다. 지금 끝맺음 자막이 올라가고 있다. 나는 이 영화를 재미있게 봤다.

STEP 1 문장만들기

- 표제문을 영어 문장으로 만들어보세요.

[   ]

STEP 2 비교하기

- 표제문을 영어로 잘 옮긴 것에 모두 체크하세요.

1. It was a lot of fun, wasn't it?
2. It was so much fun, wasn't it?
3. It was really fun, wasn't it?
4. It was really funny, wasn't it?
5. It was exciting, wasn't it?
6. It was a good movie, right?
7. This movie was really good, wasn't it?
8. This movie is great.
9. This movie was awesome.
10. This is a great movie.
11. This was a great movie.
12. I absolutely enjoyed it. How about you?
13. I really liked it. Did you like it?

| 가능한 문장 | 5, 6, 7, 8, 9, 10, 11, 12, 13

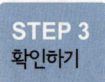 • 문장을 확인하세요.

★ 영어식 사고로 전환하기 청룡열차, 운동 경기 등과 같이 뭔가 직접 해보고 그것이 재미있다고 할 때 fun을 쓸 수 있다. 영화는 눈 뜨고 화면을 주시할 뿐이다. 따라서 영화에 fun을 쓰는 것은 매우 어색하다. 영화는 good/great라고 하지, 일반적으로 fun이라고는 하지 않는다. 한편, 장르에 따라 공포영화를 보고 나서 '재미있었다'고 말할 때는 That was scary.라고 하고 액션 영화를 보고 나서 '재미있었다'고 말할 때는 That was exciting.이라고 말할 수도 있다.

1 It was a lot of fun, wasn't it?
2 It was so much fun, wasn't it?
3 It was really fun, wasn't it?

모두 틀렸다. 영화는 fun하다고 하지 않으므로 표제문 뜻이 될 수가 없다. 말하는 사람의 의도에 따라 it이 무엇을 가리키는가가 결정되겠지만 '놀이동산 가서 같이 놀이기구 탄 것', '클럽에 가서 신나게 춤을 춘 것' 등 오늘 데이트를 한 모든 과정이 다 즐거웠다는 뜻일 가능성이 높다. 따라서 표제문과는 뜻이 맞지 않는다.

4 It was really funny, wasn't it?

'이 영화 진짜 웃기다.'란 뜻으로, 코미디 영화를 보고 나서 쓸 수 있는 표현이다. 전쟁 영화를 본 후에 쓰기는 적절치 않은 문장이다.

5 It was exciting, wasn't it?

좋다. 다만, 영화를 보고 excited된 경우에만 쓸 수 있겠다. 물론 전쟁 장면에서는 excited될 수도 있지만, 마지막까지 보고 나서 감동받아 숙연한 기분이 들 경우에는 쓸 수 없다. **5**는 영화가 화끈하고 신났다는 말이다.

`과거 시제 was` 영화를 다 보고 나서 자막이 올라가고 있는 상황이므로, exciting한 경험은 10분 전이건, 30분 전이건 어쨌든 과거에 발생한 것이다. 따라서 과거시제 It was exciting.이 맞으며, It is exciting.이라고 하지 않는다. 아울러, 지금 상황에 This is exciting. / This was exciting. / That is exciting. 모두 말이 안 되며 That was exciting.만 말이 된다. 과거 경험이므로 this는 쓸 수 없고 오직 that과 과거시제만 쓸 수 있기 때문이다.

6 It was a good movie, right?
7 This movie was really good, wasn't it?

둘 다 좋다. 한국어 문장에 '재미'라는 말이 있지만 어디에도 fun이라는 단어가 없는 점에 주목하자. 한국어를 영어로 옮기는데 있어 많은 경우 직역을 하면 전혀 문장으로 성립이 안 되거나 뜻이 안 통하는 일이 허다하다.

8 This movie is great.
9 This movie was awesome.
10 This is a great movie.
11 This was a great movie.

great는 '재미있는', awesome 역시 '진짜 재미있는', '대단한'이란 뜻이다.

시제 지금 끝맺음 자막(ending credits)이 올라가고 있는 상황이므로 사람에 따라서는 영화가 아직 계속 되고 있다고 생각하는 사람도 있고 영화가 이미 끝났다고 생각하는 사람도 있을 수 있다. 이런 상황에서는 현재시제 또는 과거시제 모두 좋다. 하지만, 5분 후에 커피샵에 가서 이 영화에 대해 얘기한다고 하자. 이때는 위 네 문장 모두 말이 안 되며 That movie was great. / That was a great movie.라고 말해야 한다. 물론 5분 전에 영화를 재미있게 본 나의 경험을 말하는 것이 아니라 일반적인 평가를 하는 문장은 현재시제를 사용한다. 예를 들어 영화 브로셔를 가리키며 This movie is great for people who like sci-fi movies(공상과학영화를 좋아하는 사람들한테 이 영화가 딱이다).는 아무 때나 써도 좋다.

12 I absolutely enjoyed it. How about you?

좋다. '이 영화 정말 재미있다'는 '이 영화를 정말 즐겼다'는 말이니까 동사 enjoy를 쓰면 아주 제대로 된 문장이 된다. 표제문 '재미있다'에 매몰되면 I absolutely enjoyed it.을 생각해내기가 매우 어려우니 먼저 한국어 문장을 이리저리 바꿔보기 바란다. 그러다 보면 좀 더 쉬운 영어 문장이 생각날 것이다.

13 I really liked it. Did you like it?

여기서 동사 like는 '(정태적이고 장기간 계속되는) 선호하다/좋아하다'란 뜻이 아니라, '(지금 이 순간의 느낌을) 맘에 들어 하다', '즐기다'란 뜻이다. 따라서 I really liked it.을 직역하면 '나 이 영화가 맘에 들었다', '이 영화를 즐겼다.'가 되고, 이것을 자연스러운 우리말로 말하면 표제문이 된다. Did you like it? 대신에 What about you? / What did you think?도 좋다.

017 강의를 조금 재미있게 했어야 했는데

대학생들 상대로 강의를 재미없게 했더니 학생들이 다들 자버렸다. 강의가 모두 끝난 뒤 아쉬운 마음에 하는 말이다.

STEP 1 문장만들기
- 표제문을 영어 문장으로 만들어보세요.
[   ]

STEP 2 비교하기
- 표제문을 영어로 잘 옮긴 것에 모두 체크하세요.

1. I should have entertained them.
2. I wish I had made it more fun.
3. I wish I had entertained them more.
4. I wish I had given them a fun presentation.
5. I wish I had given them a more exciting presentation.
6. I wish I had made my presentation livelier.
7. I wish I had made my presentation more interesting/exciting/stimulating.
8. I should have made my presentation more interesting.
9. I really should have jazzed it up a little.
10. I really should have spiced it up a little.

| 가능한 문장 | 5, 6, 7, 8, 9, 10

> **STEP 3**
> 확인하기
> • 문장을 확인하세요.

★ 영어식 사고로 전환하기 서구 문화는 일과 여가를 엄격하게 분리한다. fun은 여가의 영역이기 때문에 일에 fun이 개입하는 것은 unprofessional하다는 인상을 주기에 충분하다. 일(work)은 서구인에게 기본적으로 고역의 대상이지 재미의 대상이 아닌 것이다. fun의 한국어 대응단어 '재미있는'은 이러한 뉘앙스를 거의 갖고 있지 않다. 한국인에게는 일과 여가가 엄격하게 분리되지 않는다. 따라서 '재미있는'을 fun으로 전환하면 이런 문화적 차이 때문에 네이티브는 어색하게 느낀다. 즉, '일'과 관련해서는 한국어 '재미있는'을 영어 fun으로 직역해서는 안 된다는 말이다. 한국어 단어 '재미있는'은 exciting/lively/interesting/stimulating으로 옮기는 것이 바람직하다. 표제문의 '재미있게'에 해당하는 단어로는 interesting이 가장 자연스럽다.

1 I should have entertained them.
틀렸다. 동사 entertain은 사전에 '다른 사람을 즐겁게 하다'라고 나와 있지만 정확한 의미는 '(고객/손님/친구/데이트 상대 등을) 접대하다'란 뜻이다. 유치원생 대상으로 강의를 했더라면 이 문장이 성립했을 수도 있다. 이들에게는 아직 학업과 놀이가 구분되지 않기 때문이다. 하지만 대학생이 대상이라면 수업 중 이들을 entertain할 필요가 없다.

2 I wish I had made it more fun.
틀렸다. 앞서 말한 대로 fun은 학습에 강조점을 두는 것이 아니므로 대학생이나 성인 대상 강의에 쓸 적절한 단어가 아니다. 강사가 청중에게 정보를 전달하면 되는 것이지 fun을 제공해야 할 이유가 없다. 대신, I wish I had made it more interactive(학생들 의견을 더 많이 듣도록)/interesting(흥미를 유발하도록)/dynamic(역동적으로)/stimulating(호기심을 자극하고 흥미진진하게)이라고 고치면 괜찮은 문장이 된다. 이들은 모두 지금 맥락에서 한국어의 '재미있게'라는 뜻으로 쓸 수 있는 단어들이다.

3 I wish I had entertained them more.
틀렸다. I wish 구문을 시도한 것은 좋지만 1과 마찬가지로 entertain 때문에 틀린 문장이다.

4 I wish I had given them a fun presentation.
틀렸다. 앞서 말한대로 대학생에게 a fun presentation을 해야 할 이유가 없기 때문이다.

5 I wish I had given them a more exciting presentation.
좋다. presentation은 셀 수 있는 것이므로 부정관사 a가 반드시 필요하며 '재미있는'이라고 할 때는 exciting 또는 interesting이 좋다. 〈I wish + 과거완료절〉은 '과거 사실의 반대'를 표현한다. 즉, '좀 더 재미있게 프리젠테이션을 했어야 했는데 그렇게 하지 못해 유감이다.'란 뜻이다.

6 I wish I had made my presentation livelier.
두 음절이고 y로 끝나는 형용사는 y를 i로 고치고 er을 붙여 비교급을 만든다. 따라서 livelier가 맞다. lively는 'live[라입]' + 'ly[을리]'로 된 두 음절 형용사이기 때문이다. 하지만 네이티브 중에는 more lively도 좋고 livelier도 좋다고 하는 사람도 있다. 구어체에서는 more lively도 통용되기는 한다.

7 I wish I had made my presentation more interesting/exciting/stimulating.
'재미있는'이란 뜻으로 interesting/exciting/stimulating 모두 좋다.

8 I should have made my presentation more interesting.
I wish I had made ~ 대신 I should have made ~라고 해도 좋다. 〈I wish I had + p.p.〉, 〈I should have + p.p.〉는 '~했어야 했는데 하지 못해 유감이다/안타깝다/후회된다'란 뜻이다.

9 I really should have jazzed it up a little.
10 I really should have spiced it up a little.
아주 훌륭하다. jazz up과 spice up은 구어체 이디엄으로 '신나게 하다, 재미있게 하다, 매력적으로 만들다'라는 뜻이다. 여기서 it은 물론 my presentation을 뜻한다.

018 오늘 시험 봤어

학교에서 기말고사 시험을 치렀다.

STEP 1
문장만들기

- 표제문을 영어 문장으로 만들어보세요.
[   ]

STEP 2
비교하기

- 표제문을 영어로 잘 옮긴 것에 모두 체크하세요.

  1 I saw the test today.
  2 I had the test today.
  3 I took the test today.
  4 I took the exam today.

| 가능한 문장 | 2, 3, 4

STEP 3
확인하기

- 문장을 확인하세요.

★ 영어식 사고로 전환하기 '시험을 봤어', '시험을 잘 봤어', '시험 잘 봐.'에서 보듯 한국어로는 '보다'라는 같은 동사를 사용하지만 영어로는 많이 달라진다. 한국어 문장으로는 아주 조금 달라지더라도, 영어 문장에서는 아예 다른 단어와 문형을 써야 하는 경우가 비일비재하다. 따라서 앞에 시도했던 것과 전혀 다른 새로운 문장을 만들어보는 것이 중요하다.

1 I saw the test today.

'봤다'를 말 그대로 직역한 문장이다. 누가 봐도 웃긴 문장이지만 당황하게 되면 이런 문장도 나올 수 있다. 이 문장은 어느 방에 들어갔는데 그 시험 문제지가 우연히 보였다고 할 때 쓸 수 있는 말이다. 내가 보려고 해서 본 것이 아니라 우연히 놓여 있는 것이 보였다는 뜻이다.

2 I had the test today.

좋다. have the test도 '시험 보다'란 뜻이다.

3 I took the test today.
4 I took the exam today.

좋다. '시험 봤다', '시험 쳤다'라고 할 때 '봤다', '쳤다'는 동사 take를 사용한다.

 test는 학교 시험뿐만 아니라 pregnancy test(임신 테스트) 같은 의학적인 검사, 미사일 테스트, 기능 테스트 등 다양한 의미로 사용되며, exam은 중간고사, 기말고사 등 학교에서 치르는 공식적인 시험을 의미한다. 미국에서는 흔히 midterm(중간고사), final(기말고사) 등 학교 시험들을 모두 test라고 말한다.

추가 표현 A⁺

시험 잘 봐!

시험 보기 전에 엄마가 아들에게, 선생님이 학생들에게 시험을 잘 보라고 격려하는 말이다.

1 Take the exam well.
2 Do well on the exam.
3 Do a good job on the exam.
4 Good luck!
5 Good luck on your exam!

1 말이 전혀 안 된다. 한국어는 '시험 보다'에 '잘'을 붙여 '시험 잘 보다'라고 하면 되지만 영어로는 이런 단어 대 단어식 번역이 통하지 않는다.

2 괜찮다. do well on은 '~을 잘하다'란 의미이다.

3 좋다. a good job은 '좋은 결과' 정도의 의미이다.

4~5 앞에 나온 2, 3도 괜찮지만 이 두 문장이 훨씬 더 일반적으로 쓰인다.

아들에게 시험 잘 보라고 격려해줬다

아들에게 '시험 잘 봐.'라고 한 사실을 다른 사람에게 전달하는 상황이다.

1 I said good luck.
2 I told him, "Good luck."
3 I wished him good luck.

1~2 나쁘지 않다. '시험 잘 보라고', '격려'에 현혹되면 생각해내기 어려운 문장이다.

3 가장 일반적이고 간단한 문장이다. good luck 앞에 부정관사 a를 쓰지 않는다.

오늘 시험 잘 본 거 같다

시험을 치고 점수가 아직 나오기 전에 하는 말이다. 객관적인 점수는 나오지 않았지만 시험 문제 풀이를 잘해서 만족스러운 상황이다.

1 I took the test very well today.
2 I think I did very well on the exam today.
3 I think I did very well.
4 I feel good about my test today.

1 '오늘 시험 봤다'를 I took the test today.라고 하니 '오늘 시험 잘 봤다' 역시 took을 써도 된다고 생각하기 쉽다. 하지만 1은 전혀 말이 안 통하는 잘못된 문장이다. '시험을 쳤다'와 '시험을 잘 쳤다'는 영어 표현이 완전히 다르다.

2~3 '시험 성적이 잘 나왔다'는 I did very well on the exam.이다. 여기서는 시험 성적이 아직 나오지는 않았고 자기가 받은 느낌이 좋다고 하는 단계이므로 2와 같이 말한다. 사실 실제 상황에서는 다 빼 먹고 3처럼 간단히 말할 것이다.

4 좋다. feel good은 '느낌이 좋다'란 뜻이 있다. 비슷한 표현인 feel well은 '건강하다', '컨디션이 좋다'는 뜻이므로 여기서는 쓰지 않도록 주의하자.

019 택시 탔어

밤 늦게 여자친구를 집까지 바래다주며 택시를 탈 거라고 하고 먼저 들여보냈다. 나는 지금 택시를 잡아타고 집에 가는 중이다. 여자친구가 택시를 잘 탔나 싶었는지 전화해서 '어디야(Where are you)?'라고 물었다.

택시 탔어

STEP 1 문장만들기
- 표제문을 영어 문장으로 만들어보세요.
  [   ]

STEP 2 비교하기
- 표제문을 영어로 잘 옮긴 것에 모두 체크하세요.

1. I am in a taxi.
2. I am in the taxi.
3. I just got in a taxi.
4. I just got into a taxi.
5. I took a taxi.
6. I am taking a taxi.
7. I am riding in a taxi.
8. I am riding a taxi.
9. I rode in a taxi.
10. I'm sitting in a taxi.

| 가능한 문장 | 1, 3, 4, 6, 7, 10

> **STEP 3**
> 확인하기
>
> • 문장을 자세히 확인하세요.

★ **영어식 사고로 전환하기**   아마 지금 상황에서 여자친구의 질문은 '택시 탔어?'가 될 가능성이 높다. 그러면 내가 할 수 있는 대답은 Yes. 또는 Not yet. 밖에 되지 않기 때문에 너무 싱겁다. 여자친구의 질문을 '어디야?'로 바꿔 봤다. 이 질문에 대해 우리는 일반적으로 '택시 탔어.'라고 대답할 것이다. 이것을 영어로 I took a taxi.라고 하기 쉽지만, 영어는 '현재 상태'에 주목한다. I am in a taxi.라고 해야 제대로 된 문장이 된다.

1 I am in a taxi.
2 I am in the taxi.

'택시 탔어.' 대신 '택시야.' 또는 '택시 안이야.'로 대답할 수도 있을 것이다. 그러면 **1**을 생각해내기가 훨씬 수월하다.

<mark>한국어 과거시제</mark> 한국어는 과거시제로 현재 상황을 표현하는 일이 아주 많다. 표제문에서 보듯이 택시를 탄 행동이 완료되어 현재 '택시 안에 있다'란 의미를 전달하기 위해 과거시제를 사용하고 있다. 하지만, 영어의 과거시제는 과거 사건을 나타낼 뿐 현재와의 관련성이 없다.[1] 현재상태는 현재시제 또는 현재진행시제로 표현해야 한다.

<mark>a taxi vs. the taxi</mark> 택시는 얼마든지 많으므로 그 중에서 하나 탔다는 의미로 a taxi라고 말한다. the taxi는 안 되며, 이렇게 쓸 수 있는 경우는 다음과 같다. 내가 택시 타자마자 여자친구에게 전화해서 **1**처럼 일단 말했다고 하자. 다시 여자친구에게 두 번째로 전화해서 여전히 택시 타고 가고 있다고 말하는 경우에는 반드시 **2**처럼 말한다. 사실 당연한 얘기다. 첫 번째 전화했을 때 말했던 그 택시이니까 이미 어떤 택시인지 특정되었으므로 the taxi라고 하는 것이다.

3 I just got in a taxi.
4 I just got into a taxi.

'방금 택시 탔다'는 뜻으로, just는 '방금'이라는 뜻이다. get in은 차에 들어가서 앉는 동작, 즉 약 4~5초 정도의 동작을 의미한다. 택시에 탑승한 결과 지금 현재 택시 안에 있다는 의미다. 앞에서 설명한 것처럼 보통 과거시제는 현재와 단절된 과거를 표현한다고 하지만, 그 '결과'는 현재에도 그대로 영향을 미칠 수 있는 것이다. 어제 다리가 부러졌지만 지금 현재도 여전히 그 결과가 영향을 미치고 있는 I broke my leg yesterday(어제 다리가 부러졌다).와 같은 논리다. 만약 get in을 현재진행형으로 써서 I'm getting in a taxi.라고 하면 '나는 지금 택시에 타는 동작을 하고 있는 중이다'라는 뜻이 된다.

5 I took a taxi.
틀렸다. 중의적인 문장으로 지금 상황에서는 쓸 수 없다.
첫 번째 뜻은, 집에 다 도착한 상황에서 '오늘 택시 타고 집에 왔다'는 의미다. 택시라고 하는 교통 수단을 이용해서 집에 왔다는 점에 중점을 둔다. 첫 번째 뜻으로 take를 쓸 수 있는 또 다른 상황을 생각해 볼 수 있다. '여기에 뭐 타고 오셨습니까?(How did you get here?)', '집에 뭐 타고 가셨습니까?'처럼 누가 교통수단을 물어왔다고 하자. 이 때 I took a taxi.라고 대답하며, 그 뜻은 '택시 타고 갔습니다/왔습니다'라는 뜻이다.
두 번째 뜻은, I'm in a taxi right now.의 뜻이다. 정확히 말하면 '나는 택시라는 교통수단을 선택했고 지금 택시에 탑승한 상태이다'라는 의미다. 두 번째 뜻으로도 지금 맥락에는 부합하지 않는다. 내가 택시를 타고 갈 것이라는 점을 여자친구가 이미 알고 있는 경우 I took a taxi.라고 하지 않는다. 다만 내가 버스 타고 간다고 했는데, 알고 봤더니 버스가 이미 끊겨서 택시를 탄 경우, 즉 내가 택시를 탄다는 점을 여자친구가 몰랐다면, The bus is not running, so I took a taxi(버스가 안 다녀서 택시 탔어). 또는 I took a taxi. I'm almost home(택시 탔어. 거의 다 왔어).이라고 말할 수는 있다.

6 I am taking a taxi.
괜찮다. 이 문장은 중의적이다.
첫 번째 뜻은, '너 뭐 타고 집에 갈거냐?'라고 상대방이 물어볼 때, 택시라는 교통수단을 타고 목적지(집)에 간다고 할 때 쓸 수 있는 문장이다. I'm catching a taxi.라고 해도 된다. 여기서 현재진행시제는 미래시제를 대신한다.
두 번째 뜻은, '방금 택시 잡아 타고 목적지(집)에 가고 있어.'이다. 표제문에 사용 가능한 뜻이다. 청자가 나의 목적지를 모르는 경우, 목적지를 명시해주는 것이 좋다. 그래야 완전한 문장으로 성립한다. I am taking a taxi home(택시 타고 집에 가고 있다).은 I took a taxi.와는 달리 내가 택시를 타고 간다는 사실을 알든 모르든 관계 없이 사용할 수 있다.[2]
세 번째 뜻은, '택시 타는 동작을 하고 있다.' 즉, '택시 문 손잡이를 잡고 자리에 착석하기까지 약 5초간의 동작을 하고 있는 중이다'란 뜻이다. 원래 6에는 세 번째 뜻은 들어 있지 않다. 두 번째 뜻이 있다 보니 그 뜻이 확장되어 세 번째 뜻으로도 '대충' 사용할 수 있다는 것이다. 아울러, 일반적으로는 택시 탑승 동작 자체가 별로 중요한 정보가 아니기 때문에 6으로 대충 의미 전달이 가능하다고 한다. 세 번째 뜻은 예외적이며, 개별 구체적인 상황에서 당사자간 충분히 그 의미 전달에 문제가 없을 때에 한하여 사용 가능하다. 세 번째 뜻으로는 I'm getting in a taxi.를 사용하는 것이 혼란을 줄이는 길이다.

7 I am riding in a taxi.
괜찮다. 이 문장은 중의적이다. 첫 번째 뜻은, '택시에 탑승해 있다', 즉, I am in a taxi right now.하고 같은 말이다. 두 번째 뜻은, '곧 탑승하고 목적지로 가겠다'는 뜻으로 미래를 나타낸다. 현재진행형이지만 '지금 택시에 탑승하고 있는 동작을 하고 있다'는 뜻은 없다. 실제 택시에 탑승하는 동작은 get in/into a taxi를 써서 표현한다.
<u>in a taxi</u> 전치사 on을 써서 I am riding on a taxi.라고 하면 안 될까? 이렇게 쓰면 네이티브에게는 마치 택시 위에 올라타서 말을 몰 듯이 앉아 있는 것이 연상된다고 한다. 반드시 in a taxi라고 해야 한다.

8 I am riding a taxi.
I am riding on a taxi.처럼 택시 위에 올라 타 있다는 뜻이 되어 틀렸다.

9 I rode in a taxi.
과거에(작년인지, 어제인지, 한 시간 전인지는 상황에 따라 다를 것이다) '택시 타고 어디 어디에 갔다'란 뜻이다. '방금 택시 탔다.(그래서 지금 택시 안이고 집으로 가고 있다)'란 뜻이 전혀 아니다. 이미 집에 도착해서 '(집에) 택시 타고 왔다'라고 말할 때 쓰는 문장이다.

10 I'm sitting in a taxi.
사람에 따라 의견이 분분하다. 어떤 사람은 너무 묘사적, 기술적이라고 한다. 우리말로 '택시에 궁둥이를 바닥에 대고 등은 등받이에 대고 앉아 있다.'는 정도로 들리는 모양이다. 어떤 사람은 택시에 탔는데 차가 밀려서 오도 가도 못하고 있을 때 쓸 수 있는 문장이라고 한다. 종합적으로 볼 때 틀린 것은 아니나 썩 권장할 만한 문장은 아니다.

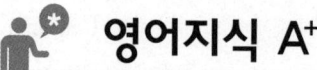 **영어지식 A⁺**

동사 ride와 전치사 in/on의 쓰임새

'오토바이 타다'는 ride a motorbike 또는 ride on a motorbike라고도 한다. 근데 왜 유독 자동차만큼은 ride a car, ride a taxi는 안 되고 ride in a car, ride in a taxi라고만 할까? 그것도 왜 하필 on이 아니라 in일까?

한 웹사이트[3]에 의하면 〈on + 대중교통수단〉, 〈in + 사적인 교통수단〉이라고 한다. on the bus, on the train, on the ship, on the plane, in the car, in the boat[4], in the canoe를 보면 이 주장이 맞는 거 같기도 하지만 on a motorbike, in a taxi에 이르면 이 설명에 일관성이 부족하다.

'발판'이 있는 경우 on, 발판이 없는 경우 in이라는 주장도 있다. 즉, horse, bicycle, bus, motorbike는 발판이 있어서 on이 사용되며, car, taxi는 발판이 없어 in이 사용된다는 주장이다. 요모조모 따져 보니 예외 없이 잘 맞는다. 위 주장보다 훨씬 일관성이 있는 설명이라 생각한다.

ride 뒤에는 다음과 같이 horse 같은 동물이나 bicycle, bus 등이 바로 올 수도 있고 전치사 on과 함께 쓸 수도 있다.

　　ride a horse / ride a bicycle / ride a bus
　　ride on a horse / ride on a bicycle / ride on a bus

하지만, car와 taxi는 ride a car, ride a taxi로 쓸 수 없다. 반드시 ride in a car, ride in a taxi 라고 해야 한다. 반드시 전치사 in을 쓰는 점에 유념하자.

이런 문장도 생각해보세요
• 다음 중 맞는 문장에 모두 체크하세요.

A 움직일 힘이 하나도 없다
▶ 녹초가 되어 손 하나 까딱하기 어려울 정도로 무기력감을 느낀다.

1. I have no power to move.
2. I have no energy.
3. I have no strength.
4. I can hardly move.
5. I can barely move.

Key point ■ 한국인 영어 학습자는 100이면 100 이렇게 말하기 쉽다. 하지만 no power는 '능력이 없다', '권한이 없다'라는 전혀 다른 뜻이다. ■ 가장 정확한 문장이다. 표제문을 직역하여 I have no energy to move.도 가능하겠지만, to move가 없어도 아무 문제 없다. ■ 좋다. 원래의 의미는 근육 힘이 약하다는 뜻인데 피곤해서 움직일 힘이 없다는 뜻으로 의미가 확장되었다. ■~■ 사용 가능하다. hardly, barely는 '가까스로 ~하다', '거의 ~하지 못 하다'란 뜻이다.

B 약 먹을 시간이다
▶ 엄마가 아이에게 약을 먹이려고 하는 상황이다.

1. It's time to eat your medicine.
2. It's time to drink your medicine.
3. It's time to have your medicine.
4. It's time to take your medicine.

Key point ■~■ 표제문에 있는 '먹을'을 보고, eat, drink, have를 쓸 가능성도 있다. 하지만 전혀 말이 안 된다. ■ 알약이건, 물약이건 '약을 먹다'라고 할 때는 take를 쓴다.

C 소리가 너무 작아. 좀 크게 말해 줄래?

▶ 친구와 통화 중인데, 목소리가 잘 들리지 않는다. 전화기나 통신상의 문제로 소리가 작게 들리는 상황이다.

1. Your voice is so small. Would you speak big?
2. Your voice is so low. Would you speak loudly/louder?
3. Your voice is soft. I can't hear you. Would you speak up?
4. I can't hear you. Would/Could you speak up?

Key point 1 여기서 '소리'는 '목소리'를 말하므로 sound가 아니라 voice가 맞다. '목소리가 작다'는 You have a quiet voice. / Your voice is quiet.이다. '크게 말하다'는 speak big이 아니라 speak loud이다. 2 Your voice is so low.는 저음이라는 말이지 소리가 작다는 의미가 아니다. Would you speak loudly/louder?는 좋다. 3 Your voice is soft.는 '네 목소리가 부드럽다/감미롭다'는 뜻이지 작다는 뜻이 아니다. 다만, 부드러운 목소리는 대체로 작을 것이다. 따라서 제한적으로, 부수적인 의미로서 '목소리가 작다'는 의미로도 사용할 수는 있지만 표제문의 의미를 전달하지는 못한다. 4 우리는 일반적으로 소리가 작게 들릴 때 원래 상대방 소리가 작든, 작지 않든 간에 '소리가 너무 작아.'라고 한다. 하지만 네이티브는 이런 상황에서 한국인들이 말하는 방식으로 말하지 않는다. '잘 안 들린다'고 하면 될 것이지 '소리가 너무 작다'같이 불필요하게 상대방에 대해 부정적인 언급을 하지 않는다. 아울러, 상대방의 목소리가 원래 작은 것도 아니기 때문에 이 경우에는 사실에도 부합하지 않는다. 따라서 I can't hear you.라고 한 다음에 소리 좀 높여달라고 하면 된다. 따라서 4만 옳은 문장이다.

D 오후에 컴퓨터 바꾼다

▶ 회사에서 쓰고 있는 컴퓨터가 고장 나서 오늘 오후에 새 컴퓨터를 받기로 했다.

1. I am going to change my computer in the afternoon.
2. I am going to have my computer changed in the afternoon.
3. I am going to get/have a new computer in the afternoon.

Key point 1~3 '바꾸다'를 직역하면 1, 2를 생각하게 된다. 별 문제 없지만 my computer가 단수인 점에 유념하자. I am going to change computers with a colleague of mine.이라고 하면 의미가 달라진다. 하지만 이때 의미는 '교환하다(trade/exchange)'를 의미하지, 새 컴퓨터를 받는다는 말이 아니다. '컴퓨터 바꾼다'를 다시 한 번 생각해보면 '곧 새 컴퓨터를 갖게 된다'란 말이므로 3이 베스트이다.

|정답| A 2, 3, 4, 5 B 4 C 4 D 1, 2, 3

법칙 06 * 빼먹어도 된다, 핵심만 옮겨라

020   어제 볼 일이 있어서 부산에 갔다 왔어

021   네가 사 준 넥타이 맸어

022   방금 점심 먹고 왔어요

빼먹어도 된다, 핵심만 옮겨라

모든 단어를 옮기지 않아도 된다.

중학교 영어 시간에 '공항에 갔다 왔다'를 왜 I went to and came from the airport.라고 하지 않는지 이유가 궁금했었다. 지금 생각하면 정말 초보적인 궁금증이었지만 이런 고민은 30년 가까이 흐른 지금도 형태만 다를 뿐 그대로 이어지고 있다.

우리말 문장을 영어로 옮기다 보면 단어를 하나하나 모두 옮기고 싶은 유혹을 느낀다. 하지만 이렇게 하면 한국어 단어와 표현에 너무 집착하게 되어 빨리 영어 문장을 생각해내기가 어렵다. 그러나 한국어 문장의 가장 핵심적인 주제만 옮긴다고 생각하면 영어로 말하기가 훨씬 쉬워진다.

앞서 언급한 바와 같이 한국어는 동사가 제일 마지막에 오기 때문에 영어와 달리 동사 중첩 사용이 아주 흔하다. 영어는 한 문장에 동사가 한 개 있는 것이 보통이므로 핵심 주제를 가장 잘 표현하는 동사를 찾는 것이 중요하다. 예를 들어, '데리러 오겠다', '데리러 와주세요'는 모두 pick up으로 표현할 수 있다.

또한 영어로는 전혀 옮길 필요가 없는 경우도 많다. 예를 들어, 침대에 누워서 책을 읽다가 '나도 모르게' 잠이 들었다고 치자. '나도 모르게'를 어떻게 표현할 것인가? 영어 사전을 참고하면 in spite of myself가 나올 것이다. 하지만 '나도 모르게'는 따로 옮길 필요가 없다. fall asleep은 '나도 모르게 잠이 들다'라는 뜻이기 때문이다. 이미 fall asleep의 개념 속에 '나도 모르게'가 포함되어 있는 것이다.

의사결정을 해야 하는 상황이다. '동전 던지기로 결정할 겁니까?'라고 말할 때 물론 Are you going to make a decision by flipping a coin?이라고 해도 된다. 하지만 이렇게 말하면 영어 문장이 불필요하게 길 뿐만 아니라 순간적으로 영어 문장을 만들어내는 순발력도 떨어진다. 이때는 간단히 You're going to flip a coin?이라고만 해도 된다. make a decision은 flip a coin할 때 이미 전제가 되어 있기 때문이다. 따라서 한국어 문장에 집착하지 말고 그 문장을 통해 전달하고자 하는 핵심이 뭔지를 늘 생각하는 습관을 들여야 한다.

020 어제 볼 일이 있어서 부산에 갔다 왔어

볼 일이 있어 어제 부산에 다녀왔다고 친구에게 말해준다.

STEP 1
문장만들기

- 표제문을 영어 문장으로 만들어보세요.
[   ]

STEP 2
비교하기

- 표제문을 영어로 잘 옮긴 것에 모두 체크하세요.

1 I went to Busan yesterday for business.
2 Something happened, and I went to Busan yesterday.
3 Something happened, so I had to go to Busan yesterday.
4 I went to Busan yesterday for some reason.
5 I had to go to Busan yesterday.

| 가능한 문장 | 1, 2, 3, 5

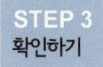
STEP 3 확인하기 • 문장을 자세히 확인하세요.

★ **영어식 사고로 전환하기** 부산에 갔다가 돌아온 상황에서, 한국어로는 '갔었다'라고 하기도 하지만 대체로 '갔다 왔다'라고 한다. 하지만 영어로 I went and came이라고 하지는 않는다. 부산에 갔다가 되돌아 오지 않고서 어떻게 내가 지금 친구 앞에서 말을 할 수 있겠는가? 따라서 당연한 전제가 되는 '왔다'라는 말은 굳이 할 필요가 없다. 하지만 주어를 달리 써서 He went to Busan yesterday.라고 하면 현재 어떤 상태인지, 즉 갔다 왔다는 것인지, 갔다가 거기 머무르고 있다는 것인지, 다른 데로 갔다는 것인지 알 수가 없어진다. 왜냐하면 위에서 말한 '당연한 전제'가 없어졌기 때문이다. He went to Busan yesterday.라고 했을 때 그 사람이 지금 부산에 있는지 아니면 돌아왔는지는 알 수 없고, 그저 어제 부산에 갔다는 사실만 말할 뿐이다. 과거시제는 '과거의 행동/상태'만을 다루기 때문에 현재 상태가 어떤지는 알 수가 없기 때문이다.

1 I went to Busan yesterday for business.
좋다. '볼 일이 있어'는 '볼 일 때문에'(이유), '볼 일을 보러'(목적)와 같은 뜻이므로 for business 또는 on business라고 하는 것이 가장 무난하다.

2 Something happened, and I went to Busan yesterday.
3 Something happened, so I had to go to Busan yesterday.
절과 절을 and로 연결하면 두 절은 상호 독립적으로 이해가 되기 때문에 연관 관계가 형성되지 않는다. 따라서 **2**는 '무슨 일이 생겼고 나는 어제 부산에 갔다 왔다.'란 의미가 되며, **3**은 '무슨 일이 생겨서 나는 어제 부산에 갔다 왔다.'라는 뜻이 된다. 하지만, **2**라고 말해도 문맥을 통해 큰 문제 없이 **3**의 뜻으로 이해하기 때문에 둘 다 큰 문제는 없다.

4 I went to Busan yesterday for some reason.
'내가 어제 부산 갔다 왔는데 왜 갔는지 모르겠다'는 뜻이다. 내가 스스로 부산에 간 이유를 모르겠다니 대단히 이상한 문장이다. for some reason은 굳이 상세하게 밝히지 않을 때 쓰는 '사정이 있어서'란 뜻이 아니라 '알 수 없는 이유로'라는 뜻이므로 **4**는 전혀 말이 안 되는 문장이다.

5 I had to go to Busan yesterday.
'어제 사정이 있어서'는 굳이 말할 필요 없고, had to(~했어야 했다)에 이러한 뜻을 포함시켜 말해도 좋다.

021 네가 사 준 넥타이 맸어

지금은 오전 10시. 오늘 아침에 여자친구가 선물로 준 넥타이를 매고 직장에 나왔다고 말한다.

네가 사 준 넥타이 맸어

곰돌이 무늬가 딱내취향이야

STEP 1 문장만들기

- 표제문을 영어 문장으로 만들어보세요.

[   ]

STEP 2 비교하기

- 표제문을 영어로 잘 옮긴 것에 모두 체크하세요.

1. I put on the necktie you bought and gave to me.
2. I am wearing the tie you gave.
3. I am wearing the tie you got.
4. I am wearing the tie you gave to me.
5. I'm wearing the tie you gave me.
6. I am wearing the tie you got me.
7. I am wearing the tie you got for me.

| 가능한 문장 | 4, 5, 6, 7

STEP 3 확인하기

- 문장을 자세히 확인하세요.

★ **영어식 사고로 전환하기** 표제문은 '사다', '주다'를 중첩해서 사용하고 있다. 영어로 옮길 때는 bought and gave라고 하지 말고 가급적 동사 하나로 표현하는 것이 깔끔하다. 선물을 주기 위해 넥타이를 자기 손으로 직접 만드는 사람은 없으므로 영어로 '산다'를 굳이 말할 필요

없이 gave to me라고만 하면 된다. 또는 '사서 주다'는 의미를 포괄하는 get을 쓰면 된다.

1 I put on the necktie you bought and gave to me.
bought and gave 때문에 틀렸다. 아울러 일회성 동작을 뜻하는 put on도 문제다.
`put on` 표제문은 '맸다'라는 과거시제로 말했지만 뜻은 현재진행시제, 즉 맨 상태를 말한다. 한국어는 과거시제로 현재 상황을 묘사하는 경우가 많다. 더구나 put on은 넥타이를 매는 '동작'을 뜻하므로 넥타이를 매고 있는 '상태'를 뜻하는 wear를 쓰는 것이 맞다.
`넥타이` necktie와 tie 둘 다 '넥타이'인데 실제 생활에서는 necktie라고 말하는 경우가 거의 없다. 네이티브는 대부분 tie라고 한다.

2 I am wearing the tie you gave.
3 I am wearing the tie you got.
영어는 '누가' '누구에게' 주고 받는 것인지 명확하며 동사 형식에도 이것이 고스란히 드러난다. give와 get은 간접목적어(IO), 직접목적어(DO)를 필요로 하는 4형식 동사이므로 아래처럼 IO, DO를 밝혀야 말이 제대로 성립하게 된다.

give + 사람(IO) + 물건(DO)⁵
give + 물건(DO) + to + 사람(IO)
get + 사람(IO) + 물건(DO)
get + 물건(DO) + for + 사람(IO)

한국어 문장에는 '내게'가 드러나지 않지만 영어 문장에서는 to me, for me가 반드시 있어야 하므로 **2**, **3**은 틀렸다.

4 I am wearing the tie you gave to me.
5 I'm wearing the tie you gave me.
6 I am wearing the tie you got me.
7 I am wearing the tie you got for me.
좋은 표현이다. the tie(선행사) + that절(관계대명사절)인데 관계대명사 that은 보통 생략된다. to/for는 없어도 된다. 왜냐하면, **4**는 you gave the tie to me가 the tie (that) you gave to me로 바뀐 것이고, **5**는 you gave me the tie가 the tie (that) you gave me로 바뀐 것이기 때문이다. 따라서 to/for가 있든지 없든지 문장이 성립한다. **6**, **7**도 마찬가지다.

022 방금 점심 먹고 왔어요

방금 점심 식사를 하고 사무실에 돌아 왔다. 직장 동료가 내게 와서 '방금 전까지 안 보이더니 어디 갔다 온 거냐?(Where were you?)'라고 물어 본다.

STEP 1 문장만들기
• 표제문을 영어 문장으로 만들어보세요.
[   ]

STEP 2 비교하기
• 표제문을 영어로 잘 옮긴 것에 모두 체크하세요.

1. I've eaten lunch right before, I came right after lunch.
2. I had lunch just now and came back.
3. I just came back from lunch.
4. I just came back after lunch.
5. I just got back from lunch.
6. I just had lunch.

| 가능한 문장 | 3, 4, 5, 6

> **STEP 3**
> 확인하기
>
> • 문장을 자세히 확인하세요.

★ **영어식 사고로 전환하기** '방금 점심 먹고 왔어요.'는 I've eaten lunch and came back just now.라고 하면 너무 장황하고 복잡하다. 우리말은 '방금 점심 먹었어요.'보다는 '방금 점심 먹고 왔어요.' 또는 '방금 점심 먹고 오는 길이에요.'가 더 자연스럽다. 한국어는 이렇게 동사를 중첩해서 문장을 구성하는 것을 즐겨 하지만 영어는 단순 명료한 것을 좋아한다. eaten lunch를 제거하고 동사 came back만 쓰든지, 아니면 came back을 제거하고 eaten lunch만 쓴다. 주변적인 정보를 배제하고 내가 전달하고 싶은 정보만 간단명료하게 전달할 수 있도록 문장을 만들어보기 바란다.

1 I've eaten lunch right before, I came right after lunch.
2 I had lunch just now and came back.
문법적으로 틀린 것은 없지만 너무 길고 복잡하다. 더 간단하게 핵심만 전달하는 표현을 쓰는 것이 바람직하다.

관사: lunch   lunch 앞에는 관사가 붙지 않는다. 점심은 매일 반복되는 일상적인 활동이므로 한 개, 두 개로 세지 않는다. 단, 특별한 점심을 나타낼 때는 관사를 사용한다. '점심을 많이 먹었다.'는 I had a big/huge lunch.라고 하며, '사장님과 특별한 점심을 먹었다.'는 I had a special lunch with the big boss.라고 한다.

3 I just came back from lunch.
4 I just came back after lunch.
5 I just got back from lunch.
굳이 식사하고 돌아왔다는 의미를 전달하고 싶으면 이렇게 말해도 된다. '돌아왔다'는 came back, got back 모두 좋다. '점심 후에'는 after lunch라고 해도 되고 from lunch라고 해도 된다.

6 I just had lunch.
가장 바람직한 표현이다. 간단하게 표현할 수 있는 상황에서 복잡하게 말할 필요가 하나도 없다. 직접 사람을 보고 말하는 상황이므로 굳이 '들어왔다', '돌아왔다'라는 말을 쓰지 않아도 된다.

이런 문장도 생각해보세요

• 다음 중 맞는 문장에 모두 체크하세요.

A 침대에 누워서 책을 읽다가 나도 모르게 잠이 들었다
▶ 자기 전에 책을 읽었는데 피곤했는지 읽다가 잠이 들고 말았다.

1 I was reading a book in the bed and got to sleep in spite of myself.
2 I was reading a book in bed and fell asleep.
3 I fell asleep while I was reading a book in bed.

Key point **1** 처음에는 in the bed처럼 정관사를 써야 하는지, in a bed처럼 부정관사를 써야 하는지, on the bed, on bed처럼 전치사를 뭘 써야 하는지 헷갈릴 수 있지만 모두 틀렸다. in bed는 숙어로 '침대에 누워'란 뜻이다. 한편 '나도 모르게'는 사전에는 in spite of myself라고 나와 있지만 실제 의미는 '내가 원하지 않았는데도/내가 안 자려고 했는데'라는 의미이므로 상황과 맞지 않다. **1**은 '침대에 누워 책을 읽고 있었는데, 책이 너무 재미있어서 다 읽고 자려고 노력했는데도 나도 모르게 잠이 들었다'는 뜻이다. 이런 뜻으로 쓴다 하더라도 in spite of myself보다는 despite my best effort라고 하는 것이 바람직하다. 정말 잠이 들면 안 되는 중요한 상황에서 자지 않으려고 노력을 많이 했는데 '나도 모르게' 스르르 잠들었다는 의미가 된다. **2** 좋다. '나도 모르게'를 따로 얘기할 필요가 없다. 잠이 드는 것, 즉 fall asleep은 '부지불식간에' 일어나는 일을 말한다. 한국어 문장에서는 '나도 모르게'라고 말을 해야 자연스러운데 영어 문장에서는 이 의미가 fall asleep에 포함되어 있기 때문에 굳이 영어로 말할 필요가 없다. **3** 좋다. 앞서 말한 대로 in bed라고 하지 on bed라고 하지 않는다.

B 2시에 데리러 올게
▶ 엄마가 아들을 학교에 데려다 주면서 2시에 데리러 오겠다고 말한다.

1 I'll call for you at two o'clock.
2 I'll come and get you at two o'clock.
3 I'll come get you at two.
4 I'll come back to get you at two.
5 I'll pick you up at two.

`Key point` **1** 틀렸다. 사전에는 '픽업하다'란 의미로 call for도 나와 있지만, 이는 영국식 영어이므로 북미인들과 이야기할 때는 사용하지 않는 게 좋다. 북미에서 call for는 '큰 소리로 부르다'란 뜻이다. **2**~**4** 좋다. 형식상 표제문에 가장 가까운 문장들이다. 동사 get을 pick up의 의미로 쓰는 점을 눈여겨 보기 바란다. **2**의 and는 있으나 없으나 크게 상관은 없으나 어감상 없는 것이 더 자연스럽다. **3**은 I'll come to get ~에서 to가 생략되었다고 봐도 된다. **5** 좋다. **4**처럼 복잡하게 말할 필요 없다. 다시 '오지' 않고서 어떻게 pick up하겠는가? 따라서 그저 '2시에 pick up 하겠다'만 말하면 표제문과 동일한 뜻이 된다.

|정답| A **2**, **3**   B **2**, **3**, **4**, **5**

법칙 07 * 요말 조말 바꿔보고 안 되면 돌아가라

023 할인 카드를 더 이상 사용 못하게 돼서 아쉽네요

024 (말 한 마디 잘못 해서) 부장님한테 찍혔어

025 퇴근 전까지 내 책상 위에 보고서를 제출하세요

026 (이 거래를 꼭 성사시키고 싶지만) 조건이 안 맞네요

 요말 조말 바꿔보고 안 되면 돌아가라

말을 바꿔 다른 문장을 만들어라

저자가 제일 안타까워하는 것은 비슷하게 표현할 수 있는 쉬운 표현들이 우리 머리 속에 들어 있는데도 필요한 순간에 제대로 활용하지 못하는 경우가 많다는 것이다. 어떤 문장이든 쉽게 표현하는 방법이 반드시 있기 마련이다. 당장 머리 속에 생각나는 한국어 문장에 구애받지 말고 비슷한 뜻을 전달하는 다른 한국어 문장을 많이 시도해봐야 한다.

'말 한 마디 잘못 해서 부장님한테 찍혔다.'라고 영어로 말하고 싶다. '말 한 마디 잘못 해서'를 영어로 생각하기도 쉽지 않지만 '부장님한테 찍혔다'에 이르자 결정적으로 하늘이 노랗게 되고 도저히 아무 생각도 나지 않는다. '찍혔다'를 도대체 뭐라고 하면 좋을까? 한 번 다른 우리말 문장으로 바꿔보자.

① 말실수 한 번으로 완전히 부장님 눈 밖에 났다
② 말실수 해서 부장님이 나한테 화가 나 있다.
③ 말실수 한 번 했다고 부장님이 나를 엄청 싫어한다.

①에서는 도저히 실마리가 보이지 않는다. '눈 밖에 났다'는 I fell from my boss's grace.라고 한다. 물론 이런 표현도 알아야 하겠지만 이걸 모른다고 꿰다 놓은 보릿자루 마냥 가만히 있을 것인가? 이 말 저 말 바꿔보면 쉬우면서도 간단한 영어 문장을 얼마든지 생각할 수가 있다. 독자도 ②, ③이 ①보다는 상대적으로 영어로 전환하기가 쉽다는 점에 동의할 것이다. He is upset with me. / He's not happy with me. / He hates me. 같이 쉽게 표현할 수 있는 길이 얼마든지 있다.

영어 문장을 그대로 옮기지 마라

영어 문장을 직역하면 내가 말하고자 하는 뜻이 아닌 경우도 비일비재하다. 여자친구 몰래 나쁜 짓을 한 경우 '(여자친구에게) 죄 지은 것 같다.'를 직역한 I feel like I committed a sin.은 전혀 다른 뜻이 된다. a sin은 종교적인 범죄를 말하므로 종교인들끼리 사용할 만한 문장이다. '죄 지은 것 같다.'를 '죄책감을 느낀다.'로 바꾸면 I feel guilty.가 쉽게 생각날 것이다. 이처럼 다른 문장으로 바꿔보면 내가 말하고자 하는 것이 정확히 뭔지 파악할 수 있고, 영어 문장도 훨씬 쉽게 생각해낼 수 있다.

경우에 따라서는 한국어 문장에 명시적으로 나타나지 않는 정보를 추가해야 하는 경우도 있다. '그 여자가 비를 맞으며 떠났다'는 우산이 없었다는 말을 추가하지 않으면 영어로 표현하기가 쉽지 않은 문장이다. 이처럼 필요한 경우 주저하지 말고 새로운 정보를 추가해보자.

또한 한국어 명령문을 무조건 영어 명령문으로, 한국어 의문문을 무조건 영어 의문문으로 바꾸지 않아도 된다. '퇴근 전까지 내 책상 위에 보고서를 올려놓으세요.'라는 명령문을 영어로는 I need that on my desk by the end of the day(퇴근 전까지 책상 위에 보고서가 필요해요).라고 해도 된다. 초청받은 사람들이 다 온다고 생각하지 않을 때 '오란다고 다 오겠어요?'라는 의문문은 I don't think all the invitees are coming(초청받은 사람들이 다 오지는 않을 거야).이라고 하면 좋다.

023 할인카드를 더 이상 사용 못하게 돼서 아쉽네요

나는 백화점 직원인데 퇴사를 하게 되어, 직원에게 주는 30% 할인카드를 반납해야 한다. 이런 할인카드를 더 이상 사용 못하는 것이 제일 아쉽다고 말한다.

STEP 1
문장만들기

- 표제문을 영어 문장으로 만들어보세요.

[   ]

STEP 2
비교하기

- 표제문을 영어로 잘 옮긴 것에 모두 체크하세요.

1. It's a shame that I cannot use the discount card anymore.
2. I am sorry that I am supposed to turn the discount card in.
3. I feel sorry that I have to turn it in/return it.
4. I am sorry about not using the discount card.
5. I am sorry about not being able to use it anymore.
6. I'm going to miss the discount card.
7. I don't want to give up the discount card.
8. What a shame! I can't use it anymore!
9. I am not able to use it anymore. It's too bad.

⑩ I am not able to use it anymore. That's too bad.
⑪ I have to give it back. I wish I could keep it.

| 가능한 문장 | ①, ②, ③, ⑤, ⑥, ⑦, ⑧, ⑨, ⑪

STEP 3 확인하기
• 문장을 자세히 확인하세요.

★ **영어식 사고로 전환하기**   '아쉽다', '아깝다'를 영어로는 It's a shame that / I'm sorry that / What a shame!으로 옮길 수 있다. 하지만 표제문을 다음과 같이 요모조모 바꿔보면 더 쉬운 문장도 충분히 가능하다.

할인카드 계속 쓰고 싶어.   할인카드 반납 안 하고 싶어.
할인카드 반납 안 했으면 좋겠어.   할인카드 많이 생각 날 거야.
할인카드가 그리울 거야.   이제 할인카드 더 못 쓰네. 안 좋다.

독자들도 많은 문장이 생각날 것이다. 표제문과 비슷한 한국어 문장을 생각해보면 훨씬 쉽게 영어 문장을 만들어낼 수 있을 것이다. 특히 관용구, 4자성어, 숙어, 의성어, 의태어 등의 경우 비슷한 의미를 갖는 다른 어구를 생각해보면 큰 도움이 될 것이다.

❶ It's a shame that I cannot use the discount card anymore.
It's a shame은 '안타깝다', '아쉽다'란 뜻이다. '부끄럽다'는 말이 아니다.

❷ I am sorry that I am supposed to turn the discount card in.
❸ I feel sorry that I have to turn it in/return it.
be/feel sorry는 '유감스럽다'란 뜻이고, be supposed to와 have to는 유사한 뜻이다. have to가 훨씬 강한 뜻이기는 하지만 지금 상황에서는 둘 다 사용 가능하다.
turn in   turn in = return이다. 〈turn + 목적어 + in〉, 〈turn in + 목적어〉 형식으로 사용된다. 다만, 목적어가 대명사인 경우 항상 가운데에 위치한다.

❹ I am sorry about not using the discount card.
❺ I am sorry about not being able to use it anymore.
❹는 문장 뜻이 표제문과 달라 틀렸다. 지금까지 이 할인카드를 한 번도 사용하지 못했다는 뜻이 들어 있다. ❺처럼 고치면 괜찮은 문장이 된다.

6 I'm going to miss the discount card.
표제문은 discount card 자체를 아쉬워한다는 뜻이 아니라 '할인 카드를 사용했던 것', '할인카드를 가지고 있었던 것'을 아쉬워한다는 뜻이다. 엄밀하게 말하면 I'm going to miss using the discount card.이 더 정확하겠지만, 6도 대화상황에서는 문제 없다.

7 I don't want to give up the discount card.
표제문은 달리 말하면 '할인카드를 반납하고 싶지 않다.'이다. 표제문보다는 이 문장이 영어로 전환하기 훨씬 수월하다. I don't want to turn it in.이라고 해도 되고 I don't want to give it up.이라고 해도 좋다. give up은 일반적으로 '포기하다'이지만, 지금 맥락에서는 '(할인카드를) 넘겨주다/반납하다' 정도의 의미다.

8 What a shame! I can't use it anymore!
역시 훌륭한 문장이다. What a shame!은 '정말 아쉽다', '정말 아깝다'는 뜻이다.

9 I am not able to use it anymore. It's too bad.
좋다. 평이한 문장이지만 It's too bad로 '아쉽다'를 충분히 표현한다.

10 I am not able to use it anymore. That's too bad.
That's too bad.는 남이 잘못된 것, 남의 불행을 두고 말하는 것이다. 내 것을 두고 말하는 것이 아니다. 왜 It's too bad.와 That's too bad. 사이에 이런 뜻의 차이가 생기는 것일까? it과 that의 가장 근본적인 차이는 '이미 알고 있는 정보'인가, 아니면 '새 정보'인가에 있다. it은 '이미 알고 있는 정보'를 뜻하고, 이미 알고 있으려면 내 것일 수밖에 없다. that은 '내가 모르는 새 정보'를 뜻하고, 내가 모르는 정보는 남의 것일 수밖에 없다. 그래서 '새 정보'를 듣자마자 That's too bad.라고 말하면 '너/그 사람 참 안 됐다'는 뜻이 된다.

11 I have to give it back. I wish I could keep it.
give back 역시 '돌려주다'란 뜻이다. 표제문은 '할인카드 그대로 가지고 있으면 좋겠다.'란 뜻이므로 〈I wish + 가정법과거 절〉 형식을 활용하여, I wish I could keep it.이라고 하면 상당히 괜찮은 문장이 된다.

024 (말 한 마디 잘못 해서) 부장님한테 찍혔어

실언을 해서 부장이 나를 마음에 들어하지 않는 상황을 동료 직원에게 말한다.

STEP 1 문장만들기

- 표제문을 영어 문장으로 만들어보세요.

  (I said something stupid, and)
  [   ]

STEP 2 비교하기

- 표제문을 영어로 잘 옮긴 것에 모두 체크하세요.

  1. I fell from grace with my boss.
  2. I fell from my boss's grace.
  3. I fell from his grace.
  4. I have lost his confidence.
  5. I lost his respect.
  6. he is not happy with me.
  7. he hates me.
  8. he is upset with me.
  9. he is mad at me.
  10. I have offended him.
  11. I am totally on his blacklist now.

  | 가능한 문장 | 1, 2, 3, 4, 5, 6, 7, 8, 9, 10, 11

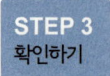
STEP 3 확인하기 • 문장을 자세히 확인하세요.

★ **영어식 사고로 전환하기** '부장님한테 찍혔어'는 영어로 금방 생각이 안 날 것이다. '찍히다'는 다른 말로 바꿔보면 '눈 밖에 나다'이다. 여기에 상응하는 이디엄은 fall from grace with ~지만 이걸 모른다고 가만히 있을 수는 없다. '찍혔다'에 연연하지 말고 사고를 좀 유연하게 해보자. 표제문을 바꿔 '부장님이 나 싫어한다', '부장님이 나 맘에 들어 하지 않는다', '부장님이 내게 화 나 있다', '나 부장님 블랙리스트에 올라가 있다.' 등으로 생각하면 쉽게 풀린다.

1 I fell from grace with my boss.
좋다. fall from grace with somebody는 '~ 눈 밖에 나다', '~한테 찍히다'이다. with my boss에서 전치사 with는 올바른 용법이다. 우리 생각으로는 from이나 of를 써야 한다고 생각할 수 있으나 with my boss라고 하는 것이 맞다. 한편, grace 앞에는 관사가 붙지 않으니 주의하자.

2 I fell from my boss's grace.
3 I fell from his grace.
좋다. '부장님'을 a general manager 또는 my general manager라고 하기보다는 my boss라고 하는 것이 일반적이다. 또는 대명사를 써서 his라고 말하는 것이 간단하고 깔끔하다.

4 I have lost his confidence.
5 I lost his respect.
둘 다 훌륭하다. confidence는 '신뢰', '믿음'이다. 직역하면 '부장님의 신뢰를 잃었다'이지만 그 뜻은 '눈 밖에 났다/찍혔다'이다. respect는 사전적으로는 '존경심'인데 한국어의 '존경심'은 아랫사람이 윗사람에 갖는 마음을 뜻하는 것이 보통이다. 하지만, 영어의 respect는 위계적 개념 없이 사람과 사람 사이의 '신뢰', '믿음', '경의', '존중', '정중함' 등을 뜻한다. 따라서 이 문장은 '부장님의 존중/신뢰를 잃었다'는 뜻이고, 결국 '부장님 눈 밖에 났다/찍혔다란 뜻이 된다.

현재완료시제 VS 과거시제 맥락상 과거에 눈 밖에 나서 지금까지 눈 밖에 나 있는 상태를 표현하는 것이니 현재완료시제가 맞겠지만, 북미 구어체에서는 과거시제로 현재완료시제를 대신하는 경우가 많다. 따라서 과거시제도 문제 없다.

6 he is not happy with me.
7 he hates me.
8 he is upset with me.
9 he is mad at me.

모두 좋다. '찍혔다'는 '부장님이 날 싫어한다', '부장님이 나한테 성질 나 있다'이니까 이렇게 말해도 된다. 간단하지만 표제문 뜻을 고스란히 전달하는 대단히 효과적인 문장이다. 의사소통이 중요한 것이니 굳이 **1**처럼 어려운 숙어를 쓰지 않더라도 일단 뜻은 통하고 볼 일이다.

`mad at` **9**를 보면 '~에게 매우 화가 난'을 mad at이라고 하는데 mad with라고는 하지 않는다. 대신 angry with는 좋다.

10 I have offended him.

좋다. 'offend + 사람 목적어'는 '~을 불쾌하게 하다', '~을 기분 상하게 하다'란 뜻이다.

11 I am totally on his blacklist now.

좋다. '미운털이 박히다', '괘씸죄에 걸리다', '밉보이다'란 뜻이다. 그냥 now 없이 I am totally on his blacklist.이라고만 하면 과거에는 사이가 괜찮았다는 뉘앙스를 제대로 전달하지 못한다. now가 있어야만 과거에 좋은 사이였는데 어떤 계기로 인해 사이가 틀어졌다는 느낌을 제대로 전달할 수 있다.

025 퇴근 전까지 내 책상 위에 보고서를 제출하세요

부장님이 부하 직원에게 보고서를 재촉하고 있다. 회사 퇴근 시간인 6시 전까지 달라고 말하고 있다.

퇴근 전까지 내 책상 위에 보고서를 제출하세요

지금 열심히 작업하고 있어요

STEP 1 문장만들기
• 표제문을 영어 문장으로 만들어보세요.
[   ]

STEP 2 비교하기
• 표제문을 영어로 잘 옮긴 것에 모두 체크하세요.

1. Please put it on my desk before you leave the work.
2. Please put it on my desk before you leave work.
3. Please place it on my desk before you call it a day.
4. Please place it on my desk before you finish today.
5. I hope you put it on my desk within the work hour.
6. I hope you put it on my desk by the end of the day.
7. I hope you will put it on my desk by six.

8 I need that on my desk by the end of the day.
9 I need it on my desk by the end of the day.

| 가능한 문장 | 2, 3, 4, 6, 7, 8, 9

STEP 3 확인하기 • 문장을 자세히 확인하세요.

★ **영어식 사고로 전환하기**   표제문은 '보고서 제출하고 퇴근해라'는 뜻이다. 영어로 말할 때는 이렇게 명령문을 유지해도 좋지만, 평서문으로 바꿔도 문제 없다. 즉, 표제문을 '나는 그 보고서가 퇴근 전까지 필요하다', '그 보고서를 퇴근 전까지 봤으면 좋겠다'로 전환한 다음 영어 문장으로 바꿔보기 바란다.

1 **Please put it on my desk before you leave the work.**
2 **Please put it on my desk before you leave work.**
leave work는 '퇴근하다'란 뜻으로, work 앞에 정관사를 쓰지 않으므로 1은 틀렸다. 2는 대체로 통용은 되겠지만, 퇴근은 6시에 할 수도 있고 9시에 할 수도 있으므로, 약간 명확성이 떨어진다.

3 **Please place it on my desk before you call it a day.**
4 **Please place it on my desk before you finish today.**
괜찮다. call it a day는 직역하면 '이것을 하루라고 부르다'인데, '하루 일과를 끝내다'란 의미이다. Let's call it a day.라고 하면 '오늘은 이걸로 끝내자', '이제 그만 하고 퇴근하자.'란 뜻이 된다. 엄밀하게 말하면, call it a day, finish today는 '저녁 6시'에 끝나는 것을 가리키지 않는다. 하지만 대체적으로 정시에 퇴근한다고 보니까 사용에 큰 지장은 없다.

5 **I hope you put it on my desk within the work hour.**
work hour는 '근무시간'이란 뜻으로 생각하기 쉬우나, 이는 거의 사용되지 않는 말로 맞는 말은 working hours와 business hours이다. '내 근무 시간은 9시부터 5시이다.'는 My working hours are 9 to 5.라고 한다.

6 I hope you put it on my desk **by the end of the day.**

좋다. by the end of the day는 맥락상 밤 12시를 말하지 않고 퇴근시간, 즉 저녁 6시를 가리킨다. by the end of the working hours라고 해도 말은 되지만 지나치게 길고 복잡하다.

7 I hope you **will** put it on my desk **by six.**

좋다. 퇴근시간이 6시이니 by six 역시 좋다. 종속절 시제와 관련, **6**같이 현재시제가 일반적이나, will이 들어간 미래시제도 문제 없다. will이 들어간 미래시제가 좀 더 격식적이다.

8 I need **that** on my desk by the end of the day.
9 I need **it** on my desk by the end of the day.

좋다. '올려 놓다'를 영어로 전환하지 않아도 얼마든지 문장이 가능하다. 한국어 문장은 명령문이지만 영어 문장은 평서문으로 해도 되는 경우도 많다. 이 맥락에서는 it과 that 사이에 의미상 별다른 차이가 없다.

026 (이 거래를 꼭 성사시키고 싶지만) 조건이 안 맞네요

거래를 꼭 성사시키고 싶은데 상대측에서 너무 가격을 높게 불러 우리 회사가 생각하는 조건에 안 맞는다.

STEP 1 문장만들기
- 표제문을 영어 문장으로 만들어보세요.
  (I'd like to make a deal, but)
  [   ]

STEP 2 비교하기
- 표제문을 영어로 잘 옮긴 것에 모두 체크하세요.

1. I'm afraid these terms don't fit me.
2. I'm afraid I can't accept the conditions.
3. I'm afraid I can't agree with the conditions.
4. I'm afraid I don't agree with the terms.
5. I'm afraid I don't agree with these terms.
6. I'm afraid I don't agree with these conditions.
7. I'm afraid I have trouble with the terms.
8. I'm sorry, but the terms are not right.
9. I'm sorry, but the terms are not right for me.

| 가능한 문장 | 2, 3, 4, 5, 6, 7, 8, 9

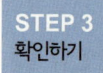
• 문장을 자세히 확인하세요.

★ **영어식 사고로 전환하기** '조건이 안 맞는다'를 그대로 영어로 옮기기란 참 어렵다. 표제문을 다른 말로 바꿔 이것저것 시도해봐야 한다. '조건을 받아들일 수 없다'라고 바꾸면 좀 더 수월하게 영어로 옮길 수 있을 것이다. '받아들일 수 없다'는 I can't accept your conditions. '동의할 수 없다'는 I can't agree with your conditions.라고 한다. '이런 조건은 좀 곤란하다'는 I have trouble with these terms.라고 하면 된다.

1 I'm afraid these terms don't fit me.
틀렸다. '맞다'를 fit으로 시도한 것인데, 동사 fit 뒤에 인칭대명사를 쓰는 것은 옷이 몸에 맞다 안 맞다 할 때만 사용한다. 지금 맥락에 전혀 어울리지 않는다.

2 I'm afraid I can't accept the conditions.
3 I'm afraid I can't agree with the conditions.
둘 다 좋다. '조건'은 condition 또는 terms이다. terms는 항상 복수형으로 쓰인다. 단수형 term은 완전히 다른 뜻으로 '용어/말', '학기', '기한/만기'라는 뜻이다. 상대방에게 좋지 않은 얘기를 할 때 I'm afraid를 앞에 붙이면 문장이 부드러워진다.

4 I'm afraid I don't agree with the terms.
5 I'm afraid I don't agree with these terms.
6 I'm afraid I don't agree with these conditions.
모두 좋다. 바로 눈 앞에 있는 서류를 보면서 말하는 경우에도 the terms라고 해도 문제없다.

7 I'm afraid I have trouble with the terms.
좋다. trouble은 불가산명사이므로 a trouble 또는 troubles라고 하면 안 된다.

8 I'm sorry, but the terms are not right.
9 I'm sorry, but the terms are not right for me.
right라고만 하면 right가 '옳은'이란 뜻으로 이해될 가능성이 있다. right for me라고 하면 right의 뜻이 '적합한/제대로 된/알맞은'이라는 뜻이 된다. 맥락을 통해 이해할 수 있기 때문에 8이 틀린 것은 아니지만 그래도 9가 더 바람직하다. right 대신에 acceptable이나 good이라고 해도 좋다.

이런 문장도 생각해보세요
• 다음 중 맞는 문장에 모두 체크하세요.

A 대리운전 불러야겠다
▶ 술자리에 같이 있던 친구에게 하는 말이다.

1. I need to call a designated driving service.
2. I need to get somebody to drive for me.
3. I need to find somebody to drive for me.
4. I need somebody to drive for me.

Key point '대리운전'을 영어로 어떻게 표현할까? 북미 등 서구에서는 술 마시고 저녁 늦게까지 흥청망청하는 일이 거의 없기 때문에 대리운전이라는 개념이 아주 낯설다. 북미에서는 이런 서비스가 기업화되어 있지 않다. 다만, designated driver 문화는 있다. 워낙 자동차가 없으면 어디를 움직일 수 없는 나라이다 보니, 술자리에서 술을 마시지 않고 마지막에 다른 사람들을 집에 데려다주는 역할을 하는 사람을 두는데, 이 사람을 designated driver라고 한다. 한국에는 음주문화의 영향으로 기업형 대리운전 서비스가 일반화되어 있다는 등 대리운전과 관련된 현상들을 설명해준 다음에 designated driver를 응용하여 designated driving service라고 하면 상대방이 알아는 들을 것이다. 하지만 이렇게 복잡하게 하지 말고 표제문을 달리 전환해보자. '대리 운전을 불러야겠다'는 쉽게 풀어 쓰면 '나 대신 운전할 사람을 하나 구해야겠다'는 뜻이다. 1 대리운전 자체가 북미제도가 아닌 마당에 designated driving service라고 어렵게 말할 이유가 없다. 2~4 이렇게 쉽게 말하면 된다. 특히 4는 간단하면서도 깔끔한 문장이다. '대리운전'을 어떻게 영어로 옮길 것인가를 생각하기보다는 같은 뜻을 갖는 다른 한국어 문장으로 전환해보기 바란다.

B 그 여자가 비를 맞으며 떠났다
▶ 그 여자가 비를 맞으며 떠난 사실을 다른 사람에게 전달한다.

1. She left in the rain.
2. She left while it was raining.
3. She didn't have an umbrella. She got wet in the rain when she left.
4. She didn't have an umbrella, but she had to leave.
5. She left when it was raining, and/but she didn't have an umbrella.
6. She had to leave without an umbrella while it was raining.

Key point **1**~**2** 틀렸다. '비가 오는 가운데 떠났다.'란 뜻으로, 비를 맞으며 떠났는지 우산을 쓰고 떠났는지 이 문장만 보고서는 알 수 없다. **3** '비를 맞았다'를 She got wet으로 표현했다. 하지만 이 문장은 원래 의미가 '물에 젖었다'이기 때문에 샤워를 해서 젖는 것, 물가에서 놀아서 젖는 것 등을 다 포괄하는 문장이다. 지금 맥락처럼 '우산이 없어' 비를 맞는 상황을 표현하는 경우 She got wet을 사용하기가 어렵다. **4** 한국어 표제문에는 우산이 없었다고 암시되어 있을 뿐 '우산'이 명시적으로 나타나지 않는다. 영어에서는 She didn't have an umbrella.를 언급해야 말이 된다. 또한 but she had to leave에 '비를 맞으며 떠났다'는 것을 간접적으로 명시하고 있다. **5** 좋다. 우산이 없었다는 말로 여자가 비를 맞았음을 간접적으로 표현한다. **6** 좋다. 실제 대화에 가장 가까운 문장이다. 굳이 '비를 맞으며'를 얘기하지 않고 간접적으로 말한다.

C 온몸에 힘이 들어갔다

▶ 치과에 가서 윙 하는 소리에 너무 긴장했던 일에 대해 말하고 있다.

1 I had power in my body.
2 I gave power to all my body.
3 My body had too much power.
4 All my body was strained.
5 My whole body felt tense.
6 I felt tense.
7 I was tense.
8 I tensed up.
9 I was frozen with fear.

Key point **1**~**3** 틀렸다. 표제문에서 말하는 '힘'은 '긴장'이다. '움직일 힘도 없다'고 할 때 '힘'은 energy이고, '그 사람은 (정치적) 힘이 있다' 할 때 '힘'이 power이다. **4** 현재 맥락에 맞지 않을 뿐만 아니라, 문장 자체도 틀렸다. My whole body was strained.라고 해야 한다. 예를 들어, My whole body was strained trying to force the door open(문을 열려고 안간힘을 썼다.)에서 strain은 '안간힘을 쓰다', '죽을 힘을 다하다', '기를 쓰고 뭘 하다'란 뜻이다. **5**~**8** 모두 좋다. 지금 상황에서는 tense가 가장 적합한 단어이다. tense는 '긴장한'이라는 뜻의 형용사, '긴장하다'란 뜻의 동사로 모두 사용된다. **9** 좋다. '온몸에 힘 들어갔다.'를 '두려움으로 얼어 붙었다.'로 표현하고 있다.

정답 A **2**, **3**, **4** B **4**, **5**, **6** C **5**, **6**, **7**, **8**, **9**

법칙 08 긴 문장은 쪼개라

027 어제는 오랜만에 정말 재미있었어

028 하루 종일 밤 늦게까지 공부해야 되는 학생들이 불쌍해

029 비긴 것으로 하고 그만 하자

030 택배로 보내면 금방 도착할 거예요

 **긴 문장은 쪼개라**

긴 문장 하나보다 짧은 문장 여러 개가 낫다

한국어건 영어건 대화체 문장은 짧은 것이 보통이다. 더구나 우리처럼 영어에 능숙하지 않으면 짧은 문장으로 말하는 것이 좋다. 그리고 한 문장에는 가급적 하나의 메시지만을 전달하는 것이 좋다. 짧은 문장으로 말하면 자신감도 붙기 때문에 심리적 부담도 훨씬 적어진다.

'MU가 Tottenham한테 전반에 2 대 0으로 지다가 후반에 5골을 넣어서 5 대 2로 이겼다.'라는 긴 문장을 영어로 한 번에 말하려면 마음이 답답할 것이다. 한 문장에 다 담으려고 하지 말고 Tottenham led MU 2:0 in the first half. However, MU scored 5 goals in the second half. They finally won the game 5:2.라고 세 문장으로 쪼개면 비교적 쉽게 말할 수 있다. 다만, '전반', '후반', '지다가', '넣어서' 등을 영어로 어떻게 말하는지는 미리 알고 있어야 한다.

'그 사람은 윗사람에게 바른말을 했다가 괘씸죄에 걸려 승진에서 누락되었다.'는 어떻게 말할까? 역시 몇 개의 문장이나 절로 쪼개서 He spoke out against his boss and fell from grace. He didn't get a promotion.이라고 말하면 어렵지 않다. 물론 이 역시 '바른말을 했다가', '괘씸죄에 걸려' 등을 영어로 어떻게 표현하는지는 알고 있어야 쪼개고 말고가 가능할 것이다.

'하루 종일 밤 늦게까지 공부해야 하는 학생들이 불쌍하다.'는 어떻게 말할까? I feel sorry for the students who have to study until midnight every night.라고 해도 되지만, They have to study until midnight every night. I feel so sorry for them.이라고 하면 말하기가 더욱 수월할 것이다.

대화 상황에서는 타이밍이 중요하다. 즉, 상대방의 말에 즉각적으로 반응할 수 있어야 대화가 끊어지지 않고 이야기를 잘 이어갈 수 있다. 또한 이상에서 보듯이 긴 문장을 사용하게 되면 영어를 구사하기가 쉽지 않을 뿐더러 시제, 수의 일치 등 다른 문법적인 실수를 할 가능성 또한 더 많아진다. 따라서 짧은 문장을 사용하는 것이 의사전달 측면에서도 훨씬 효과적이다.

027 어제는 오랜만에 정말 재미있었어

어제 에버랜드에 가서 오랜만에 재미있게 놀았던 일을 친구에게 이야기하고 있다.

STEP 1 문장만들기
- 표제문을 영어 문장으로 만들어보세요.

[   ]

STEP 2 비교하기
- 표제문을 영어로 잘 옮긴 것에 모두 체크하세요.

1. Yesterday, I had so much fun in a while.
2. Yesterday, I had so much fun for the first time in a while.
3. I had a really good time yesterday. It's been ages.
4. I really had a good time yesterday. It's been ages.
5. I really had a good time yesterday. It had been ages.
6. I really enjoyed going to Everland yesterday. I haven't had that much fun in a long while.
7. I had so much fun yesterday. I haven't had that much fun for a long time.
8. I enjoyed going there yesterday. I haven't had that much fun in a long while.

| 가능한 문장 | 2, 3, 4, 5, 6, 7, 8

• 문장을 자세히 확인하세요.

★ **영어식 사고로 전환하기** 표제문을 한 문장으로 말할 수도 있겠지만, '어제 정말 재밌었다. (그렇게 재밌게 논 것은 정말) 오랜만이었다.'로 쪼개면 영어로 말하기가 훨씬 수월하다. '오랜만이었다.'는 시제 문제가 좀 있다. 현재완료시제를 택하는 것이 좋은지, 아니면 과거완료시제를 택하는 것이 좋은지 살펴보자.

1 Yesterday, I had so much fun in a while.
2 Yesterday, I had so much fun for the first time in a while.
표제문을 1처럼 쓰면 큰 문제 없을 것 같은 생각이 든다. 하지만 in a while이 틀렸다. 한국어 '오랜만에'는 영어로 for the first time in a while이며, in a while은 '오랫동안'이라는 뜻이다.

3 I had a really good time yesterday. It's been ages.
4 I really had a good time yesterday. It's been ages.
괜찮다. 표제문은 '어제 정말 재미 있었다. 그거 정말 오랜만이었다.'로 쪼갤 수 있다. It's been ages.는 since I had so much fun이 뒤에 생략되어 있다. 현재완료시제이므로 마지막으로 재미있게 논 다음, 즉 어제부터 오늘까지 시간이 너무 많이 흘렀다는 뜻이다. 앞 그림에서 B구간을 말한다. 표제문이 말하고 있는 것은 A구간이기 때문에 문법적으로는 과거완료시제 It had been ages라고 해야 하지만, 바로 어제 일어난 일이므로 구어체에서는 현재완료시제로 써도 큰 무리 없이 통용된다.

부사 really의 위치 I had a really good time yesterday. / I really had a good time yesterday. 둘 다 좋다. 부사 really의 위치는 둘 다 좋지만 엄밀하게 말하면 약간의 차이가 있다. 앞의 really는 very이다. 뒤의 really는 very의 뜻도 있지만 truly/honestly의 뜻도 있다. 즉, 후자는 '매우 재밌게 놀았다'는 뜻도 있고 '(그냥 들으라고 하는 소리가 아니라) 진짜로 잘 놀았다.'란 뜻도 있다.

5 I really had a good time yesterday. It had been ages.
It had been ages.는 과거완료시제이다. 구간 A를 말하는 것이다. 지금 맥락에 정확히 부합한다.

6 I really enjoyed going to Everland yesterday. I haven't had that much fun in a long while.

좋다. I haven't had는 대상기간이 '과거부터 지금까지'이다. 그림에서 A + B 구간이다. 나는 A 구간 동안에, 즉 '과거부터 에버랜드 가기 전까지' 재미있게 놀아본 적이 없기 때문에 엄격하게 보면 I hadn't had that much fun in a long while(과거완료시제)이 맞지만, 바로 어제 일어난 일이므로 구어체에서는 현재완료시제(I haven't had)로 표현해도 크게 문제가 없다.

7 I had so much fun yesterday. I haven't had that much fun for a long time.

8 I enjoyed going there yesterday. I haven't had that much fun in a long while.

`this vs. that` 어제 일이므로 that이라고 하는 것이 맞다. 만약 지금 한창 재미있게 놀고 있는 상황에서 '이렇게 재미있게 놀아보기는 정말 오랜만이다.'라고 할 때는 I haven't had this much fun for a long time.이라고 한다.

`오랜만에` in a long time / for a long time / in a long while / for a long while 모두 '오랫동안'을 뜻하는 말이다. in a long time/while은 주로 부정문에 사용되고, for a long time/while은 긍정문, 부정문 가리지 않고 사용된다. 왜 그럴까? 둘 다 '오랫동안'이라는 기간을 나타내지만 in a long time/while은 그 기간 동안에 사건이 발생하지 않았음을 이면에 품고 있기 때문이다. 즉, 표제문 맥락을 예를 들어 설명하면, in a long time/while은 '전부터 에버랜드 가기 전까지 오랫동안(이렇게 재미있어 본 적이 없었다)'란 뜻이다. in a long while은 무조건 부정문에만 쓰이는 것은 아니고, '그 기간 동안 사건의 부재'를 충족하기만 하면 긍정문에서도 얼마든지 사용 가능하다. **2**를 보면 충분히 이해가 될 것이다. for the first time과 in a while이 궁합이 잘 맞는 것도 이런 이유 때문이다. 즉, for the first time in a while은 '오랫동안(in a while) 재미있는 일이 없었다가 처음으로(for the first time)'란 뜻이다.

028 하루 종일 밤 늦게까지 공부해야 되는 학생들이 불쌍해

한국 중고등학생들의 과중한 학습 부담에 대한 뉴스를 보면서 말한다.

STEP 1 문장만들기
- 표제문을 영어 문장으로 만들어보세요.

[   ]

STEP 2 비교하기
- 표제문을 영어로 잘 옮긴 것에 모두 체크하세요.

1. They are so poor because they are supposed to study late into the night.
2. High school students have to study late into the night. They are poor students.
3. I feel sorry for the students who are supposed to study late into the night.
4. They are supposed to study late into the night. I feel so sorry for them.
5. It's a regret that they are supposed to study late into the night. I feel sympathetic with them.
6. They are supposed to study late into the night. What a shame!

| 가능한 문장 | 3, 4, 6

> **STEP 3**
> **확인하기**
> • 문장을 자세히 확인하세요.

★ **영어식 사고로 전환하기** 표제문은 두 문장으로 나누어 표현하면 말하기 쉽다. '학생들은 밤 늦게까지 공부해야 한다.'와 '학생들이 참 불쌍하다.'로 문장을 나누면 말하기가 훨씬 수월하다. '학생들이 참 불쌍하다.'는 I feel so sorry for them. / I feel sympathetic towards them. / I sympathize with them. / What a shame! 등을 사용하면 된다.

1 They are so poor because they are supposed to study late into the night.

poor 때문에 틀렸다. '너 안됐다.'를 Poor you.라고 하기 때문에 '불쌍해'라고 할 때 poor를 생각하기 쉽다. 하지만 They are so poor에서 poor는 '가난하다'라는 뜻이다. 대명사/명사를 수식하는 제한적인 상황, 즉 poor가 한정적 용법으로 사용될 때는 '안됐다', '불쌍하다'는 뜻으로 쓰일 수 있다. 예를 들어, 불쌍한 강아지를 보고 '가엾어라!' 혹은 '불쌍해라!'라고 말하고자 할 때 Poor thing!이라고 하지, It's poor!라고는 하지 않는다.

2 High school students have to study late into the night. They are poor students.

poor students 때문에 틀렸다. 맥락상 They are poor students는 '공부 못 하는 학생이다', '공부 잘 못한다'는 뜻이다.⁶ '불쌍하다'는 뜻은 들어 있지 않다. good students는 학생의 본분인 공부를 잘하는 학생을 뜻하지 착한 학생을 뜻하지 않는다. 마찬가지로 poor students는 학생의 본분인 공부를 못 하는 학생을 뜻한다.

3 I feel sorry for the students who are supposed to study late into the night.

좋다. 이렇게 한 문장으로 표현해도 되지만 다소 길다. 〈I feel sorry for + 사람〉은 '사람이 불쌍하다'는 뜻이다.

4 They are supposed to study late into the night. I feel so sorry for them.

가장 좋다. 표제문을 두 개의 짧은 문장으로 쪼개니 이해하기도, 표현하기도 쉬운 문장이 되었다. 한국어 한 문장을 영어 한 문장으로만 대응시키지 말고, 의미 단위로 나

뉘 짧은 문장으로 말하는 습관을 갖는 것이 좋다. '불쌍해'를 I feel so sorry for them.
으로 생각해내기는 쉽지 않을 것이다. 반면, I feel so sorry for them.을 '불쌍해'로 이
해하기는 어렵지 않다. 부단히 영어 문장을 만드는 훈련을 하는 수밖에 방법이 없다.

5 **It's a regret that they are supposed to study late into the night. I feel sympathetic with them.**
틀렸다. regret는 내가 뭔가 잘못했을 때 사용한다. 현 맥락에서는 내가 잘못한 것
은 없으므로, regret를 쓰면 어색하다. 한편, feel sympathetic with가 아니라 feel
sympathetic towards라고 한다.[7] I sympathize with them.이라고 해도 된다.

6 **They are supposed to study late into the night. What a shame!**
괜찮다. 이 문장은 학생들이 밤 늦게까지 쉬지도 못하고 공부해서 불쌍하다는 뜻이 아
니다. 밤 늦게까지 쉬지도 못하고 공부하는 것, 이 사회가 이런 것을 강압적으로 요구
하는 점 등이 '유감'이라는 뜻이다. 표제문과는 약간 다르기는 하지만, 구어에서는 큰
문제 없이 소통될 수 있다.
What a shame! 바라는 대로 일이 잘 안 됐을 때 쓰는 말이다. '정말 안타깝다', '정
말 아쉽다', '정말 유감스럽다'란 뜻이다. 또는 상대방에게 발생한 안타까운 얘기에 대
해 '정말 안 됐다.' 또는 I'm sorry to hear that.의 뜻으로 쓰이기도 한다. 백화점에서
점원이 What a shame we don't have it in your size(손님 사이즈가 없어 정말 미안합니
다).라고 하기도 한다. 상대방이 저녁 식사를 같이 하자고 했을 때 What a shame! I
have plans tonight.[8] 이라고 하면 '어쩌지요?/미안해요./아깝네요./섭섭하지만, 선약
이 있어요.'란 뜻이 된다.

029 비긴 것으로 하고 그만하자

복식 테니스를 치고 있는데 비가 오기 시작해서 시합을 중단하려고 한다. 지금 세트 스코어는 3대 3이다.

STEP 1
문장만들기

• 표제문을 영어 문장으로 만들어보세요.

[   ]

STEP 2
비교하기

• 표제문을 영어로 잘 옮긴 것에 모두 체크하세요.

1. Let's call off the match as a draw.
2. Let's call off the match and draw the match.
3. Let's call off the match and call it a draw.
4. How about calling off the match and call it a draw?
5. Let's call it a day and call it even.
6. We better stop here. How about calling it quits?
7. We better stop here. How about we call it quits?

| 가능한 문장 | 3, 4, 5, 6, 7

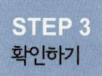
STEP 3
확인하기 • 문장을 자세히 확인하세요.

★ **영어식 사고로 전환하기** 표제문은 '비긴 것으로 하자. 그만하자.' 또는 '그만하자. 비긴 것으로 하자.' 또는 '지금 그만두는 것이 좋겠어. 비긴 것으로 하는 게 어때?'로 쪼개보자. '비기다'는 call it a draw / call it a tie / call it even / call it quits를 쓰면 좋다.

1 **Let's call off the match as a draw.**
call off는 게임을 이미 시작했거나, 아니면 게임을 시작하기 전에 취소하는 것을 말한다. Let's call off the match까지는 좋지만 as a draw까지 연결해서 사용하지 않으므로 틀렸다. **4**처럼 쪼개 말해야 정상적인 문장이 된다.

2 **Let's call off the match and draw the match.**
draw the match가 틀렸다. Let's draw the match.는 완전히 엉뚱한 문장으로, '성냥 모양을 그리자'란 뜻이다. draw는 '그림을 그리다', match는 '성냥'이다.

3 **Let's call off the match and call it a draw.**
4 **How about calling off the match and call it a draw?** ⁹
둘 다 좋다. call it a draw는 '비긴 것으로 하다', '무승부로 하다'이다. call it even / call it a tie / call it quits라고 해도 된다. 비가 상당히 많이 쏟아지고 있어서 모든 사람이 시합을 끝내는 것이 좋겠다는 공감대가 있는 상황이라면 call off the match를 빼버리고 Let's call the match a draw. 또는 How about calling it a draw?라고만 해도 맥락상 충분할 것이다.

5 **Let's call it a day and call it even.**
좋다. call it a day는 '하루 일과를 끝내다', '하던 일을 끝내다'이며, '경기를 중단하다'란 뜻으로 쓸 수도 있다. even은 '(양, 득점이) 균등한/동일한/대등한'의 뜻을 가지므로 call it even은 '무승부로 하다'란 뜻이 된다.

6 **We better stop here. How about calling it quits?**
7 **We better stop here. How about we call it quits?**
좋다. 형용사 quits는 동사 quit(종료하다)과 아무런 관련이 없는 단어이다. quits는 '비긴/피장파장인'이란 뜻이므로, We're quits now.는 '우리 이제 비겼다'란 뜻이다. 따라서 call it quits는 call it even / call it a draw와 같은 뜻이다. 한편, We better ~는 We had better ~의 준말이다.

030 택배로 보내면
금방 도착할 거예요

뉴욕 사무소에 있는 부장님께 서류를 전달해야 하는데, 동료직원이 내게 어떻게 할 것인지 묻는다. 시급을 다투고 있는 긴급 상황에서 말한다.

STEP 1
문장만들기

• 표제문을 영어 문장으로 만들어보세요.

[   ]

STEP 2
비교하기

• 표제문을 영어로 잘 옮긴 것에 모두 체크하세요.

1. If I send them by a parcel service, they will arrive soon.
2. I'll send them by a parcel service. They will arrive soon.
3. I'll send them by door-to-door delivery. They will be delivered soon.
4. I'll send them door-to-door. They will be delivered soon.
5. I'll send the documents by courier. They will arrive in a jiffy.
6. I'll send them by a home delivery. They will arrive soon.

7 I'll send them by a courier service. They will be there soon.

8 I'll courier them. They will be there soon.

| 가능한 문장 | **1, 2, 3, 4, 5, 7, 8**

STEP 3 확인하기
• 문장을 자세히 확인하세요.

★ **영어식 사고로 전환하기** 먼저 '택배'를 영어로 어떻게 말하는 것이 좋은지 몇 가지 표현을 살펴보자.

door-to-door delivery는 낡은 말이다. 택배회사가 해주는 서비스를 묘사하는 말로는 쓸 수 있겠으나 표제문 맥락에는 쓰기가 어색하다. 아울러, 북미에서는 UPS로 물건을 보내고 싶은 경우, 직원 방문을 요청하기도 하지만 보내는 사람이 UPS 지점에 직접 찾아가는 경우도 많다. 저자도 미국 유학 중 우체국 찾아가듯이 UPS 지점에 찾아가서 물건을 부쳤던 기억이 있다. 이럴 경우 심지어 door-to-door delivery라는 말도 성립하지 않음을 알 수 있다.

home delivery는 한국어 '택배(宅配)'의 글자 대 글자 번역어이지만 전혀 말이 안 된다. 이는 물건을 슈퍼마켓에 주문하거나 피자를 주문했을 때 가정에 배달해주는 서비스를 뜻한다.

a courier service는 원래 도시 내 서류 전달 서비스를 말하는 것이었으나 지금에는 UPS, FedEx, DHL, TNT의 '택배 서비스' 또는 '택배 회사'를 뜻하는 말로 발전했다. 하지만 아직도 네이티브에 따라서는 courier를, 자전거 또는 오토바이로 도시 내에서 문서 이송을 해주는 업자/회사로 한정하는 경우도 있다.

parcel service에 대해서는 네이티브 간에도 의견 차이가 있다. '택배/택배회사'라는 주장도 있고, 택배회사, 우체국이 제공하는 서비스의 하나인 '소포 서비스'라는 주장도 있다. 구글 검색을 해도 parcel service가 두 가지 의미로 쓰이고 있음을 확인할 수 있다. 구글 용례들과 미국 굴지의 택배회사 중 UPS의 이름이 원래 United Parcel Service인 점을 감안할 때, parcel service를 '택배/택배회사'라는 뜻으로 쓰는 데 큰 문제가 없다고 본다.

1 If I send them by a parcel service, they will arrive soon.
2 I'll send them by a parcel service. They will arrive soon.

두 문장 모두 좋다. 한국어 표제문이 조건문으로 되어 있어 영어로도 조건문을 쓰고 싶은 생각이 들겠으나, 맥락상 굳이 조건문으로 쓰지 않아도 상관 없다. 조건절과 주절을 분리해서 두 문장으로 만들면 더 이해하기가 쉬울 것이다.

3 I'll send them by door-to-door delivery. They will be delivered soon.

4 I'll send them door-to-door. They will be delivered soon.

door-to-door delivery와 door to door는 틀렸다고 할 수는 없겠지만 잘 사용하지 않는 표현이라 어색하다. 택배회사가 어떻게 사업을 하는지 묘사할 때 door to door를 쓸 수 있지만 지금 맥락에서는 어색하다. 물론 이해하는 데 큰 문제는 없을 것이다.

5 I'll send the documents by courier. They will arrive in a jiffy.

by courier라고 해도 '택배'란 뜻이 되므로 좋은 문장이다.

in a jiffy '즉시, 당장'이란 뜻으로 quickly와 같은 뜻이다. in a jiffy에 대해서는 네이티브 사이에 의견이 갈린다. 어떤 네이티브는 '금방', 예를 들어, '5분 내에' 배달될 때 사용하기 때문에, 지금 맥락(서울에서 뉴욕으로 익일 배송)에서는 사용하기 곤란하다고 하는 사람도 있다. 일반적으로는 지금 맥락에서 in a jiffy를 사용하는 데 아무 문제 없다고 한다. 구글 검색, 사전 용례를 참고하건대 지금 맥락에서 써도 괜찮다.

6 I'll send them by a home delivery. They will arrive soon.

home delivery는 우리가 보기에는 그럴듯하지만 앞서 얘기한 대로 실제로는 전혀 다른 의미다.

7 I'll send them by a courier service. They will be there soon.

by a courier service와 by courier 모두 좋다. They will be there soon.에 주의하라. '도착하다'를 arrive를 쓰지 않고 be there로 표현했다. 한국어가 움직임(동사 '도착하다')으로 표현하는 것을 영어는 〈be동사 + 부사〉로 표현했다.

8 I'll courier them. They will be there soon.

좋다. courier를 동사로 쓰게 되면 send it by courier와 같은 뜻이 된다. '택배로 보내다'를 영어 한 단어 courier로 쓴 것처럼 한국어 〈부사 + 동사〉 또는 〈목적어 + 동사〉를 영어 동사 한 개로 표현하는 일이 많다. FedEx로 택배를 보내는 경우 I'll FedEx them.이라고 해도 괜찮다. 구어체에서 아주 많이 쓰는 문장이다.

I texted him(그 사람한테 문자 메시지를 보냈다). I googled it(그것에 대해 구글에서 검색했다).에서 보듯이 영어는 명사를 동사로 전용해서 간략하고 효율적인 문장을 추구하는 경향이 있다. 구어체에서는 심지어 party를 동사로 쓰기도 한다. '어제 밤에 먹고 마시며 놀았다.'를 We partied last night.이라고 하기도 한다. 물론, party를 동사로 쓰는 것은 아직까지 표준적인 용법은 아니다.

이런 문장도 생각해보세요

• 다음 중 맞는 문장에 모두 체크하세요.

A **며칠 동안 이메일을 받지 못하다가 드디어 오늘 메일 몇 개를 받았다**
  ▶ 내가 쓰는 이메일 서버가 고장이 났었는데 오늘 고친 모양이다.

> 1. I haven't received any emails for a few days. Finally, I got several today.
> 2. I hadn't received any emails in a few days. Finally, I got several today.
> 3. I hadn't gotten any emails in a few days. I managed to receive several today.

Key point 1~2 엄밀하게 따지면 과거완료시제가 맞지만, 구어체에서는 현재완료시제도 큰 문제 없다. [10] in a few days와 for a few days 모두 좋다. any 다음에 오는 명사는 가산명사인 경우 복수형, 불가산명사인 경우 단수형이다. [11] email은 가산명사, 불가산명사로 모두 쓰인다. 따라서 any email이라고 해도 된다. 3 manage to는 내가 메일서버를 고쳤다든가 해서 문제 해결을 위해 뭔가 기여를 했을 때 쓸 수 있다. 지금 맥락에서는 내가 한 게 없으므로 manage to는 곤란하다. 메일 '받았다'란 뜻의 gotten은 구어체에서 사용 가능하다. 하지만 많은 네이티브가 '받았다'는 뜻으로 get의 과거분사 gotten을 쓰는 것을 탐탁하게 여기지 않는다. get 대신 receive를 써서 뜻을 명확히 하는 것이 좋다.

B **재채기가 나올락 말락 한다**
  ▶ 몇 분 동안 벌써 몇 번째 이런 상황이다.

> 1. I'm about to sneeze, but it won't come.
> 2. I have to sneeze, but it won't come.
> 3. I feel the urge to sneeze, but I can't do.
> 4. I feel the urge to sneeze, but I can't do it.
> 5. I almost sneezed.

Key point 1 좋다. '나올락 말락 한다'를 한 문장으로 표현하려고 하지 말고 1같이 풀어서 말하는 것도 방법이다. 2 I have to sneeze라고 해서 '재채기해야 한다'는 의무사항을 의미하는 것은 아니다. '재채기를 해야 하는데 잘 안 나온다'는 뜻이다. it won't come 대신에 I can't라고 해도 된다. 3~4 do는 타동사이므로 반드시 목적어가 필요하다. 5 '오직 한 번' 재채기를 할 뻔 했다는 말이다. 문장 자체는 훌륭한데 지금 맥락에는 맞지 않는다.

|정답| A 1, 2 B 1, 2, 4

법칙 09 * 긍정은 부정으로, 부정은 긍정으로

031 시간이 얼마 없어

032 기술적인 문제로 그 프로젝트는 추진하지 않기로 했습니다

033 10년 만에 여기 왔습니다

034 바쁜 줄 알았으면 거기로 안 갈 걸 그랬어

긍정은 부정으로, 부정은 긍정으로

긍정문과 부정문은 종이 한 장 차이

고등학교 때 '잔디에 들어가지 마시오.'를 Don't enter the grass.라고 하지 않고 Keep off the grass.라고 하는 점을 신기하게 생각한 적이 있다. 한국어를 영어로 전환하면서 긍정문을 부정문으로, 부정문을 긍정문으로 옮기는 것이 아주 도움이 되는 경우가 많다.

옛날 우리 나라에 갓 태어난 신생아를 보호하기 위해 일정 기간 '집에 사람들 출입을 못하게 했었다.' 이것을 영어로 어떻게 말하면 좋을까? 이 원칙을 적용해 We kept people from entering the house. 또는 We blocked people from coming in.이라고 하면 된다.

요즘 '나이 들어서도 결혼하지 않은 여자가 늘어나고 있다.' 이것은 어떻게 표현할까? There is an increasing number of women who are not married at an older age.[12]라고 해도 물론 나쁘지는 않다. 하지만, '나이 들어서도 결혼하지 않은 여자'는 '중년 독신 여성'이므로 There is an increasing number of middle-aged single women.라고 하면 아주 깔끔하다.

반면에 한국어의 긍정문을 영어로는 부정문으로 쓰는 것이 좋을 때가 있다. '그 사람은 어제서야 돌아왔다.'는 He came back yesterday.라고 해도 괜찮지만 He didn't come back until yesterday.라고 하면 더 느낌이 좋다.[13] '그 사람을 직접 만나봐야 마음이 놓이겠다.'는 I won't feel relieved without seeing him in person. 또는 I can't relax until I see him in person.이라고 해야 영어다운 맛이 난다.

031 시간이 얼마 없어

동생이랑 영화를 보러 나가는데 동생이 방에서 꾸물거리면서 빨리 나오지 않고 있다. 시간이 늦을까 봐 급한 마음에 말한다.

STEP 1
문장만들기

• 표제문을 영어 문장으로 만들어보세요.
[   ]

STEP 2
비교하기

• 표제문을 영어로 잘 옮긴 것에 모두 체크하세요.

1 Time is not left much.
2 We don't have much time left.
3 We don't have much time.
4 You don't have all day!
5 We don't have all day!
6 Time is running out.
7 We're running out of time.
8 We're short of time.
9 Please hurry up!

| 가능한 문장 | 2, 3, 5, 6, 7, 8, 9

> **STEP 3 확인하기** • 문장을 자세히 확인하세요.

★ **영어식 사고로 전환하기**   '시간이 얼마 없어.'를 We don't have much time.이라고 하면 손색 없는 문장이다. 하지만, 생각을 180도 전환해서 부정문을 긍정문으로 바꿔 표현해보자. 표제문을 '시간이 줄어들고/닳아지고 있어.' 또는 '시간이 부족해.'로 바꿔보면 We're running out of time. 또는 We're short of time. 등으로 표현 가능하다.

1 Time is not left much.
2 We don't have much time left.
3 We don't have much time.

표제문을 직역한 것이다. **1**은 전혀 말이 안 되는 문장이고 **2**~**3**은 좋다. 굳이 **2**처럼 left를 쓸 필요 없이 **3**이 더 좋다.

4 You don't have all day!
5 We don't have all day!

don't have all day는 '서둘러라'는 뜻의 숙어이다. 나는 안 가고 동생 혼자만 가는 경우 **4**기 맞겠지만 나와 동생이 같이 영화를 보러 나가는 길이므로 **5**가 맞다.

6 Time is running out.

좋다. time을 주어로 삼았다. 한국어 표제문이 부정문으로 되어 있는데, '시간이 얼마 없다'를 '시간이 닳아지고 있다/줄어들고 있다'처럼 긍정문으로 생각해 보면 의외로 쉽게 표현할 수 있다.

7 We're running out of time.

사람을 주어로 삼았다. 지금 맥락에서 한국어 문장은 사람을 좀처럼 주어로 삼기 어려우나 영어는 문제 없다.

8 We're short of time.

short of time은 '시간이 부족한', '시간이 모자란'이란 뜻으로 short on time도 같은 뜻이다.

9 Please hurry up!

좋다. '시간이 얼마 없어'는 '서둘러라'이므로 **9**도 좋다. 머리 속으로 부정문을 긍정문으로 바꿔보는 연습, 평서문을 명령문으로 생각해보는 연습을 많이 해봐야 한다.

032 기술적인 문제로 그 프로젝트는 추진하지 않기로 했습니다

우리 팀은 그 프로젝트를 시작할까 말까 망설였는데 결국 하지 않기로 최종 결정했다.

STEP 1 문장만들기
- 표제문을 영어 문장으로 만들어보세요.

[   ]

STEP 2 비교하기
- 표제문을 영어로 잘 옮긴 것에 모두 체크하세요.

1. We decided not to proceed with the project due to a technical problem.
2. We decided not to process the project due to a technical problem.
3. We decided not to progress with the project due to a technical problem.
4. We decided not to start the project due to a technical problem.
5. We decided to drop the project due to a technical problem.
6. A technical issue kept us from doing the project.
7. A technical problem kept us from starting the project.

> ⑧ A technical problem made us drop the project.
>
> ⑨ We had to drop the project because of a technical problem.
>
> ⑩ We dropped the project for some technical reasons.
>
> ⑪ We dropped the project due to some technical reasons.

|가능한 문장| ①, ③, ④, ⑤, ⑥, ⑦, ⑧, ⑨, ⑩, ⑪

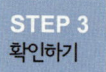

• 문장을 자세히 확인하세요.

★ 영어식 사고로 전환하기 직역해도 나쁘지 않지만 '그 프로젝트 추진을 포기했다/중단했다/그만뒀다'라는 긍정문으로 전환하는 것도 방법이다. 동사 drop을 쓰면 훌륭한 문장을 만들 수 있다. 주어는 We를 내세울 수도 있고 A technical problem을 내세울 수도 있다.

❶ We decided not to proceed with the project due to a technical problem.
표제문에 부합한다. 프로젝트 시작 전에 포기한다는 뜻이다. '프로젝트를 시작하다'는 영어로 proceed with the project라고 한다. proceed the project가 아니라 전치사 with가 포함된 구동사를 쓰는 점에 주의하자.

❷ We decided not to process the project due to a technical problem.

❸ We decided not to progress with the project due to a technical problem.
동사 process는 '(원료를) 가공하다'란 뜻이다. 지금은 '진행하다'란 뜻의 동사 progress를 써야 말이 된다. 역시 전치사 with를 포함시켜 progress with라고 한다.

❹ We decided not to start the project due to a technical problem.
좋다. 표제문의 '추진하다'를 start로 쉽게 바꿀 수 있다.

5 We decided to drop the project due to a technical problem.

좋다. 부정문 '추진하지 않는다'를 영어 문장에서는 동사 drop(포기하다)을 써서 긍정문으로 표현했다.

6 A technical issue kept us from doing the project.
7 A technical problem kept us from starting the project.
8 A technical problem made us drop the project.

한국어 문장의 절을 영어 문장에서 주어로 전환했다. 한국어의 조건이나 원인절은 영어의 주어로 전환하면 영어다운 문장이 된다. 다만, **6**은 엄밀하게 말하면 이미 수행 중인 프로젝트를 기술적인 이유로 더 이상 못하겠다는 뜻이다. 따라서 표제문과 100% 일치하는 것은 아니나 맥락상 명확한 경우 큰 문제 없이 사용 가능하다.

9 We had to drop the project because of a technical problem.
10 We dropped the project for some technical reasons.
11 We dropped the project due to some technical reasons.

좋다. 이유를 나타내는 because of / for / due to를 써서 '기술적인 문제 때문에 프로젝트가 중단되었다'라는 뜻을 나타낸다. '기술적인 문제/이유'는 a technical problem과 technical reasons 모두 좋다.

033 10년 만에 여기 왔습니다

정말 오랜만에 모교에 갔다.

10년 만에 여기 왔습니다

STEP 1
문장만들기

• 표제문을 영어 문장으로 만들어보세요.
[   ]

STEP 2
비교하기

• 표제문을 영어로 잘 옮긴 것에 모두 체크하세요.

1. I came here in 10 years.
2. I am here in 10 years.
3. I have been here for 10 years.
4. I have come here for 10 years.
5. I haven't been here for/in 10 years.
6. This is the first time I've returned in 10 years.

| 가능한 문장 | 5, 6

STEP 3
확인하기

• 문장을 자세히 확인하세요.

★ **영어식 사고로 전환하기**   표제문을 I came here in 10 years.라고 하면 그럴 듯하게 보이지만 전혀 말이 안 된다. '10년만에 처음 왔다'는 '10년 동안 여기 오지 않았다'란 말이다. 그렇다고 I didn't come here for 10 years.라고 해서도 안 된다. 현재를 포함하는 일정

기간을 나타내기 위해서는 현재완료시제를 써야 한다. 따라서 I haven't been here for 10 years.라고 해야 한다.

1 I came here in 10 years.
2 I am here in 10 years.
그럴듯해 보이지만 전혀 말이 통하지 않는 문장이다.

3 I have been here for 10 years.
뜻이 틀리다. '10년 동안 여기서 근무했다', '여기서 기다렸다', '10년 전에 이 회사로 옮겼다(I came here 10 years ago).'는 뜻이다. for 10 years는 '10년 동안'이지 '10년 만에' 가 아니다. 문법 측면에서 in 10 years는 틀리고, for 10 years는 맞다. 둘 다 '10년 동안'이라는 뜻이지만, in 10 years에는 '10년 동안 한 번도 오지 않았다'가 함의되어 있다. 현재완료시제와 함께 사용되는 경우, in 10 years는 부정문에서만 사용된다.

4 I have come here for 10 years.
틀렸다. I have come here for the past ten years.라고 해야 일단 문법적으로 말이 된다. 이는 '10년 동안 자주 왔다.', '10년 단골이다.'란 뜻이므로 현재완료진행시제 I have been coming here for the past 10 years.가 제격이다.

5 I haven't been here for/in 10 years.
훌륭하다. 한국어 표제문은 긍정문인데 영어로는 부정문을 사용했다. 부정문으로 말했지만 실은 여기에 와 있는 상태인 점에 주의하자. 참고로, I haven't been there for/in 10 years.는 '거기 못 가 본 지 (벌써) 10년이다.'란 뜻이다.

6 This is the first time I've returned in 10 years.
좋다. in 10 years는 '10년 동안 한 번도 오지 않았음'이 함축되어 있다. 이 요건만 충족하면, 부정문이건 긍정문이건 in 10 years를 사용하는데 문제가 없다. the first time 에는 그동안 한 번도 오지 않았다는 뜻이 들어 있으므로 in 10 years와 잘 어울린다. 우리말로는 '10년 동안'이 아니라 '10년 만에'라고 하는 것이 자연스럽다. 이 문장에서는 for 10 years는 아예 사용할 수 없다.

034 바쁜 줄 알았다면
거기로 안 갈 걸 그랬어

회사에서 점심 시간에 밥을 먹으러 동료직원과 함께 먼 곳에 있는 식당에 갔다. 밥을 다 먹고 사무실에 돌아 오는 길에 동료직원이 사실 자기가 바빠서 사무실에 빨리 들어가봐야 한다고 말한다. (식당 갈 때는 바쁘다는 말을 안 했다.)

STEP 1
문장만들기

• 표제문을 영어 문장으로 만들어보세요.

[   ]

STEP 2
비교하기

• 표제문을 영어로 잘 옮긴 것에 모두 체크하세요.

① If I had known you were so busy, we wouldn't have gone there.

② If I had known you were so busy, I wouldn't have chosen such a far restaurant.

③ If I had known you were so busy, I wouldn't have chosen a restaurant so far away.

④ If I had known you were so busy, I wouldn't have chosen this restaurant.

⑤ If I had known you were very busy, I wouldn't have chosen that restaurant.

⑥ If I knew you were so busy, we would have gone to a restaurant closer to the office.

7 If I had known you were so busy, I would have chosen a place to eat not so far away.

8 Are you busy today?
We shouldn't have gone there.

9 Are you busy today?
We shouldn't have eaten there.

10 Are you very busy today?
I am sorry we went too far.

11 Are you very busy today?
I am sorry we went this far just for lunch.

| 가능한 문장 | **1**, **3**, **4**, **5**, **6**, **7**, **8**, **9**, **10**, **11**

STEP 3 확인하기

• 문장을 자세히 확인하세요.

★ **영어식 사고로 전환하기**   표제문은 '그렇게 먼 식당을 선택하지 않았을 것이다.'와 같은 의미이다. We wouldn't have gone there. 또는 I wouldn't have chosen a restaurant so far away.이다. 혹은 한국어 부정문을 영어 긍정문으로 바꿔 생각해보는 것도 나쁘지 않다. '가까운 곳으로 갔을 것이다'와 같은 뜻이므로 We would have gone to a restaurant closer to the office.라고 옮겨도 된다.

한 번 더 생각해 보면 더 쉬운 문장은 얼마든지 가능하다. 표제문을 곧이곧대로 영어로 전환하면 가정법 과거완료시제(If I had known you were so busy)를 쓰게 되지만 우리에게 익숙하지 않은 어려운 시제를 굳이 쓸 필요가 없다. 표제문을 '오늘 바빠? 가까운 데로 갈 걸.' 또는 '오늘 바빠? 너무 멀리 기서 미안해.'로 전환하면 정말 쉽지 않은가? 한국어 문장이 부정문이라면 영어 긍정문으로 생각해 보고, 한국어 긍정문에 대해서는 영어 부정문으로 바꿔 이거저거 시도하다 보면, 짧지만 속 시원한 촌철살인 스타일의 문장이 생각날 것이다.

1 If I had known you were so busy, we wouldn't have gone there.

형식 면에서 표제문에 가장 가까운 문장이다. 가정법 과거완료는 '과거 사실의 반대'를 의미한다. '네가 바쁘다는 사실을 내가 알았다면 거기로 안 갔을 텐데.'는 '네가 바쁘다는 사실을 미처 몰랐기 때문에 거기로(그렇게 멀리 있는 식당으로) 갔었다.'는 말이다.

2 If I had known you were so busy, I wouldn't have chosen such a far restaurant.

3 If I had known you were so busy, I wouldn't have chosen a restaurant so far away.

형용사 far　such a far restaurant는 아주 어색하다. 네이티브에게는 콩글리시 같은 느낌으로 들린다. far는 주로 부사로 사용되며(예: It's not far from here. 거기 여기서 안 멀다.) 형용사 far는 '말하는 사람에게서 떨어진 저쪽의', '특정 방향으로 맨 끝에 있는'이란 뜻으로 주로 쓰인다.(예: It is at the far end of the shop. 그거 가게 저쪽 끝에 있어요.) 형용사 far는 '멀다'란 뜻으로 거의 사용되지 않는다. such a faraway restaurant가 그나마 좀 나은 표현이며, a restaurant so far from the office 또는 a restaurant so far away가 더 좋다. 아예 형용사 distant를 써서, such a distant restaurant도 좋다.

so + 형용사　⟨so + 형용사⟩는 그 뒤에 결과나 이유를 설명하는 절이 나오는 것이 보통이다. 여기서도 so busy 다음에 I wouldn't have chosen ~이라는 절이 따라오므로 so를 사용하는 데 문제는 없다. so 대신에 바쁜 정도에 따라 very/awfully/terribly로 바꿔 쓸 수도 있다.

4 If I had known you were so busy, I wouldn't have chosen this restaurant.

5 If I had known you were very busy, I wouldn't have chosen that restaurant.

좋다. so busy와 very busy 모두 괜찮다.

this restaurant vs. that restaurant　화자의 인식에 따라 아직도 가까이 있다고 생각하면 this restaurant, 이미 출발한지 오래되어 멀다고 느껴지면 that restaurant라고 말한다.

6 If I knew you were so busy, we would have gone to a restaurant closer to the office.

괜찮다. 가정법 과거시제(If I knew)는 엄밀하게 보면 틀리지만, 구어체 영어에서는 큰 문제 없이 통용된다. 대화에서는 가정법 과거완료를 사용해야 하는 상황에서, 맥락이 분명하면 가정법 과거를 사용해도 큰 문제가 없다. 하지만, 우리 같은 비원어민은 가급적 문법에 충실한 것이 좋으므로 **6**보다는 **1**을 사용하는 것이 바람직하다.

a restaurant a restaurant 대신 the restaurant가 맞지 않을까 생각하기 쉽지만, a restaurant가 맞다. 이것은 I am a student.와 같은 논리이다. 나는 여러 학생 중의 한 명에 불과하다는 뜻이다. 여기서 a restaurant closer to the office는 '사무실 근처에 있는 식당 중 (특정하지 않고) 아무 거나 한 군데'라는 뜻이다. 지금 맥락은 전자이므로 a restaurant라고 하는 것이 맞다.

7 If I had known you were so busy, I would have chosen a place to eat not so far away.
좋다. 부정문을 영어로 전환할 때 긍정문으로 옮기면 문장이 쉽게 나오는 경우가 많다. '식당'을 a place to eat으로 나타냈다.

8 Are you busy today? We shouldn't have gone there.
9 Are you busy today? We shouldn't have eaten there.
'너 오늘 바빠? 그렇게 멀리 가지 말았어야 하는데.'란 뜻이다. 네가 바쁜 줄 몰랐다는 말이다. '알았다면 멀리 가지 않았을 텐데 몰라서 멀리 가서 식사를 했다'는 말이다. 이때 Are you busy today?는 아주 놀란 듯이 말해야 제대로 말하는 것이다. 상대방이 일찍 들어가봐야 한다고 하니까 그에 대한 대응으로 말하는 것이므로 아주 높은(high pitched) 소리로 '놀라움'을 표시해야 말이 된다.

10 Are you very busy today? I am sorry we went too far.
11 Are you very busy today? I am sorry we went this far just for lunch.
I'm sorry we went so/too/this far 모두 좋다. 다만, we went too far는 '(적당히 중간에 스톱하지 못하고) 너무 지나쳤다/도를 넘었다'는 뜻도 들어 있다. 남녀 관계에서는 '갈 데까지 다 갔다', '섹스를 했다'라는 의미가 되므로 주의해야 한다. 대신 we went so/too far away라고 하면 오해의 소지가 없다. 한편, went this far는 went too far와 비슷한 뜻이다. just for lunch가 뒤에 붙어 뜻이 '거리상으로' 지나치게 멀리 갔다는 의미가 분명해졌다.

이런 문장도 생각해보세요
• 다음 중 맞는 문장에 모두 체크하세요.

A 저녁에 커피를 마시면 밤새도록 잠을 못 자

1. I can't get to sleep if I have coffee in the evening.
2. I can't go to sleep when I have coffee in the evening.
3. I can't fall asleep when I have coffee in the evening.
4. I can't sleep if I have coffee in the evening.
5. Coffee in the evening keeps me awake all night.

Key point ❶~❸ 좋다. get to sleep, go to sleep, fall asleep 모두 '잠들다'란 뜻이다. ❹ sleep은 기본적으로 '잠자는 상태'를 가리키지만 경우에 따라서는 '잠에 빠져드는 순간 동작'(fall asleep)을 의미하기도 한다. ❺ 좋다. '잠을 못 잔다'는 말을 앞에 나온 문장들처럼 부정문으로 쓸 수도 있지만 역으로 생각해서 '잠을 깨어있게 한다'라고 부정문의 의미를 갖는 긍정문을 만들 수도 있다.

B 그 사람은 어제서야 돌아왔다

▶ 그 사람이 돌아오기를 기다렸는데, 사정이 있어 늦어지는 바람에 어제서야 돌아왔다.

1. He came back yesterday.
2. He returned yesterday.
3. Finally he came back yesterday.
4. He finally came back yesterday.
5. He didn't come back until yesterday.
6. He didn't come back until yesterday, finally.

Key point ❶~❷ 어제 돌아왔다는 사실만 서술(descriptive statement)한다. 그동안 돌아오기를 기다렸다는 뜻은 담겨 있지 않다. ❸~❹ 무슨 일이 있어 돌아오지 못하다가 '어제서야 돌아왔다는 뜻이다. finally는 맨 앞에 와도 되고 동사 앞에 와도 된다. ❺ 그동안 기다렸다는 뉘앙스가 들어 있다. 한국어 표제문은 긍정문이나 이 문장은 부정문으로 표현했다. ❻ 문장 마지막에 finally를 추가하면 '어제서야 돌아왔다'는 뜻이 더욱 분명해진다.

| 정답 | A ❶, ❷, ❸, ❹, ❺ B ❶, ❷, ❸, ❹, ❺, ❻

Part 1 참고하기

1 영어과거시제는 과거의 특정 시점과 함께 쓰인다. 이미 사건이 발생한 것은 더 이상 임의로 바꿀 수 없기 때문에 현재와 관련이 없다는 말이다. 그 결과는 현재에도 영향을 미칠 수도 있고 미치지 않을 수도 있다. 예를 들어, I broke my leg yesterday.는 '어제' 시점에 다리가 부러진 것이므로 영어에서 과거시제를 쓴다. 그리고 하루 아침에 부러진 다리가 치료되지는 않을 것이므로 그 결과가 현재에도 그대로 지속될 것이라고 추정할 수 있을 것이다. He went to Busan yesterday.는 그 사람이 지금 그대로 부산에 있는지, 아니면 돌아왔는지 알 수가 없다. I went to Busan yesterday.는 바로 코 앞에서 말하고 있다는 사실로 보아, 말하는 사람이 귀신이 아닌 이상 갔다가 돌아왔음에 틀림없다.

2 저자가 구구절절 말하지는 않았지만, 네이티브 사이에도 상당한 이견이 존재한다. 내가 택시를 탄다는 사실을 상대방이 알고 있었는지 아니면 전혀 몰랐는지에 따라 I took a taxi./I am taking a taxi.의 사용이 영향을 받는다고 한다. 참고로, 이때는 지금 내가 택시에 탑승해 있는 상황만 따진다. 이미 택시에서 내려 목적지에 도착한 경우(I took a taxi.), 택시를 타고 목적지로 갈 예정인 경우(I'm taking a taxi.)는 배제한다.
저자가 설명한 대로 I took a taxi.는 내가 택시를 탈 것이라는 점을 상대방이 알지 못한 경우에만 사용 가능하다. 예를 들어, The bus is not running, so I took a taxi(버스가 끊어져서 택시 탔다).라고 하면 간접적으로 I'm in a taxi.임을 알려주게 된다. 반면에, I am taking a taxi.는 내가 택시를 타고 갈 것이라는 점을 상대방이 알고 있느냐 있지 않느냐에 관계 없이 사용 가능하다.
반면 다른 네이티브는 I took a taxi.를 그 어떤 경우에도 I'm in a taxi. 뜻으로 쓰지 않겠다고 말한다. 즉, 상대방이 알든 모르든 I took a taxi.는 이미 택시에서 내려 목적지에 도착한 상황을 의미할 뿐이지 택시에 탑승한 상태에서는 전혀 쓰지 않겠다고 말한다. 저자는 이 주장에 동의하지 않는다.
어떤 네이티브는 I am taking a taxi. 역시 상대방이 내가 택시 타고 가기로 했다는 사실을 모르는 경우에만 성립한다고 주장한다. '나는 택시라는 교통수단을 선택해서 목적지에 가기로 했고, 지금 택시에 탑승해서 목적지에 가고 있는 중이다.'라는 뜻이기 때문에 내가 택시 타고 목적지에 가기로 했다는 사실을 상대방이 이미 알고 있는 경우 이 문장을 써야 할 하등의 이유가 없다고 한다. 저자는 이 설명이 상당히 설득력이 있다고 인정하기는 하지만, 대부분의 네이티브가 상대방이 알든 모르든 I am taking a taxi.를 I'm in a taxi. 뜻으로 쓸 수 있다고 강력하게 주장하니 일단은 이들의 주장을 따르기로 한다.

3 http://www.englishspark.com/ja/component/content/article/71-prepositions-in-on-at-for-transportation-and-addresses-teacher-stumpers?directory=111

4   맥락에 따라 in the boat이 아니라 on the boat이라고 해야 하는 경우도 있다. 예를 들어, The bird landed on the boat(새가 배에 내려 앉았다). / Are the life preservers in the boat already(구명구 배에 넣었어)?같은 경우다. 자세한 사항은 http://forum.wordreference.com/showthread.php?t=503621을 참고하기 바란다.

5   물론 동사 give의 간접목적어(Indirect Object)가 '사람'이 아니라 '동물', '사물', '추상적 개념'일 수도 있다. 예를 들어, I gave it a lot of thought last night.는 '어젯밤 그 문제 가지고 상당히 고민했다.'란 뜻이다. 여기서 간접목적어는 it이다. 표제문 맥락에서 간접목적어에 부합하는 것이 '사람'이라 그렇게 쓴 것이니 오해가 없기를 바란다.

6   맥락에 따라서는 They are poor students.가 '그들은 가난한 학생들이다'라는 뜻이 될 수는 있겠다. 하지만 '불쌍한 학생들'이라는 뜻으로는 전혀 쓰이지 않는다.

7   toward가 맞을까, towards가 맞을까? 둘 다 맞다. http://grammarist.com/spelling/toward-towards/에 의하면 둘 다 괜찮으며 같은 뜻이라고 한다. toward가 북미식이고 towards는 영국식이라고 하지만 개인 선호에 따라 달라지니 어느 것을 취하든 문제 없다고 한다.

8   복수형 plans는 '(사람을 만날) 약속'란 뜻이다. 단 한 차례의 '약속'이라 하더라도 복수형 plans를 쓴다. 즉, I have a plan tonight.라고 하지 않는다.

9   앞에는 동명사 calling이라고 하고 뒤에는 동사원형 call이라고 했다. call을 calling으로 고쳐야 일관성이 있을 것이나, 대화체에서는 call이라 해도 큰 문제가 없다. 다음과 같이 말하는 것이 더 문법에 맞겠지만, **5** 같이 말해도 별 문제 없다.
How about calling off the match and calling it a draw?
How about we call off the match and call it a draw?
How about calling off the match and let's call it a draw?

10 잘 이해가 안 되는 독자를 위해 자세히 설명한다. 지금은 오후이고 메일을 받은 것은 오전이라고 하자. 현재완료시제는 과거부터 지금까지 효력이 미치는 시제이다. 따라서 I haven't received any emails for a few days.라고 하면 지금 이 순간(오후)에도 이메일을 받지 않은 상태여야 한다. 근데 오늘 오전에 메일을 받았으니 현재완료시제를 쓸 수가 없다는 말이다.
과거완료시제는 옛날 시점 과거부터 최근 시점 과거까지 효력이 미치는 시제이다. I hadn't received any emails for a few days.는 과거부터 오늘 오전까지(오늘 오전도 분명히 과거이다.) 메일을 받지 못했음을 표현하는 정확한 문장이다. 과거완료시제를 써서 과거부터 오늘 오전까지 메일을 하나도 받지 못 했음을 표현해야 논리적으로 말이 된다. 하지만, 구어체에서는 오늘 오전에 발생한 것이므로 심각하게 따지지 않고 현재완료시제를 써도 크게 무리가 없다.

11 〈any + 가산명사의 단수형〉으로 쓰이는 경우도 있다. '남자 아이 누구라도 그걸 할 수 있다.' 또는 '어느 남자 아이라도 그걸 할 수 있다.'는 Any boy can do it.이다. 이때의 any는 '어느 누구라도'의 뜻이다. 즉 문법적으로 '양보'의 의미로 쓰였다. 표제문에서의 not ~ any emails는 '단 한 개도 못 받았다' 뜻으로서 '숫자'를 나타낸다. 양보의 뜻이 아니다. 자세한 내용은 http://blog.naver.com/PostView.nhn?blogId=miru129&logNo=110036932901 또는 http://www.bbc.co.uk/worldservice/learningenglish/grammar/learnit/learnitv303.shtml를 참고하라.

12 There is인가, There are인가? 주어를 number로 보느냐, women으로 보느냐 문제이다. 네이티브들도 쉽게 결론을 내지 못 했다. 저자의 튜터들은 is라고 했다. 출판사 소속 에디터는 are라고 했다. 문용 「고급 영문법 해설」 (p.561)에서도 "a number of + 복수명사가 주어가 되면 술어동사는 원칙상 복수형이 쓰이지만 a number of를 하나의 집합체로 파악하는 경우에는 단수형 술어동사가 쓰이기도 한다."고 나와 있다. 저자는 양쪽 다 일리가 있다고 생각하는데, 일단은 튜터들의 주장대로 is로 한다.

13 이 문장은 '어제까지 돌아오지 않았다.'가 아니라 '어제 돌아왔다.'이다. 많은 사람들이 헷갈리기 쉬운 문장이다. 〈not A(행동) until B(시간)〉는 'B(시간)이 되어서야 A(행동)을 했다'란 뜻이다.

Part 2

주어를 잘 골라야 좋은 문장이 된다

영어로 말할 때 가장 처음 부딪치는 문제는 '주어를 무엇으로 삼아야 할 것인가?'입니다. 주어를 잘 고르는 것은 제대로 된 문장을 만드는 데에 있어 첫 단추를 채우는 일입니다. 다시 말해, 주어를 잘 선택하면 문장이 쉽게 풀리게 되지요. '(실수로) 다리가 부러졌다.'라는 우리말을 영어로 옮길 때 My leg was broken.보다는 I broke my leg.로 말하는 것이 훨씬 자연스러운데요. 이 문장이 우리한테는 어색하게 들리는 이유는 무엇일까요? 또, '(불현듯) 그 사람이 생각났다.'를 I thought of him.이라고 쉽게 말하지 못 하는 이유는 무엇일까요? 왜 이런 문장 유형을 쉽게 받아들이지 못하는 것일까요?

조금 더 생각해보면 한국어의 주어와 영어의 주어는 성격이 상당히 다르다는 점을 알 수 있습니다. 이 파트에서는 한국어의 주어와 영어의 주어가 어떻게 다른지 살펴보겠습니다.

법칙 10	도대체, 주어란 무엇인가?
법칙 11	'〜라면'과 '〜때문에'도 주어가 된다
법칙 12	사람과 사물의 역할 바꾸기
법칙 13	주어는 하나다

법칙 10 * 도대체, 주어란 무엇인가?

035 아직도 그 일이 가끔 생각나

036 (집에) 친구 차 타고 갈 거야

037 윗집에서 피아노를 가끔씩 쳐요

038 욕조에 물이 넘치고 있어

039 목이 많이 좋아졌어

도대체, 주어란 무엇인가?

한국어의 주어와 영어의 주어는 다르다

주어란 무엇인가? 가장 기본적인 의문이지만 어느 문법서에서도 이 질문에 대한 답이 나와 있지 않다. 동사, 명사, 관사, 부사, 전치사 등 품사는 다루고 있지만 문장 구성에 제일 중요한 주어, 목적어 문제에 대해서는 침묵으로 일관하고 있는 것이다. 아마 정식 문법서에서 다루기에는 학술적이지 않다고 판단하는 모양이다. 그렇지만 영어 학습자 입장에서는 '주어'의 실체를 파악하는 것이 무엇보다 절실하다. 문장을 구성할 때 정확한 주어를 잡는 것은 셔츠의 첫 단추를 채우는 것만큼이나 중요하기 때문이다.

저자가 주어에 관심을 갖게 된 것은 다음과 같은 현실적인 문제 때문이다.

❶ '(실수로) 다리가 부러졌다'를 My leg was broken.이라고 했더니, 이걸 들은 네이티브가 By whom?이라고 되물었다. 전후 맥락을 잘 모르면 누군가가 일부러 내 다리를 부러뜨렸다는 느낌이 든다는 것이다. 제대로 된 문장은 I broke my leg.라고 했다. 하지만 저자는 아무리 생각을 해봐도 이 문장은 '내가 내 다리를 부러뜨렸다'는 뜻으로밖에 생각되지 않았다.

❷ '너한테서 담배 냄새가 난다.'를 Cigarette smells from you.라고 하면 전혀 말이 안 된다. I smell cigarette smoke on you.라고 해야 정확한 문장이다. 이때 동사 smell은 '(목적어: 담배 냄새)가 내 코에 날라와서 냄새가 맡아지다'란 뜻이다. 처음에는 내가 일부러 킁킁거리며 냄새를 맡지 않았는데도 영어로 I smell이라고 한다는 점을 선뜻 받아들이기가 어려웠다.

❸ '신발 밑창이 닳았다.'는 The soles of these shoes have worn out.이라고 해도 좋지만, I have worn out the soles of these shoes.도 훌륭한 문장이다. 저자의 머리 속에 앞 문장은 생각이 났지만 뒷 문장은 전혀 생각나지 않았다. 심지어는 문장을 직접 보고도 납득이 잘 되지 않았다. 내가 신발이 닳는데 '의도적' 노력을 하지 않았지만 영어는 I를 주어로 내세우는 것을 주저하지 않는다.

이처럼 일련의 주어와 관련된 어려움을 겪으면서 한국어의 주어와 영어의 주어는 상당한 차이점이 있음을 인식하기 시작했다.

'다리가 부러졌다'를 영어식 사고로 전환하기

한국어에서 '주어'는 대체로 (특히, 사람 주어인 경우) 능동적 행위의 주체인 경우가 많은 반면에, 영어에서는 '사람 주어'가 물론 행위자인 경우도 많지만 수동적으로 결과를 받는 자, 경험자도 쉽게 주어 자리에 올 수가 있다.

주어가 행위자라 하더라도, 그 주어가 동사 의미 실현에 어느 정도 능동적으로 관여하느냐 역시 한국어와 영어 사이에 상당한 거리가 있다.

다시 '다리가 부러졌다'로 돌아가보자. 한국어 문장에서는 내가 적극적으로 다리가 부러지는데 관여를 한 것이 아니니까, '다리'를 주어로 내세워 '다리가 부러졌다'는 문장을 만들어냈다. 앞서 말한 대로 한국어 문장에서 사람을 주어로 내세울 때는 그 사람의 능동적 관여가 요구된다. 능동적으로 관여하지 않으면 사람을 나타내지 않고 그 '상황'만을 묘사하는 경우가 많다.

반면에 영어 네이티브의 머리 속에서는 다른 논리가 전개된다. 내가 '경험자'에 불과하더라도 문장의 주어가 될 수 있다는 것이 영어식 사고방식이다. 내가 실수로 내 다리를 부러지게 한 정도로 수동적 관여를 한 경우에도 I broke my leg.란 문장이 전혀 이상하지 않은 것이다.[1] 영어는 누가 무엇을 했는지 명확하게 규정하기 좋아하는 '사람 주어' 위주의 언어이기 때문에 이것이 충분히 가능하다.

저자가 네이티브와 얘기하면서 받은 느낌은 이렇다. 내가 의도한 것은 아닐지언정 내 실수로 다리가 부러진 것이므로 내가 어느 정도 책임이 있으니까 I broke my leg.라고 한다. 내가 실수했건 어쨌건 간에 다리가 부러지는 원인을 제공한 것은 나이므로 이런 표현이 성립하는 것이다.

이렇게 장황하게 주어에 대해 설명하는 이유는 한국식 '주어' 관념에서 탈피해서 영어식 '주어' 관념을 받아들여야 영어가 빨리 늘기 때문이다. 이런 개념을 정확하게 인지하지 않으면 아무리 I broke my leg.와 I have worn out the soles of these shoes.라는 문장을 접하더라도 마음 속으로 이런 문장 유형을 잘 받아들이지 못하게 된다.

이제 이 점을 염두에 두고 구체적으로 어떤 동사가 어떤 주어를 필요로 하는지 살펴보기로 하자. 부단히 연습하다 보면 어느새 이런 영어식 사고방식에 익숙해질 것이다.

035 그 일이 아직도 가끔 생각나

우연히 시청 앞에서 옛날 여자친구를 봤다. 그녀는 나를 못 봤고 나 역시 아는 체 하지 않고 갈 길을 갔다. 지금도 그 일이 가끔씩 생각난다.

STEP 1 문장만들기
- 표제문을 영어 문장으로 만들어보세요.

[   ]

STEP 2 비교하기
- 표제문을 영어로 잘 옮긴 것에 모두 체크하세요.

1. It occurs to me from time to time.
2. It occasionally comes to mind.
3. It sometimes pops into my head.
4. It pops up in my head every once in a while.
5. It crosses my mind every now and then.
6. I think about it from time to time.
7. I think about that from time to time.
8. I think of it from time to time.
9. I think of that from time to time.

| 가능한 문장 | 1, 2, 3, 5, 6, 7, 8, 9

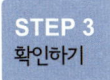
STEP 3 확인하기 • 문장을 확인하세요.

★ **영어식 사고로 전환하기** 표제문의 주어는 무엇일까? '그 일'을 주어라고 볼 수도 있다. 그리고 '나는 그 일이 생각난다'에서 '나는'이 생략되었다고 보면 표제문은 이중주어문이 되어 주어는 '나'가 된다. '그 일'을 주어로 삼아 문장을 만들어보기도 하고, '나'를 주어로 삼아서도 문장을 시도해보자.

1 It occurs to me from time to time.
좋다. 영어사전을 찾아보면 '생각나다'는 occur to + 사람 / come to mind / think of / dawn upon / hit upon / be reminded of / remember 등이 나온다. 지금 맥락에 occur to me는 아주 좋다.
가끔 '이따금', '한 번씩', '간혹'은 sometimes, occasionally, every once in a while, at times, from time to time, every now and then이라고 한다.

2 It occasionally comes to mind.
좋다. '생각나다'란 뜻으로 come to mind 역시 쓸 수 있다. 영어 학습 사이트에 come to one's mind가 많이 보이지만 모두 틀린 것이니 주의하기 바란다. come to my mind라고는 절대로 하지 않는다.

3 It sometimes pops into my head.
좋다. pop into one's head는 '팍 떠오르다'란 뜻이다. '이거 방금 생각났어.'는 It just popped into my head.라고 하며, '그 여자가 한 번씩 생각난다.'는 She pops into my head from time to time.이라고 한다.

4 It pops up in my head every once in a while.
틀렸다. 구동사 pop up은 용수철처럼 뭔가가 튀어 오르는 것을 말한다. 사람이 불쑥 나타나는 것을 뜻하기도 하며, 급하게 처리할 일이 갑자기 생기는 것 역시 pop up이라고 한다. 하지만 생각이 갑자기 나는 것을 pop up으로 표현하지는 않는다.

5 It crosses my mind every now and then.
문제 없다. cross one's mind는 '생각나다, (나도 모르게) 머리 속에 떠오르다'라는 뜻의 숙어이다.

6 I think about it from time to time.
7 I think about that from time to time.

좋다. 하지만 이 두 문장은 중의적이다. 내가 가끔씩 그 일을 '일부러 생각한다'는 의미도 있고, 가끔씩 그 일에 대한 생각이 머리 속에 들어온다, 즉 수동적으로 '생각난다'는 의미도 함께 들어 있다. 우리말은 내가 능동적으로 생각한 경우 '나는 그 일을 가끔씩 생각한다.'라고 하고, 그냥 머리 속에 생각이 들어 온 경우 '그 일이 가끔 생각난다.' 라고 한다. 영어에서는 내가 능동적으로 생각을 하건, 수동적으로 생각이 나건 둘 다 I think about ~으로 표현한다.

지시대명사 it vs. that it은 기지의 사실, that은 기지의 사실이든 새로운 정보이든 관계 없이 쓸 수 있다. 이 상황에서는 '그 일'이 기지의 사실이므로 it과 that 모두 쓸 수 있다.

8 I think of it from time to time.
9 I think of that from time to time.

좋다. think of는 think about보다 '(의도하지 않게) 생각난다'는 뜻이 강하다. 일반적으로 think about은 더 오랫동안 깊이 생각할 때, think of는 think about보다 짧게 생각하거나 의도하지 않게 생각이 날 때 쓴다. 하지만 둘 다 쓸 수 있는 경우도 많다. 지금 맥락에서도 think of와 think about 둘 다 괜찮다.

036 (집에) 친구 차 타고 갈 거야

회식이 끝날 때쯤 직장동료가 '집에 어떻게 갈 거야?(How are you getting home?)'라고 내게 물어본다. 이에 친구가 차를 가지고 날 데리러 올 것이라 대답한다.

STEP 1 문장만들기
• 표제문을 영어 문장으로 만들어보세요.
[   ]

STEP 2 비교하기
• 표제문을 영어로 잘 옮긴 것에 모두 체크하세요.

1 I'm going to take my friend's car.
2 My friend will pick me up.
3 My friend will give me a ride home.
4 My friend will ride me home.
5 My friend will drive me home.
6 I'm getting a ride with/from my friend.
7 I'm going to ride with my friend.

| 가능한 문장 | 2, 3, 5, 6, 7

STEP 3 확인하기
• 문장을 확인하세요.

★ **영어식 사고로 전환하기**   '택시 타고 간다.'는 I'll take a taxi. '버스 타고 간다.'는 I'll take the bus.라고 한다. 그렇다면 '친구 차 타고 간다.'는 I'll take my friend's car.라고 할까, 아니면 I'm going to ride my friend's car.라고 할까? 주어를 I로만 고집하지 말고, my friend로도 한 번 시도해보자.

법칙 10 167

1 I'm going to take my friend's car.
틀렸다. 그럴듯하게 보이지만 **1**은 내가 직접 운전한다는 뜻이다. take는 주인의 허락을 받은 경우 '빌리다/허락을 얻어 사용하다'로, 허락을 받지 않은 경우 '빼앗다', '강탈하다', '훔치다'로 번역하면 된다. 지금은 친구 허락을 받았다 치고 '빌리다'로 옮기는 것이 맞겠다. 즉, **1**은 '내 친구 차를 빌려 ~로 갈 것이다.'란 뜻이다. 단독으로는 불완전한 문장이다.² take a taxi / take the bus를 보고 'take = 타다'로 생각하고 **1**을 '친구 차를 탄다'고 생각하면 잘못된 것이다. take가 '타다'의 의미로 쓰이는 경우는 오로지 택시, 버스, 기차, 비행기 등의 교통수단에 한정된다. 자가용에 대해서는, '타다'는 의미로 take를 쓰지 않는다.

2 My friend will pick me up.
표제문을 다르게 고치면 '친구가 날 픽업할 것이다.'와 같은 뜻이다. 따라서 아주 훌륭한 표현이다.

3 My friend will give me a ride home.
4 My friend will ride me home.
give me a ride는 '나에게 태워줌(ride)을 주다', 즉 '나를 태워주다'란 뜻이다. 영어는 별걸 다 give한다. give me a ride가 가능하니, 동사 ride 역시 쓸 수 있을 것 같지만 **4**는 '친구가 나를 등에 업고 집에 데리고 갔다'는 전혀 다른 뜻이 된다.

5 My friend will drive me home.
drive me home은 '(내 친구가) 나를 차에 태우고 (자기가 운전해서) 집에 데려다주다'라는 뜻이다.

6 I'm getting a ride with/from my friend.
명사 ride는 '누군가를 차를 태워 목적지에 바래다주는 것'을 뜻한다. 따라서 〈A + get a ride with + B〉에서 A는 '태워줌을 받는 사람', B는 '태워주는 사람'이 된다. with 대신 from을 써도 좋다.

7 I'm going to ride with my friend.
한국인에게는 엄청 헷갈릴 수 있는 문장이다. 동사 ride는 '주어가 (다른 사람이) 운전하는 차에 승객으로서 차를 얻어 타다'는 의미다.

037 윗집에서 피아노를 가끔씩 쳐요

이사 들어간 지 얼마 안 됐는데 친구가 '집은 조용해?(Is it quiet?)'라고 물어보는 말에 '윗 집에서 피아노를 가끔씩 쳐. 가끔씩 소리가 큰 경우가 있지만 큰 문제는 없어. (Sometimes it's a bit loud, but it's not a big deal.)'라고 답한다.

STEP 1 문장만들기
- 표제문을 영어 문장으로 만들어보세요.

[   ]

STEP 2 비교하기
- 표제문을 영어로 잘 옮긴 것에 모두 체크하세요.

1. Someone at the above apartment plays the piano every now and then.
2. Someone at/on the upstairs apartment plays the piano every now and then.
3. Someone in/from the upstairs apartment plays the piano every now and then.
4. Someone in/from the apartment above me plays the piano every now and then.
5. Someone on the floor above me plays the piano every now and then.
6. Neighbor in the upstairs apartment plays the piano every now and then.

> 7 A neighbor in the upstairs apartment plays the piano every now and then.
>
> 8 My neighbor in the upstairs apartment plays the piano every now and then.
>
> 9 The neighbor in the upstairs apartment plays the piano every now and then.
>
> 10 An upstairs neighbor plays the piano every now and then.
>
> 11 They play the piano, upstairs, every now and then.
>
> |가능한 문장| 3, 4, 5, 7, 8, 9, 10, 11

STEP 3 확인하기

• 문장을 자세히 확인하세요.

★ **영어식 사고로 전환하기** '윗집에서'에서 주어를 찾아야 하긴 할텐데 도대체 뭐가 주어가 될까? '윗집에서'를 '윗집 사람'이라고 생각하면 답 찾기가 쉽다. '윗집 사람'은 영어로 Someone from the upstairs apartment / Someone from the apartment above me / A neighbor in the upstairs apartment / An upstairs neighbor라고 하면 된다. 직역해서 upstairs person이라고 해서는 안 된다.

1 Someone at the above apartment plays the piano every now and then.

틀렸다. above는 기본적으로 전치사이다. above가 형용사로 쓰이는 일은 아주 제한적으로, '위에서 말한, 앞에서 말한'을 의미한다. 따라서 above apartment라고 굳이 말한다면 '앞에서 말한 아파트, 앞에서 언급한 아파트, 위에서 말한 아파트'를 의미한다고 할 수 있겠다.

2 Someone at/on the upstairs apartment plays the piano every now and then.

3 Someone in/from the upstairs apartment plays the piano every now and then.

'윗집에 사는 누구'란 뜻으로 someone을 주어로 삼아도 괜찮다. 뒤에서 바로 살펴 보겠지만 someone 대신 neighbor라고 하면 더 좋다.

in/from the upstairs apartment '위층', '윗집'은 upstairs라고 한다. someone in the upstairs apartment도 좋지만 someone from the upstairs apartment가 더 좋은 표현이다. 한편 Someone at the upstairs apartment는 '윗집 아파트에 있는 손님' 같은 뉘앙스를 풍기고, Someone on the upstairs apartment는 '아파트 지붕에 있는 사람'이란 뜻이므로 어색하다.

4 Someone in/from the apartment above me plays the piano every now and then.
5 Someone on the floor above me plays the piano every now and then.
above를 써서 말할 때는 이처럼 쓸 수 있다. above me 대신 above mine이라고 해도 된다. someone on the floor above me는 보기에는 이상할지 몰라도 훌륭한 표현이다.

6 Neighbor in the upstairs apartment plays the piano every now and then.
틀렸다. neighbor는 가산명사이므로, 앞에 반드시 부정관사 a 또는 정관사 the가 필요하다.

7 A neighbor in the upstairs apartment plays piano every now and then.
좋다. A neighbor라고 하면 너무 막연하게 느껴지지만 '내 이웃 아무개'라는 뜻으로 지금 맥락에서 문제 없이 쓸 수 있다.³ in the upstairs apartment 대신 from the upstairs apartment도 좋다.

8 My neighbor in the upstairs apartment plays the piano every now and then.
9 The neighbor in the upstairs apartment plays the piano every now and then.
좋다. my neighbor / the neighbor라고 하면 이웃의 얼굴이나 이름을 알아야 쓸 수 있을 것 같은 생각이 든다. 하지만 누구인지 특정할 수 없는 경우에도 my neighbor 또는 the neighbor를 주어로 쓸 수 있다.

10 **An upstairs neighbor plays the piano every now and then.**
좋다. upstairs neighbor를 생각해낸 것은 한 단계 발전한 것이다. 우리말로는 '위층 사람', '윗집 사람'이다. An upstairs neighbor도 좋고 The upstairs neighbor와 My upstairs neighbor 모두 좋다.

11 **They play the piano, upstairs, every now and then.**
좋다. 일반인을 지칭하는 대명사 they를 주어로 썼다. 피아노 치는 사람이 한 사람인지, 여러 사람인지 알지 못하더라도, 관계 없이 they를 쓸 수 있다.

영어지식 A⁺

'피아노를 치다'는 무조건 play the piano일까?

한국어로는 '치다'이지만 영어로는 hit the piano가 아니라 play the piano라고 한다. 그렇다면 play the piano인가, play a piano인가, play piano인가? 문법책이나 웹사이트[4]를 보면 〈play + 악기〉는 악기 앞에 정관사 the를 붙여야 한다고 나와 있다. 이 설명이 일면 맞기도 하지만 100% 옳은 설명은 아니다.
〈play + 악기〉 역시 관사의 일반적 원칙을 따른다. 즉, 특정할 수 있는 경우 play the piano이고, 특정할 수 없는 경우 play a piano이다. play piano는 특별히 어느 피아노인지를 말할 필요가 없는 일반적인 상황에서 쓰거나 특히 주어가 피아노 칠 수 있는 능력이 있음을 말하고자 할 때 사용한다. '난 네가 피아노 칠 줄 안다고 생각했다.'는 I thought you could play piano.라고 한다. 다른 예로 My daughter plays piano.라고 하면 '내 딸은 피아노를 칠 줄 안다'는 뜻이다. 물론 play piano는 지금 맥락에 적절하지 않다.
표제문 맥락에서는 play the piano가 가장 좋다. 윗집 피아노를 본 적은 없지만 '윗집 바로 그 피아노'라고 특정할 수 있기 때문에 정관사 the를 쓴다.
만약 이 피아노 소리가 어디서 나는지 잘 모를 때는 play a piano라고 한다. 즉, 바로 위층에서 나는지, 위층 옆집에서 나는지, 그 위층에서 나는지 잘 모를 때 play a piano라고 한다. 표제문 맥락에 play a piano라고 해도 큰 문제는 없다. 예를 들어, My neighbor is playing the piano.라고 하면 화자는 여러 번 들어서 그 피아노 소리가 익숙하다는 말이다. Someone is playing a piano.라고 하면 피아노 소리가 어디서 오는지도 잘 모르겠고 전에 들어본 적도 없다는 말이 된다.

038 욕조에 물이 넘치고 있어

욕조에 물이 넘치는 소리가 들린다. 빨리 수도꼭지를 잠그라고 다른 사람에게 시킨다.

STEP 1 문장만들기

• 표제문을 영어 문장으로 만들어보세요.

[   ]

STEP 2 비교하기

• 표제문을 영어로 잘 옮긴 것에 모두 체크하세요.

1. Water overflows from the bathtub.
2. Water is overflowing (from the bath).
3. The bathtub is overflowing.
4. The bath is overflowing.
5. The bathtub is running over.
6. Water is running over.
7. The bath is spilling over.
8. Water is spilling over (from the bath).

| 가능한 문장 | 2, 3, 4, 5, 6, 7, 8

STEP 3 확인하기

• 문장을 확인하세요.

★ **영어식 사고로 전환하기** 한국어 문장은 '욕조에 물이 넘치고 있다.'도 가능하고, '욕조가 넘치고 있다.'도 가능하다. 저자가 보기에는 앞 문장이 더 자연스럽다. 영어도 Water is overflowing.이라고 하기도 하고, The bath is overflowing.이라고 하기도 한다. 영어로

는 대체로 뒷 문장이 더 자연스러우며, '넘치다'는 뜻으로 overflow 대신에 run over와 spill over도 가능하다.

1 Water overflows from the bathtub.
water를 overflow의 주어로 써도 문제는 없다. 하지만 **1**은 현재시제이므로 지금 그렇다는 것이 아니라 습관적으로 그런 성질이 있다는 뜻이다. 활동동사(action verb)의 현재시제는 지금 현재 일어나는 일을 말하는 것이 아니라 일반적인 현황과 상태를 뜻한다. 다시 말하면, **1**은 뭔가 구조상의 문제나 설계가 잘못되어 욕조에서 습관적으로 물이 넘친다는 뜻이다.

관사: Water '욕조에 있는 물'이니까 특정(特定)이 가능하다. 이 경우 the를 붙여 the water라고 하는 것이 원칙이다. 다만, 구어체에서는 이 상황에서 the를 생략해도 큰 문제가 없다.

2 Water is overflowing (from the bath).
좋다. 현재진행시제로 바로 지금 일어나고 있는 상황을 설명한다. '욕조'는 bathtub과 bath 둘 다 괜찮다.

3 The bathtub is overflowing.
4 The bath is overflowing.
overflow의 주어로 bathtub와 bath도 쓸 수 있다. water보다는 the bath와 bathtub을 주어로 삼는 것이 더 자연스럽다.

5 The bathtub is running over.
6 Water is running over.
둘 다 좋지만, **5**가 더 자연스럽다. **6**은 Water is running over the side of the bath. 또는 Water is running over from the bath.에서 the side of the bath와 from the bath가 축약된 형태이다. **6**에는 shock, surprise 같은 감정이 상당히 포함되어 있다.

7 The bath is spilling over.
8 Water is spilling over (from the bath).
spill over의 주어는 the bath도 될 수 있고 water도 될 수 있다.

039 목이 많이 좋아졌어

목을 다쳐서 목을 돌릴 수가 없었다. 며칠 지난 지금 통증이 남아 있기는 하지만 움직임이 많이 좋아졌다. 지호가 '목 좀 어때?(How's your neck?)'이라고 물었다.

STEP 1
문장만들기
- 표제문을 영어 문장으로 만들어보세요.
[   ]

STEP 2
비교하기
- 표제문을 영어로 잘 옮긴 것에 모두 체크하세요.

   1 My neck gets better.
   2 My neck got better.
   3 My neck has gotten better.
   4 My neck is better.
   5 I feel better in my neck.
   6 My neck feels better.

| 가능한 문장 | 3, 4, 6

STEP 3
확인하기
- 문장을 자세히 확인하세요.

★ **영어식 사고로 전환하기**   밖에서 보이는 '목'은 neck, 입 안쪽에 연결되는 '목', 즉 '후두'는 throat이다. '목이 많이 좋아졌다.'는 지금 현재 좋아진 상태를 말하는 것이니 현재시제를 쓴다. 주어는 My neck을 쓰면 된다.

1 My neck gets better.

틀렸다. '현재시제'라는 말 때문에 현재시제가 지금 당장 일어나는 동작을 의미하는 것으로 오해할 수 있다. 하지만 사실 현재시제는 현재의 동작, 상태를 나타내지 않고, 습관, 역사적 사실, 진리 등 구체적인 시점과 관련 없는 경우가 많다. 따라서 목 아픈 것이 많이 좋아져 있는 '지금 현재'의 상황을 묘사하기 위해 1을 쓰는 것은 잘못이다. 사실 1은 미완의 문장으로, 다른 어구가 있어야 온전한 문장이 된다. 예를 들어, My neck gets better every day.같이 '매일 목이 좋아지고 있다.'는 뜻으로 쓰일 수 있다. 조금씩 개선되고 있는 과정에 중점을 두었지만 약간 억지스럽게 만든 문장 티가 난다. My neck is getting better every day.가 더 자연스러운 문장이다.

2 My neck got better.

틀렸다. My neck got better.에는 '변화'가 내포되어 있다. 즉, 은연중에 화자의 머리 속에 비교 대상이 들어 있다. 2는 상태의 호전, 컨디션의 변화를 표현할 필요가 있는 맥락에서만 쓰인다. 예를 들어, 상대방이 Are you still seeing the chiropractor(아직도 척추지압치료 받고 있어)?라고 물을 때 No, my neck got better.라고 할 수 있다. 과거에 비해 상태가 호전되었기 때문에 더 이상 치료를 안 받는다는 말이다.

2는 단독으로 쓰기 어려운 불완전한 문장이다. 다음처럼 수식어구(qualifier) 또는 수반되는 절(clause)이 필요하다. My neck got better after the hot pack treatment(핫팩 치료를 받고 나니 목이 많이 좋아졌다). / My neck got better thanks to acupuncture(침을 맞고 나니 목이 많이 좋아졌다). / When I woke up this morning, my neck got/felt/was better(오늘 아침 자고 일어나 보니 목이 좋아졌다).처럼 쓰면 괜찮다.

3 My neck has gotten better.

그럭저럭 괜찮지만, 썩 자연스럽지는 않은 문장이다. My neck has gotten better since I took this medicine(이 약 먹은 후에 목이 많이 좋아졌다). 같이 부가적인 절/구가 있어야 온전한 문장이 된다.

`got/gotten` get의 과거분사는 got과 gotten 두 가지가 있다. 일반적으로 have gotten을 쓴다. 3에서 동사 get이 '~가 되다'란 뜻으로 사용되었으니 gotten이 맞다. 반면에, have got은 have와 같은 뜻이다. 구어체에서 소유동사 have의 뜻으로 have got이 광범위하게 사용된다. I've got a cold(나 감기 걸렸다).는 I have a cold.의 뜻이다. (다만 영국식 영어에서는 gotten을 쓰지 않는다. get의 과거분사는 got 하나만 사용하므로 현재완료시제는 오로지 have got 형태로만 사용한다.)

4 My neck is better.

좋다. 한국어 문장은 '좋아졌다'라고 과거시제로 표현하지만 '지금 많이 좋아진 상태다'라는 의미이므로 영어로는 현재시제로 표현한다.

5 I feel better in my neck.

틀렸다. in my neck 없이 I feel better.는 '컨디션이 훨씬 좋아졌다.', '기분이 훨씬 좋아졌다.'란 뜻이다. 뜻은 다르지만 문장 자체는 아주 훌륭하다. 하지만 '목 아픈 것이 훨씬 좋아졌다.'란 뜻으로 5처럼 말하지는 않는다.

6 My neck feels better.

My neck feels better. / My head feels better. / My stomach feels better. 같은 문장들을 그동안 많이 봤을 것이다. 하지만 한 번도 feel의 주어가 사람이 되어야 하는지, 아니면 몸의 일부분도 feel의 주어가 될 수 있는지 의식적으로 생각해 보지 않았기 때문에 처음 이런 표현을 생각하는 순간 my neck이 feel의 주어가 되어도 상관 없는지 헷갈릴 수 있다. 결론은 간단하다. 내 몸의 일부도 feel의 주어가 될 수 있다. My neck feels much better.라고 하면 '나'는 숨어 있지만 내 목이 훨씬 좋아졌다는 완벽한 의미를 전달한다.

`감각동사의 현재시제` 1에서는 현재시제를 사용하지 못한다고 했는데 6은 왜 괜찮다고 하는가? feel, see, hear 같은 감각동사는 현재시제로 현재 상태를 표현한다. 의미상 이런 동사는 현재진행시제 문장을 만들지 않는다.

이런 문장도 생각해보세요

• 다음 중 맞는 문장에 모두 체크하세요.

A **수지 때문에 열 받는다**
▶ 수지가 신경질 부리고 괜히 짜증을 낸다. 지금 수지 때문에 열 받아 있는 상태는 아니고 일반적으로 수지의 행태가 그렇다는 말이다.

1. She pisses me off.
2. I'm pissed off.
3. She annoys me.
4. I'm annoyed with her.
5. She bothers me.
6. I'm bothered by her.
7. She upsets me.
8. I'm upset with her.

Key point 능동태 현재시제는 대체로 일반적인 습관을 뜻하고, 수동태 현재시제는 지금 이 순간의 상황/상태를 뜻한다. 표제문은 일반적인 수지의 행태를 표현하고자 하는 것이므로 '능동태 현재시제' 문장이 바람직하다. **1** 좋다. piss somebody off는 '~를 열 받게 하다', '~를 성질 나게 하다', '~를 짜증나게 하다'이다. **2** 틀렸다. 지금(presently) 열 받아 있는 상태라는 의미이다. **3** 좋다. annoy는 '~를 화나게 하다'이다. **3**은 일반적인 행태를 뜻하기도 하고 지금 성질난 상태(즉, She is annoying me.)를 뜻하기도 한다. **4** 틀렸다. 지금 성질나 있는 상태이다. **5** 좋다. bother는 '괴롭히다, 성가시게 하다'란 뜻이다. **6** 다른 수동태 문장과 달리 이것은 표제문 뜻으로 쓸 수 있다. 지금 짜증나 있는 상태를 뜻하기도 하고 일반적으로 수지 때문에 열 받는 일이 많다는 뜻이기도 하다. **7** 좋다. upset은 '~를 성질나게 하다'이다. **7**은 지금 그 여자 때문에 화나 있는 상태를 뜻할 수도 있다. 즉, She is upsetting me.의 뜻도 있다. **8** 틀렸다. 지금 그 여자한테 화가 나 있다는 말이다.

B 차에 기름이 떨어졌다

▶ 자동차 타고 가다가 기름이 떨어져서 차가 멈추자 옆에 앉은 동승자에게 하는 말이다.

1. Gas is out.
2. We are out of gas.
3. We ran out of gas.
4. The gas has run out.
5. My car is out of gas.
6. The car is out of gas.

Key point 1 '기름이 떨어졌다'를 Gas is out이라고 하면 안 된다. out은 수십 가지의 뜻이 있지만 가장 기본적인 뜻은 '바깥에'이다. '자동차 연료로서의 기름'은 oil이 아니다. oil은 엔진 오일, 변속기 오일, 올리브 오일, 참기름 같은 '오일'을 뜻한다. '자동차 기름'은 gas로 gasoline의 준말이다. 2~3 훌륭하다. 한국어 표제문은 '기름'이 주어인데 We를 주어로 삼고 있음에 유의하자. 여기서 out of는 '더 이상 가지고 있지 않은'이란 뜻의 전치사이다. '기름이 없는'은 out of gas, '커피가 없는'은 out of coffee이다. '저축한 돈이 하나도 안 남은'은 out of our savings이다. 4 맞는 것처럼 보이지만 실제로는 말이 안 된다. '기름통에 난 구멍으로 기름이 다 흘러나가 버렸다.'(The gas has run out of the hole in the tank.)와 같은 뜻이다. 이때 out of는 '~을 통해 빠져 나간'이란 뜻이다. 5~6 The car라고 해도 되고 My car라고 해도 된다. 뉘앙스상, The car는 기름이 떨어진 것은 내 잘못이 아니라는, 즉 책임회피 의도가 약간 엿보인다.

C 기름이 거의 떨어졌다

▶ 주유소에 들어가면서 동승자에게 하는 말로 내가 차를 운전하고 있는 상황이다.

1. Gas is almost out in the tank.
2. Gas is low in the tank.
3. We're low on gas.
4. The gas is running out.
5. We are running out of gas.
6. We are running low on gas.
7. My car is running out of gas.

Key point **1** 틀렸다. out의 가장 기본적인 의미는 '바깥에'이다. '(테니스 등에서) 공이 아웃되었다', '(야구 등에서) 선수가 아웃되었다', '(동성연애자가) 커밍아웃했다' 등 수십 가지의 뜻이 있다. '기름이 떨어진'은 out of gas, '기름이 거의 떨어진'은 low on gas이다. **2** 틀렸다. 우리 눈에는 그럴듯하게 보이지만 실제로 네이티브는 이렇게 말하지 않는다. 영어사전에서 보듯이 The reservoir was low after the long drought(긴 가뭄 끝에 저수지 물이 줄어들어 있었다), They were low on fuel(그 사람들은 연료가 부족했다), Our supplies are running low(우리 비축 물자가 줄어들고 있다).⁵ 라고 한다. low의 주어는 '저수지', '그 사람들', '(전체로서의) 비축물자'이지, '물', '연료', '비축물자 중 개별 아이템'이 아니다. **3** 좋다. low on gas가 하나의 구(phrase)로서 '기름이 바닥인'이란 의미이다. 처음에는 we를 주어로 쓴다는 사실이 잘 받아들여지지 않을 것이다. 'we가 low on gas다'라고 뭉뚱그려 이해를 해야 그나마 조금 납득이 된다. **4** 틀렸다. the gas를 is running out의 주어로 삼게 되면, '기름이 구멍으로 줄줄 새고 있다(The gas is running out of the hole in the tank)'란 뜻이 되어버린다. **5**~**6** 좋다. 주어를 we로 해도 아무 문제 없다. 표제문은 과거시제로 표현하고 있지만, 실제로 그 뜻은 '지금 떨어지고 있다. 거의 바닥이다'이므로 영어로 현재진행시제가 맞다. **7** 좋다. running out of gas의 주어를 **5**처럼 We로 해도 되지만, My car로 해도 된다.

법칙 11 '~라면'과 '~때문에'도 주어가 된다

040 아스피린을 한 알 먹으면 두통이 나을 거야

041 야, 너 때문에 놀라 죽는 줄 알았잖아

042 요가를 하면 몸매가 예뻐져요

'~라면'과 '~때문에'도 주어가 된다

조건절, 원인절을 주어로 만들기

한국인의 영어 말하기 습관을 보면 if 또는 because라는 말을 많이 사용하는 것을 알 수 있다. 한국어의 조건, 원인구/절을 직역하면서 영어로 이런 식의 표현을 많이 사용하게 된다. 그런데 이런 구/절을 영어 문장의 주어로 삼아 문장을 구성하게 되면 간결하면서도 깔끔한 문장이 나온다.

친구가 멍청한 사고를 쳤다고 치자. '너 때문에 내가 미쳐!'라고 한 마디 하려면 I go crazy because of you!라고 하면 될까? 영어에서는 이럴 때 You are making me crazy!라고 하는 것이 훨씬 자연스럽다.

아이가 가게에 갔다 왔는데 생각보다 늦게 돌아왔다. '뭣 때문에 이리 늦었니?'라고 할 때 Why are you late?라고하면 될까? 이때는 What took you so long?이라고 한다. why가 들어가면 상대방을 책망하고 따지는 문장이 되어 맥락에 전혀 어울리지 않는다.

'네 설명 들으니까 더 헷갈린다.'를 I'm more confused after your explanation.이라고 해도 물론 좋다. 하지만 Your explanation only adds to my confusion.[6]도 시도해보면 좋다.

예기치 않은 인기척에 화들짝 놀랐을 때, 놀라게 한 친구에게 '너 때문에 놀라 죽는 줄 알았잖아.'라고 하고 싶다. 이때는 I was so scared out of my wits because of you.보다는 You scared me out of my wits. / You freaked me out. / You frightened me. / You startled me.가 좋다.

조건절도 마찬가지로 무조건 if절로 바꾸지 말고 문장을 만들어보자. '커피 한 잔 하면 잠이 확 깰 거야.'는 If you drink coffee, you are not going to be sleepy anymore.보다 A cup of coffee will wake you up.이라고 하는 것이 훨씬 간결하고 자연스럽다.

040 아스피린을 한 알 먹으면 두통이 나을 거야

두통이 심한 친구에게 약을 먹으라고 말해준다.

아스피린 한 알 먹으면 두통이 나을 거야

STEP 1
문장만들기

• 표제문을 영어 문장으로 만들어보세요.

[   ]

STEP 2
비교하기

• 표제문을 영어로 잘 옮긴 것에 모두 체크하세요.

1. When you take a tablet of aspirin, your headache will get better.
2. If you take a pill of aspirin, your headache will get better.
3. When you take an aspirin, your headache will be better.
4. An aspirin will cure your headache.
5. An aspirin will make your headache gone.
6. An aspirin will make your headache go away.
7. An aspirin will make your headache disappear.
8. An aspirin will help your headache.

9 **An aspirin will help you relieve your headache.**

| 가능한 문장 | 3, 4, 6, 7, 8, 9

**STEP 3
확인하기**
* 문장을 자세히 확인하세요.

★ **영어식 사고로 전환하기** 아스피린은 복용하라고 있는 것이다. 굳이 '아스피린을 먹으면' 이라고 하지 않아도 된다. an aspirin을 주어로 쓰는 순간 '아스피린을 한 알 먹으면'이라는 의미가 된다. 표제문을 '아스피린이 두통을 치료해줄 것이다.'로 전환해서 문장을 만들어보자.

1 When you take a tablet of aspirin, your headache will get better.
2 If you take a pill of aspirin, your headache will get better.
'아스피린 한 알'은 어떻게 표현할까? a tablet of aspirin / a pill of aspirin이라고 하지 않고 간단하게 an aspirin이라고 하면 된다. an aspirin tablet은 가능하지만, 그래도 an aspirin이 가장 좋다. '아스피린 두 알'은 two aspirins라고 한다. 표제문에 '아스피린 한 알'이라고 했지만, 꼭 아스피린 '한 알'이라는 뜻이 아니라 한 알이건, 두 알이건, '아스피린'을 복용하면 두통이 나을 것이라고 표현하고 싶은 경우 aspirins가 아닌 단수형 aspirin이라고 한다. aspirin은 '한 알', '두 알'할 때는 가산명사이지만, 약의 한 종류로 사용될 때는 불가산명사이다.[7]

3 When you take an aspirin, your headache will be better.
좋다. 물론 If you take an aspirin처럼 if를 사용해도 좋다. '약을 먹다'는 동사 eat과 drink가 아니라 take를 쓴다. 가스 활명수 같은 액체 약을 마시는 것 역시 take medicine이다. 약을 먹고 마시는 것은 무조건 take라고 생각하면 된다. '두통이 낫다'는 '사라지다'이므로 be better 대신에 go away라고 해도 좋다.

4 An aspirin will cure your headache.
좋다. 굳이 한국어 표제문처럼 조건문을 쓸 필요 없다. 아스피린 두 알이 아니고 '한 알'이라면 an aspirin이라 해야겠지만, '아스피린이라는 약'이라는 뜻이면 aspirin이라고만 해도 된다. cure는 '병/사람을 치유하다'란 뜻이다.

5 An aspirin will make your headache gone.
6 An aspirin will make your headache go away.
7 An aspirin will make your headache disappear.

gone은 형용사로 '사라진, 없어진'이란 뜻이다. 명령문 Be gone!은 '저리 가!', '나가!'란 뜻이 된다. 두통은 gone하지 않는다. '사라지다'라는 뜻의 go away와 disappear가 맞는 표현이다.

8 An aspirin will help your headache.
9 An aspirin will help you relieve your headache.

9의 relieve는 '~을 덜어주다', '완화하다', '경감하다', '제거하다'란 뜻이다. An aspirin will relieve you of your headache. 또는 An aspirin will get rid of your headache.라고 해도 된다.

 ## 영어지식 A⁺

'아스피린'을 영어로 어떻게 쓸까?

아스피린을 영어로 쓸 때 고유명사 Aspirin이 맞을까, 보통명사 aspirin이 맞을까? 아스피린은 독일 바이엘사에서 개발한 약의 제품명이니까 처음에는 대문자를 써서 Aspirin이라고 하는 게 맞다고 생각했다. 하지만 아스피린은 이미 바이엘의 특허권이 만료되어 수많은 generic(복제약)이 나오고 있다. 따라서 aspirin은 일반명사화 되었으니 첫 글자를 대명사로 쓰지 않고 소문자로 쓰면 된다.

041 야, 너 때문에 놀라 죽는 줄 알았잖아

한참 일하고 있는데 인기척 없이 들어온 지호가 갑자기 등 뒤에서 나를 놀라게 했다.

야, 너 때문에 놀라 죽는 줄 알았잖아

STEP 1 문장만들기
- 표제문을 영어 문장으로 만들어보세요.

[   ]

STEP 2 비교하기
- 표제문을 영어로 잘 옮긴 것에 모두 체크하세요.

1. Shoot! I was so surprised because of you.
2. Holy cow! I was almost frightened to death.
3. Oh my God! I was scared out of my wits.
4. Holy crap! You scared me!
5. Oh! What the hell! You frightened me.
6. Oh my God! You startled me.
7. You almost knocked me out.
8. Holy crap! You freaked me out.

| 가능한 문장 | 2, 3, 4, 5, 6, 8

STEP 3 확인하기
- 문장을 자세히 확인하세요.

★ 영어식 사고로 전환하기
표제문은 '너 때문에 내가 깜짝 놀랐잖아.'로 바꿀 수 있다. 주어를 '나'로 삼았으므로 영어 문장도 I was scared ~ 형식으로 나가기 십상이다. 한국어에서는 주어를 '너'로 해서 문장을 만들면 어색하다. 즉, '네가 날 놀라게 했잖아'는 매우 어색한 문장이다. 하지만, 영어로는 You scared me. / You frightened me.처럼 you를 주어로 하면 생생하고 영어다운 문장이 된다.

1 Shoot! I was so surprised because of you.
틀렸다. 지금 매우 놀란 상황이므로 You surprised me. / You scared me. / You shocked me. 등과 같이 You를 비난하는 점이 명확하도록 말을 해줘야 자연스럽다. 한편, Shoot!은 뭐가 마음대로 안 됐을 때 하는 말이다. '에이~', '이런', '젠장', '아이, 재수없어!'라는 의미이므로 지금 맥락에 부합하지 않는다.

2 Holy cow! I was almost frightened to death.
괜찮다. 물론 이것보다 You frightened me.가 훨씬 좋다. Holy cow! / Holy shit! / Holy crap! 모두 분노, 놀라움, 기쁨 등을 나타내어, '저런!', '앗! 짜증나!', '아! 씨!', '대단하네!', '세상에!', '맙소사!' 등을 뜻한다.

3 Oh my God! I was scared out of my wits.
out of my wits는 직역하면 '(정신이 나가) 제정신이 아닌'이란 뜻이며 의역하면 '몹시', '대단히'란 의미이다.

4 Holy crap! You scared me!
5 Oh! What the hell! You frightened me.
6 Oh my God! You startled me.
모두 좋다. 6의 동사 startle은 '(약간 충격과 공포의 감정을 동반하여) 깜짝 놀리게 하다'이다. 예를 들어, Sorry, but I didn't mean to startle you(미안, 널 깜짝 놀라게 하려던 것은 아니었어).⁸ 처럼 쓴다.

7 You almost knocked me out.
틀렸다. knock out은 '물리적인 펀치를 가해 의식을 잃게 하다/나가 떨어지게 하다'란 뜻이다.

8 Holy crap! You freaked me out.
좋다. freak somebody out은 '놀라 자빠지게 하다', '혼비백산하게 만들다'이다.

042 요가를 하면 몸매가 예뻐져요

요가의 장점에 대해 이야기하고 있다.

STEP 1
문장만들기

• 표제문을 영어 문장으로 만들어보세요.
[   ]

STEP 2
비교하기

• 표제문을 영어로 잘 옮긴 것에 모두 체크하세요.

1. If you do yoga, you will have a toned/good body shape.
2. If you do yoga, you will have a toned/good/nice body.
3. If you do yoga, your body will be in good shape.
4. Yoga helps you get in (good) shape.
5. Yoga helps you in good shape.
6. Yoga helps you be in good shape.

| 가능한 문장 | 2, 3, 4, 6

> **STEP 3**
> 확인하기
>
> • 문장을 자세히 확인하세요.

★ **영어식 사고로 전환하기**   표제문을 직역하면 If you do yoga, you'll be in good shape.가 된다. 한국어는 조건절을 엄청나게 많이 사용하므로 영어로 옮기면 지저분한 문장이 되기 쉽다. 이 문장이 틀렸다는 말이 아니라, 보다 간결한 영어식 문장을 시도해보자는 것이다. 표제문을 달리 표현하면, '요가는 너를 도와 좋은 몸매를 갖게 해줄 것이다.'로 생각할 수 있다. yoga를 주어로 삼고, 동사 help를 사용해서 문장을 만들어보자.

1 If you do yoga, you will have a toned/good body shape.
'몸매'를 직역해서 body shape라고 했는데, 실제로 '몸매'는 body, shape, figure라고 한다. 물론, 이들이 사용되는 형식은 각각 다르며 a toned body / in good shape / a good figure 형식으로 사용된다.

2 If you do yoga, you will have a toned/good/nice body.
좋다. 동사 tone은 '(근육을) 탄력 있게 만들다'인데, toned body는 '예쁜 몸매'란 뜻으로 쓰인다. you will have a good figure라고 해도 된다. 하지만, toned figure라고 하지는 않으니 주의하자.

3 If you do yoga, your body will be in good shape.
in good shape는 두 가지 뜻이 있다. 첫 번째 뜻은 '건강한, 컨디션이 좋은, 스태미너가 좋은'이고, 두 번째 뜻은 '몸매가 좋은'이다. 상황에 따라 어느 하나를 의미할 것이다. your body를 주어로 쓰면 be in good shape는 몸매가 좋아진다는 뜻 한 가지만을 뜻한다.

4 Yoga helps you get in (good) shape.
좋다. 위에서는 조건절을 써서 표현했는데, 여기서는 '요가를 하면'을 주어로 내세워보자. 문장이 훨씬 간결하고 깔끔해진다. get in good shape는 여러 가지 의미가 있다. '컨디션이 좋아진다', '원기가 왕성해진다', '몸매가 좋아진다', '근육을 단련하다'라는 뜻인데, 특히 여성에게 쓰는 경우 '살을 빼다'란 뜻으로 많이 쓰인다.

5 Yoga helps you in good shape.
6 Yoga helps you be in good shape.
〈help + 목적어 + 원형동사/to부정사〉 형식으로 쓰이므로 5는 틀렸다.

이런 문장도 생각해보세요

• 다음 중 맞는 문장에 모두 체크하세요.

A 커피를 마시면 잠이 달아날 거야
▶ 지금 매우 졸리다고 하는 친구에게 하는 말이다.

1 If you drink coffee, you are not going to be sleepy anymore.
2 A coffee will make you awake.
3 Coffee will help you awaken.
4 A cup of coffee will wake you up.
5 Coffee will keep you awake.

Key point '커피를 마시면'은 사실 잘 생각해보면 '커피는'이다. 커피는 마시라고 있는 것이니 굳이 '커피를 마시면'이라고 말하지 않아도 된다. '커피는 너를 잠 깨게 할 것이다.'라는 우리말은 어색하지만 영어는 이런 류의 문장이 아주 자연스럽다. coffee를 주어로 삼으면 아주 훌륭한 문장이 된다. **1** 좋다. 한국어 표제문 형식과 문장 구조가 가장 유사한 영어 문장이다. **2** coffee는 불가산명사이므로 a coffee는 어법상 말이 안 된다. **3**~**5** awaken은 자동사, awake는 형용사, wake up은 타동사로 주로 쓰인다.⁹ 어감상 미묘한 차이가 있기는 하지만 지금 맥락에서 문제 없이 모두 쓸 수 있다.

B 이 안경을 쓰면 더 잘 보일 겁니다
▶ 안경점에서 내가 손님에게 안경 하나를 권하면서 하는 말이다. 그 안경을 지금 내가 손에 들고 있다.

1 If you wear the glasses, you will see better.
2 You will see better with these glasses.
3 These glasses will help you see better.
4 They will help you see better.

Key point **1** 틀렸다. 진열대에 있는 안경을 가리키며 the glasses 또는 those glasses라고 하며, 지금처럼 내가 손에 들고 있을 때는 these glasses라고 한다. **2** 좋다. '이 안경을 쓰면'을 전명구(with these glasses)로 전환했다. '잘 보이다'는 look/watch better가 아니라 see better다. **3** these glasses를 주어로 삼은 문장이다. **4** 좋다. 내가 안경을 들고 있건, 가리키건 모두 they라고 할 수 있다.

| 정답 | A **3**, **4**, **5**   B **2**, **3**, **4**

법칙 12 ***** 사람과 사물의 역할 바꾸기

043 뉴욕 지사와 통화 중에 전화가 끊어졌어요

044 며칠째 컴퓨터가 하드를 인식하지 못하고 있어요

045 화면 상태가 좋지 않아요

 ## 사람과 사물의 역할 바꾸기

영어 문장의 주어는 사람이 핵심이다

한국어는 상황 중심 언어인데 비해, 영어는 사람주어 중심 언어이기 때문에 '사람 주어'로 문장을 만들기가 훨씬 쉽다. 따라서 모든 상황에서 '사람 주어'를 내세워 문장을 만들어보면 좋다. 한국어의 사물 주어를 영어로 사람 주어로 바꿔 보고, 한국어의 사람 주어를 영어 사물 주어로 바꿔보는 연습도 많이 해보기 바란다.

내 컴퓨터에 문제가 생겨 부팅이 됐다 안 됐다 하는 상황을 말해보자. '지난 며칠 가끔씩 윈도우가 하드를 인식하지 못하는 경우가 있다.'는 From time to time, Windows didn't recognize the hard drive for the past few days.라고 해도 되지만 이것이 유일한 정답은 아니다. 우리가 이 문장을 생각해내기 쉬운 이유는 '한국어 문장의 주어'를 '영어 문장의 주어'로 그대로 옮겼기 때문이다. 즉, '윈도우가'를 Windows로 옮긴 것이다.

이번에는 my hard drive를 주어로 삼아 도전해보자. 한국어 문장의 주어를 바꾸어 '최근 가끔씩 하드 드라이브가 윈도우에 의해 인식이 안 되는 일이 있었다.(지금도 증상이 계속되고 있다.)'라고 생각하고 영어 문장을 만들면 이렇다.

> **Sometimes my hard drive hasn't been recognized by Windows for the past few days.**

이상에서 보듯이 Windows와 My hard drive는 주어로서 충분히 문장을 구성할 수 있다. 한국어와 영어 모두 마찬가지이다. 하지만 사람 '나'를 주어로 삼고 한국어 문장을 생각하기는 쉽지 않다. 한국어 문장 '가끔씩 나는 윈도우가 하드 드라이브를 인식하도록 할 수가 없었다.'는 말이 안 되는 문장이다. 하지만 영어는 사람 I를 주어로 삼고서도 다음과 같이 얼마든지 자연스러운 문장을 만들 수가 있다.

> **From time to time, I haven't been able to get Windows to recognize my hard drive for a few days.**

컴퓨터 정비기사 같이 고치려고 적극적으로 노력을 한 경우가 아니어도 I를 주어로 할 수 있다. 한국어 문장에서는 '내'가 고치려고 노력한 경우가 아니면 '나'를 주어로 삼기 어렵지만, 영어에서는 별 상관이 없다. 이제 my hard drive를 get의 목적어로 해서 문장을 만들어보자.

> Sometimes I haven't been able to get my hard drive recognized by Windows for a few days.

또 다른 예를 하나 들어보자. 뉴욕에 전화하는 중에 '전화가 끊어졌어요.'는 The phone was cut off while I was talking on the phone.이라고 해도 되지만 I was cut off.라고 해도 된다. 오히려 사람을 주어로 한 후자가 더 자연스럽다.

043 뉴욕 지사와 통화 중에 전화가 끊어졌어요

뉴욕 지사 직원과 통화하던 중 갑자기 전화가 끊어졌다. 이 사실을 동료에게 말한다.

STEP 1 문장만들기
- 표제문을 영어 문장으로 만들어보세요.
[   ]

STEP 2 비교하기
- 표제문을 영어로 잘 옮긴 것에 모두 체크하세요.

1. The phone was hung up during my call to the NY office.
2. The phone was cut off during my call to the NY office.
3. The phone got cut off while I was talking to the NY office.
4. The phone got disconnected while I was on the phone with the NY office.
5. The call was cut off while I was talking to the New York office.
6. The call was disconnected while I was on the phone with the NY office.

7 I was cut off while I was talking to the NY office.

8 I was cut off while I was on the phone with the NY office.

| 가능한 문장 | **2**, **3**, **4**, **5**, **6**, **7**, **8**

STEP 3 확인하기
• 문장을 자세히 확인하세요.

★ 영어식 사고로 전환하기   '전화를 끊다'는 hang up이다. 그렇다면 '전화가 끊겼다'는 be hung up일까? 전혀 그렇지 않다. hang up은 '일부러 전화를 끊다'라는 의미라서 be hung up은 '(일방적으로/의도적으로) 상대편이 전화를 끊었다'라는 뜻이 된다. 지금 맥락에서 '전화가 끊어졌다'는 의도하지 않게 통화가 끊어진 것이다. 이런 상황에서는 be cut off를 쓴다. 이제 주어를 무엇으로 골라야 할 것인가 하는 문제가 있다. 한국어 문장 '전화가 끊어졌다'에서 추론하면 자연스럽게 the phone 또는 the call이 생각난다. 이것이 틀린 것은 아니지만, 네이티브가 일반적으로 주어로 삼는 것은 I이다. 즉, I was cut off.라고 말한다.

1 The phone was hung up during my call to the NY office.
틀렸다. The phone was hung up은 아예 성립하지 않으며 I was hung up이라고 해야 문장으로 성립한다. 이렇게 바꿔도 '상대방이 일방적으로 전화를 끊었다'란 뜻이기 때문에 지금 맥락과는 맞지 않는다.

2 The phone was cut off during my call to the NY office.
3 The phone got cut off while I was talking to the NY office.
4 The phone got disconnected while I was on the phone with the NY office.
그럭저럭 보통이다. 네이티브들은 the phone을 주어로 내세울 수 없으며, 굳이 쓰고 싶으면 the phone call 정도는 가능하겠다는 의견도 있고, cut off 대신에 disconnected로 바꿔야 한다는 의견도 있다. disconnected는 전화료를 안 내서 아예 통신회사가 전화를 차단한 경우이므로 cut off 그대로 둬야 한다는 의견도 있다. 종합적으로 봤을 때 세 문장 모두 의사전달에 큰 문제가 없다고 본다. '전화하는 중에', '통화 중에'는 during my call / while I was talking / while I was on the phone이라고 한다.

5 The call was cut off while I was talking to the New York office.
6 The call was disconnected while I was on the phone with the NY office.

좋다. call은 '통화'란 뜻이고, '끊어졌다'란 표현으로 cut off와 disconnected 둘 다 쓸 수 있다.

7 I was cut off while I was talking to the NY office.
8 I was cut off while I was on the phone with the NY office.

좋다. I를 주어로 삼았다. I was cut off는 중의적이다. '전화가 끊어졌다'는 뜻도 되고, cut somebody off가 '말하는 도중에 끼어들다/방해하다'는 뜻이므로 was cut off는 '말하는 도중에 상대방이 말을 끊고 자기가 말을 하다'는 뜻도 된다. 물론 실제 대화 상황에서는 어떤 의미로 썼는지 금방 알 수 있을 것이다.

044 며칠째 컴퓨터가 하드를 인식하지 못하고 있어요

그 전에는 아무 문제 없다가 최근 며칠 동안 외장하드가 컴퓨터에 읽히지 않고 있다.

STEP 1 문장만들기
- 표제문을 영어 문장으로 만들어보세요.

[   ]

STEP 2 비교하기
- 표제문을 영어로 잘 옮긴 것에 모두 체크하세요.

1. My computer hasn't recognized the hard drive for the past few days.

2. My computer didn't recognize the hard drive for the past few days.

3. My computer didn't recognize the hard drive for the past few days yet.

4. My HDD has not been recognized by the system for the past few days.

5. My HDD has not been recognized by the system for a few days.

6. I haven't been able to have my HDD recognized by the system for a few days.

> 7 I haven't been able to get my HDD recognized by the computer for a few days.
>
> 8 I couldn't have the system recognize my hard drive for a few days yet.
>
> 9 I can't have the system recognize my hard drive for a few days yet.

| 가능한 문장 | 1, 2, 3, 4, 5, 6, 7, 8

STEP 3 확인하기
- 문장을 자세히 확인하세요.

★ **영어식 사고로 전환하기** 주어로 처음에는 my computer를 썼다. 그 다음에는 My HDD를 시도했다. 마지막으로 도저히 한국어로 생각하기 어려운 사람주어를 시도했다. 한국어로 사람주어를 삼기 어려운 경우에도 영어로는 사람주어를 내세울 수 있는 경우가 많다.

1 My computer hasn't recognized the hard drive for the past few days.
한국어 표제문은 현재진행시제이지만, 내용상 '과거부터 현재까지' 인식을 못 하고 있는 상태가 지속되는 것을 말하므로 영어로는 현재완료시제로 쓰는 게 제격이다. 정확한 문장이다.

2 My computer didn't recognize the hard drive for the past few days.
좋다. 영어과거시제는 현재와 관계 없는 과거를 말한다. 예를 들어, I broke my leg yesterday.는 어제 그 사건이 발생을 했고 무슨 수를 쓰더라도 이 fact를 바꿀 수 없다. (물론 다리가 부러진 상태가 지금까지 계속되는 것은 전혀 다른 문제이다.) 그런데 북미 구어에서는 1처럼 현재완료시제를 써야 하는 상황에서 과거시제를 쓰는 경우가 있다. 사실 이런 경우가 생각보다 많다. 원래 과거시제 대신 현재완료시제를 써야 문법에 맞지만, 북미 영어에서는 현재완료를 써야 할 상황에서 과거시제를 쓰는 일이 흔하다. 물론 이 경우에 현재와의 관련성을 갖는 부사/부사구를 배치하여 지금까지 그 일이 이어지고 있다는 점을 표시해준다. 2에서는 for the past few days가 들어감으로써 현재와 관련성을 갖게 되었다. 그 결과 1과 같은 뜻이 된다.

> **콩글리시: 하드** '하드'는 '하드 디스크 드라이브'를 지나치게 축약한 말로 콩글리시다. hard disk drive가 제대로 된 영어다. hard disk 또는 hard drive라고 해도 된다.

3 My computer didn't recognize the hard drive for the past few days yet.

yet이 들어감으로써 더욱 명시적으로 현재와 관련된다. yet은 부정문에서 주로 쓰이며 '아직 ~하지 않았다'란 뜻이다. 예를 들어, I haven't left yet.과 I didn't leave yet.은 '아직 출발 안 했어.'로 북미 구어체에서 같은 뜻이다.

4 My HDD has not been recognized by the system for the past few days.

5 My HDD has not been recognized by the system for a few days.

'며칠 동안'이란 의미로 for the past few days와 for a few days 둘 다 쓸 수 있다.

6 I haven't been able to have my HDD recognized by the system for a few days.

7 I haven't been able to get my HDD recognized by the computer for a few days.

좋다. 내가 컴퓨터 정비기사가 아니고 컴퓨터를 고쳐보려고 노력한 경우가 아니더라도 주어를 I로 삼아 이렇게 문장을 만들 수 있다.

8 I couldn't have the system recognize my hard drive for a few days yet.

9 I can't have the system recognize my hard drive for a few days yet.

과거시제 couldn't는 좋지만 현재시제 can't는 쓸 수 없다. 문장 마지막에 yet을 넣더라도 과거 또는 현재완료 사건을 can't로 표현하는 것은 곤란하다.

045 화면 상태가 좋지 않아요

TV 화면이 상태가 좋지 않다. 뿌옇게 보이고 화면이 겹쳐서 보인다.

STEP 1 문장만들기
- 표제문을 영어 문장으로 만들어보세요.
  [   ]

STEP 2 비교하기
- 표제문을 영어로 잘 옮긴 것에 모두 체크하세요.

1. The screen is not good.
2. The screen is bad.
3. The screen is not in good order.
4. The screen is not in good working order.
5. I am watching TV with a fuzzy screen.
6. There is a fuzzy image on the TV.
7. I don't have a good picture on my TV.
8. I don't have a good picture on the TV.
9. There is a poor picture on the TV.
10. There is a bad picture on the TV.
11. The image is poor.
12. I have poor reception on the TV.

| 가능한 문장 | 4, 6, 7, 8, 9, 10, 11, 12

> **STEP 3 확인하기**
> • 문장을 자세히 확인하세요.

★ **영어식 사고로 전환하기** 'TV 화면 상태가 좋지 않아요.'는 The screen is not good on my TV.이라고 하면 될까? 일단 '화면'을 영어로 뭐라고 하는지부터 알아야 한다. '화면'은 보통 screen이라고 하기 쉽지만 screen은 기본적으로 'TV나 컴퓨터 모니터 패널, 차단벽, 칸막이, 가리개, 방충망' 등 하드웨어를 뜻한다. 표제문은 'TV 영상'을 뜻하며 화질에 대해 말하고 있다. 이런 '화면'은 picture라고 한다. 또한, '영상'이라는 뜻이므로 image라고 해도 맞겠다. screen은 원칙적으로는 맞지 않는데, 제한적으로 의미가 확장되면 사용할 수도 있다. 사물을 주어로 삼아 문장을 만들어보기도 하고, 사람을 주어로 삼아 문장을 만들어보기도 하자.

1 The screen is not good.
2 The screen is bad.
TV 표면(스크린)이 썩 상태가 좋지 않다는 말이다. 즉, 스크린에 금이 가 있거나(cracks in it), 스크래치가 있을(some scratches on it) 때 이렇게 말할 수 있다.

3 The screen is not in good order.
표제문과 맞지 않는다. 회의실에 있는 천장 매립형 스크린을 위, 아래로 작동을 해보니 안 될 때 쓸 수 있는 문장으로, The screen is not working.과 같은 뜻이다.

4 The screen is not in good working order.
중의적이다. not in good working order는 '작동이 잘 안 된다'는 뜻이다. 기계상 문제가 있다는 뜻도 될 수 있고 화면이 좋지 않다는 뜻도 된다. 앞서 살펴본 바와 같이 screen은 원래 TV의 패널을 가리키는 것이므로 **4**는 기계상 문제가 있다는 뜻도 될 수 있고, 제한적으로 '영상'이라는 뜻으로 사용되기도 하므로 영상이 좋지 않다는 뜻이 될 수도 있다.

5 I am watching TV with a fuzzy screen.
with a fuzzy screen 때문에 틀렸다. fuzzy는 '(모습, 소리가) 흐릿한/어렴풋한'이며 screen은 TV 표면을 말하므로 어색한 표현이다.

6 There is a fuzzy image on the TV.
좋기는 한데 지나치게 길다. fuzzy image는 말이 되지만 fuzzy screen은 말이 되지 않는다. **6**보다는 The image is fuzzy.라고 하는 것이 더 자연스럽다.

7 I don't have a good picture on my TV.
8 I don't have a good picture on the TV.

in my TV, in the TV라고 하지 않고 on my TV 또는 on the TV라고 한다. picture 대신에 image라고 해도 된다.

9 There is a poor picture on the TV.
10 There is a bad picture on the TV.

이때 poor는 '불량한', '품질이 떨어지는'이란 뜻이다. 구어체에서는 많은 네이티브들이 비슷한 의미로 bad도 사용한다. a poor picture 대신 a poor image라고 해도 된다.

11 The image is poor.

좋다. image는 '영상'을 말한다.

12 I have poor reception on the TV.

reception은 TV 수상기의 '(전파) 수신 상태'란 뜻이다. 옛날 아날로그 TV 시절에는 전파 수신 상태에 따라 영상이 왜곡되기도 하고 잘 안 보이기도 했다. 지금은 디지털 TV 시대라서 더 이상 물리적, 공학적으로 이런 현상이 맞지 않지만 어쨌든 구어체에서는 poor reception을 충분히 사용할 수 있다. The TV has poor reception.이라고 해도 된다.

이런 문장도 생각해보세요

• 다음 중 맞는 문장에 모두 체크하세요.

A 감기가 들었어

▶ 얼마 전에 목감기에 걸려서 지금도 감기에 걸려 있다.

1. A cold came to me.
2. A cold got in.
3. My sinuses are infected.
4. My throat is sore.
5. I caught a cold.
6. I've caught a cold.
7. I have a cold.
8. I came down with a cold.
9. I got a cold.

Key point 1~2 틀렸다. 아무런 뜻이 없다. 3~4 각각 코감기, 목감기가 걸렸다는 말이다. sinus는 '부비강'을 말하는데 코 뒤편 두개골 안에 있는 공간을 말한다. 여러 개 있기 때문에 복수형 sinuses를 썼다. throat는 '후두'를 말한다. I have a sore throat(목이 아프다).라고 해도 된다. 5~6 '감기에 걸리다'는 catch a cold라고 한다. 표제문 '감기가 들었어'는 '그 결과 지금 감기에 걸린 상태이다'라는 뜻이다. 한국어는 과거시제로 현재 상태를 표현하는 경우가 흔하다. 영어는 일반적으로 과거 동작과 현재 상태를 구분하는 언어이기는 하지만, 영어 역시 과거시제로 현재상태를 표현하기도 한다. 5가 바로 이에 해당되는 경우이다. 5도 좋지만, 현재에도 감기에 걸려 있음을 표현하는 6도 좋다. 7 좋다. 동사 have를 사용하고 있는 점에 유의하자. 반면, I catch a cold.는 안 된다. '소유'를 뜻하는 have는 상태동사(stative verb)이기 때문에 현재시제로 현재상태 묘사가 가능하지만, catch는 활동동사(dynamic verb)이기 때문에 현재시제는 일반적인 습관/진리/관습을 표현한다. 구체적인 동작은 과거시제, 현재진행시제, 미래시제 등으로 표현한다. 8 I came down with a cold라고 해도 틀린 것은 아니지만, come down with는 I came down with a fever(열이 난다). / I came down with the flu(독감 걸렸다).처럼 구체적으로 말하는 것이 보다 일반적이다. 9 좋다. 아주 구어체적인 문장이다.

B 문제가 생겼어. (이거 지금 처리해야 해. 다음에 보면 안 될까?)
▶ 방금 문제가 생겨서 오늘 약속을 취소해야 한다.

[   ] I have to deal with it right now. Can we meet later?
1 Some problem is happened.
2 Things came up.
3 Something came up.
4 Something happened.
5 I have a problem.
6 I've got an issue.
7 I have an emergency.

Key point 1 틀렸다. happen은 자동사로 '발생하다'란 뜻이다. 수동태를 써야 할 이유가 전혀 없다. 주어인 some problem은 '여러 가지 문제 중에서 어떤 특정한 한 가지 문제'를 뜻한다. some problems는 '문제 몇 가지', '몇 가지 문제점', 즉 '복수의 문제들'이라는 뜻이다. 2~4 훌륭한 문장이다. things와 something을 주어로 삼았다. come up도 '발생하다, 일어나다'란 뜻이다. things는 '일', '사건', '문제'를 말한다. 5~7 좋다. 사람주어를 쓰는 훈련도 매우 중요하다. 구어체에서 have got은 have와 같은 뜻으로 쓰이므로 6도 괜찮다.

C 작년에는 비가 많이 왔다

1 It rained a lot last year.
2 It rained so much last year.
3 It rained much last year.
4 We had a lot of rain last year.
5 We had so much rain last year.
6 There was a lot of rain last year.

Key point 1 It rained a lot 좋다. 2~3 2는 되는데 3은 말이 안 된다. '많은/많이'를 뜻하는 형용사/부사 much는 부정문, 의문문에서만 사용된다. It rained very much. / It rained really much. 역시 much 때문에 틀린 문장이다. 다만, so much의 경우 예상 밖이라서 놀랍다는 점을 표현하거나, 〈so + 형용사 + that 결과절〉 형식으로 사용되면 긍정문에서도 사용 가능하다. 다른 뜻으로 쓰인 much는 얼마든지 긍정문에서 사용할 수 있다. Thank you very much.에서 much는 '대단히, 정말로'라는 뜻으로, '많이'라는 뜻이 아니다. 이럴 때는 긍정문에 사용된다. I feel much better.에서도 much는 '훨씬'이란 뜻이다. much가 better를 수식하는데, 긍정문에 사용해도 아무런 문제가 없다. ②는 화자가 상당한 감정을 심어서 작년에 예상 외로 비가 많이 온 것에 대한 놀람을 과장되게 말할 때 쓰는 문장이다. 그런 감정을 표현하기 위해 so much를 쓴 것이라고 보면 된다. ④ 좋다. 사람주어 We를 써서 표현했다. 긍정문에서는 much가 안 쓰이고 a lot of가 사용된다. ⑤ 좋다. much rain은 안 되지만 so much rain은 좋다. ⑥ 좋다. '비가 많이 왔다'를 '많은 비가 있었다'로 바꿔보자. 그러면 ⑥을 생각해낼 수 있을 것이다. 한국어는 동사로 생동감 있게 표현하는 것을, 영어로는 there is/are로 다소 정태적인 느낌으로 표현할 수 있다.

D 그 사람 셔츠가 좀 튀더라

▶ 어제 그 사람을 만났는데 입고 있는 남방셔츠가 색깔이 현란해서 눈에 띄었다.

1. His shirt was lousy.
2. His shirt was loud.
3. His shirt was gaudy.
4. His shirt was flashy.
5. His shirt was showy.
6. His shirt was tacky.
7. He was wearing a loud/gaudy/showy/tacky shirt.

Key point 한국말 '셔츠'는 보통 와이셔츠 또는 남방셔츠[10]를 가리키며 '티셔츠'를 지칭하기도 한다. 하지만 영어 shirt는 더 범위가 넓으며, T-shirt, dress shirt, tennis shirt, golf shirt, polo shirt, baseball shirt(jersey), halter top 등 거의 대부분의 상의를 가리킨다. 여기서 문맥상 '셔츠'는 남방셔츠를 가리킨다. 한국어는 한 개이든 두 개이든 '셔츠'라고 하지만, 영어는 단수, 복수를 분명히 구분한다. 즉, 한 개이면 a shirt, 두 개 이상이면 shirts라고 한다. ① 틀렸다. lousy는 '물건이 형편없는/안 좋은/물건의 품질이 저질인/불량한'이란 뜻이다. '현란한/울긋불긋한'을 나타내는 loud와 헷갈리기 쉬우니 주의 바란다. ② 좋다. loud는 '화려한 색깔이 울긋불긋하고 대담한 패턴이 교차하는 것'을 말한다. loud가 상황에 따라 부정적인 의미를 갖는 경우도 있기는 하지만 중립적인 뜻으로도 많이 사용된다. 예를 들어, 멋있는 울긋불긋한 노스페이스 등산복을 입고 있는 경우 그 사람 등산복은 loud하기는 하지만 스타일은 좋은(in style) 것이다. ③ 표제문과 비슷하기는 한데 100% 일치하는 뜻은 아니다. gaudy는 '한다고 했는데 촌스럽게 번지르르한, 멋대가리 없게 화려하고 야한, 겉치레가 심한'이란 뜻이다. loud하면 gaudy하겠지만 gaudy하다고 해서 반드시 loud한 것은 아니다. 색깔 배합(color combination)이 어색하거나 옷감의 질이 아주 떨어질 때(poor material), 요즘 말로 '싼티 작렬이다'고 할 때 gaudy를 쓸 수 있겠다. ④ 틀렸다. flashy는 기본적으로 '반짝반짝하다'라는 뜻이다. 색깔이 요란할 뿐 반짝반짝한 상황은 아니니 틀렸다. ⑤ 괜찮다. showy는 '눈에 띄는, 눈부신,

화려한, 야한'이다. showy는 대체로 부정적인 뜻이기는 하지만 긍정적인 뜻도 있다. ❻ 좋다. tacky는 loud, gaudy, showy와 같은 뜻이다. ❼ 좋다. 사람을 주어로 삼았다. '그 사람 셔츠가 좀 튀더라'는 '그 사람 튀는 셔츠를 입었다'란 뜻이므로 ❼이 가능하다.

| 정답 | A ❸, ❹, ❺, ❻, ❼, ❽, ❾ B ❷, ❸, ❹, ❺, ❻, ❼
         C ❶, ❷, ❹, ❺, ❻   D ❷, ❸, ❺, ❻, ❼

법칙 13 *주어는 하나다

046 나는 여러 가지 생각으로 고민이 많아

047 우리 아들은 키가 잘 안 커요

048 그 식당은 양이 푸짐해요

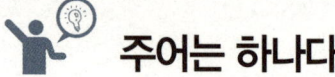 ## 주어는 하나다

한국어 이중주어문 영어로 옮기기

'코끼리는 코가 길다.'를 주어가 두 개(코끼리, 코) 보인다고 해서 이중주어문[11]이라고 한다. 우리말에는 이런 문장이 생각보다 많다. 이중주어문을 영어로 옮기는 세 가지 방법을 정리해보자.

주어 + have 동사

코끼리는 코가 길다 → An elephant has a long trunk.
서울은 인구가 많다 → Seoul has a large population.
그 사람은 태어날 때부터 체질이 약하다
→ He has a weak constitution.

주어 + be동사 + 형용사/형용사구/부사구

그 사람은 눈치가 빠르다. → He is quick-witted.
그 사람은 카드가 연체되었다. → His credit card is overdue.

주어 + 동사 + 목적어/보어

그 사람은 술이 세다. → He holds his liquor very well.
우리 아들이 이제 막 변성기가 되었다.
→ His voice just started to break.[12]

물론 이것은 정해진 규칙이라 할 수는 없다. 한 문장에 하나의 방법만 적용되는 것도 아니다. '서울은 인구가 많다.'는 Seoul is highly populated.라고 할 수도 있고, '코끼리는 코가 길다'는 An elephant's trunk is long.이라고 해도 된다. 이 방법, 저 방법을 써서 문장을 만들어보면서 가장 자연스러운 문장을 찾아보자.

046 나는 여러 가지 생각으로 고민이 많아

요새 이런저런 일로 고민이 아주 많다.

STEP 1 문장만들기
• 표제문을 영어 문장으로 만들어보세요.
[   ]

STEP 2 비교하기
• 표제문을 영어로 잘 옮긴 것에 모두 체크하세요.

> 1 I have a lot of thoughts on my mind.
> 2 I have a lot on my mind.
> 3 I am struggling.
> 4 I am torn in my mind.
> 5 My head is complicated.
> 6 My head is full of complicated thoughts.
> 7 My head is full.

| 가능한 문장 | 1, 2, 6, 7

STEP 3 확인하기
• 문장을 자세히 확인하세요.

★ **영어식 사고로 전환하기** 표제문은 '나는 고민이 많다.'로 이중주어문이다. have 동사를 써서 'I have a lot of + 고민.'이라고 하면 된다. (영어로 '고민'이 무엇인지는 직접 고민해보기 바란다.)

법칙 13 209

또는 〈주어 + be동사 + 형용사〉 구문을 취해 My head is full.이라고 해도 좋다. '고민이 많다'가 '골머리를 썩다/고통을 당하다'란 뜻인 경우(예를 들어 직장에서 일이 안 풀려 고민이 많은 경우), struggle 또는 suffer를 써서 표현하는 것도 방법이다.

1 I have a lot of thoughts on my mind.
2 I have a lot on my mind.

'고민'은 thoughts라고 해도 되고 아예 a lot이라고만 해도 상관 없다. 지금 맥락에서 '고민'은 '여러가지 복잡한 생각'이란 뜻이다. worry, trouble, something to worry about은 '걱정거리', hang-up은 '콤플렉스'라서 지금 맥락에는 딱 들어맞지가 않는다. on my mind in my mind가 아니라 on my mind라고 한다. 네이티브는 고민이 내 마음 속에 박혀 있다고 생각하지 않고 마음 위에 붙어 있다고 생각하는 모양이다.

3 I am struggling.

I am struggling은 상황에 따라 '(직원들 이직 문제로) 골머리를 썩다', '죽도록 고생하다', '괴로워하다', '(일이) 힘들어서 미칠 지경이다', '(건강이 좋지 않아) 고통을 당하고 있다'는 다양한 뜻으로 쓰인다. 아무튼 '힘들다'는 뜻이기는 한데 이 자체로는 무슨 뜻인지 알 수가 없다. I am struggling with work. / I am struggling with school.처럼 써야 의미가 비로소 확정된다.

4 I am torn in my mind.

'갈팡질팡하다' 정도의 뜻이다. in my mind는 필요 없다. '이거 할까 저거 할까 망설이다.'를 I am torn between this and that. 또는 My mind is torn.이라고 한다.

5 My head is complicated.

'머리 속이 복잡하다'란 뜻이 아니다. complicated는 '문제, 일, 감정 등이 복잡한'이란 뜻이다. 예를 들어, '일이 더 복잡하게 됐다.'는 Things have become more complicated. 이고 '왜 이렇게 여자들은 복잡하지요?'는 Why are women so complicated?이다.

6 My head is full of complicated thoughts.
7 My head is full.

좋다. '고민이 많다'는 '머리 속이 복잡하다'이다. 비슷한 뜻으로 I'm mentally overloaded. / I have too many things to think about.이라고 해도 좋다.

047 우리 아들은 키가 잘 안 커요

우리 아이는 상대적으로 다른 또래에 비해 키가 작다. 어려서부터 쭉 작았다.

STEP 1 문장만들기
- 표제문을 영어 문장으로 만들어보세요.
  [   ]

STEP 2 비교하기
- 표제문을 영어로 잘 옮긴 것에 모두 체크하세요.

  1 My son is small/short.
  2 He doesn't grow well/taller/easily.
  3 He hasn't grown well.
  4 He is a little short for his age.
  5 He hasn't grown as fast as his friends.
  6 He has always been smaller than his friends.

  | 가능한 문장 | 1, 4, 5, 6

STEP 3 확인하기
- 문장을 자세히 확인하세요.

★ **영어식 사고로 전환하기** '우리 아들은 키가 안 커요.'는 이중주어문이다. 이 문장은 달리 바꾸면 '아들이 작다'는 말이다. 따라서 My son is short.이다. 물론 이 문장은 현재 키가 작은 '상황'에 대해서만 말한다. 어렸을 때부터 다른 애들보다 쭉 작아왔다는 점은 다른 문장으로 표현하여야 한다. 그렇다면 동사 grow를 활용하여, He hasn't grown well.이라고 해도 괜찮을까? 표제문에 너무 집착하면 영어 문장이 쉽게 나오지 않는다. '우리 아들은 자기 친구들에 비해

작다', '우리 아들은 또래 친구들만큼 잘 자라지 않았다.'라고 한국어 문장을 이리저리 고치다 보면 괜찮은 영어 문장이 떠오를 것이다.

❶ My son is small/short.
좋다. small은 몸집(physical frame)이 작다는 것을 뜻하므로 '키가 작다'는 뜻의 short가 더 좋은 표현이다. ❶은 글자 그대로만 보면 현재 키가 작다는 점만을 말하고 있지만 일반적으로 키가 작은 사람은 어려서부터 쭈욱 작아왔기 때문에 표제문을 표현하는 데 큰 문제는 없다.

❷ He doesn't grow well/taller/easily.
틀렸다. 현재시제는 현재의 습관적 행동에 관한 것이다. 현재완료시제로 바꿔도 말이 안 되는 것은 마찬가지다. 시제도 문제지만 구성 단어들이 전혀 말이 안 통하기 때문이다.

❸ He hasn't grown well.
틀렸다. 표제문을 직역한 것이지만, ❸은 '정상적으로 자라지 못 했다'란 의미다. 즉 팔이 다리보다 빨리 자라거나 머리가 비정상적으로 크거나 등이 굽은 것처럼 비정상적인 외모를 가지게 되었다는 말이다.

❹ He is a little short for his age.
좋다. 현재시제지만 내용상 현재완료시제(He has been a little short for his age.)와 같은 뜻이다. 두 시제 모두 가능하다.

❺ He hasn't grown as fast as his friends.
좋다. 아들이 항상 작았음을 나타내므로 표제문에 잘 부합한다. '~만큼 빨리'라는 뜻의 as fast as 구문을 써서 표현했다.

❻ He has always been smaller than his friends.
가장 좋은 문장이다. 과거에도 작았고 지금도 또래보다 작다는 말이다. 글자 그대로 말하면 smaller보다는 shorter가 낫겠지만 네이티브들은 이 문장에서는 smaller가 더 자연스럽다고 한다.

048 그 식당은 양이 푸짐해요

고깃집에 갔는데, 이 식당은 양이 푸짐해서 한 사람 당 1인분만 주문해도 배불리 먹을 수 있다.

STEP 1 문장만들기
- 표제문을 영어 문장으로 만들어보세요.
  [   ]

STEP 2 비교하기
- 표제문을 영어로 잘 옮긴 것에 모두 체크하세요.

  1 The restaurant gives much.
  2 Their serving is much/affluent.
  3 Their servings are big/huge/generous.
  4 They have big/huge/generous servings.
  5 They give you generous servings.
  6 Their helpings are big/huge/generous.
  7 They have big/huge/generous helpings at the restaurant.
  8 They give you generous helpings.

  | 가능한 문장 | 3, 4, 5, 6, 7, 8

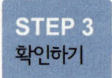
• 문장을 자세히 확인하세요.

★ **영어식 사고로 전환하기** '그 식당은 양이 푸짐해요.'는 이중주어문이다. 영어로는 '그 식당의 양 + is big/huge/generous.'라고 하면 될 것이다. 그렇다면 '양'은 영어로 무엇일까? amount라고 하지 않으며, 대신 helping 또는 serving을 쓸 수 있다.

helping과 serving은 많은 경우 서로 호환 사용이 가능하다. 일반적으로 helping은 뷔페식당, 가정집(스스로 먹고 싶은 만큼 더 먹을 수 있는 곳), serving은 식당(serve해 주는 웨이터/웨이트리스가 있고 더 먹으려면 주문을 해야 하는 곳)에서 쓴다고 생각하면 맞다. helping은 같은 음식을 여러 번 담거나 먹을 때 쓰는 단어이다. '한 번 먹었다', '두 번 먹었다', '한 그릇 먹었다', '두 그릇 먹었다'에서 말하는 '번', '그릇'이 helping이다. 음식이 맛있어서 '벌써 두 그릇이나 먹었다.'를 I already had two helpings of it.이라고 한다. 반면, 식당에서 '고기 2인분 추가해주세요.' 할 때 '인분'에 해당되는 것이 serving이다. Please give us two more servings of meat. 이라고 하면 훌륭한 문장이 된다. 역시 식당에서 '샐러드 하나 더 달라고 했다.'는 I asked for another serving of salad.라고 한다. 물론, 구체적인 상황에 따라 두 단어는 호환이 될 수도 있고 안 될 수도 있다.[13]

1 The restaurant gives much.
틀렸다. 표제문을 '그 식당은 많이 준다.'로 바꿔 직역해본 것인데, 전혀 말이 안 된다.

2 Their serving is much/affluent.
'많다'를 뜻하는 much는 부정문에서 사용된다. affluent 역시 '부유하다'(rich/wealthy)란 뜻이므로 맥락에 부합하지 않는다.

3 Their servings are big/huge/generous.
4 They have big/huge/generous servings.
5 They give you generous servings.
하나 하나 내 놓은 각 serving이 아주 양이 많다는 말이다. huge는 '거대하다', '크다'만 생각하기 쉬운데 '양이 많다'는 뜻으로 자주 사용된다.

6 Their helpings are big/huge/generous.
7 They have big/huge/generous helpings at the restaurant.
8 They give you generous helpings.
표제문 맥락에서는 serving과 helping 모두 쓸 수 있지만, 식당에서는 serving이라고 말하는 것이 보통이다. 쓸 수는 있겠지만 권장하지는 않는다.

이런 문장도 생각해보세요

• 다음 중 맞는 문장에 모두 체크하세요.

A 그 여자는 얼굴이 하얗다
▶ 그 여자는 선천적으로 피부가 하얗다.

1. Her face is white.
2. Her face is fair.
3. Her face is pale.
4. She has a fair complexion in her face.
5. She has a fair complexion.
6. She has a fair face.
7. She has fair skin.
8. She is fair skinned.
9. She has light skin.
10. She is light skinned.

Key point 한국어는 '얼굴이 하얗다'라고 일상적으로 말하지만 영어에서는 '피부가 하얗다'고 하지 '얼굴이 하얗다'고는 잘 하지 않는다. 또는 complexion(얼굴색, 피부색)이라고 하는 별도의 단어를 사용한다. 1 쓸 수는 있지만 권장하기는 어렵다. '얼굴을 하얗게 분장했다', '그 여자는 백인이다.'처럼 아주 다양한 상황에서 다양한 의미를 갖기 때문에 뜻이 명확하지 않아 문제가 있다.[14] 앞서 말한 대로 영어에서는 피부(skin)가 하얗다고 말하기 때문에, 1처럼 face가 나오면, face가 갑자기 화제의 중심에 서게 된다. 1은 '와! 쟤 얼굴 정말 하얗다.'처럼 주로 화자가 놀랐음을 바탕에 깔고 있는 문장이다. 2 틀렸다. 이때 fair의 의미는 '보통의'라는 뜻이다. fair가 '하얗다'라는 뜻을 가지려면 skin 또는 complexion과 함께 쓰여야 한다. 3 극단적으로 얼굴이 하얀 경우 pale을 쓴다. '창백한'이라는 부정적인 뉘앙스는 없고, '아주 하얀' 정도의 뜻이라고 이해하면 된다. 4~5 complexion은 이미 그 자체로 '얼굴색, 피부색'이라는 뜻이므로, 4에서 뒤에 붙은 in her face는 어색하다. 이때 fair는 '하얗다'란 뜻이다. 6 틀렸다. 영어사전에 fair face는 '흰 얼굴', '예쁜 얼굴, 잘 생긴 얼굴, 아름다운 얼굴'을 뜻하며 더 나아가 '미인'이라고 나와 있는데[15] 안타깝게도 모두 틀렸다. fair face는 전혀 안 쓰이는 표현이며 뜻도 없다. 7~8 좋다. 이때 fair의 뜻은 '하얗다'이며, Her skin is fair.도 같은 뜻이다. 7의 fair skin 앞에는 관사를 붙이지 않으니 주의하자. 9~10 좋다. 영어사전에는 light가 '색깔이 연한/옅은'이라고 나와 있지만, 피부가 '하얀'이라는 뜻도 있다.[16] 다만 Her skin is light.는 어색하다.

B 머리가 아프다

▶ 방금 두통이 생겨 지금 머리가 아픈 상태이다.

1. My head is in pain.
2. My head is painful.
3. My head feels pain.
4. I have pain in my head.
5. My head hurts.
6. My head is hurting.
7. My head has a pain.
8. I have a headache.

Key point 1 틀렸다. 두통(headache) 때문이 아니라 타박상(bruise), 찰과상(abrasion) 등 물리적인 상처 때문에 아프다는 말이다. 2 틀렸다. painful의 주체는 상처, 질병, 침, 마사지, 물리치료 등이다. 등이나 발목 같은 일부 신체부위가 painful하다고 말하기도 하지만, 머리(head)는, 두통과 물리적인 상처에 painful하다고 하지 않는다. 3 틀렸다. 이런 문장 쓸 일은 없다고 보면 된다. 4 틀렸다. 직역하면 '머리에 통증을 가지고 있다.'이므로 우리 눈에는 그럴 듯하게 보이지만 네이티브는 절대 이렇게 쓰지 않는다. 반면에, I have pain in my leg(다리가 아프다), I have pain in my fingers(손가락이 아프다).는 올바른 문장이다. 5 좋다. 벽에 부딪혀 머리가 아플 때, 두통이 있어 머리가 아플 때에도 동사 hurt를 쓴다. 애들이 말하는 스타일이라고 생각하는 네이티브도 있다. 6 괜찮다. 5와 비슷한 뜻이다. 7 틀렸다. 직역하면 '머리가 통증을 가지고 있다.'이니까 말이 될 것 같지만, 실제로는 이렇게 쓰지 않는다. 8 좋다. '머리가 아프다'는 동사 have와 headache(두통)란 단어를 써서 표현한다. 부정관사 a를 사용하는 점에 유의하자.

C 나는 운동신경이 별로 없다

▶ 나는 달리기도 잘 못하고 모든 운동에 서툴다.

1. I don't have motor nerves.
2. I am clumsy at sports.
3. I'm all thumbs at sports.
4. I am not athletic.
5. I am not good at sports.
6. I am not much of an athlete.
7. I am not a good athlete.

> Key point ■1 '운동신경'은 motor nerves이지만 '운동신경이 없다'를 I don't have motor nerves라고 하지는 않는다. ■2 역시 안 쓰는 문장이다. clumsy(서투른)는 물건을 잘 놓쳐 깨뜨리거나 조작이 미숙해서 사고 치는 걸 가리킨다. 운동신경이 있고 없다는 것을 나타내지는 않는다. ■3 all thumbs는 손재주(manual dexterity)에 관련된 표현으로 '손재주가 없는'이란 뜻이다. 운동을 얼마나 못하는지 말하는 표현이 아니므로 지금 맥락에 부합하지 않는다. ■4~■5 좋다. ■4의 athletic은 '운동을 잘하는(good at sport)'이란 뜻이며, ■5는 I'm not good at athletics.라고 해도 괜찮다. ■6 좋다. not much of an athlete는 '운동을 잘 못 한다'는 뜻이다. not much of는 '그다지 ~를 좋아하지 않는다/잘 못한다'란 뜻이다. 예를 들어, I'm not much of a drinker.는 '나는 술을 잘 못 마신다.'이다. ■7 athlete는 운동을 직업적으로 하는 사람만을 말하는 것이 아니다. 누구든지 운동을 하고 있는 사람이라면 athlete라 부를 수 있다. dancer, swimmer, singer, painter, runner 모두 마찬가지로 누구든 그 행동을 하고 있는 사람을 가리키는 말이다.

D 이것은 촉감이 정말 부드럽다
▶ 실크를 만지면서 하는 말이다.

■1 I feel this is really soft.
■2 This feels really soft.
■3 This feels really smooth.
■4 This feels really nice.
■5 It feels really soft.

> Key point ■1 문법적으로 말이 안 된다. 영어는 대체로 거의 모든 상황에서 사람을 주어로 내세울 수 있지만 여기서는 아니다. 동사 feel은 이런 식으로 사람을 주어로 삼기가 매우 어렵다. ■2~■4 feel의 주어가 사람이 아니라 '옷감'인 점에 유의하자. 맥락상 soft, smooth, nice 모두 비슷한 뜻이다. ■5 주어로 this 대신 it을 시도해봤다. 실크를 만지면서 주어로 it이 쉽게 나오지 않을 것이다. 하지만 아무 문제 없으니 마음 놓고 사용하기 바란다.

| 정답 | A ■1, ■3, ■5, ■7, ■8, ■9, ■10 B ■5, ■6, ■8 C ■4, ■5, ■6, ■7 D ■2, ■3, ■4, ■5

Part 2 참고하기

1 한송화(2000: 255)는 Chomsky 주장을 인용하며 다음과 같이 설명한다.

> '따라서 Chomsky(1981)에서는 문장의 주어의 의미역은 동사의 의미적 속성에 의한 것이 아니고 동사구(VP)에 의해 간접적으로 주어지는 것(indirect θ-marking)이라고 주장하였다. Chomsky(1981)에서 든 예는 다음과 같다.
> ㄱ. John broke the window.
> ㄴ. John broke his arm.
> 위에서 ㄱ의 John은 행위주이지만 ㄴ의 Jonh은 피동주이다. 즉 동일한 동사에서 이렇게 주어가 다른 의미역으로 해석되는 것에 대해 주어의 의미역은 동사에 의한 것이 아니라 동사구에 의해 주어지는 것으로 본 것이다.'

간단한 내용을 어렵게 설명하고 있어 독자가 더 헷갈릴 수도 있겠다. 여기서 우리에게 필요한 교훈만 취해보자. John broke the window.는 '존이 창문을 깼다.'이고, John broke his arm.은 '(예를 들어, 자동차 사고로 또는 추락해서) 존의 팔이 부러졌다.'이다. 앞 문장처럼 주어가 능동적인 '행위주'인 경우 한국어 문장에도 주어가 잘 나타난다. 하지만, 뒷 문장처럼 주어가 피동주인 경우, 영어는 여전히 John이 주어로 나서도 아무 문제가 없는 반면, 한국어는 존이 잘 안 나타나고 '팔'이 주어로 나선다는 말이다. 두 번째 문장처럼 사람이 사건에 적극적으로 개입하지 않은 경우 한국어는 사람을 주어로 잘 내세우지 않고 물주구문을 만드는 경향이 있다는 말이다.

Simonetta Montemagni의 논문 Non Alternating Argument Structures: The Causative/Inchoative Alternation in Dictionaries의 p.351에 위 주장을 더욱 상세하게 설명하고 있으니 참고하기 바란다.

(http://www.euralex.org/elx_proceedings/Euralex1994/38_Euralex_Simonetta%20Montemagni%20-%20Non%20Alternating%20Argument%20Structures_The%20Causative_Inchoative%20Al.pdf)

2 물론 화자와 청자가 목적지가 어딘지를 서로 알고 있는 상황이라면 이 문장은 완결된 문장이 될 것이다. 상대방이 '(목적지에) 뭐 타고 갈 건데?'라고 했을 때, I'm going to take my friend's car.라고 대답했다고 치자. 이때 이 문장은 '내 친구 차 끌고 갈 거야.'란 뜻이 되므로 완결된 문장이 된다.

3 어떤 네이티브는 a neighbor와 the neighbor가 어색하다고 지적했다. 저자는 이 주장을 받아들이지 않는다. 특정 상황과 문맥에 따라 a neighbor 또는 the neighbor가 어색한 경우가 있을 수는 있겠지만, 일반적으로 이상하다는 주장은 수용하기 어렵다. 예를 들어, Where is this noise coming from(이 소리 어디서 나는 거지)?에 대해 A neighbor upstairs! He always plays the piano!(윗집! 맨날 피아노 쳐!)라고 대답하는 것은 전혀 문제 없다.

4   맨투맨종합영어 제 1권 p.190에 나와 있다. 웹사이트는 여러 개가 있지만 대표적으로 예를 들면 http://blog.naver.com/PostView.nhn?blogId=kidage&logNo=161285100&redirect=Dlog&widgetTypeCall=true 또는 http://cafe427.daum.net/_c21_/bbs_search_read?grpid=13gt1&fldid=30Nm&contentval=00092zzzzzzzzzzzzzzzzzzzzzzzz&nenc=&fenc=&q=%BB%E7%C7%FC%C0%AF%C7%FC&nil_profile=cafetop&nil_menu=sch_updw 을 참고하라.

5   http://endic.naver.com/enkrEntry.nhn?entryId=4240c0b1e0a948ee8b44369eab049d1d&query=low

6   add to my confusion에서 to my confusion이 잘 이해가 안 되는 독자도 있을 것이다. 개념적으로는 my confusion을 pool에다 추가하는 것인데 왜 to를 쓸까? add my confusion to ~라고 해야 맞는 것 아닌가 생각도 들 것이다. 하지만 my confusion은 '헷갈림'이 아니다. '기존에 내 머리 속에 있는 수많은 헷갈리는 것들'이다. 따라서 이 문장은 Your explanation adds more confusion to my confusion.으로 생각하면 이해가 쉬울 것이다. 물론 실제로 이렇게 말하는 건 아니지만 개념적으로 adds more confusion to my confusion에서 more confusion이 생략되었다고 보면 이해가 빠를 것이다.

7   보다 자세한 설명은 http://forum.wordreference.com/showthread.php?t=2265765을 참고하기 바란다.

8   http://endic.naver.com/enkrEntry.nhn?entryId=c5b1951fef2343fa954aa97e4c8b3e30&query=startle

9   물론 예외는 얼마든지 있다. 예를 들어 wake up은 자동사로도 많이 쓰인다. I woke up with a bad hangover this morning.은 '오늘 아침 일어 났는데 숙취가 심했다.'는 말이다.

10 '와이셔츠'의 정확한 영어는 dress shirt이고 '남방셔츠'는 Hawaiian shirt라고 한다.

11 이중주어문은 한국어에 나타나는 특수한 현상으로서 여러 가지로 불리고 있다. 문용(1999:15)은 주제구문이라고 하고, 고영근, 구본관(2008:512)은 '주격 중출'이라고 한다. 임지룡 외(2005:258)는 '이중주어문'이라고 부르고 있는데 이 책에서는 이해의 편의상 이 용어를 채택한다. 이중주어문을 문법적으로 설명하기 위해 그간 많은 연구가 행해졌지만 아직도 완전한 합의에 이르지는 못하고 있다. 남기심, 고영근(2008:378), 임지룡 외(2005:258) 등 대부분의 한국어 학자, 고등학교 문법은 이중주어문을 서술절을 안고 있는 겹문장으로 보고 있다.

12 한국어 문법에서 '되다/아니다' 앞에 있는 것은 보어이다. '변성기가'는 '되다'의 보어이다. 따라서, 이것은 이중주어문이 아니나 주어가 두 개 나타난다는 점에서 여기에 포함시켜 논의한다. 이 책은 영어 학습서이므로 한국어에 대해서는 다소 유연하게 접근한다.

13 helping과 serving의 공통점, 차이점에 대한 보다 자세한 설명은 http://forum.wordreference.com/showthread.php?t=1887711를 참고하라.
serving과 helping이 '식사'가 아닌 다른 뜻으로 쓰이면 물론 호환되지 않는다. 호환이 안 되는 사례는 여러 가지가 있겠으나, 그 중 하나를 살펴보자.
식품, 영양보충제를 사면 영양 정보가 용기에 표시되어 있다. Serving Size 2 teaspoons(8g)에서 serving은 '1회 제공량'을 말한다. 즉 이 보충제는 '1회 제공량'이 티스푼 2개(8그램)이고 표준적으로 1회 섭취시 '티스푼 2개(8그램)' 정도 복용하면 된다는 말이다. 한편 Servings per container는 '한 통 당 1회제공량이 몇 개나 들어 있느냐?', 즉 '이 한 통 구입하면 몇 번 먹을 분량이냐?'란 뜻이다. '30'이라고 되어 있다면 '한 통 당 30번 섭취할 수 있는 분량이 들어 있다'란 뜻이다. 이때는 serving 대신 helping이라고 하지 않는다.
serving에는 또한 '식사 제공하기'라는 뜻도 있다. 식당이 비좁아 두 개 그룹으로 차례대로 제공한다고 하자. 식당 종업원 입장에서 보면 처음 식사 제공하는 것은 first serving, 두번째 그룹에게 식사 제공하는 것은 second serving이라고 할 것이다. 예를 들어, 게시판에서 '첫번째 식사: 12시, 두번째 식사: 1시'라고 붙여 놓은 경우, 영어로 First Serving: 12 o'clock. Second serving: 1 o'clock.이라고 한다. 이때는 helping을 쓸 수 없다.

14 이 문장이 쓰이는 맥락은 아주 다양할 수 있다.
① 다른 신체부위와 비교하기 위해 이 문장을 쓸 수 있을 것이다. 본문에서 말한 대로 얼굴색이 하얗다고 말할 때 영어에서는 face를 잘 안 쓰고 skin을 사용한다. 따라서 face를 들으면, 네이티브는 '아아, 다른 부위하고 비교하기 위해 face를 쓰는구나.'라는 생각이 들게 된다. 예를 들어, Her lower body is brown and her face is white(하체는 갈색인데 얼굴은 흰색이다).에서 보듯이 다른 신체부위와 비교할 때 이 문장을 사용한다.
② 화장을 심하게 해서 하얗게 된 경우 이 문장을 쓸 수 있다. 분장이 잘못되었다는 뜻으로 Her face is white while her neck is still flesh-toned(얼굴은 하얀데, 목은 여전히 살색이다).라고 할 수도 있겠다.
③ She's a Caucasian(그 여자는 백인종이다).라는 뜻으로 이 문장을 사용할 수도 있겠다.
④ 사진상에 얼굴이 하얀 경우에도 사용될 수 있다. 빛이 반사되어, 아니면 노출이 너무 심해 피부색이 날라가 버린 경우 얼굴이 하얗게 나올 것이다. 이 경우 Her face is white.은 문자 그대로의 의미이다. 피부색이 하얗다는 것이 아니라 노출이 너무 심해 피부색이 다 날라가 버리고 피부색이 하얗게 보인다는 의미가 되겠다.

이렇듯이 얼굴색이 하얗게 보이는 상황이라면, 진짜 피부색이 하얗든, 화장을 심하게 해서이든 어떤 상황에서라도 이 문장을 사용할 수 있다.

15 http://endic.naver.com/search.nhn?&searchOption=all&query=fair%20face

16 light는 사실 상대적인 피부색(relative tone for her skin compared to others)을 말한다. 아울러 중립적인 개념이다. fair에 피부가 하얗고 곱다는 주관적 평가가 포함되어 있는 반면, light는 다른 사람 또는 다른 부위에 비해 상대적으로 피부 색깔(skin tone)이 '밝다'는 뜻이다.
예를 들어, 흑인 안에서도 피부색이 차이가 많다. 흑인 중에도 어떤 사람들은 극단적으로 검지만 어떤 사람들은 백인의 피가 섞여 있는 경우 상대적으로 피부색이 밝은 경우도 적지 않다. ('하얗다' 는 말은 물론 아니다.) 이때 Her skin is lighter compared to other people of African descent(그 여자 피부는 다른 흑인들에 비해 덜 까맣다).처럼 말할 수 있을 것이다.
얼굴이 다른 신체 부위에 비해 상대적으로 하얀 경우, Her face is lighter than the rest of her body.라고 할 수 있다. 흑인이든, 백인이든, 아시아인이든 누구에게라도 이 문장이 가능하다. 왜냐하면 light는 상대적인 피부색을 뜻하기 때문이다.
light는 자기 피부색뿐만 아니라 화장 등의 영향으로 상대적으로 하얗게 되는 경우에도 물론 사용 가능하다. '화장 때문에 얼굴이 목보다 하얗다.'라고 할 때 Her face is lighter than her neck due to makeup.이라고 하면 된다.

Part 3 동사만 잘 잡으면 게임 끝이다

한국어는 '보다', '가다', '하다' 같은 기본동사들을 밥 먹듯이 활용합니다. 영어도 마찬가지로 이런 기본동사들을 얼마나 잘 활용하느냐에 따라 영어 실력이 결정됩니다. 예를 들어 '(애인과) 화해하다'는 reconcile보다는 make up이 더 자연스럽고, '(남녀가 사귀다가) 헤어지다'는 separate보다는 break up이 더 쉽습니다.

'소유' 관계에 민감하다보니 동사 have를 많이 쓴다든가, 한국어 〈부사 + 동사〉 구문을 동사 한 개로 표현한다든가, 당장 일어나는 '동작'과 결과의 '지속'을 분명하게 구분한다든가 하는 영어의 문화적, 언어적 차이점도 정확하게 이해를 해야 제대로 된 문장을 만들 수 있습니다.

Part 3에서는 한국어와 영어의 동사의 특성에 어떤 차이점이 있는지 살펴보겠습니다.

법칙 14	기본동사, 기본이 아니라 핵심이다
법칙 15	영어는 have가 지킨다
법칙 16	영어 동사로 한국어 부사까지 잡는다
법칙 17	같은 동사 재탕은 안 된다
법칙 18	순간과 지속을 구분하자

법칙 14 * 기본동사, 기본이 아니라 핵심이다

049 한눈을 파는 사이에 사고를 냈어

050 (인터넷을 켜면) 초기화면으로 지정한 적이 없는 이상한 사이트가 떠요

051 방귀 참느라 힘들었어

052 여자친구를 사귀려면 어떻게 해야 하지?

 # 기본동사, 기본이 아니라 핵심이다

기본동사를 활용하면 간단히 해결된다

본격적으로 영어공부를 시작하려던 때 저자의 심정은 이랬다. '내가 영어를 포기하든지 영어가 나를 포기하든지 끝장을 내버리겠다.' 이 말을 영어로 하려면 어떻게 하면 될까? 다른 부분은 그렇다 치고 '끝장을 내버리다'를 어떻게 표현해야 할지 모르겠다. 이때는 복잡하게 생각하지 말고 간단하게 I really wanted to put an end to this.라고 말하면 된다. finish / end / stop 등의 동사도 활용할 수 있다.

우리는 학교에서 아카데믹한 영어를 주로 공부하다 보니 어려운 동사를 쓰려고 하는 경향이 있다. 실생활에서는 기본동사가 주로 사용된다. 머리 속으로 한국어 문장을 이리저리 바꿔보면서 영어 기본동사를 집어 넣어보면 어렵지 않게 문장을 만들 수 있다. '발목을 삐어 얼음 찜질을 했다.'에서 '얼음 찜질을 하다'를 영어로 뭐라고 할까? 사전을 찾아 보면 apply an ice pack이라고 나와 있다. 하지만, 한국어 문장을 '얼음을 발목 위에 두었다'로 바꿔보면 기본동사 put이나 place를 사용해 쉽게 문장을 만들 수 있다. 따라서 I sprained an ankle and put an ice pack on it.이라고 하면 충분하다. 비슷한 예로, '한눈을 팔다 자동차 사고를 냈다.'에서도 '한눈을 팔다'를 영어로 바꾸려면 생각이 잘 안 나겠지만, 가만히 보면 '한눈을 팔다'는 '도로에서 눈을 뗐다'라는 말과 일맥상통하므로, I took my eyes off the road.라고만 해도 의미를 충분히 전달할 수 있다.

사용빈도 200위 안에 드는 영어 단어 중에서 영어 학습자들이 관심을 가져야 할 동사는 다음과 같다.

    do / give / have / take / make / get /
    put / go / come / bring / gain / turn

영어 문장을 만들 때 이들 동사들을 항상 염두에 두고 기본 동사를 활용할 수 있는 방법이 없을지 연구하면 문장 만들기가 훨씬 쉬워질 것이다.

동사만 쓰지 말고 명사와 함께 써라

단독 동사 대신 〈기본동사 + 명사〉 형식도 광범위하게 사용된다. '이것 좀 봐.'라고 할 때 Look at this.라고 해도 되지만 Take a look at this.라는 표현을 더 많이 쓴다. '생각 좀 해봐.'라고 할 때도 Think about it.이라고 해도 좋지만 Give it some thought.이라고 해도 된다.

이렇게 하면 〈동사 + 부사〉 형식을 취하는 대신 〈동사 + 형용사 + 명사〉 형식으로 깔끔한 문장이 가능하다. 영어는 〈동사 + 부사〉 조합을 가급적 피하는 경향이 있다. '주의 깊게 보다'를 look at this carefully.라고 표현하는 대신, take a careful look at this. 같이 〈동사 + 형용사 + 명사〉 중심으로 간결하게 표현할 수 있다. '한 번 진지하게 고민해봐.' 역시 Think about it seriously.보다는 Give it serious thought.가 더 좋다.

그렇다면 '급히 전화 한 통화 해야겠다'를 어떻게 말할까? I need to call someone urgently.라고 말해도 되지만 '급한 통화를 걸어야겠다'로 바꿔 I need to make an urgent call.이라고 하면 훨씬 좋은 문장이 된다.

우리말 직역을 피하라

기본동사를 잘 활용하되 우리말을 그대로 직역하지 않도록 주의해야 한다. '전신마취를 하고 수술을 한 적이 있다.'에서 '전신마취'는 general anesthesia이다. 그렇다면 '전신마취를 했다'는 I did general anesthesia일까? 우리말 '했다'를 그냥 did로 옮긴 것인데 이렇게는 쓰지 않는다. 맥락상 '전신마취를 하다'는 '환자로서 내게 의사가 전신마취를 해서 잠자는 상태에 있었다'는 뜻이며, 의미상 수동태를 쓰는 것이 맞다. 따라서 I was put under general anesthesia. / I had general anesthesia. / I was under general anesthesia.라고 표현한다. 동사 do가 아니라 put, have, 〈be동사 + 전명구〉를 사용하고 있다. (general anesthesia는 어려운 말이므로 일상 생활에서는 I was put to sleep.이라고도 표현한다.)

049 한눈을 파는 사이에 사고를 냈어

운전하다가 바깥 풍경에 한눈이 팔려 접촉사고를 냈다.

한눈을 파는 사이에 사고를 냈어.

STEP 1
문장만들기

● 표제문을 영어 문장으로 만들어보세요.

[   ]

STEP 2
비교하기

● 표제문을 영어로 잘 옮긴 것에 모두 체크하세요.

① When I looked at something else, I made an accident.

② I got an accident when I took my eyes off the road.

③ I got in an accident when I took my eyes off the road.

④ I caused an accident while I took my eyes off the road.

⑤ I had an accident when I took my eyes off the road.

⑥ I was in an accident because I took my eyes off the road.

⑦ While I was distracted, I hit a car in front of me.

8 I was in an accident because I was distracted.

| 가능한 문장 | 3, 4, 5, 6, 7, 8

STEP 3 확인하기
• 문장을 확인해보세요.

★ **영어식 사고로 전환하기** '한눈을 팔다'는 take my eyes off the road이다. 글자 그대로 '내 시야를 잡아서(take) 도로에서 떼냈다(off)'는 뜻이다. take off가 다양한 의미의 구동사(phrasal verb)로 사용되지만, 최소한 여기에서는 take와 off의 본연의 뜻으로 사용되었다. 한국어는 자기 잘못으로 사고가 발생했으면 보통 '사고를 냈다'라고 말한다. 자랑까지는 아니지만 별로 주저하지 않고 '사고를 냈다'라고 말한다. 영어는 '사고가 났다/발생했다'라는 뜻의 have an accident / get in an accident / be in an accident라고 한다. 이것만 보고는 내가 사고를 낸 것인지, 내가 사고를 당한 것인지 확실히 알 수가 없다.

1 When I looked at something else, I made an accident.
틀렸다. '한눈을 팔다'를 '다른 것을 봤다'로 생각해서 look at something else라고 생각할 수 있겠지만, 네이티브는 이렇게 쓰지 않는다. look at something else는 '(의도적으로) 다른 것을 보다'는 말이지 '주의를 소홀히 하다'는 뜻이 아니기 때문이다. 또, 영어는 〈기본동사 + 명사〉 구성을 많이 취하지만 〈made + an accident〉는 쓰이지 않는 조합이다. 어떤 명사가 어떤 동사와 조합이 맞는지는 계속 문장을 만들어보면서 감을 익히는 수밖에 없다.

2 I got an accident when I took my eyes off the road.
3 I got in an accident when I took my eyes off the road.
'교통사고를 내다'는 get in an accident이다. get into an accident 역시 가능하다. get in과 get into는 아주 유용하게 쓸 수 있는 수십 가지 뜻이 있다. 가장 기본적인 뜻은 '~에 들어가다'이다. 여기에서 뜻이 확장되어 '변화'를 가져 오는 거의 모든 상황에서 get into를 활용할 수 있다.
예를 들어 get into trouble은 '곤란에 처하다'이다. 하지만 이렇게만 외우면 실전에서 써먹을 수가 없다. '집에 늦게 들어가서 (부모님한테) 혼나지 않았어?'라고 할 때 get into trouble을 활용해서 Did you get into trouble for getting home late?라고 하면 깔끔한 문장이 나온다.

4 **I caused an accident while I took my eyes off the road.**
서양 사람들은 굳이 나한테 불리한 이야기를 명확하게 하지 않는다. 아주 분명하게 내가 사고를 일으켰다는 말을 해야 하는 상황이 아니면 이런 식으로 잘 말하지 않는다.

5 **I had an accident when I took my eyes off the road.**
좋다. I had an accident 하나만 가지고는 내가 사고를 냈는지 다른 사람한테 사고를 당했는지 알 수가 없다. 누구의 귀책인지는 추가적인 정보를 보고 판단해야 한다.
이 맥락에서는 정황상 자동차 사고라는 점이 거의 분명하지만, have an accident는 자동차 사고만을 말하는 것은 아니다. 상황에 따라 아주 다양한 의미로 사용된다. He had an accident at work.는 '작업중 사고를 당했다.'는 뜻으로 산업재해를 당했다는 말이다. Your son had an accident.는 '애가 다쳤습니다.'도 되지만 '바지에 오줌을 쌌습니다.'도 된다. We had a little accident.는 '불쑥 생각지도 않은 애가 생겨버렸다.'이다. 잘못해서 커피를 옷에 쏟은 것도 accident이다. 어떤 상황에서든지 바람직하지 않은 모든 것을 accident라고 이해하면 되겠다.

6 **I was in an accident because I took my eyes off the road.**
좋다. 한국어 동사 '사고를 냈다'를 영어로 〈be동사 + 전명구〉로 표현했다.
`because` 한눈을 파는 '사이에', 한눈을 팔았기 '때문에' 모두 가능하므로 because 대신 while이나 when을 써도 의미상 큰 차이가 없다.

7 **While I was distracted, I hit a car in front of me.**
좋다. '한눈을 팔다'는 '주의가 분산되었다'란 뜻이며, 이에 가장 적합한 표현은 was distracted이다. distract은 '(정신이) 집중이 안 되게/산만하게/산란하게 하다', '(주의를) 딴 데로 돌리다'이다.
`사고를 냈다` I had an accident / I was in an accident 대신에, I hit a car / I hit a bicycle / I hit a man처럼 구체적으로 말하는 것도 방법이다.

8 **I was in an accident because I was distracted.**
좋다. distracted는 '주의가 산만한'이란 뜻이며, because 대신 while을 써도 괜찮다.

050 (인터넷을 켜면) 초기화면으로 지정한 적이 없는 이상한 사이트가 떠요

컴퓨터가 바이러스에 걸린 모양인지 인터넷를 켜면 첫 화면에 포르노 사이트가 뜬다.

STEP 1 문장만들기

- 표제문을 영어 문장으로 만들어보세요.

  (When I try to use the internet,)

  [   ]

STEP 2 비교하기

- 표제문을 영어로 잘 옮긴 것에 모두 체크하세요.

  1. a strange website that I never set as a homepage comes up.
  2. a strange website that I never set as the homepage opens up.
  3. a strange website that I never set as my homepage pops up.
  4. a strange page appears, which I never set as a/the/my homepage.
  5. I'm forwarded to a strange page that I never designated as the first screen.
  6. I'm forwarded to a strange page that I never set as my homepage.

7 my homepage doesn't come up. I'm forwarded to a strange page.

8 I see a strange page that I never set as a homepage open up.

| 가능한 문장 | 1, 2, 3, 4, 6, 7, 8

STEP 3 확인하기
• 문장을 확인하세요.

★ **영어식 사고로 전환하기** '지정하다' 하면 designate가 생각난다. 하지만, designate는 '(특정한 자리나 직책에) 지명하다', '(어떤 지역을 자연보호지역, 금연구역 등 특정한 목적의 구역으로) 선언하다'란 뜻이다. 지금 맥락의 '지정하다'는 '설정하다', '포함시키다', '추가하다', '만들다' 등으로 전환해 볼 수 있다. 그렇게 되면 arrange, add, use, make 등이 생각나지만 지금 맥락에 가장 적절한 것은 set이다. 즉, set Yahoo! as a homepage(야후를 초기화면으로 지정하다)는 훌륭한 표현이다.

1 a strange website that I never set as a homepage comes up.
2 a strange website that I never set as the homepage opens up.
3 a strange website that I never set as my homepage pops up.

좋다. my homepage가 가장 자연스럽기는 하지만, a homepage와 the homepage 역시 가능하다. a homepage라고 해도 맥락상 '내 홈페이지'를 가리키는 것이 당연하기 때문에 문제 없다.

웹사이트가 뜨다 '뜨다'는 open up / pop up / come up을 쓰면 된다. open은 up 없이 단독으로 사용할 수도 있다.

초기화면 vs. homepage 한국어로 '초기화면' 또는 '시작 페이지'를 영어로 뭐라고 할까? '초기화면'을 직역해서 first screen / first website라고 하지 않는다. Internet Explorer/Google Chrome/Firefox를 실행하자마자 들어가는 초기화면 웹사이트는 homepage라고 한다. 예를 들어, 저자는 인터넷 익스플로러를 실행하면 첫 화면에 '네이버'가 뜨도록 해놨다. 따라서 저자의 homepage는 '네이버'이다. 한국어에서 '홈페이지'는 '내가 운영하는 내 웹사이트'를 말하는데 이는 콩글리시다. 영어로는 my website라고 한다.

`이상한 vs. strange` 네이티브는 strange website를 듣는 순간 거의 '포르노 사이트'라고 생각한다. 따라서 지금 맥락에는 '이상한 = strange'가 잘 어울리지만, strange는 원래 '기괴한', '별난', '희한한'으로서 우리말 '이상한'보다 훨씬 이상한 것을 말한다. 포르노 사이트가 아닌 다른 웹사이트가 뜨는 경우에는 strange를 쓰면 안 된다. 이때는 an unfamiliar website라고 하는 것이 바람직하다. 네이티브들은 한국 사람들이 영어로 말할 때, 별로 이상할 것도 없는 상황에서 strange를 지나치게 많이 사용한다고들 한다.

4 a strange page appears, which I never set as a/the/my homepage.
좋다. website 대신 page도 괜찮다. page는 인터넷 탐색기의 '한 화면 분량'을 말한다. '뜬다'는 '보이다', '나타나다'이므로 appear도 좋다. a/the/my homepage 모두 괜찮지만 my homepage가 가장 자연스럽다.

5 I'm forwarded to a strange page that I never designated as the first screen.
6 I'm forwarded to a strange page that I never set as my homepage.
7 my homepage doesn't come up. I'm forwarded to a strange page.
'이상한 사이트가 뜬다'를 다르게 말하면 '이상한 사이트로 넘어간다'이다. 이때는 동사 forward가 가장 적절하다. 한국어로는 표제문에서 주어로 '나'를 내세우기가 거의 불가능하지만 영어는 충분히 가능하다. 7처럼 두 문장으로 쪼개면 더 말하기가 쉬울 것이다.

8 I see a strange page that I never set as a homepage open up.
좋다. '뜬다'가 도저히 생각이 나지 않거든 '보인다'로 바꿔도 아무 문제 없다. 이렇게 한국어 문장을 이리저리 바꾸면 의외로 쉬운 문장을 만들 수 있다. 8은 〈see + 목적어 + 원형동사〉 구문이다. 조금만 더 생각해 보면 open up이 없어도 문장 성립에 아무런 장애가 되지 않는다는 것도 알 수 있을 것이다. 즉 I see a strange page that I never set as a homepage.라고 해도 괜찮다.

051 방귀 참느라 힘들었어

냄새가 날까봐 아까 회의 중에 방귀 나오는 것을 억지로 참았다.

STEP 1
문장만들기

• 표제문을 영어 문장으로 만들어보세요.

[   ]

STEP 2
비교하기

• 표제문을 영어로 잘 옮긴 것에 모두 체크하세요.

1 I had hard time holding fart off.
2 I had a hard time holding the farts in.
3 I had a hard time holding my farts in.
4 I had trouble holding my farts back.
5 I had trouble holding back my farts.
6 I had a hard time keeping myself from farting.

| 가능한 문장 | 2, 3, 4, 5, 6

STEP 3
확인하기

• 문장을 자세히 확인하세요.

★ **영어식 사고로 전환하기** '참다'하면 먼저 endure(인내하다)라는 단어를 떠올리는 사람이 많을 것이다. 하지만 endure보다는 stand, hold, suppress, take, fight back 등이 '참다'라는 뜻으로 사용되는 경우가 많다. 다음 용례를 참고하라.

눈물이 나오는 걸 가까스로 참았다. I could barely fight back my tears.
(다른 사람의 짜증나는 습관을) 도저히 참을 수 없다. I can't stand it.
(스타벅스에서 어떤 여자가 옆 자리에서 시끄럽게 떠들고 있는데 다른 자리도 다 차서 옮길 장소가 없다.)
잠시 우리가 참을 수밖에 없겠는데. We have to bear this for a while.
하품을 참을 수 없었다. I couldn't stop yawning.
(상대방이 놀리는 것을) 더 이상 못 참겠다. I can't take/stand/handle/bear it anymore.
그 사람이 느끼한 말로 꼬셨을 때 정말 웃겨서 참을 수 없었다.
I couldn't suppress my laughter when he gave me that cheesy pickup line!¹

한편 '방귀'는 fart 또는 gas이다. fart는 가산명사이고, gas는 불가산명사이다. 그럼 '방귀를 참다'는 뭐라고 할 것인가? hold one's farts/gas도 괜찮지만, 이것만으로는 긴장감, 절박감이 약하다. 끝에 back 또는 in이 필요하다. hold one's farts back 또는 hold one's farts in에는 터져 나오려는 것을 참았다는 느낌까지 포함되어 있으므로 지금 맥락에 딱 맞는 표현이다.

1 I had hard time holding fart off.
hard time에 관사가 없고, fart에 관사 또는 소유격이 없어 틀렸다. hold off도 안 된다.
hard time 부정관사 a를 붙여 a hard time이라고 해야 한다.
fart 정관사 the 또는 소유격 my 없이 그냥 fart라고만 해서는 안 된다. 왜냐하면 '방귀 참는 것이 힘들다'라고 일반적으로 말하는 것이 아니라 과거의 특정 상황을 염두에 두고 이 문장을 말하기 때문이다. the fart라고 하든지, my fart라고 하든지 뭔가 특정할 수 있는 관사 또는 소유격이 필요하다.
hold off hold off는 기본적으로 바깥에 있는 뭔가를 들어오지 못하게 막는 것을 뜻한다. 따라서 지금 맥락에 맞지 않는다. 예를 들면 hold off the attack(적의 공격을 막다), hold off a challenge from an opponent(상대편의 도전을 막다), hold their opponents off(상대팀을 제압하다)처럼 쓸 수 있다. Oxford Phrasal Verbs Dictionary에 의하면 〈hold off + 명사〉 또는 〈hold + 명사/대명사 + off〉 두 가지 형식 모두 취할 수 있다.²

2 I had a hard time holding the farts in.
3 I had a hard time holding my farts in.
hold one's farts in과 hold the farts in 둘 다 좋다. 방귀를 대체로 여러 번 참았을 것이므로 단수형 fart 대신 복수형 farts가 이 상황에 더 부합한다. 참고로 '방귀를 뀌다'는 cut the cheese, pass the gas, break the wind/fart이다.

4 I had trouble holding my farts back.
5 I had trouble holding back my farts.

좋다. hold back은 '(터져 나오는 것을) 참다'로, '트림 나오는 것을 참다'는 hold back a burp이다. hold back은 타동사적 구동사이므로 〈hold back + 목적어〉, 〈hold + 목적어 + back〉 모두 좋다.

6 I had a hard time keeping myself from farting.

좋다. 〈keep + 목적어 + from + 동사ing〉는 '~(목적어)가 (동사ing)하지 못하게 하다'란 뜻이다.

 추가 표현 A⁺

방귀는 참기가 쉽지 않다

1 It's not easy to hold fart in.
2 It's not easy to hold a fart in.
3 It's not easy to hold the fart in.
4 It's not easy to hold farts in.

1~**4** fart는 가산명사이므로 부정관사를 써서 a fart라고 하든지, 또는 복수형 farts라고 해야 한다. 특정한 방귀가 아니므로 the fart, the farts 모두 틀렸다. 거기다 방귀를 딱 한 번 참는 것이 아니라 여러 번 참는 것이 보통이므로 단수형 a fart는 곤란하다. **4**만 맞는 표현이다.

방귀 참으면 건강에 좋지 않다

1 It's not good for health to hold farts in.
2 It's not good for your health to hold a fart in.
3 It's not good for your health to hold your farts in.

1 소유격 없는 health는 틀렸다. for your health라고 해야 한다. 아울러, farts에도 소유격을 붙여 your farts라고 해야 한다. 영어는 이처럼 방귀도 네 것, 내 것을 따지는 언어이다. **2** 방귀는 딱 한 번 참는 경우는 거의 없으니 단수형 a fart는 안 된다. **3** your fart는 딱 1회의 방귀를 뜻한다. 따라서 복수의 방귀를 뜻하는 your farts가 맞다.

052 여자친구를 사귀려면 어떻게 해야 하지?

여자친구를 사귀고 싶어서 방법을 묻고 있다.

STEP 1
문장만들기

• 표제문을 영어 문장으로 만들어보세요.

[   ]

STEP 2
비교하기

• 표제문을 영어로 잘 옮긴 것에 모두 체크하세요.

1. What should I do to make friends with a girl?
2. What should I do to get a girlfriend?
3. What should I do to get a girl?
4. What can I do to get a girl?
5. What should I do to find a girlfriend?
6. What should I do to find a girl?
7. What can I do to find a girl?
8. What should I do to pick up a girl?
9. What should I do to meet a girl?
10. What can I do to meet a girl?

| 가능한 문장 | 2, 3, 4, 5, 6, 7, 8, 9, 10

> **STEP 3**
> 확인하기
>
> • 문장을 자세히 확인하세요.

★ **영어식 사고로 전환하기** '사귀다'를 date 또는 see라고 생각하는 독자들도 많을 것이다. '걔들은 3년 사귀었다.'를 They dated/were together/saw each other for 3 years.라고 하기 때문이다. 이때 '사귀다'는 사귀는 '상태'를 뜻한다. 그런데, 현재 맥락에서의 '사귀다'는 이런 뜻이 아니다. 사귀기 이전 단계로서 잠재적인 여자친구를 찾는 '과정'을 말한다. 즉, '여자친구를 사귀려면'은 '여자를 만나려면/구하려면/찾으려면/만들려면'이란 뜻이다. 여기에 걸맞는 동사는 get, find, meet, pick up이다.

1 What should I do to make friends with a girl?
make friends with는 '~와 친구가 되다'로, 그야말로 '순수한 친구'가 될 방법은 뭐냐는 뜻이다. 문법, 어법적인 측면에는 문제가 없지만 지금 맥락에 맞지 않는다.

2 What should I do to get a girlfriend?
3 What should I do to get a girl?
4 What can I do to get a girl?
girlfriend는 나중에 되는 것이고 지금은 girl을 get하거나 meet하거나 find해야 한다. 하지만 이럼에도 불구하고 girl 또는 girlfriend 둘 다 좋다. 흥미로운 점은 **3**, **4**는 '여자를 사귀려면 어떻게 해야 하지?'란 뜻인데 woman/female/lady라고 하지 않는다는 것이다. '데이트 상대로서의 여자'는 나이와 상관 없이 girl이라고 한다.

5 What should I do to find a girlfriend?
6 What should I do to find a girl?
7 What can I do to find a girl?
좋다. 한국어로 '사귀다', '생기다', '만들다'에 대해 영어에서는 동사 find를 쓰고 있는 것에 유의하자. find는 대체로 장기적인 관계(long term relationship)를 추구할 때 쓴다.

8 What should I do to pick up a girl?
괜찮기는 한데 pick up은 '여자를 꼬시다'는 뜻이 강하다. one night stand(서로 잘 모르는 남녀가 만나 일회성 성관계를 맺는 것)[3] 같이 하룻밤 즐기는 대상을 찾는다는 느낌이 강하니 사용시 주의하는 것이 좋다.

9 What should I do to meet a girl?
10 What can I do to meet a girl?
좋다. 다만, 동사 meet 역시 pick up의 의미가 살짝 들어 있으므로 사용시 주의하자.

이런 문장도 생각해보세요

• 다음 중 맞는 문장에 모두 체크하세요.

A 세 번씩이나 계산했는걸요

▶ 내가 세 번씩이나 계산했는데, 다른 사람이 계산 결과가 틀렸다고 하길래 내가 반박하는 말이다.

1 I calculated them three times.
2 I gave them three times of calculation.
3 I gave them a look-over three times.
4 I did the calculations three times.
5 I ran the numbers three times.
6 I ran the figures three times.
7 I ran them three times.

Key point **1** '계산하다'라는 뜻으로 가장 일반적으로 사용하는 단어는 calculate이다. **2~3** **2**는 기본동사 give와 명사 calculations를 쓴 표현이지만 말이 안 된다. make/do the calculations three times라고 해야 말이 된다. 굳이 give를 써서 말하고 싶다면 **3**처럼 give them a look-over처럼 말해야 한다. look-over는 '계산'이라는 뜻은 아니지만 '검토'라는 뜻이므로 그럭저럭 의미가 맞는다. **4** 좋다. do와 calculation은 잘 어울린다. **5~7** 우리말만 봐서는 생각해내기 힘든 동사 run을 사용한 문장이다. 숙어 run the numbers/figures는 '계산하다'라는 뜻이다. **7**은 them = the numbers임을 화자와 청자가 서로 알고 있는 경우라면 아무 문제 없이 사용할 수 있다.

B 라식 수술을 했다

▶ 고도 근시라서 시력을 교정하기 위해 라식 수술을 했다.

1 I did LASIK.
2 I got a LASIK.
3 I got LASIK.
4 I got LASIK surgery.
5 I had LASIK done.
6 I got LASIK done.

> Key point   **1** 레이저로 각막을 깎아 시력을 회복시키는 라식 수술을 영어로는 LASIK이라고 하며 [léisik: 을레이식][4]이라고 발음한다. 한국어로는 '라식수술을 했다'라고 말하지만 이걸 그대로 직역해서는 안 된다. 내가 직접 수술을 한 것이 아니라 의사한테 수술을 시켜서 한 것이므로 **1**처럼 쓰면 안 된다. **1**은 화자가 의사인 경우에만 쓸 수 있는 문장이다.
> **2**~**3** 동사 get을 써서 '수술을 받았다'라는 것을 표현할 수 있다. 하지만 LASIK에는 부정관사를 붙일 필요가 없으므로 **2**는 틀렸다. **4** 라식 수술(LASIK surgery) 한 번을 뜻하기 때문에 부정관사가 필요할 것 같지만 surgery는 불가산명사이므로 부정관사 a 없이 써야 한다. 따라서 **4**는 좋은 문장이다. **5**~**6** 좋다. 의사의 시술을 받은 것이므로 〈have/get + 목적어 + p.p.〉 같이 피동형을 써야 맞다. 다른 사람이 머리를 잘라준 사실을 말하는 I had my hair cut.과 같은 형식이다.

C 내일 건강 검진해요

▶ 내일 종합 건강검진을 받기로 했다.

1 I am going to take a medical checkup tomorrow.
2 I am going to get a health check tomorrow.
3 I am going to get a checkup tomorrow.
4 I am going to get a medical checkup tomorrow.
5 I am going to have a checkup tomorrow.
6 I am going to get myself checked (out) tomorrow.
7 I am going to get my health checked (out) tomorrow.

> Key point   **1** '건강검진을 받다'라고 할 때는 동사 get이나 have를 쓴다. take는 쓸 수 없으므로 **1**은 틀렸다. **2** health check은 틀린 것은 아니지만 어색하다. '건강검진'은 (health) checkup, medical checkup이다. **3**~**4** 좋다. checkup을 '받는' 것이므로 get이 맞다. **5** get도 좋지만, have도 좋다. **6**~**7** 내가 직접 건강검진을 하는 것이 아니라 건강검진 전문가들이 시술하는 검사를 내가 받는 것이기 때문에 '~당하다/받다'라는 뜻의 〈get + 목적어 + p.p〉 구문을 사용할 수 있다. 다만 **6**에서 get myself checked는 전반적으로 종합검진을 받는 것이 아니라 구체적인 질병이나 증상에 대해 검진을 받는다는 뜻이 강하다. 따라서 표제문과 같은 뜻이 되려면 **7**처럼 get my health checked라고 하는 것이 더 바람직하다.

|정답| A **1**, **3**, **4**, **5**, **6**, **7**   B **3**, **4**, **5**, **6**   C **2**, **3**, **4**, **5**, **6**, **7**

법칙 **15** 영어는 have가 지킨다

053 그 남자는 수염이 덥수룩합니다
054 얼굴에 왜 반창고를 붙였어요?
055 청바지에 얼룩이 묻었어
056 수지가 엄청나게 큰 가방을 들고 나왔어

영어는 have가 지킨다

다양한 상황에서 쓰는 have

영어가 '소유' 중심의 언어라는 점은 수많은 책에서 다루었기 때문에 독자들도 잘 알고 있을 것이라 생각한다. 여기서도 한국어의 특성과 대비되는 영어의 특성으로 영어가 주체와 객체가 명확한 '소유' 중심의 언어라는 점을 강조하고자 한다.

영어는 누가 누구에게, 무엇을 어떻게 하는지가 중요하기 때문에 소유관계가 명확하다. 대개의 경우 동사 have를 사용해서 표현할 수 있는 문장이 많다. '감기에 걸렸다.'를 I have a cold.라고 말할 정도로 have를 많이 사용한다.

수염이 덥수룩한 것, 얼굴에 반창고를 붙인 것, 애완견을 한 마리 기르고 있는 것, 저녁 먹은 것이 체한 것, 이빨 하나가 썩은 것 등 거의 모든 분야의 문장들을 동사 have를 써서 표현할 수 있다고 보면 된다. 따라서 가급적 동사 have를 시도해보고 이렇게 써도 괜찮은 경우와 그렇지 않은 경우, 왜 안 되는지 등을 연구하면 말하기 실력 향상에 여러모로 도움이 된다.

사람의 행동도 동사 have로 표현하는 경우가 많다. '파마 했다.'는 I had my hair permed.이다. 다르게 표현하면 I had a perm.이라고도 한다. '파마를 약하게 했다'는 I had my hair loosely permed. 혹은 I had a loose perm.이라고 한다. 〈have + 목적어 + 동사〉 구성보다는 〈have + 목적어〉가 간결하고 명확해 보인다. '나 오늘 새 가방 들고 나왔어.'도 have를 이용해서 I have the new bag with me now.라고 한다.

사람의 태도와 건강상태 역시 have 동사로 표현한다. '정신이 글러 먹었다.'는 He has a poor attitude.라고 하고, '감기에 걸렸다.'는 I have a cold.이다. '그 사람은 혈액순환이 잘 되지 않는다'는 He has poor circulation.이라고 한다.

사건, 사고 역시 have 동사를 쓰는 경우가 많다. '전화요금이 엄청나게 나왔다.'는 I have a huge phone bill.이라고 한다. '지난 주에 부장님이 바뀌었다.'도 We have a new boss as of last week.라고 해야 한다.

무조건 have가 통할까?

have가 만병통치약은 아니다. '바람이 차서 뼛속까지 시리다'를 I have a freezing cold wind now.라고 하면 아주 어색하다. The wind is freezing cold now. / It's bitterly cold outside. 등 have를 쓰지 않고 말하는 것이 더 좋다. '부인이 일해요?' 는 Does she have a job?이라고 해도 되지만 Does she work?이 더 자연스럽다. '그 사람이 두 골 넣었다.'는 He had two goals.는 아주 이상하며 He scored two goals.라고 해야 맞는다. 상대방이 불면증 증세가 있는 걸 알고 있는 상황에서 '어제 잠 좀 잤어?'는 Did you have any sleep last night?이 아니라 Did you get any sleep last night?이라고 한다.[5] 이처럼 have가 안 통하는 경우도 많지만, 그럼에도 불구하고 일단 have로 말해보는 시도는 해봐야 언제는 되고 언제는 안 되는지 알 수가 있다.

053 그 남자는 수염이 덥수룩합니다

그 남자는 그림처럼 턱에 수염이 아주 많다.

수염은
남자의 로망이지

STEP 1 문장만들기
- 표제문을 영어 문장으로 만들어보세요.
  [   ]

STEP 2 비교하기
- 표제문을 영어로 잘 옮긴 것에 모두 체크하세요.

  1 His mustache is thick.
  2 His beard is thick.
  3 His goatee is thick.
  4 He has thick beard.
  5 He has a thick beard.
  6 He has much beard.
  7 He has a lot of beard.
  8 He has a full beard.
  9 He has a bushy beard.

| 가능한 문장 | 2, 5, 8, 9

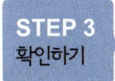
STEP 3 확인하기 • 문장을 자세히 확인하세요.

★ **영어식 사고로 전환하기** 머리 스타일과 눈 색깔 같은 외모는 거의 have를 써서 표현할 수 있다. He has a crew cut(스포츠 머리다), She has a ponytail(머리를 묶었다), She has a perm(파마를 했다), She has long hair(머리가 길다), She has a bob(단발머리이다).처럼 머리 스타일은 물론이고 She has brown eyes(눈이 갈색이다).처럼 눈 색깔도 have를 써서 나타낸다. '그 사람 수염이 덥수룩하다.' 역시 have로 표현이 가능하다.

1 His mustache is thick.
2 His beard is thick.
3 His goatee is thick.

mustache는 '콧수염'이고, '턱수염'은 beard이다. 보통 beard는 링컨 대통령처럼 턱까지 수염이 있는 경우를 의미한다. 왼쪽, 오른쪽 턱에 수염이 없고 오로지 입 바로 아래쪽 턱에만 수염이 있는 경우에는 goatee라고 한다. goatee는 beard의 일종이긴 하지만 지금 상황을 묘사하는 데는 적절치 않다.

thick의 다양한 뜻 thick의 첫 번째 뜻은 '털, 수염 한 가닥(strand)이 굵은'이다. 두 번째 뜻은 '머리카락이 숱이 많은'이다. 참고로 첫 번째 뜻의 반대말은 thin, 두 번째 뜻의 반대말은 thin 또는 sparse이다.

4 He has thick beard.
5 He has a thick beard.

beard는 가산명사이므로 부정관사를 붙여 a thick beard라고 해야 한다.

6 He has much beard.
7 He has a lot of beard.

둘 다 틀렸다. '많다'라는 뜻의 much는 부정문, 의문문에 쓰인다. 긍정문에서는 a lot of를 쓰는데, 문제는 a lot of와 beard가 서로 어울리지 않는다는 것이다. a lot of beard라고는 하지 않으며 '덥수룩한 수염'은 thick/full/bushy beard라고 한다.

8 He has a full beard.

좋다. 오른쪽 귀부터 왼쪽 귀까지 턱을 따라, 그리고 볼의 일부까지 수염이 자라 있는 것을 말한다. 지금 상황에 정확히 부합한다.

9 He has a bushy beard.

좋다. bushy는 '머리나 털이 숱이 많은', '관리가 잘 안 되어 덥수룩한(thick and poorly groomed)'이란 뜻이다. bushy에는 unkempt(단정하지 못한)/uncombed(빗지 않은)/messy(지저분한)/not well groomed(깔끔하지 않은)의 뉘앙스가 조금 들어 있다. thick과 full은 중립적인 의미를 갖지만, bushy에는 약간의 부정적인 뉘앙스가 들어 있다.

 영어지식 A⁺

덥수룩한 수염, 어느 정도일까?

'덥수룩하다'는 수염이 길고 많다는 중립적인 뜻으로 쓰이기도 하고, 수염을 깎지 않아, 또는 관리를 잘 못해서 말끔하지가 않다는 뉘앙스를 포함하기도 한다. 한국 사람들은 수염 기른 남자를 볼 일이 거의 없기 때문에 조금만 수염을 길러도 '덥수룩하다'라고 생각하지만, 서양 사람들은 수염을 매력적이라고 생각하는 사람들이 많고 일부러 수염을 기르는 사람도 아주 많다. 1991년부터 세계 수염 챔피언 대회(The World Beard and Moustache Championships)가 열리고 있을 정도로 수염에 대한 관심도 높은 편이다.[6] 따라서 서양 사람들이 thick/bushy/full beard라고 생각할 정도가 되려면 수염이 얼굴을 덮을 정도가 되어야 한다.

054 얼굴에 왜 반창고를 붙였어요?

동료 직원이 볼에 반창고를 붙이고 출근했다. (일회용 대일밴드가 아니라 반창고다.) 직원을 보자마자 내가 하는 말이다.

얼굴에 왜 반창고를 붙였어요?

뾰루지가 났어요

STEP 1
문장만들기

• 표제문을 영어 문장으로 만들어보세요.

[   ]

STEP 2
비교하기

• 표제문을 영어로 잘 옮긴 것에 모두 체크하세요.

1 Why did you apply the sticking plaster to the wound?
2 Why did you apply the bandage on your face?
3 Why did you put a bandage on it?
4 Why do you have a bandage on your face/cheek?
5 How come you have a bandage on your face?
6 Why do you have that on your face?
7 Why do you have a/the/that Band-Aid on your face?
8 Why did you bandage it?
9 What happened to your face?

| 가능한 문장 | 2, 3, 4, 5, 6, 7, 9

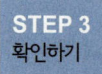
• 문장을 자세히 확인하세요.

★ **영어식 사고로 전환하기** '붙였어요?' 하니 apply가 먼저 생각이 날 것이다. apply도 좋지만 조금만 더 생각해 보면 기본동사 put을 써도 충분히 표현이 가능하다. '왜 ~을 붙였어요?'를 '왜 반창고를 얼굴에 가지고 있어요?'라고 바꿔보면 동사 have도 충분히 가능하다. 아예 문장을 전환해서 '얼굴에 웬 반창고야?' 또는 '얼굴이 그게 뭐야?' 또는 '얼굴이 도대체 어떻게 된 거야?'를 시도해볼 수도 있다.

1 Why did you apply the sticking plaster to the wound?
영어 사전을 보면 '반창고'가 sticking plaster 또는 adhesive plaster라고 되어 있는데, 북미에서는 사용되지 않는 단어로 영국식 영어이다. 북미에서 plaster는 '회반죽', '석고'일 뿐이다. 북미에서 '반창고'는 bandage이다. 영어사전에서는 bandage를 '붕대'라고만 풀이하고 있지만 '반창고'란 뜻으로도 많이 사용된다. 작은 상처에 붙이는 '대일밴드'는 bandage라고 해도 되고 Band-Aid라고 해도 된다. Band-Aid는 원래 고유명사로 '1회용 반창고'란 뜻이지만 '작은 반창고 조각'을 뜻하기도 한다. 결론적으로, 그림에서 보이는 조각은 bandage 또는 Band-Aid라고 하면 된다.

2 Why did you apply the bandage on your face?
3 Why did you put a bandage on it?
좋다. 동사 apply와 put을 쓴 점에 유의하자.
`a/the/that bandage` 이 상황에서는 반창고를 붙인 직원을 보자마자 하는 말이므로 a bandage라고 해야 바람직하다. 반창고를 붙이고 있는 것을 처음 보며 하는 말이기 때문이다. the bandage라고 해도 크게 지장은 없다. 하지만 the bandage는 '왜 하필이면 품질이 좋지 않은 그 반창고를 했느냐?', '왜 그렇게 색깔이 이상한 걸 했느냐?', '왜 좀 더 큰 걸 붙이지 않고 그렇게 작은 걸 붙였느냐?' 등 맥락과 뉘앙스에 따라 다양한 의미를 가질 수 있다. that bandage도 the bandage와 비슷하다. bandage에 불필요한 관심을 줄 필요가 없기에 a bandage가 제일 좋다. 이 설명은 아래 나온 문장들에도 다 적용되므로 잘 알아두자.

4 Why do you have a bandage on your face/cheek?
좋다. 우리말은 과거시제로 되어 있지만 실제로는 '왜 지금 반창고를 붙이고 있는 상태냐?'를 물어보는 것이다. 따라서 동사 have를 활용해서 현재시제로 표현할 수도 있다.

5 How come you have a bandage on your face?

좋다. 〈How come + 평서문〉을 쓴 문장이다. 네이티브들에 따르면 의외성, 놀람을 나타내는 how come과 함께 쓰였으므로 the bandage보다 a bandage가 더 바람직하다고 한다. 맥락상 동료직원이 반창고를 붙이고 출근한 것을 이제 막 본 것이므로, 특정한 bandage가 아니라 막연한 bandage, 잘 몰랐던 bandage, 처음 보는 bandage가 느낌이 자연스럽다고 한다. 따라서 부정관사를 붙인 a bandage가 맥락에 더욱 부합한다.

6 Why do you have that on your face?

bandage인지 Band-Aid인지 잘 모르겠거든 that이라고만 해도 된다.

7 Why do you have a/the/that Band-Aid on your face?

좋다. 그림에 보이는 있는 것은 '반창고'이지 '대일밴드'는 아니지 않냐고 반문하는 사람도 있을 것이다. 물론 '반창고'와 '대일밴드'가 서로 다르기는 하지만, 네이티브들은 이런 상황에서 대체로 Band-Aid라고 말한다. 독자들도 잘 알겠지만 원래 Band-Aid는 존슨앤존슨의 제품 이름으로 고유명사이다. 제품 이름인 '대일밴드'와 마찬가지로 워낙 광범위하게 사용되다 보니 보통명사화 된 것이다. a/the/that Band-Aid간의 차이는 앞서 말한 것과 같다.

8 Why did you bandage it?

틀렸다. bandage를 동사로 쓰면 '붕대로 감다'란 뜻으로, 붕대로 둘둘 감싼 상태를 보고 할 수 있는 말이다. 따라서 지금 맥락과는 맞지 않는다.

9 What happened to your face?

좋다. 앞에서도 말했지만 굳이 반창고를 얘기할 것 없이 '얼굴 어떻게 된 거야?'라고 말해도 아무 문제 없다. What's the matter with you?도 생각해볼 수도 있지만, 이것은 무례하게 들릴 가능성이 있으므로 친한 사이가 아니면 사용을 자제하는 것이 좋다.

055 청바지에 얼룩이 묻었어

내가 얼룩이 여러 개 묻은 청바지를 입고서 바로 앞에 있는 친구에게 하는 말이다.

STEP 1
문장만들기

• 표제문을 영어 문장으로 만들어보세요.
[   ]

STEP 2
비교하기

• 표제문을 영어로 잘 옮긴 것에 모두 체크하세요.

1 I've got some stain in my jeans.
2 I've got some stains on my jeans.
3 I have some stains on the jeans.
4 I have some stains on these jeans.
5 I have some stains on them/these.
6 I have some stains on a pair of my jeans.
7 I have some stains on this pair of jeans.
8 There are some stains on my jeans.
9 There are some stains on the jeans.
10 There are some stains on these jeans.

| 가능한 문장 | 2, 4, 5, 7, 8, 10

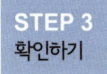

STEP 3 확인하기 • 문장을 자세히 확인하세요.

★ **영어식 사고로 전환하기** '(얼룩이) 묻다'에 해당하는 영어 단어는 아무리 찾아봐도 없다. 다만, have 동사를 사용해서 같은 의미를 표현할 수 있다. have something on ~은 'something이 ~에 묻었다'란 뜻이 된다.

1 I've got some stain in my jeans.
틀렸다. stain(얼룩)은 가산명사이므로 some stain은 some stains로 바꿔야 한다. '청바지에'는 in my jeans가 아니라 on my jeans라고 해야 한다. 지금 상황에서는 청바지 한 벌, 청바지 두 벌을 따지는 상황이 아니므로, on a pair of jeans라고 하지 않고, on my jeans라고 한다.

2 I've got some stains on my jeans.
좋다. '얼룩'이 여러 개 묻은 경우를 나타낸다. on my jeans는 지금 청바지를 입고 있는 상태에서 그 청바지를 가리키며 사용할 수 있다. 물론, on my jeans는 내가 입고 있지 않은 청바지를 가리키며 사용할 수도 있다.

3 I have some stains on the jeans.
틀렸다. 우리가 볼 때는 멀쩡한 문장인 것 같지만, 정관사 the 때문에 이 문장을 사용할 수 있는 상황은 극히 제한적이다. 내가 입고 있는 청바지를 가리키며 3을 사용할 수는 없다.
the jeans를 쓸 수 있는 상황은 다음과 같다. 내가 청바지를 포함해서 상당히 많은 빨래를 하고 있을 때, 상대방도 빨래 중에 청바지가 들어 있는 것을 보고 있다고 하자. 상대방이 Why are you washing so much laundry(왜 그렇게 빨래 많이 하고 있어요)? 라고 물어 보는 경우, 내가 I have some stains on the jeans.라고 대답할 수 있다. 즉, the jeans를 쓸 수 있는 상황은, 상대방이 jeans를 보고는 있지만 jeans라고 말하지 않는 경우이다. 상대방이 jeans를 말해버리면 보통 대명사 these 또는 them을 사용하기 때문이다. 어쨌든 3은, the jeans 때문에, 표제문 맥락에서는 물론 다른 상황에서도 사용할 일이 별로 없는 문장이다.

4 I have some stains on these jeans.
가장 좋다. 지금 입고 있는 청바지를 가리키며 쓸 수 있는 문장이다.

5 I have some stains on them/these.

좋다. 한국 사람들은 them을 '그것들'이라고 생각하기 때문에 지금 맥락에서 on them을 사용하는 걸 주저할 것이다. 하지만 them은 많은 상황에서 '이것들'이란 의미로 사용된다. 주저하지 말고 사용하기 바란다.

복수형 jeans　jeans는 청바지 한 벌이라도 복수형으로 쓰인다. '청바지 한 벌'은 a pair of jeans라고 한다. 이것을 대명사로 가리킬 때 it/this 대신 them/these를 쓴다. 우리 생각에는 한 벌이니까 it이나 this로 하는 것이 맞다고 생각할 수 있으나 실제로는 복수형 jeans를 받아 복수대명사 them/these를 쓴다.

6 I have some stains on a pair of my jeans.

문장 자체는 훌륭하지만 맥락에 맞지 않아 틀렸다. 지금 여기 없는 옷, 예를 들어 내 옷장에 있는 옷을 가리키며 할 수 있는 말이다. 하지만, 통화 중에 6이라고 말하면 지금 내가 옷을 입고 있는 상황이라도 문제가 없다. 보이지 않기 때문에 상대방은 내가 어느 옷을 가리키고 있는지 알 수 없기 때문이다.

7 I have some stains on this pair of jeans.

좋다. 지금 입고 있는 청바지를 가리키며 하는 말이다. 아울러, 입지 않고 앞에 보이는 청바지를 가리키며 이렇게 말해도 아무 문제 없다.

this pair of jeans　a pair of jeans에서 a를 this로 대체한 것이다. 따라서 단수형 this가 맞다. 하지만 jeans 자체를 수식할 때는 jeans는 한 벌이든 여러 벌이든 관계없이 항상 복수형으로 쓰이므로 these jeans라고 해야 한다.

8 There are some stains on my jeans.

좋다. 내가 지금 입고 있는 청바지를 가리킨다.

9 There are some stains on the jeans.

on the jeans는, 예를 들어, 벽에 걸려 있는 청바지를 가리킬 때 또는 내가 그 청바지를 들고서 하는 말이다. 사실, 이런 경우에도 on these/those/them같이 대명사를 쓰는 경우가 더 흔할 것이다. 어쨌든 내가 입고 있는 청바지를 가리키며 하는 말이 아니다. 내가 입고 있는 청바지를 가리킬 때는 on my jeans / on these jeans라고 한다.

10 There are some stains on these jeans.

좋다. 내가 입고 있는 청바지를 가리킨다. 앞에서도 설명했듯 '청바지 한 벌'을 나타낼 때 this jeans라고 하지 않고 these jeans라고 한다. 물론 복수의 청바지를 가리킬 때도 these jeans를 쓴다. jeans는 단 한 벌을 가리키든, 아니면 여러 벌을 가리키든 복수형으로 쓰며 항상 복수 취급을 한다.

056 수지가 엄청나게 큰 가방을 들고 나왔어

고작 이틀 동안 여행 가는데 수지가 공항에 엄청나게 큰 짐을 들고 나왔다. 짐은 한 개(a piece of baggage) 가지고 왔는데 가방이 엄청나게 크다.

STEP 1 문장만들기
- 표제문을 영어 문장으로 만들어보세요.
  [   ]

STEP 2 비교하기
- 표제문을 영어로 잘 옮긴 것에 모두 체크하세요.

1. She brought a huge bag.
2. She came here with a huge bag.
3. She is here with a huge bag.
4. She has much baggage.
5. She has too much baggage.
6. She has big/huge/large baggage.
7. She has a big/huge/large suitcase.
8. She has a big/huge/large piece of baggage.

| 가능한 문장 | 1, 2, 3, 7, 8

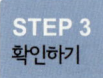 • 문장을 자세히 확인하세요.

★ **영어식 사고로 전환하기** '들고 나왔어'라고 하면 brought가 생각난다. 혹은 came here with도 가능하다. 짐을 들고 나와 지금 현장에 있는 상태이니까 is here with도 괜찮다. 표제문을 다른 말로 전환해보면 '지금 현재 가지고 있다'는 뜻이니까 동사 have도 쓸 수 있다.

1 She brought a huge bag.
2 She came here with a huge bag.
3 She is here with a huge bag.
좋다. '엄청나게 큰 가방'을 a huge bag이라고 표현했다. huge 대신 big, large를 써도 된다.

4 She has much baggage.
5 She has too much baggage.
have 동사를 시도한 것은 좋은데 baggage 때문에 틀렸다. **4**는 문법적으로 틀렸고 **5**는 맥락에 맞지 않아 틀렸다. much는 부정문, 의문문에서 사용된다. 긍정문에서는 a lot of baggage라고 한다. 대신, too much baggage는 긍정문에서도 가능하다.[7] a lot of baggage / 5 pieces of baggage / many pieces of baggage / too much baggage는 모두 비슷한 뜻이다. 이것들은 '크든 작든 가방 여러 개'를 뜻한다. 최소 4~5개 이상이 되어야 이런 표현들이 가능할 것이다. 표제문은 '큰 가방 한 개'를 말하므로, **5**는 지금 맥락에 맞지 않는다.

6 She has big/huge/large baggage.
일반적으로 생각하면 '큰 짐'을 직역하면 **6**처럼 될 것 같지만, big/huge/large baggage가 틀렸다. baggage는 집합명사이므로 much를 쓴다.[8] 물론 much baggage는 '가방 여러 개'를 뜻하며, 부정문에서 사용한다.

7 She has a big/huge/large suitcase.
좋다. 독자들 중에 suitcase를 '작은 여행 가방' 또는 briefcase 정도로 생각하는 사람도 있을 것이다. 실제로는, 우리가 흔히 '트렁크'라고 부르는 사각 하드케이스 가방을 suitcase라고 한다. 참고로, trunk는 거의 안 쓰는 오래된 영어이다.

8 She has a big/huge/large piece of baggage.
baggage는 가방 두 개 이상을 보통 지칭하는데, 엄밀하게 준수되지는 않고 경우에 따라 총체적 의미의 '짐'을 나타내기도 한다. 따라서, '여행용 가방 큰 것 한 개'는 a big/huge/large piece of baggage라고 말해도 큰 무리가 없다.

이런 문장도 생각해보세요

• 다음 중 맞는 문장에 모두 체크하세요.

A 애완견을 한 마리 기르고 있다
▶ 집에 애완견 한 마리가 있다.

1. I am growing a dog.
2. I am raising a pet.
3. I have a dog.
4. I have a pet.

Key point 1~2 틀렸다. grow는 식물을 키울 때 쓰는 말이다. raise는 동물을 기를 때 쓰는 말이지만 잡아 먹기 위해, 또는 비즈니스 차원에서 기른다는 말이다. We grow vegetables(야채를 키운다). / We grow fruit(과일을 재배한다). / We raise chickens(닭을 기른다). 같이 말한다. 3~4 좋다. 한국어 표현 '기르고 있다'에 집착하면 답이 나오지 않는다. '애완견을 한 마리 가지고 있다'고 전환하면 동사 have를 써서 쉽게 문장을 만들 수 있다.

B 이가 하나 썩었다
▶ 치과에 갔다 와서 이빨이 하나 썩었다고 말한다.

1. My tooth decayed.
2. I have a decayed tooth.
3. I have a cavity.

Key point 1 decay(썩다)를 써서 표제문을 직역한 것인데 전혀 사용되지 않는 문장이다. 한국어 과거시제는 현재 상태를 표현하기 위해 사용되는 경우가 많다. 지금 맥락에서도 이가 '지금' 썩어 있다는 것이다. 반면 영어과거시제는 일반적으로 과거 상황에만 사용한다. 표제문이 말하고자 하는 바는 '지금 현재' 내가 충치를 가지고 있다는 점이므로 영어는 현재시제가 바람직하다. 2 문법적으로 틀린 건 아니지만 네이티브들은 쓰지 않는 문장이다. 3 좋다. have를 써서 '충치를 갖고 있다'는 것을 표현했다. cavity(충치)라는 단어를 모르면 표현하기 힘든 문장이다. cavity 앞에 부정관사 a가 붙은 것에 유의하라.

C 충치가 너무 깊어 신경치료를 해야 한다
▶ 내 치아에 충치가 있는데 너무 깊어 신경치료를 해야 할 상황이다.

1 My cavity is so deep I need to have my nerves treated.
2 My cavity is so deep that I need to get a root canal.
3 I have a deep cavity and need to have a root canal.
4 I have a cavity. It has progressed (further). I need to get a root canal.

Key point **1** '신경치료를 해야 한다'를 직역한 것으로 완전한 콩글리시다. **2** '신경치료'는 영어로 root canal treatment라고 하는데 보통 root canal이라고만 한다. 동사 get을 쓴 점에 유의하자. **3** have a root canal은 안 쓰는 표현이다. get a root canal이라고 해야 한다. 또, '충치가 너무 깊다'를 I have a deep cavity로 직역했는데, 틀린 말은 아니지만 약간 부자연스럽다. **4** 좋다. 세 문장으로 쪼개서 표현했다. 같은 내용을 치과의사가 나에게 말할 때는 You have a cavity. It looks like it has progressed. You need to get a root canal.이라고 말할 것이다.

D 저녁 먹은 것이 체했다
▶ 집에서 저녁을 먹고 나서 체한 상태로 아내에게 하는 말이다.

1 I have indigestion from dinner.
2 I am suffering from indigestion after dinner.
3 I have an upset stomach from dinner.
4 I have trouble digesting.
5 My stomach is upset from dinner.

Key point **1**~**3** 좋다. 급성 소화불량을 '체했다'고 표현하고 상대적으로 오랜 기간에 걸치는 질병에 가까운 경우 '소화불량에 걸렸다'고 표현한다. '체했다'는 영어로 upset stomach 또는 indigestion으로 표현할 수 있다. 만성적인 소화불량에 대해서는 indigestion이라고만 한다. chronic indigestion(만성 소화불량)이라고 하면 의미가 보다 분명하게 된다. 또는 '소화가 잘 안 된다.'는 뜻의 I have trouble with digestion.이라고 해도 된다. upset stomach은 '1회성의 체한 사건'을 뜻할 뿐 만성적 소화불량 증상을 뜻하지는 않는다. **4** 좋다. 만성적인 (chronic) 소화불량으로 고생한다는 뜻도 있고, 지금 당장 체해서 고생하고 있다는 뜻도 있다. 아니면 어떤 특정한 음식을 잘 소화 못 시킨다는 뜻일 수도 있다. I'm having some trouble digesting. 역시 괜찮은 표현이다. **5** 동사 upset은 '배탈이 나게 하다'란 뜻이 있으며, 과거분사 형태도 upset이다.

|정답| A **3**, **4**   B **3**   C **2**, **4**   D **1**, **2**, **3**, **4**, **5**

법칙 16 * 영어 동사로 한국어 부사까지 잡는다

057 이 아이디어가 오늘 새벽에 팍 떠올랐어요

058 지난주에 우연히 그 사람을 마트에서 만났습니다

059 조깅하며 운동장을 세 바퀴 돌았어

 # 영어 동사로 한국어 부사까지 잡는다

동사 하나면 된다

한국어의 〈부사 + 동사〉를 영어에서는 한 개의 동사로 포괄하는 경우가 많다. 지하철에서 '(출입문이 닫힐 때는) 무리하게 타려고 마라.'고 할 때는 Don't get on the subway by force.라고 하지 않고 Don't force the doors open.⁹ 또는 Don't force your way onto the subway.라고 한다. 한국어 '무리하게 ~하다'를 영어는 force 동사 하나로 표현하는 것이다. 한편 '(아침햇살을 받아) 건물의 창들이 금빛으로 눈부시게 빛났다'에서 '금빛으로 눈부시게 빛나다'는 뜻의 동사 gleam을 써서 The windows were gleaming.이라고 하면 된다.

의성어와 의태어도 동사 하나로 옮긴다

한국어의 〈의성어/의태어 + 동사〉를 영어에서는 동사 하나로 표현하는 경우도 아주 많다. 한국어와 영어가 크게 다른 점 중에 하나이다. '뿡 소리를 내며 방귀를 크게 뀌었다.'는 He farted loudly.라고 해도 되지만 He cracked a fart. 또는 He popped one off.라고 하면 더욱 생생하게 표현할 수 있다. '문을 쾅 닫았다.'는 He slammed the door.이다. '낄낄거리고 웃었다.'는 He giggled.이다. 사전 검색을 해보면 알겠지만 '방긋 웃다'는 smile, '히죽 웃다'는 grin, '비열하게 웃다'는 snicker 등 '웃다'만 해도 단어가 20개는 넘는다.

물론 의성어, 의태어는 복잡 미묘한 의미를 전달하므로 의미에 상응하게 그때그때 다르게 옮겨주는 것이 좋다. '밤새 아파서 끙끙 앓았다.'는 I moaned and groaned all night.이지만, '무슨 일로 끙끙 앓고 있는 거야?'는 What are you so worried about? 또는 What's troubling you?이다. 또, '혼자 끙끙 앓지 말고 털어놔라.'는 Talk about your problems rather than keeping them to yourself.이다. 한국어 의성어 '끙끙'에 구애받지 않고 각 상황에 맞게 바꿔었음을 알 수 있다. 그렇지 않으면 전혀 다른 의미가 될 수 있다. 음식을 앞에 두고 '침을 꿀꺽 삼켰다.'는 I swallowed.가 아니다. My mouth watered.라고 한다. I swallowed.는 '정의롭지 못한 일이나 달갑지 않은 일을 (힘이 없어) 할 수 없이 꿀꺽 하고 참았다'란 뜻이다.

명사와 부사절도 동사로 가능하다

영어에서는 명사를 동사로 전용하는 경우도 흔하다. 단어의 형태를 유지한 채 품사 간 전환이 자유롭기 때문이다. '붕대/반창고/일회용밴드로 (다친 부위를) 감았다'는, 명사로 주로 쓰이는 bandage(붕대)를 활용하여 I bandaged it.이라고 간단하게 말하면 된다.

조금 더 확장해보면, 한국어의 〈부사절[10] + 동사〉가 영어에서 한 개의 동사로 표현되는 경우도 있다. '조깅하며 운동장을 세 바퀴 돌았다.'를 '운동장을 세 바퀴 조깅했다.'로 전환하면, I jogged around the track three times.라는 문장이 쉽게 나오게 된다.

057 이 아이디어가 오늘 새벽에 팍 떠올랐어요

마케팅 계획을 짜고 있는데 생각이 잘 안 나서 고민고민하며 밤을 새고 있었다. 새벽에 갑자기 좋은 마케팅 전략이 떠올랐다. 다음날 아침, 출근해서 박대리에게 이 사실을 자랑하고 있다.

STEP 1 문장만들기
- 표제문을 영어 문장으로 만들어보세요.
  [   ]

STEP 2 비교하기
- 표제문을 영어로 잘 옮긴 것에 모두 체크하세요.

1. This idea came to me early in the morning.
2. It came to me early in the morning.
3. It came to mind early in the morning.
4. I got this idea early in the morning.
5. This idea flashed into my mind early in the morning.
6. This idea crossed my mind early in the morning.
7. It popped into my mind/head early in the morning.
8. I ended up with this idea after a lot of thought early in the morning.

⑨ I finally thought of it early in the morning.
⑩ I finally thought about this idea early in the morning.

| 가능한 문장 | ❶, ❷, ❸, ❹, ❻, ❼, ❽, ❾

STEP 3 확인하기
• 문장을 자세히 확인하세요.

★ **영어식 사고로 전환하기**   아이디어 회의를 하는 중에 주변 사람들에게 '좋은 아이디어가 떠올랐다.'고 말하는 문장과, 이 사실을 나중에 다른 사람에게 전달하는 '오늘 회의하다가 좋은 아이디어가 떠올랐다.'는 표현은 영어로 상당히 다르다. 표제문은 후자의 뜻이다. '팍 떠올랐다'는 동사 cross, pop into, come to, think of 등을 사용하면 된다.

❶ This idea came to me early in the morning.
❷ It came to me early in the morning.
come to me는 '(어떤 생각이) 갑자기 떠오르다'이다. come to me 안에 suddenly의 뜻이 이미 포함되어 있다. 따라서 표제문의 '팍 떠올랐다'를 suddenly came to me라고 할 필요가 전혀 없다.
지시대명사 it   it 하면 대부분 사람들이 '그것'을 떠올릴 것이다. 하루 빨리 이 고정관념에서 탈출하기 바란다. 여기서 it은 '이 아이디어' 또는 '이것'이다.

❸ It came to mind early in the morning.
came to me = came to mind이다. came to my mind라고는 절대로 하지 않는다. 인터넷 영어 사이트에 come to my mind라고 많이 나와 있는데 모두 엉터리 영어이다.

❹ I got this idea early in the morning.
좋다. 하지만 여기에는 '팍' 떠오르다란 뜻은 들어 있지 않다.

❺ This idea flashed into my mind early in the morning.
동사 flash는 '잠깐 들어 왔다가 없어져 버리다'는 뜻이다. 아이디어가 마음 속으로 들어왔다가 없어졌다는 의미이므로 여기에는 어울리지 않는 말이다.

6 This idea crossed my mind early in the morning.
crossed my mind는 아이디어가 머리 속에 '팍 떠올랐다'라는 뜻이다. crossed me / crossed my head는 전혀 말이 안 되는 표현이다.

7 It popped into my mind/head early in the morning.
좋다. 한편, pop up은 비상사태가 발생했거나 박스에서 인형이 튀어나오는 것을 뜻한다.

8 I ended up with this idea after a lot of thought early in the morning.
표제문과 비슷한 뜻이지만 이 문장에는 '팍, 갑자기, 문득'의 의미가 들어가 있지 않다.

9 I finally thought of it early in the morning.
10 I finally thought about this idea early in the morning.
⟨thought of + 새 아이디어⟩이고, ⟨thought about + 기존 알고 있는 것⟩이다. 이 상황에서는 과거에 없었던 것을 생각해냈다는 뜻이므로 **9**가 좋다. **10**은 '그 문제에 관심을 갖고 어떻게 할지를 고민했다(weighed some decision)'는 뜻으로, 깊이 생각한 끝에 드디어 결정을 했다는 뉘앙스를 풍긴다.

058 지난주에 우연히 그 사람을 마트에서 만났습니다

지난주에 예전 직장동료를 우연히 집 근처에 있는 이마트에서 만났다. 그 사람하고 간단히 인사를 하고 제 갈 길로 갔다. 이 사실을 내 동료에게 말한다.

STEP 1 문장만들기

- 표제문을 영어 문장으로 만들어보세요.

[   ]

STEP 2 비교하기

- 표제문을 영어로 잘 옮긴 것에 모두 체크하세요.

1. I saw him at the grocery store last week by chance.
2. I met him at the grocery store by chance last week.
3. I met with him at the grocery store last week by chance.
4. I ran into him in the grocery store last week.
5. I ran into him at the grocery store last week.
6. I ran into him at a grocery store last week.
7. I bumped into him at the grocery store last week.

> 8 I encountered into him at the grocery store a day last week.
>
> 9 I came across him at the grocery store last week.

| 가능한 문장 | 1, 2, 4, 5, 6, 7, 9

STEP 3 확인하기 • 문장을 확인하세요.

★ **영어식 사고로 전환하기** '~를 우연히 만나다'는 영어로 풀면 see/meet ~ by chance이다. 혹은 구동사 run into나 bump into를 써서 간단하게 나타낼 수도 있다. 문어체로는 encounter란 단어를 쓴다.

1 I saw him at the grocery store last week by chance.
2 I met him at the grocery store by chance last week.
지금 맥락에서 saw/met ~ by chance 모두 좋다. last week by chance도 좋고, by chance last week도 좋다.

마트 vs. market 우리는 흔히 '마트'라고 많이 말하지만 영어로 mart라는 말은 거의 안 쓴다. 올바른 표현은 grocery store다. market 또는 supermarket이라고 해도 좋다.

3 I met with him at the grocery store last week by chance.
틀렸다. met with는 '회의, 상담 등과 같이 어떤 구체적인 목적을 갖고 만났다'는 뜻이다. 지금 맥락에 전혀 부합하지 않는다. 반면, met him은 '우연히 만났다'는 뜻이다.

4 I ran into him in the grocery store last week.
5 I ran into him at the grocery store last week.
6 I ran into him at a grocery store last week.
run into somebody는 '~를 우연히 만나다', '~와 우연히 마주치다'이다. run into 하나에 '우연히'와 '만나다'란 뜻이 다 들어 있으므로 by chance를 쓸 필요가 없다.

in / at in the grocery store는 inside the grocery store이다. at the grocery store는 마트 안에서는 물론 주차장에서, 마트 앞에서 만나는 것을 모두 포괄한다. 따라서, in the grocery store는 틀린 건 아니지만 굳이 이렇게 자세하게 얘기할 필요가 없기 때문에 at the grocery store가 낫다.

`the grocery store / a grocery store` grocery store 앞에는 관사 the와 a 모두 쓸 수 있다. 하지만, 내 동료가 이마트가 어딘지 모른다 하더라도 내가 통상 가는 곳은 정해져 있다. 따라서 at the grocery store가 더 자연스럽다.

7 I bumped into him at the grocery store last week.
bump into는 '맞닥뜨려 서로 아는 체를 했다' 정도의 뜻이다. 서로를 인식했다는 말이다.

8 I encountered into him at the grocery store a day last week.
encounter는 타동사이므로 전치사 into가 필요 없다. encounter는 격식적인 문어체로 '우연히 만나다'란 뜻이다.
last week가 '지난주 전체'를 말하는가 싶어 '지난주 중 하루'를 뜻하기 위해 a day last week라고 썼는데, 이것은 말이 안 된다. 그냥 last week라고 하면, '지난 주 어느 날'이라는 뜻이다. I encountered him there last week.가 바른 문장이다.

9 I came across him at the grocery store last week.
영어사전을 찾아보면 come across에 '우연히 만나다'는 뜻이 있으니까 아무 문제 없을 것으로 생각할 수 있다. 하지만, come across의 뉘앙스에 대해 네이티브 의견이 분분하다. 어떤 네이티브는 9는 '우연히 그 사람을 봤는데 그 사람이 날 알아보기 전에 다른 쪽으로 가버렸다.(I happened to see him, but I went the other way before he could recognize me.)'란 뜻이기 때문에 지금 맥락에 맞지가 않다고 한다. come across는 전혀 즐거운 만남이 아니라는 것이다. 다른 네이티브들은 이런 뜻도 될 수도 있겠지만 만나서 서로 알아 보는 경우에도 come across는 충분히 사용 가능하다고 한다. 9는 논란이 있으니 가급적 다른 표현을 사용할 것을 권장한다.

059 조깅하며 운동장을 세 바퀴 돌았어

공설운동장 안에 들어가서 조깅을 했다.

STEP 1 문장만들기
- 표제문을 영어 문장으로 만들어보세요.

[   ]

STEP 2 비교하기
- 표제문을 영어로 잘 옮긴 것에 모두 체크하세요.

1. I rotated around the ground three times doing jogging.
2. I circled the track three times.
3. I ran three laps around the stadium/field/track.
4. I made three laps around the track.
5. I jogged around the stadium/field/track three times.
6. I jogged the track three times.
7. I jogged the stadium three times.
8. I jogged three laps around the track.

| 가능한 문장 | 2, 3, 4, 5, 8

> **STEP 3**
> 확인하기
>
> • 문장을 확인하세요.

★ **영어식 사고로 전환하기**   표제문이 '돌았어'로 끝나니 '돌았다'에 집중하기 쉽다. 이때 생각나는 것은 rotate / circle / turn / spin / go around일 것이다. 이 중에서 쓸만한 것은 circle밖에 없다. '세 바퀴 돌았다'로 시야를 넓히면 I ran three laps / I made three laps가 보인다. '조깅하며 세 바퀴 돌았다'까지 시야를 확장하면 비로소 I jogged three laps가 보일 것이다.

표제문에서는 '운동장을' 돌았다고 했지만 실제로는 '트랙을' 돈 것이므로 around the track 이 맞다. around the stadium은 '경기장 (바깥) 주변'이라는 뜻이지만 문맥상 around the track이라 볼 수 있다. field는 '트랙 안쪽의 타원형 모양의 넓은 공간'을 말하는데, around the field라고 하면 문맥상 around the track과 같은 뜻이 된다.

1 I rotated around the ground three times doing jogging.
틀렸다. rotate는 '축을 중심으로 제자리에서 360도 회전하다/빙글빙글 돌다'라는 뜻이다. '지면을 중심으로 해서 360도 회전했다'는 뜻이므로 전혀 말이 안 된다. 한편, ground가 '땅/지면'을 의미하는지, '운동장'을 의미하는지 애매하기 때문에 around the ground란 표현도 쓰기 곤란하다.

2 I circled the track three times.
괜찮다. 동사 circle은 '(특히 공중에서) 빙빙 돌다'라는 뜻이다. 지금 맥락에서도 문제 없이 사용 가능하다. 다만, 조깅을 했는지, 걸었는지, 전속력으로 달렸는지는 이 문장만으로는 알 수가 없다.

3 I ran three laps around the stadium/field/track.
좋다. ran three laps가 이상하게 보일지 모르겠지만, '달리다'란 뜻의 run은 타동사로도 많이 사용된다. run a mile / run 100 meters / run a lap처럼 run도 얼마든지 타동사로 사용될 수 있다. lap은 트랙의 '한 바퀴', '두 바퀴'의 '바퀴'이다.

4 I made three laps around the track.
좋다. made three laps 역시 좋다. 'make + laps'는 아주 잘 어울린다.

5 I **jogged** around the stadium/field/track three times.

좋다. 한국어 문장은 '세 바퀴 돌았다'는 점에 집중하는데, 영어는 어떻게 돌았는지에, 즉 '조깅'을 하면서 돌았다는 점에 관심을 둔다. '조깅을 했다'는 점을 동사(jogged)로 내세우고, three times를 추가함으로써, 동사 jog의 의미를 '조깅을 해서 세 바퀴 돌았다'로 확장한다.

6 I **jogged the track three times.**
7 I **jogged the stadium three times.**

틀렸다. 한국어 문장은 '운동장을 돌았다'로 목적어가 '운동장'이다. 하지만 영어에서 목적어는 ran/made three laps에서 보듯이 three laps이다. track 또는 stadium이 목적어가 될 수 없다.

8 I **jogged three laps** around the track.

좋다. jogged는 타동사이며, three laps는 목적어이다. 우리 직관에는 jogged the track이 맞고 jogged three laps가 틀린 것처럼 보이지만, 실제로는 정반대이다. I ran 2 miles.가 문제 없듯이 I jogged 2 miles. 역시 아무 문제가 없다.

 영어지식 A⁺

'운동장'을 나타내는 다양한 표현

'운동장'을 영어로 뭐라고 할까? 아마 '운동장'하면 ground가 먼저 생각나는 독자들이 많을 것이다. 하지만 ground는 '땅바닥', '지면'이라는 뜻이다. 다른 명사와 결합해야 비로소 '-장'이란 뜻이 되기는 하지만, 그다지 자주 사용되는 단어는 아니다. '학교 운동장'은 schoolyard 또는 school grounds[11]라고 한다. '축구장'은 soccer field가 주로 사용되며 soccer ground란 표현도 있지만 그다지 자주 쓰이지는 않는다. 영국식 영어로는 football pitch라고도 한다. '야구장'은 baseball diamond 또는 baseball field라고 하는데, baseball ground는 거의 사용되지 않는다. 한편 ball park는 수 만 명을 수용하는 프로야구 경기장을 말한다. '농구장'은 basketball court라고 하는데, 야외가 아니기 때문에 ground/field를 쓰지 않는다. '골프장'은 golf club 또는 country club이라고 한다. 한편 운동장, 트랙 등을 갖추고 있는 경우에는 multi-purpose field라고 하는 것이 좋겠다.

이런 문장도 생각해보세요
• 다음 중 맞는 문장에 모두 체크하세요.

A 그 꼬마애가 엉엉 울었다
▶ 아이가 자전거 타다가 넘어져서 엉엉 울었다.

1. She cried boo hoo.
2. She cried loudly.
3. She blubbered.
4. She cried like the world was over.
5. She wailed.

Key point 1 흑흑, 엉엉, 앙앙 등 우는 소리에 해당하는 영어 단어는 boo hoo로, 특히 어린이가 우는 소리를 나타낸다. 한국어에서는 '엉엉'이 문어체, 구어체를 막론하고 자유롭게 사용되지만, 영어에서 boo hoo는 거의 문어체에서만 쓴다. 만화에서 우는 장면을 묘사하기 위해 그림 안쪽에 또는 말풍선 속 대사에도 많이 쓴다. 1은 네이티브가 알아는 듣겠지만 이렇게 말하지 않는다. 2 '엉엉 울었다'를 표현하는 일반적인 영어 표현이다. 직역하면 '큰 소리로 울었다'이다. 3 blubber는 '엉엉 울다'란 뜻이다. 구어와 문어에서 자유롭게 사용되며, 시끄럽게 엉엉 울었다는 의미를 강하게 전달한다. 4 우리말 표현 '세상이 떠나가게 울었다'에 근접한 표현이다. 5 좋다. wail은 '울부짖다, 통곡하다'란 뜻이며, 아이가 엉엉 울었다는 뜻으로 쓰일 수도 있다.

B 부장님이 문을 쾅 닫았다
▶ 부장님이 기분이 안 좋은지 방금 문을 쾅 닫고 나가버렸다.

1. He closed the door with noise.
2. He closed the door with great force.
3. He gave the door a good hard slam.
4. He shut/closed the door violently.
5. He slammed the door.

Key point ① 틀렸다. noise는 '소음'이지 '쾅'이 될 수 없다. ② 틀렸다. with great force 역시 전혀 말이 안 되는 표현이다. ③ 틀렸다. 불필요하게 묘사적이다. 네이티브에 따르면 책에 나오는 문장을 읽는 느낌이라고 한다. 실생활에서 전혀 쓰지 않는 표현이다. ④ 좋다. '쾅'은 '세게'이므로 violently를 쓰면 된다. violence가 '폭행/폭력'이므로 violently는 '폭력적으로'라고 생각하기 쉬우나 실제로는 '난폭하게/거칠게'란 뜻이다. ⑤ 가장 좋다. '쾅 닫았다'는 영어동사 slam이 가장 어울린다. 이처럼 〈의성어/의태어 + 동사〉를 영어 동사 한 개로 표현하면 깔끔하다.

C 목이 타서 찬 맥주를 벌컥벌컥 마셨다

▶ 어제 테니스 치고 나서 목이 너무 말라 시원한 맥주를 벌컥벌컥 들이켰다.

① I was so thirsty that I swallowed cool beer.
② I was so thirsty that I gulped the cool beer down.
③ I was so thirsty that I gulped down a glass of cool/cold beer.
④ I was so thirsty that I gulped a cool beer down.
⑤ I was so thirsty that I gulped down.
⑥ I guzzled down a glass of cool beer.

Key point '꿀꺽꿀꺽 마시다', '(맥주를) 벌컥벌컥 들이키다'는 gulp down / chug down / guzzle down이다. chug은 원래 '엔진이 통통/칙칙하는 소리를 내다'란 뜻인데, 속어적인 의미로서 '벌컥벌컥 마시다'란 뜻이 있다. 북미 대학가에서는 학생들이 맥주 마시기 대회 같은 것을 할 때 옆에 있는 사람들이 Chug! Chug! Chug!라고 하면서 응원한다고 한다. ① swallow는 '음식을 삼키다'이다. 일반적으로 '액체'를 마실 때 swallow를 쓰지 않는다. 또한, cool beer는 관사 없이 쓸 수 없다. the cool beer 또는 a cool beer 또는 a bottle/can/pint of cool beer라고 해야 한다. 특정할 수 있다면 정관사 the를 써서 the cool beer라고 말할 수 있다. ②~③ 좋다. 〈gulp + 목적어 + down〉도 좋고 〈gulp down + 목적어〉도 좋다. '찬 맥주'는 cool beer도 좋고 cold beer도 좋다. ④ beer는 bottle, glass, can 같은 단위를 쓰는 것으로 배웠다. 하지만 beer는 가산명사, 불가산명사로 모두 쓰일 수 있으므로 a cold beer는 '시원한 맥주 한 잔/병/캔' 정도 뜻이 되겠다. 물론 '잔/병/캔' 어느 것에 해당되는지 여부는 맥락에 따라 결정이 되겠다. ⑤ 틀렸다. gulp/chug/guzzle down은 목적어가 반드시 필요하다. ⑥ 좋다. '벌컥벌컥 마시다'를 guzzle down으로 표현했다.

| 정답 | A ②, ③, ④, ⑤ B ④, ⑤ C ②, ③, ④, ⑥

법칙 17 * 같은 동사 재탕은 안 된다

060 목소리가 들렸다 안 들렸다 해
061 신용카드가 됐다 안 됐다 해요
062 인터넷이 됐다 안 됐다 해요

같은 동사 재탕은 안 된다

영어는 서술어를 반복하지 않는다

한국어는 서술어 중첩 현상이 흔하다. 같거나 비슷한 어구를 반복함으로써 표현을 강조하기도 하고, 대립적인 뜻의 단어를 이어 써서 됐다 안 됐다 하는 유동적인 상황을 표현하기도 한다. 따라서 한국어에는 한 문장 안에 동사를 여러 개 쓰는 일이 허다하다. '참다 참다 한마디 했다', '해도 해도 너무 한다', '살다 살다 이런 사람 처음이다' 등이 그 예이다.

반면에 간결하고 핵심적인 내용 위주로 말하는 영어는 같은 동사를 반복하는 법이 없다. 따라서 비슷한 표현을 반복하는 한국어 문장을 영어로 옮길 때는 간결하고 적합한 표현을 찾아내야 한다. '참다 참다 한마디 했다.'는 I ran out of patience and gave him a piece of my mind.라고 하고 '해도 해도 너무 한다.'는 He's gone way too far.[12]라고 하면 된다.

그렇다면 '그 사람은 잘 해줘도 잘 해주는 줄도 모르고 고마워하지도 않는다.'는 영어로 어떻게 할까? He is unaware of and doesn't want to thank for others' kindness.라고 장황하게 말하지 않고 He is ungrateful. 또는 He never says thank you.로 말하면 간단하다.

반복되는 동사는 다른 말로 바꿔라

한국어에서는 대립적인 뜻의 동사를 연결하여 아슬아슬한 상황을 나타내는 다음과 같은 표현도 아주 흔하다.

> 소리가 들렸다 안 들렸다 한다
> 말을 할까 말까 망설였다
> 연결이 됐다 안 됐다 한다
> 잠이 들락 말락 한다
> 이랬다 저랬다 한다

그에 반해 영어는 여기에 대응하는 특화된 문장 형식이 따로 있지 않다. 따라서 이런 우리말을 영어로 옮길 때는 동사에 연연하지 말고 그냥 이에 상응하는 의미를 전달하면 된다. 명심할 점은 한 문장에 동사를 여러 번 쓰지 않는다는 사실이다. 전화 통화 중에 시스템 상의 이유로 '소리가 들렸다 안 들렸다 한다'는 You're breaking up. 또는 I can't hear you.라고 하며, '그 말을 할까 말까 망설였다'는 I had half a mind to say it.이라고 하면 된다.[13]

여기서 다시 한 번, 영어로 말하기 전에 먼저 우리말 표현을 여러 가지로 바꿔보는 시도가 중요하다는 것을 잊지 말자.

060 목소리가 들렸다 안 들렸다 해

수지와 휴대전화로 통화 중인데 자꾸 소리가 끊긴다.

목소리가 들렸다 안 들렸다 해

STEP 1
문장만들기

- 표제문을 영어 문장으로 만들어보세요.

[   ]

STEP 2
비교하기

- 표제문을 영어로 잘 옮긴 것에 모두 체크하세요.

1. Your voice is broken.
2. Your voice is breaking.
3. Sometimes I hear your voice, but sometimes I don't.
4. You're breaking up.
5. Your voice is breaking up.
6. I'm having a hard time hearing you.
7. I can't hear you.

| 가능한 문장 | 3, 4, 5, 6, 7

> **STEP 3**
> 확인하기
>
> • 문장을 자세히 확인하세요.

★ **영어식 사고로 전환하기** 통화 중 전화 상태가 좋지 않아 상대방 목소리가 들렸다 안 들렸다 할 때 영어에서는 '들렸다, 안 들렸다'라고 동사를 반복해서 쓰지 않는다. 이 문장을 '목소리가 끊긴다'로 전환하면 동사 break가 떠오르지만, 자동사로서의 break, 타동사로서의 break, 구동사로서의 break up의 의미가 각각 다르므로 사용에 주의해야 한다.

① Your voice is broken.
틀렸다. '니 목소리가 끊긴다'를 직역한 문장이지만, 아무 뜻이 없다. break은 타동사로 원래 능동태 문장은 Somebody broke your voice.이었을 것이다. 물론 전혀 말이 안 되는 문장으로, 타동사 break은 '깨다/부수다/부러뜨리다'란 뜻이다.

② Your voice is breaking.
틀렸다. 자동사 break은 '변성기가 되다', '감정이 북받쳐 말을 잇지 못 하다', '고음을 부르지 못해 삑사리가 나다', '(줄을 너무 세게 잡아당겨, 또는 줄이 어디에 걸려) 줄이 끊어지다'이다. 따라서 표제문과 아무런 관련이 없다.

③ Sometimes I hear your voice, but sometimes I don't.
좋다. 이렇게 쉽게 얘기할 수 있도록 다양한 문장을 시도할 필요가 있다. hear는 '(내 의지에 관계 없이) 들리다'이고, listen to는 '(일부러 주의 깊게) 듣다'이다. 따라서 영어 '히어링'이 안 된다고 하면 청력에 문제가 있다는 말이 된다. 영어를 듣고 이해가 안 되는 것은 hearing이 아니라 listening comprehension이 안 된다고 해야 한다.

④ You're breaking up.
제대로 된 표현이다. 통화 중 상대방 말소리가 들렸다 안 들렸다 할 때 break up이라는 표현을 쓴다. 주어로 you를 썼는데 ⑤에서 보듯 your voice를 주어로 쓸 수도 있다.

⑤ Your voice is breaking up.
좋다. up이 있느냐 없느냐에 따라 뜻이 완전히 달라진다. break up의 주어는 You가 될 수도 있고 Your voice가 될 수도 있다.

⑥ I'm having a hard time hearing you.
⑦ I can't hear you.
우회적인 표현이지만 표제문의 의미를 정확하게 전달한다. hear의 목적어가 사람인 점에 유의하자. hear your voice보다는 hear you가 좋은 표현이다.

061 신용카드가 됐다 안 됐다 해요

신용카드를 하나 발급 받았는데 계산하려고 내밀면 될 때도 있고 안 될 때도 있다.

STEP 1
문장만들기

• 표제문을 영어 문장으로 만들어보세요.

[   ]

STEP 2
비교하기

• 표제문을 영어로 잘 옮긴 것에 모두 체크하세요.

1. Sometimes it is okay, and some other times it is not.
2. Sometimes it is okay, and other times it is not.
3. Sometimes it is okay, but sometimes it is not.
4. Sometimes it works, but sometimes it doesn't work.
5. Sometimes it is recognized, but sometimes it's not.
6. Sometimes it's proces sed, and other times it's not.
7. Sometimes I can't get it recognized.
8. Sometimes I can't get it read.
9. Sometimes it's not readable.

> ⑩ Sometimes it's in good order, but sometimes not.
> ⑪ It's not scanning properly.
> ⑫ It's not reading properly.

| 가능한 문장 | ②, ③, ④, ⑤, ⑥, ⑨, ⑪, ⑫

STEP 3 확인하기
• 문장을 자세히 확인하세요.

★ **영어식 사고로 전환하기** 표제문을 달리 전환하면 '신용카드가 어떤 때는 되고, 어떤 때는 안 된다.'이다. '되다'는 work이므로 그대로 이 문장을 직역하다시피 하면 ②~⑥이 될 것이다. 한국어 문장을 달리 시도하면 '신용카드가 제대로 읽히지 않는다.'라고 할 수도 있는데, 동사 read/scan을 써서 표현하면 된다.

❶ Sometimes it is okay, and some other times it is not.
❷ Sometimes it is okay, and other times **it is not.**
❷가 좋다. '어떤 때'는 sometimes이고, 그 다음에 나오는 '어떤 때'는 other times라고 하면 된다. some other times는 곤란하다.

❸ Sometimes it is okay, but sometimes **it is not.**
❹ Sometimes it works, but sometimes **it doesn't work.**
other times 대신 sometimes를 두 번 반복해도 문제 없다.

❺ Sometimes it is recognized**, but sometimes it's not.**
❻ Sometimes it's processed**, and other times it's not.**
recognize는 '인식하다', process는 '(컴퓨터가 데이터를) 처리하다'란 뜻이다.

❼ Sometimes I can't get it recognized.
❽ Sometimes I can't get it read.
〈get + 목적어 + recognized/read〉 구문을 활용해서 꽤 그럴듯한 문장을 만들었다. 하지만 틀렸다. recognize/read의 주체는 '신용카드 판독기'이다. '내'가 이 과정에 영향을 미칠 수 있는 가능성은 거의 제로이다. 카드가 인식이 되지 않아도 내게 책임이 있지는 않다는 말이다. 따라서 I가 can't get it recognized/read라고 하는 것 자체가 어불성설이다. 영어에서는 대부분 사람을 주어로 내세울 수 있지만 지금처럼 내세우

기 곤란한 경우도 있으니 유의하기 바란다.

9 Sometimes it's not readable.
좋다. readable(읽을 수 있는)을 써도 좋다. 물론 여기서 it은 신용카드를 말한다.

10 Sometimes it's in good order, but sometimes not.
틀렸다. be in good order는 '기계가 정상 작동한다/멀쩡하다/잘 된다'는 뜻이다. 이 문장은 신용카드에 문제가 있는 것이 아니라 신용카드 판독기가 잘 안 된다는 말이다.

11 It's not scanning properly.
좋다. 여기서 it은 신용카드를 말한다. 카드의 마그네틱 줄(the magnetic strip on the card)이 잘 읽히지 않는다는 뜻이다.
타동사 scan은 '읽다'로서 The reader is not scanning the credit card properly(판독기가 신용카드를 잘 읽지 못 한다).는 대체로 판독기가 문제가 있다는 뉘앙스의 문장이다. 이해하는 데 큰 문제가 없을 것이다. 그런데, scan이 자동사로 쓰이게 되면 우리의 직관과는 달리 '읽히다'는 의미로 사용이 되기에 선뜻 납득이 안 갈 수도 있다. 위 문장을 예로 들면, The credit card를 주어로 해서 The credit card is not scanning properly(신용카드가 잘 읽히지 않는다).는 신용카드에 문제가 있다는 뉘앙스로 정상적인 문장이다. 동사 scan은 타동사(scan+목적어), 자동사(scan)로 두부 쓰인다. 이때 동사의 형태나 능동태/수동태 같은 변화가 없다. 반면 한국어는 뜻에 따라 능동형(읽다), 피동형(읽히다)으로 형태가 달라지는 점에 주의하라.

12 It's not reading properly.
좋다. 11과 동일한 상황이다. 여기서 자동사 read의 뜻은 '읽히다'이다. '기계'를 주어로 내세우면 read는 타동사로서 '읽다'란 뜻이겠지만, '신용카드'를 주어로 내세우면 read는 자동사로서 '읽어지다/읽히다'란 뜻이 된다. 수동태를 사용하지 않고 주어를 교체하여 수동태 문장과 비슷한 뜻을 전달하는 점이 흥미롭다.

062 인터넷이 됐다 안 됐다 해요

인터넷 익스플로러를 실행하면 웹사이트가 뜰 때도 있지만, 어떤 때는 페이지를 표시할 수 없다는 화면이 나오기도 한다.

STEP 1 문장만들기
- 표제문을 영어 문장으로 만들어보세요.
  [   ]

STEP 2 비교하기
- 표제문을 영어로 잘 옮긴 것에 모두 체크하세요.

1. Sometimes it works, but sometimes it doesn't.
2. Sometimes it works, but some other times it doesn't.
3. Sometimes it works, but other times it doesn't.
4. The line is unstable.
5. Internet is unstable.
6. The internet is unstable.
7. The internet connection is unstable.
8. I am cut off from the internet from time to time.
9. I can't consistently connect to the internet.

> ⑩ We are having poor internet connection.
> ⑪ We have a poor internet connection at the moment.
> ⑫ We are having bad internet connection.
> ⑬ We have a bad internet connection at the moment.
>
> |가능한 문장| ❶, ❸, ❹, ❻, ❼, ❽, ❾, ⑪, ⑬

STEP 3 확인하기
• 문장을 자세히 확인하세요.

★ **영어식 사고로 전환하기** 표제문은 다른 문장으로 말하면 '인터넷이 불안정하다' 또는 '인터넷이 자꾸 끊어진다'이다. '불안정하다'는 unstable 또는 poor internet connection, '끊어진다'는 cut off를 쓰면 좋겠다.

❶ **Sometimes it works, but sometimes it doesn't.**
❷ **Sometimes it works, but some other times it doesn't.**
❸ **Sometimes it works, but other times it doesn't.**

어떤 때는 되고, 다른 때는 안 된다는 말이니까 sometimes를 써서 표현할 수 있다. '다른 때'라는 의미로 some other times는 말이 안 되고 그냥 sometimes라고 하든지 other times라고 써야 한다.

❹ **The line is unstable.**
❺ **Internet is unstable.**
❻ **The internet is unstable.**

인터넷은 the line 또는 the internet이라고 한다. 정관사 the가 반드시 필요하다. '인터넷'은 대문자로 Internet이라고 해도 되고 소문자로 internet이라고 해도 된다.

❼ **The internet connection is unstable.**

좋다. '인터넷 연결이 불안정하다'라는 의미로 the internet connection과 unstable을 쓰는 것 또한 괜찮다.

8 I am cut off from the internet from time to time.

좋다. be cut off는 '차단된다/끊어진다'란 뜻이다. The system is cutting me off from the internet.이기 때문에 '내' 입장에서는 I am cut off가 되는 것이다. I get cut off라고 해도 된다. 이처럼 사람주어를 사용하여 문장을 만드는 연습을 많이 해두는 것이 좋다.

9 I can't consistently connect to the internet.

좋다. I am not connected 또는 I am not connecting이라고 해도 무방하다.

10 We are having poor internet connection.
11 We have a poor internet connection at the moment.
12 We are having bad internet connection.
13 We have a bad internet connection at the moment.

'인터넷이 됐다 안 됐다 한다'는 바꿔 말하면 '인터넷 연결이 나쁘다'라고 할 수 있다. 이 표현을 a poor/bad internet connection(나쁜 인터넷 연결)이라고 명사화한 후, 앞에 '(어떤 특징이) 있다'라는 뜻을 가진 상태동사 have를 써서 '인터넷 연결이 나쁘다'를 나타낼 수 있다. 상태동사 have는 현재진행형을 만들지 않으므로 **10**과 **12**는 틀렸다.

이런 문장도 생각해보세요
• 다음 중 맞는 문장에 모두 체크하세요.

A 잠이 들락 말락 할 때 전화가 왔다
▶ 어젯밤에 자려고 하는데 갑자기 누군가에게 전화가 와서 잠을 설쳤다.

1. I had a call when I was almost asleep.
2. I was about to sleep when the phone rang.
3. I was about to go to sleep when the phone rang.
4. I was half asleep when the phone rang.

Key point 1 틀렸다. had a call은 안 된다. got/received a call이 좋다. 2~4 '잠이 들락 말락 할 때'는 '거의 잠들었을 때'이므로 I was almost asleep / I was about to sleep / I was at the point of falling asleep / I was half asleep 등을 시도하면 될 것이다. '전화가 왔다'는 I got a call. 또는 I received a call. 또는 The phone rang.이라고 한다. '전화가 왔다. → 전화가 울렸다. → The phone rang.'이다.

B 나는 이리 치이고 저리 치이는 힘없는 대리다
▶ 박대리가 자기 처지를 한탄하면서 하는 말이다.

1. I'm an ordinary, end of the chain employee. Everybody is trying to mock me.
2. I'm an ordinary, run-of-the-mill employee. Everybody is bullying me.
3. I'm at the bottom of the ladder. Everybody else is making fun of me.

Key point '이리 치이고 저리 치이다'는 '사람들이 나를 괴롭힌다/못살게 군다/놀린다'란 뜻이므로 bully me, tease me, pick on me, make fun of me 등이 좋다. '대리'는 문맥상 '말단'이라는 뜻이므로 at the end of the chain of command 또는 hold the lowest position 또는 the most junior member.라고 할 수 있겠다. 1 틀렸다. end of the chain은 전혀 쓰이지 않는다. at the end of the chain of command가 맞다. mock me 역시 '내 행동을 흉내 내며 날 괴롭히다'이므로 지금 맥락에 맞지 않는다. 2 틀렸다. run-of-the-mill은 '지극히 평범한/보통의'이지, '말단'이라는 뜻이 아니다. 아울러, 동사 bully는 사용시 주의해야 한다. '(주로 학교에서) 왕따시키다'는 뜻으로 상당히 강한 말이다. 폭력이 가해지는 것을 암시한다. 3 좋다. 이디엄 at the bottom of the ladder는 '말단'을 뜻한다.

| 정답 | A 2, 3, 4   B 3

법칙 18 순간과 지속을 구분하자

063 어젯밤에 잠을 늦게 잤어

064 어제 새벽 한 시쯤까지 잠을 잘 수 없었어

065 앉았어, 오빠?

066 우리 막 결혼했어요

# 순간과 지속을 구분하자

순간이냐 지속이냐, 그것이 문제로다

'에어컨 온도를 낮췄다'와 '(집이 더워서) 에어컨 온도를 낮게 하고 지낸다', '방금 야후에 들어 왔다'와 '야후에 들어와 있다', '그 사람은 결혼했다'와 '그 사람은 작년에 결혼했다', '늦게 잠 잤다'와 '늦게까지 잠 잤다'를 명확히 구분할 수 있는가? 영어는 '동작'과 '상태', '순간'과 '지속', '종결점'과 '행위의 과정'을 대체로 명확하게 구분한다.

'너 어제 찾던 것 찾았니?'는 Did you find what you were looking for yesterday?라고 한다. 둘 다 한국어로는 '찾다'이지만 영어로는 다른 표현을 썼다. look for는 '찾고 있는 과정'을 나타내는데 비해 find는 '그 과정의 종착점'을 의미한다. find는 순간적으로 발생하기 때문에 진행형으로 사용하지 않는다. 따라서 다음 문장들은 틀린 것이다.

> I'm finding my key.
> I looked for my key in thirty minutes.
> I found my key for thirty minutes.

'오늘 네가 준 넥타이 맸다.'는 I'm wearing the tie you gave me.라고 현재형으로 표현한다. I put on the tie you gave me.라고 하면 '넥타이 매는 동작을 수행했음'을 뜻할 뿐, '지금 그 넥타이를 착용하고 있는지' 여부는 전혀 알 수가 없다.

우리말 '자다'는 영어로 sleep, fall asleep, go to bed로 표현한다. '어제 늦게 잤다'는 I went to bed very late.(늦게 잠자리에 든 경우) 또는 I fell asleep very late.(잠이 늦게 든 경우)이다. 이에 비해 I slept late.는 '늦잠 잤다'는 말이다. '늦게 잠자리에 들거나 잠이 늦게 든 것을 뜻하지 않는다. sleep은 잠을 자고 있는 '상태'를 뜻한다. 영어는 이처럼 '순간'과 '지속 상태'를 명확하게 구분하므로 영어로 말할 때 이런 점을 고려하여야 한다.

물론 상황에 따라서는 이런 구분을 하지 않는 경우도 있다. 같은 동사로 동작과 지속을 둘 다 표현하는 경우도 있다. 하지만 대부분의 상황에서는 '동작'을 말하는 것인지, '지속'을 말하는 것인지 염두에 두어야만 제대로 된 문장이 나온다.

063 어젯밤에 잠을 늦게 잤어

밤 늦게까지 축구를 보다가 새벽에 잠자리에 들었다.

STEP 1
문장만들기

- 표제문을 영어 문장으로 만들어보세요.

[   ]

STEP 2
비교하기

- 표제문을 영어로 잘 옮긴 것에 모두 체크하세요.

  1 I slept late last night.
  2 I couldn't get to sleep until very late last night.
  3 It was ages before I was able to fall asleep last night.
  4 I was awake until late last night.
  5 I went to bed very late last night.

| 가능한 문장 | 4, 5

STEP 3
확인하기

- 문장을 자세히 확인하세요.

★ **영어식 사고로 전환하기**   한국어에서는 '나는 10시에 잔다', '나는 늦게 잔다(늦은 시간에 잠자리에 든다)', '나는 뒤척거리다가 늦게 잤다', '나는 주말에 늦잠 잔다', '나는 주말에 아침 늦게까지 잔다'처럼 '자다'라는 한 단어로 표현한다. 하지만 영어는 '잠자리에 들다'는 go to bed, '잠

이 들다'는 fall asleep, '잠자고 있는 상태를 유지하다'는 sleep이란 다른 표현을 쓴다. 지금 맥락에는 go to bed가 맞다.

■ I slept late last night.
틀렸다. I slept late는 '늦게까지 잠자고 있는 상태를 유지했다'라는 뜻으로, 즉 '늦잠 잤다'는 뜻이다. 예를 들어, '나는 주말에 늦잠 잔다'는 I sleep late on weekends.로 표현한다. I slept late last night.는 '지난밤에 늦잠 잤다.'는 뜻이며, 현실적으로 거의 일어나기 어려운 일이다. 동사 sleep의 정확한 뜻은 '수면에 들어 있는 상태'를 나타낸다. 예를 들어, I slept 4 hours last night.라고 하면 '간밤에 4시간 잤다', 즉 '4시간 수면 상태에 있었다'란 뜻이다.

■ I couldn't get to sleep until very late last night.
틀렸다. 일찍 자려고 일찍 잠자리에 들었는데 잠을 이루지 못했다는 말이다. 하지만, 맥락상 분명한 경우 '늦게 잠자리에 들었다'는 뜻으로 사용 가능하다는 주장도 있다. 즉, I couldn't go to bed earlier.라는 뜻으로 쓸 수도 있다는 말이다. 저자도 동의하기는 하지만 표준적인 용법이라 할 수는 없으므로 ■는 틀린 것으로 한다.

■ It was ages before I was able to fall asleep last night.
틀렸다. ■와 거의 같은 의미로, I went to bed early, but I couldn't fall asleep last night.라는 뜻이다. 따라서 지금 맥락에는 부합하지 않는다.

■ I was awake until late last night.
축구 보다가 늦게까지 잠을 안 자고 있었다는 말일 수도 있고, 잠자리에 일찍 들었는데 불면증 때문에 잠을 일찍 이루지 못하고 늦게 잤다는 말일 수도 있다. 어쨌든 잠이 든 시점이 늦었다는 말이므로 괜찮은 문장이다.

■ I went to bed very late last night.
좋다. 축구 보다가 늦게 잠자리에 든 지금 상황에서 정확하게 쓸 수 있는 말이다. 물론 곧바로 잠이 들었는지 아니면 한 시간 있다가 잠이 들었는지는 알 수가 없다.

064 어제 새벽 한 시쯤까지 잠을 잘 수 없었어

걱정거리가 있어 잠자리에 누웠는데도 잠이 오지 않았다. 한 시가 넘어서야 겨우 잠이 들었다.

STEP 1
문장만들기

- 표제문을 영어 문장으로 만들어보세요.

[   ]

STEP 2
비교하기

- 표제문을 영어로 잘 옮긴 것에 모두 체크하세요.

1. I slept around one last night.
2. I fell asleep around one last night.
3. I managed to fall asleep around one last night.
4. I could barely fall asleep around one last night.
5. I could not sleep until one something last night.
6. I could not sleep until sometime after one last night.
7. I could not sleep until around one last night.

> 8 I could not fall asleep until around one last night.
>
> 9 I couldn't get to sleep until around one last night.

| 가능한 문장 | 2, 3, 6, 7, 8, 9

STEP 3 확인하기
• 문장을 자세히 확인하세요.

★ **영어식 사고로 전환하기** '잠을 잘 수 없었어'에서 '자다'는 go to bed / fall asleep / sleep / be asleep 중 어느 것인가? 지금 상황에서 '자다'는 '잠이 들다'이므로 fall asleep이다. sleep / be asleep은 '잠에 들어 있는 상태이다'라는 뜻이다. go to bed / fall asleep이 순간적인 동작인데 비해, sleep은 지속적인 상태를 뜻한다. 영어는 '잠자리에 들다(go to bed)', '잠이 들다(fall asleep)', '자고 있는 상태이다(sleep/be asleep)'를 세밀하게 구분한다. 물론, 문장과 문맥에 따라 뜻이 약간 확장되는 경우가 있지만(간혹 sleep의 뜻이 fall asleep으로 확장되는 경우가 있다[14]), 일반적으로 자기 고유의 뜻에서 벗어나는 법은 많지 않다.

1 I slept around one last night.
틀렸다. 동사 sleep의 기본적인 의미는 be asleep으로, '잠을 자고 있는 상태이다'란 뜻이다. 수면 상태에 들어가는 순간은 fall asleep으로 표현한다. 한편, '한 시 정도까지'는 '한 시 전후'를 말하는 것이므로 around 또는 about을 쓰면 된다.

2 I fell asleep around one last night.
3 I managed to fall asleep around one last night.
좋다. 표제문인 '새벽 한 시 정도까지 잠을 잘 수 없었어'를 바꿔 말하면 '새벽 한 시가 넘어 가까스로 잠이 들었다'는 뜻이다. '잠이 들다'는 fall asleep이다. '가까스로 ~하다'라는 뜻의 〈manage to + 동사원형〉 구문을 활용해서 말할 수도 있다.

4 I could barely fall asleep around one last night.
틀렸다. could barely는 '의미상' 능동적으로 어떤 행동을 취할 때(taking actions) 쓰인다. 따라서 I could barely lift the weight(역기를 간신히 들었다). / I could barely go to bed before one last night(한 시 전에 (일을 다 처리하고) 가까스로 잠자리에 들었다).는 좋은 문장이다. 하지만, fall asleep은 내 의지와 상관없이 부지불식간에 발생하는 현상이다. 따라서 4는 어색하다.

5 I could not sleep until one something last night.
6 I could not sleep until sometime after one last night.
7 I could not sleep until around one last night.

동사 sleep은 '잠자다'이다. 보다 자세히 살펴보면 미묘하게 다른 두 가지 의미로 사용되는 것을 알 수 있다. 주된 의미는 be asleep, 즉, '잠이 들어 있는 상태이다'라는 뜻이다. 두 번째 의미는 부수적인 의미로, fall asleep, 즉 '잠에 들어가다/잠들다'라는 뜻이다. 두 번째 의미는 문장과 상황, 화자의 언어 습관에 따라 아주 제한적으로 나타난다. **5**~**7**에서 sleep은 fall asleep과 같은 의미이다.

5의 one something은 다소 유치한 영어 표현이다. 우리말로 '한 시 몇 분', '한 시 넘어'라는 말이지만 이것을 영어로 one something이라고는 거의 하지 않는다. **6**처럼 sometime after one이라고 하는 것이 좋다. 한편, 돈이나 날짜를 말할 때 '대략 얼마'라고 말할 때 〈숫자 + something〉을 사용할 수는 있겠다. 예를 들어 There are 50-something days until the election(선거까지 50여일 남았다).은 가능하다.

one something 및 sometime after one은 '한 시 넘어서'란 뜻이다. 주어진 상황에 의하면, 어젯밤 실제 잠에 든 것은 '한 시 넘어'이기 때문에 시도해본 것이다. 표제문에 정확히 부합하는 것은 sometime around one 또는 sometime about one이다. 즉 **6**은 I could not sleep until sometime around one last night.으로 고치면 표제문에 100% 부합한다.

8 I could not fall asleep until around one last night.
9 I couldn't get to sleep until around one last night.

fall asleep과 get to sleep 다 좋다. **9**의 I couldn't get to sleep은 너무 일이 많아서 등 어떤 사유로 인해 늦게까지 잠자리에 들지 못했다고 하는 뜻도 들어 있으니 참고바란다. get to ~에는 '어려움을 극복하고 가까스로 ~하다'란 뉘앙스가 들어 있기 때문이다.

065 앉았어, 오빠?

데이트하고 10분전에 헤어졌다. 남자친구도 자기 집에 가려고 지하철을 탔다. 지하철을 탔을 때 남자친구가 자리에 앉지 못한 것을 이 여성이 알고 있다. 그 사이에 자리가 났는지, 지금은 앉아 있는지 이 여성이 남자친구에게 전화를 걸어 물어본다.

STEP 1 문장만들기

• 표제문을 영어 문장으로 만들어보세요.

[   ]

STEP 2 비교하기

• 표제문을 영어로 잘 옮긴 것에 모두 체크하세요.

1. Did you sit?
2. Did you sit down?
3. Have you sat?
4. Have you sat down?
5. Are you seated?
6. Are you sitting/sitting down?
7. Did you find a seat?
8. Did you take a seat?
9. Did you have a seat?
10. Did you get a seat?
11. Do you have a seat?

⑫ Do you have a seat now?
⑬ Are you in a seat?

| 가능한 문장 | ②, ④, ⑤, ⑥, ⑦, ⑩, ⑪, ⑫, ⑬

STEP 3 확인하기
• 문장을 자세히 확인하세요.

★ **영어식 사고로 전환하기**   이 상황에서 '앉았어?'는 '자리 잡았어?', '자리 발견했어?'의 뜻이므로 Did you get a seat? 또는 Did you find a seat?이 좋다. 한편으로 생각하면, 지금 화자는 '앉는 동작'에 관심이 있는 것이 아니라 '앉아 있는 상태'인지 아닌지가 더 궁금할 것이다. 따라서 '자리에 있느냐?'는 뜻으로 Do you have a seat now? 또는 Are you in a seat?이라고 하는 것이 바람직하다.

❶ Did you sit?
틀렸다. 네이티브들은 별다른 이유를 대지 않은 채 ❶이 어색하다고만 한다. 너무 짧아서 어색하다고 하는 사람도 있다. 대신 Were you able to sit? 또는 Were you able to sit down?은 가능하다고 한다.
하지만, 남자친구가 뭐라고 먼저 한 마디 운을 떼면, ❶도 충분히 사용 가능하다. 예를 들어, 남자친구가 I'm comfortable now.라고 말했다고 치자. 그때 여자친구는 Did you sit? 또는 Did you find a seat? 이라고 말할 수 있겠다.

❷ Did you sit down?
좋다. '(처음에 서 있다가 자리를 발견해서) 앉았느냐?'라는 뜻이다. sit down은 '동작'(action)이다. sit down한 후 그 결과가 그대로 현재까지 이어지고 있다. 당연한 말이지만, ❷는 과거시제 문장이니 과거 사건/상황을 묘사하기 위해서도 사용될 수 있다.

❸ Have you sat?
이상하다. ❶과 같이 지나치게 문장이 짧아 뜻을 확정하기 어렵기 때문이다.

❹ Have you sat down?
좋다. sit down은 '서 있던 사람이 자리에 앉다'란 뜻이다.

5 Are you seated?
좋다. 타동사 seat은 '앉히다', be seated는 '앉다'이다. 예를 들어, 식당에 갔을 때 서양에서는 아무데나 앉지 않고 직원이 안내해주는 경우가 대부분이다. 그래서 식당 앞에는 Please wait to be seated(직원이 안내해 줄 때까지 기다려 주세요).라고 써 있는 안내판이 있다. 이런 상황에서 5는 '식당 직원이 자리에 안내 해주더냐?(그래서 지금 자리에 앉아 있느냐?)'란 뜻이 된다.

6 Are you sitting/sitting down?
좋다. '지금 (의자에) 앉아 있느냐?'는 뜻이다. sit down은 He is about to sit down(그 사람이 막 앉으려고 한다).처럼 자리에 앉는 '동작'을 뜻하기도 한다.

7 Did you find a seat?
아주 훌륭하다. '앉았어?'를 다른 말로 옮겨보면 '(앉을) 자리 찾았니?'란 뜻이다.

8 Did you take a seat?
take를 쓰면 남의 자리를 빼앗았냐고 물어보는 의미가 되어 틀렸다.

9 Did you have a seat?
틀렸다. '(과거 어느 시점에) 자리를 가지고 있었니?'라고 하는 이상한 문장이 된다.

10 Did you get a seat?
좋다. Did you find a seat?과 같은 뜻이다.

11 Do you have a seat?
12 Do you have a seat now?
둘 다 좋지만, now를 넣어야 아까는 자리가 없었는데 지금은 자리에 앉았느냐는 뜻이 된다. 11보다는 12를 쓰는 것이 좋겠다.

13 Are you in a seat?
표제문 '앉았어?'는 '앉는 동작'을 말하는 것이 아니라 '지금 착석 상태이냐?'를 물어보는 것이다. 2처럼 과거시제로 Did you sit down?이라고 해도 되겠지만 이렇게 현재시제로 바꿀 수 있는 발상의 전환이 요구된다. 더 좋은 문장은 Are you in a seat now?이다. now가 상황의 변화를 암시하는 것이니 지금 맥락에 더욱 적절하다.

066 우리 막 결혼했어요

결혼한지 한 달도 안 되었다.

STEP 1
문장만들기

- 표제문을 영어 문장으로 만들어보세요.

[   ]

STEP 2
비교하기

- 표제문을 영어로 잘 옮긴 것에 모두 체크하세요.

1 We just married.
2 We are just married.
3 We were just married.
4 We just got married.
5 We got just married.
6 We have just married.
7 We just wed.
8 We just got wed.

| 가능한 문장 | 1, 3, 4, 6, 7, 8

STEP 3
확인하기

- 문장을 자세히 확인하세요.

★ 영어식 사고로 전환하기   한국어 '결혼했다'는 두 가지 뜻이 있다. '혼인 상태에 있다'는 뜻과, '혼인 관계를 시작했다'는 뜻이 그것이다. 영어로는 이것을 다른 문장으로 표현한다.

'그 사람 결혼했다(유부남이다).'는 He is married.이다. '그 사람 (작년에) 결혼했다.'는 He was married (last year). / He got married (last year). / He married her (last year).라고 한다. 앞 문장(is married)은 '결혼 상태'라는 뜻의 '상태수동태'이고, 뒷 문장(was married/got married)은 '결혼식을 거행했다'는 뜻의 '동작수동태'이다.

1 We just married.

좋다. 여기서 marry는 자동사이다. He married her.에서 보듯이 marry는 타동사로 사용되기도 한다.

2 We are just married.

틀렸다. We are married.는 '우리는 결혼한 사이다.', '우리는 부부다.'란 뜻이다. 즉, '상태수동태'이다. 현재시제의 특성상 '상태'로밖에 이해할 수 없는 것이다. 과거시제(We were married last month.)나 미래시제(We're getting married next month.)가 되어야 비로소 '동작'의 뜻을 가질 수 있게 된다. 따라서, 2는 전혀 의미가 성립하지 않는 문장이다.

3 We were just married.

훌륭한 문장이다. '방금 결혼했다.'는 뜻이다. 부사 just는 be동사, 조동사 다음, 일반동사 앞에 위치한다.

4 We just got married.

최고의 문장이다. '동작'의 의미를 추가 하기 위해 〈be동사 + p.p〉 대신에 〈get + p.p.〉 형태를 취했다. 부사 just가 3과 달리 일반동사 got 앞에 위치하고 있음에 주의하라.

5 We got just married.

just의 위치가 틀렸다. got married가 한 뭉치의 일반동사이므로 just는 got married 앞에 위치해야 한다.

6 We have just married.

좋다. have는 현재완료시제 〈have + p.p.〉를 구성하는 조동사이므로 just은 have 다음, married 앞에 위치한다.

7 We just wed.
8 We just got wed.

wed도 '결혼하다'라는 뜻이지만 동사 wed는 구식 단어로 일상 생활에서는 거의 사용하지 않는다. 꼭 필요한 경우가 아니면 사용하지 않는 것이 좋다.

이런 문장도 생각해보세요

• 다음 중 맞는 문장에 모두 체크하세요.

A 지금 약을 먹고 있다. 빨리 나았으면 좋겠다
▶ 독감에 걸려 요즈음 약을 복용하고 있다.

1. I am taking medicine now and hope to be well soon.
2. I am taking my medicine now and hope to be well soon.
3. I am on medicine now and hope to be well soon.
4. I am on medication now and hope to be well soon.
5. I'm on meds now and hope to be well soon.
6. I take medicine these days and hope to be well soon.

Key point 1~2 기본적인 의미는 '지금 이 순간 약을 먹고 있다'라는 뜻이다. 하지만 '요즈음 약을 복용하고 있다'라는 의미도 들어 있다. 2처럼 my medicine이라고 반드시 my를 쓸 필요는 없다. 지금 맥락하에서는 써도 되고 안 써도 된다. some medicine도 괜찮다.
3~4 한국어 동사를 영어 전명구로 바꿨다. on medicine은 곤란하고, on medication은 좋다. medicine은 '약 자체'를 말하는 반면, medication은 '약'이라는 뜻이기는 하지만, '약물 치료'라는 뜻이 함께 있다. 5 미드에 자주 나오는 축약된 형식으로, med는 medication의 축약형이다. 구어체에서는 괜찮지만 어떤 책에 보면 이런 표현이 마치 정상적인 표현인 것처럼 설명하고 있으니 주의해야 한다. 4처럼 쓰는 것이 바람직하겠다. 6 괜찮다. 현재형으로 쓴 1과는 약간 차이가 있는데, 1은 단기적으로 약을 복용하고 있다는 뉘앙스가 강하고, 6은 장기적으로 복용하고 있다는 뜻이 강하다. 하지만 뉘앙스 차이일 뿐 둘 다 쓸 수 있는 문장이다.

B 나 야후에 들어와 있어

▶ 야후 이메일에 들어와 있거나 댓글을 남기기 위해 야후에 로그인한 상태이다.

1 I log into Yahoo.
2 I logged into Yahoo.
3 I logged in Yahoo.
4 I am logged into Yahoo.
5 I'm in Yahoo.
6 I'm already in Yahoo.
7 I'm logged in.
8 I'm on Yahoo.

Key point **1** 틀렸다. '이 말은 야후에 접속한다' 또는 '야후에 로그인한다'는 뜻이 아니다. '나는 야후를 사용한다', 즉, I use Yahoo.와 같은 의미이다. 현재시제는 습관, 일반적인 행태, 법칙 등을 뜻하기 때문이다. **2** 좋다. 이 문장은 과거 어느 시점에 야후에 로그인 했다는 점, 즉 '동작'만을 말하지만, 아직도 그 상태를 그대로 유지하고 있다고 묵시적으로 이해를 하고 있기 때문에 사용 가능하다. **3** in은 올바른 전치사가 아니다. log into가 맞다. **4** 좋은 문장이다. log into는 자동사인데 수동태를 취하고 있는 점에 유의하기 바란다. 진정한 의미의 수동태 문상은 아니고 '상태'를 표현하기 위해 수동태 구문을 빌린 것이다. 의미상 '동작수동태'가 아닌 '상태수동태'이다. **5**~**6** 틀렸다. 'Yahoo라는 도시 안에 있다'는 뜻으로 들린다. in은 물리적인 거리(physical location)를 가리킨다. **7** 좋다. log in은 자동사인데 수동태를 취하고 있는 점에 유의하기 바란다. **8** 좋다. **2**처럼 말할 수도 있겠지만 네이티브는 **4**, **7**, **8**을 훨씬 자주 사용한다. **2**는 야후에 로그인했다는 '순간 동작'을 나타내는 것이 보통이고, '상태의 지속'은 **4**, **7**, **8**처럼 말하는 것이 일반적이다.

C 그 사람은 이미 결혼했어

▶ 잘생긴 내 동료를 보더니 승연이가 관심을 갖는다. 하지만 그 사람은 이미 결혼해서 애가 둘이나 있다.

1 He was married.
2 He married.
3 He is married.
4 He is a married man.

Key point **1** 표제문은 '그 사람 지금 결혼상태에 있다'는 것을 말하고자 한다. 이렇게 현재 상황을 과거시제로 표현하는 것이 한국어의 특징 중 하나이다. **1**은 '그 사람 과거 어느 시점에 결혼식을 거행했다' 또는 '그 사람 과거 어느 시점에 이미 결혼 상태에 있었다'는 뜻이다. 두 가지 모두 과거에 대해 말하는 것이다. 현재와는 전혀 관련이 없다. 예문을 통해 알아 보자. He was already married when he moved to Busan in 1997(그 사람은 1997년 부산으로 이사 왔을 때 이미 결혼을 했었다).에서 he was already married는 '이미 결혼 상태에 있었다'는 뜻이다. 나중에 이혼했는지 지금까지 계속 같이 살고 있는지는 알 길이 없다. 오로지 이 문장이 말하는 점은 '1997년 이사했을 당시' 그 사람은 '기혼'이었다는 점이다. '상태수동태'이다. He was married in 1997(1997년 결혼식을 올렸다).는 의미이다. 물론 '지속/상태'가 아니라 '동작/순간'을 나타낸다. '동작수동태'인 got married가 더 많이 쓰인다. **2** He married last year.처럼 명확한 시점이 있어야 문장으로 성립한다. 결혼 상태에 있다는 말이 아니다. '작년에 결혼을 했다.'는 말이다. 지금 그 사람이 결혼 상태인지 아닌지는 전혀 알 수가 없다. 따라서 표제문과는 부합하지 않는 문장이다. **3** 좋다. 문법적으로 보면 '상태 수동태'이다. 표제문의 '이미 결혼했어'는 '지금 결혼상태이다', '유부남이다'란 뜻이며, '지속/상태'를 표현하는 문장이다. 따라서 **3**이 가장 바람직한 문장이다. **4** '결혼한 사람이다'란 뜻으로 좋다.

|정답| A **1**, **2**, **4**, **5**, **6** B **2**, **4**, **7**, **8** C **3**, **4**

Part 3 참고하기

1. when he used that cheesy pickup line on me라고 해도 된다. pickup은 '여성을 꼬시는 것', pickup line은 '여성을 꼬시는 말'을 말한다. pickup artist는 전문적으로 여성을 꼬시는 사람을 말한다. 여기서 artist은 '예술가'란 뜻이 아니라 '아주 능숙한 사람'을 뜻한다.(예: 사기꾼 = con artist.) cheesy는 '느끼해서 닭살 돋는'이다.

2. 왜 이리 off의 위치가 종횡무진 자유로운지 살펴보자. 간단하게 말하면 여기서 off는 '전치사'가 아니라 '부사'이기 때문이다. 물론 모든 부사들이 자유롭게 이동하는 것은 아니지만 대체로 부사들은 움직임이 자유롭다. hold off a cold를 예를 들어 보자. 근본 형태는 hold a cold off myself였을 것이다. 즉, '감기가 내 몸에서 떨어져 있도록 하다'란 뜻이다. (hold가 원래부터 타동사였음에 주의하라.) 여기서 '내 몸에서', 즉 myself는 너무 당연한 것이라 hold a cold off라고만 쓰이게 되었을 것이고 이것이 시간이 감에 따라 마치 한 동사처럼 hold off a cold라고 쓰이기도 하였을 것이다. 따라서 hold a cold off 또는 hold off a cold 모두 좋다.

3. one night stand는 원래 유랑극단이나 연극패들이 하룻밤 반짝 공연을 하는 것에서 유래되었다고 한다.

4. 한국어로 발음을 적을 때 LASIK을 '레이식'이라고 하면 'ㄹ'이 'l' 발음이 나게 된다. 즉, [réisik]이 되어 버린다. 'l' 발음은 입천장에 붙이고 내는 '설측음'인데, 'ㄹㄹ'을 겹치면 자동적으로 'l' 발음이 나게 되어 있다. 그래서 [을레이식]이라고 적어 넣은 것이다.

5. Did you have a good night's sleep? 또는 Did you have a restful sleep?은 훌륭한 문장이다. have와 any sleep은 어울리지 않지만, have와 a good night's sleep, have와 a restful sleep은 잘 어울린다.

6. 수염에 대한 자세한 사항은 다음 웹사이트를 참고하기 바란다.
http://conteworld.tistory.com/entry/%EB%8B%AC%EC%9D%B8%EC%9D%98-%EC%88%98%EC%97%BC%EC%9D%80-%EB%AC%B4%EC%8A%A8-%EC%88%98%EC%97%BC%EC%9D%BC%EA%B9%8C

7. Thank you very much.처럼 much가 긍정문에서 사용되는 경우도 있지만, 이때 much는 '대단히', '매우', '아주'라는 뜻으로, '많이'란 뜻이 아니다.

8. baggage와 비슷한 말로 luggage가 있다. baggage는 미국식 영어, luggage는 영국식 영어이다. 하지만 북미에도 luggage가 곧잘 사용된다. 어느 단어를 쓰느냐는 지역과 개인적 선호에 따라 결정된다. 인터넷에 보면 baggage와 luggage의 뉘앙스 차이를 여러 가지로 주장하지만 각 사람마다 주장이 달라 뭐가 어떻다라고 일정한 원칙을 세우기 쉽지 않다. 양자간의 차이점이 있

기는 하지만 보통 둘 다 쓸 수 있다고 생각하면 큰 문제 없겠다. '짐 찾는 곳'은 luggage pickup, baggage claim, baggage claim area 등으로 불린다. '(공항에서 화물을 나르는) 회전식 원형 컨베이어'를 좀 유식한 용어로 carousel이라고 하는데 공항에 따라서는 이 단어를 '짐 찾는 곳'으로 쓰는 경우도 있다. 어쨌든 baggage/luggage는 용법상 미묘한 차이점이 있기도 하지만 많은 경우 둘 다 사용이 가능하다.

9 '무리하게 타지 마라.'와 Don't force the doors open.이 같은 뜻인지 의아하게 생각하는 독자도 있을 수 있겠다. '지하철 열차 문이 닫히려는 순간에 뛰어 들어가지 마라'는 말이지 '억지로 문을 열고 들어가지 마라'는 뜻은 아니라고 생각할 수도 있겠지만, 두 문장은 같은 뜻이다. 같은 동작을 보고, 우리가 '무리하게 타지 마라'고 생각을 하는 반면, 영어 네이티브는 '문을 열려고 하지 마라'고 생각을 한다.

10 한국어에 '부사절'이 있는가? '조깅하며 운동장을 세 바퀴 돌았다'에서 '조깅하며'가 부사절인가, 종속절인가? 이 문제는 그리 간단한 문제가 아니나, 저자는 한국어에서 모든 종속절은 부사절이라 본다는 주장에 찬성한다. 이 책은 한국어 문법책이 아니므로 추가적인 논의는 하지 않는다. 궁금한 독자는 이익섭, 2003, 『국어 부사절의 성립』, 태학사 또는 남기심 등 공저, 2006, 『왜 다시 품사론인가』, 커뮤니케이션북스, 354-355 페이지를 참고하기 바란다.

11 school grounds는 학교에 있는 축구장, 농구장, 배구장, 꽃밭, 식물원 등을 포괄하기 때문에 보통 복수형으로 사용한다

12 He's는 He has의 준말이다. 구어에서는 way를 두 번 써서 way way too far(정말로 해도 해도 너무 한다)라고 하는 경우도 있다.

13 다음과 같은 맥락에서 사용된다.

  A: I wanted to tell him, "Go to hell!"
  B: You didn't, did you?
  A: No, but I had half a mind to say it.

14 동사 sleep은 오로지 be asleep의 뜻으로만 쓰인다고 주장하는 사람도 있다. 이들은 sleep이 fall asleep의 의미로 쓰이는 것에 반대한다. 이 주장에 의하면, 5~7은 틀렸으니 I could not sleep을 9같이 I could not get to sleep으로 바꿔야 한다. get to sleep은 fall asleep과 마찬가지로 '잠들다'란 뜻이다. 동사 sleep이 본연의 의미인 '수면 상태'로만 쓰인다고 하니 설명하기가 좋은 것은 사실이지만, 다른 네이티브들 말을 종합하면 5~7도 사용되고 있는 것은 틀림없는 사실이다. 그래서 저자는 sleep이 제한적으로 fall asleep으로 뜻이 확장된다고 한 것이다.

Part 4 애매한 서술어, 이렇게 바꿔라

영어로 말할 때 우리는 한국어 문장을 직역해서 어려운 영어동사를 써서 문장을 만들려는 습성이 있습니다. 하지만 쉬운 동사와 소사(particle)를 조합해서 만든 구동사(phrasal verbs)를 적극 활용해보세요. '창문 열고 환기 좀 하자.'를 Let's open the window and ventilate the room. 이라고 해도 나쁘지는 않지만, ventilate the room 대신에 let some fresh air in 또는 air out the room이라고 하면 더욱 자연스럽습니다. 영어를 잘 하기 위해서는 이런 구동사의 달인이 되어야 합니다.

한편, 한국어 동사를 영어로 〈전치사 + 명사〉, 즉 전명구로 바꾸든지, 동사 대신 형용사를 시도해보든지, 아예 There is/are를 시도하는 것도 좋은 방법입니다.

우리말 동사를 무조건 영어의 동사로 바꾸려고 하는 고정관념을 하루 빨리 깨부수어야 영어다운 영어를 할 수 있게 됩니다.

법칙 19	구동사로 쉽게 표현한다
법칙 20	'전치사＋명사'로 우리말 동사를 대신하라
법칙 21	형용사로 한국말 동사를 대신하라
법칙 22	There is/are로 웬만한 표현 다 할 수 있다

법칙 19 구동사로 쉽게 표현한다

067 뭐가 양복에 묻었는데 떨어지지 않아요

068 내가 다른 여자와 있는 것을 보고 수지가 엄청 화를 냈어

069 일요일에 숙취에서 깨려고 하루 종일 잠을 잤어

070 걔는 대학 시절부터 사귀어 왔던 남자친구와 헤어졌어

구동사로 쉽게 표현한다

구동사를 모르면 영어가 안 된다

네이티브는 일상생활에서 구동사(phrasal verbs)를 그야말로 '밥 먹듯이' 사용한다. 구동사 사전으로 권위를 자랑하는 Longman Phrasal Verbs Dictionary에 의하면 영어에는 5000개 이상의 구동사가 있다. 물론 이를 하루 아침에 외울 수도 없고 전부 외우는 것 또한 바람직하지 않다. 그러니 생활하면서 맞닥뜨리는 구동사를 놓치지 않고 꾸준히 익혀나가는 것이 최선이다.

구동사는 〈동사 + 소사〉로 구성된다. 소사(particle)는 전치사 또는 부사를 말하는데, 한 개의 구동사가 여러 가지 의미로 사용되는 경우도 다반사다. 예를 들어 back up은 다양한 상황에서 쓸 수 있는 구동사이다. 자동차 두 대가 좁은 길에서 맞닥뜨렸을 때 '차 좀 뒤로 빼주실래요?'는 Would you back up a little?이라고 하고, '(도로에) 차가 밀렸다.'는 Cars and trucks were backed up for miles.라고 한다. 또, '그 사람들 주장을 증명할 증거가 없었다.'고 할 때도 There was no evidence to back up their claims.라고 한다.

우리말의 '부사'가 영어에서는 '동사화'되기도 한다. '뒤로 차 조금만 빼주세요.'는 Would you back up?, '(주차장이 복잡해서) 차를 뒤로 빼서 나왔다.'는 I backed out of the parking lot., '(차가 나중에 빠져나가기 쉽도록 주차할 때) 거꾸로 들어오세요.'는 Please, back it in.이다. 동사 back은 '거꾸로/뒤로 ~하다'라는 뜻이다. 우리말의 '동사' 부분은 영어로 up / out of / in과 같은 '소사'로 표현되고 있음을 알 수 있다.

구동사의 목적어, 어디에 둘까

구동사에서 가장 어려운 문제 중 하나는 동사와 소사가 분리 가능한지, 아니면 불가능한지 구분하는 것이다. 구동사 사전을 보면 이 두 개가 분리 가능한지 아닌지 밝히고는 있지만 이것을 일일이 다 외울 수도 없는 일이라 번거롭다. 하지만 동사가 자동사인지 타동사인지, 소사가 전치사인지 부사인지 알면 대체로 분리 여부를 알기란 어렵지 않다. 동사가 원래 타동사이고 소사가 부사인 경우에는 대부분 분리가 가능하다.

    예를 들어 보자. Take off your coat(코트를 벗으세요).에서 off는 어떤 품사일까? 저자는 이 구동사의 원형이 Take your coat off your body.라고 추정한다. 원래 off your body가 맞는데 몸에서 옷을 벗는 게 너무 당연하니 your body 없이 어느 순간부터 off만 단독으로 쓰였을 것이다(실제로 그렇게 쓰였다는 것이 아니라 이론적으로 그렇다는 말이다). 따라서 your coat는 소사 off의 목적어가 아니라 동사 take의 목적어이다. 그래서 Take your coat off.라고 해도 되고 Take off your coat.라고 해도 상관 없다.

    그렇다면 Get off the bus.에서 off의 품사는 무엇인가? off는 '~에서 떨어져'라는 뜻이며 전치사와 부사로 모두 사용된다. 여기서는 '버스에서 내려라'라는 뜻이므로 the bus는 off의 목적어가 되며, 따라서 off는 전치사에 해당한다. 전치사의 목적어는 반드시 전치사 뒤에 오므로 Get the bus off.라고는 할 수 없다. 따라서 '내리다'라는 의미의 get off는 '분리 불가능 구동사'이다.

    대부분의 구동사들은 이런 식으로 차근차근 추론을 해나가면 구동사의 목적어의 위치가 자유로운지, 즉 소사의 위치를 앞 뒤로 옮겨도 괜찮은지 충분히 알 수 있다.

067 뭐가 양복에 묻었는데 떨어지지 않아요

양복에 먼지 같은 것이 묻어서 잘 떨어지지 않는다.

STEP 1 문장만들기
- 표제문을 영어 문장으로 만들어보세요.
[   ]

STEP 2 비교하기
- 표제문을 영어로 잘 옮긴 것에 모두 체크하세요.

1 I have some dust on my suit but it won't go away.

2 I have some dust on my suit but it doesn't take off.

3 I have some dust on my suit but it doesn't come off.

4 I have some dust on my suit but it doesn't fall off.

5 I've got some dust on my suit but I can't shake it off.

6 I've got some dust on my suit but I can't brush it off.

7 I've got some dust on my suit but I can't dust it off.

8 I've got some dust on my suit but I can't get it off.

9 I've got some dust on my suit but I can't clean it off.

10 I got some dust on my suit but can't get rid of it.

| 가능한 문장 | **1**, **3**, **5**, **6**, **8**, **9**, **10**

STEP 3 확인하기

• 문장을 자세히 확인하세요.

★ **영어식 사고로 전환하기** '(옷에 묻었던 먼지가) 떨어지다'는 구동사 go away / come off로 표현 가능하다. 사람 주어라면 '(옷에 묻었던 먼지를) 털다'가 될 것이다. 이때는 brush off / shake off / clean off를 사용한다. '(먼지를) 없애다/제거하다'란 뜻의 get rid of도 가능하다. 한편 영어에는 '(양복에) 묻다'를 표현할 구동사가 없다. 대신 〈have + 목적어 + 부사구〉 형식으로 이런 의미를 표현할 수 있으므로 I've got some dust on my suit.라고 해도 된다. 한국어 문장 '먼지가 내 양복에 묻었다'에서 주어는 '먼지가'이다. 내가 의도하지 않고 바라지도 않기 때문에 한국어 문장은 주로 사람을 내세우지 않는다. 반면에 영어는 사람의 능동적 활동이 많지 않아도 얼마든지 사람을 주어로 내세울 수 있다.

1 I have some dust on my suit but it won't go away.
좋다. go away는 '(사람이) 떠나가다', '(냄새가) 없어지다', '(문제가) 사라지다' 등의 뜻인데, 지금 맥락에서도 사용 가능하다.

2 I have some dust on my suit but it doesn't take off.
완전히 틀렸다. take off는 '벗다', '(비행기가) 이륙하다'는 뜻이다.

3 I have some dust on my suit but it doesn't come off.
좋다. come off는 '(단추 같은 것이) 떨어지다'란 뜻이다. 지금 맥락에 잘 부합한다.

4 I have some dust on my suit but it doesn't fall off.
틀렸다. fall off는 어느 정도의 높이에서 사고로 떨어진 것을 말한다. 예를 들어, The cup fell off the table(컵이 탁자에서 떨어졌다).처럼 쓰는 표현이다.

5 I've got some dust on my suit but I can't shake it off.
좋다. shake off the dust는 '티끌을 털다'이다. 이 구동사는 원래 shake the dust off (the suit)였는데 the suit는 다 아는 것이라 빼먹고 쓰다 보니 shake off the dust가 되었을 것이다. 여기서 off는 '전치사적 부사'이다. 원래 전치사였는데 세월이 지나 목적어 없이 홀로 쓰이다 보니 부사가 되어 버린 것이다. 부사 off는 위치가 자유롭다. shake the dust off라고 해도 되고 shake off the dust라고 해도 된다. 다만, 목적어가 대명사인 경우 shake it off처럼 목적어가 동사와 부사 사이에 위치해야 한다.

6 I've got some dust on my suit but I can't brush it off.
좋다. brush off는 '솔로 먼지를 털다'란 뜻이다.

7 I've got some dust on my suit but I can't dust it off.
dust it off는 틀렸다. dust the sitting room / dust off the shelves에서 보듯이 〈dust + 장소/대상/사물〉이 정상적인 용법이다. 동사 dust의 뜻은, 정확히 말하면, '장소/대상/사물에서 먼지를 털어내다'이다. '먼지'란 의미가 이미 동사 dust에 들어 있기 때문에 목적어로 '장소/대상/사물'이 오면 된다. dust it off에서 it = the dust이다. 즉 dust the dust off가 되는데 이는 정상적인 용법이 아니다.

8 I've got some dust on my suit but I can't get it off.
9 I've got some dust on my suit but I can't clean it off.
get it off와 clean it off는 표제문보다 넓은 의미를 갖는다. 툭툭 털어내도 떨어지지 않는 경우도 해당되지만, spot remover를 쓰거나 dry clean 등 갖은 수단을 다 써도 안 지워질 때 모두 I can't get/clean it off.라고 할 수 있다. 표제문과 100% 일치하는 것은 아니지만 이 맥락에서 충분히 사용할 수 있다.

10 I got some dust on my suit but can't get rid of it.
좋다. get rid of는 remove(없애다, 제거하다)와 같은 뜻이다.

068 내가 다른 여자와 있는 것을 보고 수지가 엄청 화를 냈어

내가 다른 여자하고 놀고 있는 것을 보고 수지가 성질이 머리 끝까지 났다.

STEP 1
문장만들기

• 표제문을 영어 문장으로 만들어보세요.

[   ]

STEP 2
비교하기

• 표제문을 영어로 잘 옮긴 것에 모두 체크하세요.

① She burst into a rage at the sight of me being with another girl.

② She burst into a rage at the sight of me hanging out with another girl.

③ She burst into a rage when she saw me with another girl.

④ She lost her temper when she found me with another girl.

⑤ She was pissed off when she found me with another girl.

⑥ She got furious when she found me with another girl.

7 She flipped out when she found me with another girl.
8 She went crazy when she saw me with another girl.

| 가능한 문장 | 1, 2, 3, 4, 5, 6, 7, 8

STEP 3 확인하기
• 문장을 자세히 확인하세요.

★ 영어식 사고로 전환하기   '엄청 화를 냈다'는 '화가 머리 끝까지 났다', 속된 표현으로는 '미쳐 날뛰었다'란 뜻이다. angry만으로 표현하기는 부족하다. burst into a rage / lose one's temper / pissed off / flip out 등을 쓸 수 있다. 노여움의 정도로 놓고 보면, rage > furious > flip out > angry 정도의 순서가 되겠다. rage는 '머리 끝까지 화가 나 노발대발하는 것'을 말한다. angry는 rage, furious, flip out에 모두 해당되지만 가장 기본적인 단어라서 제일 낮은 단계에 두었다.

1 She burst into a rage at the sight of me being with another girl.
좋다. burst into a rage는 악을 쓰고 물건을 던지는 등 제정신이 아닐 정도로 화가 난 것을 말한다. burst into는 '갑자기 ~하기 시작하다'라는 뜻의 구동사이다. 부정관사 a에 유의하라. 참고로, '왈칵 울음을 터뜨리다'는 burst into a rage of tears 또는 burst into tears이며, '웃음을 터뜨리다'는 burst into a laugh 또는 burst into laughter라고 한다.

2 She burst into a rage at the sight of me hanging out with another girl.
좋다. hang out은 '어울리다', '(어울리다는 뜻의) 놀다'이다. 즉, 내가 다른 여자하고 어울리는 것을 보고 발끈 성질을 냈다는 뜻이다.

3 She burst into a rage when she saw me with another girl.
좋다. '지금 맥락에서 '다른'은 different, other가 아니고 another이다. different는 어떤 것과 다른 것을 비교해보니 그 둘이 다르다 할 때의 '다르다'이다. another는 '이것 말고 다른 것 주세요' 할 때의 '다른'이다. other는 another와 같은 맥락이기는 한데 〈other + 복수명사〉 형식으로 사용한다. 따라서 other girls라고 해야 말이 된다. 단수형 other girl은 문법적으로 틀린 것이다. 한편, '이성으로서의 '여자'는 woman보다는 girl이라고 하는 것이 적절하다. '걔는 내 여자다'라고 할 때도 She is my girl.이라고 한다.

4 She lost her temper when she found me with another girl.
좋다. lose one's temper는 '화내다'란 뜻이다.

5 She was pissed off when she found me with another girl.
괜찮다. pissed off는 '화가 난'이다. cranky(짜증이 난, 애들이 보채는), grumpy(짜증이 난, 불평불만을 늘어놓는), upset(화가 난)보다 강한 뜻이다. seething(매우 화가 나서 부글부글 끓는)과 비슷하다.

6 She got furious when she found me with another girl.
좋다. got furious 대신 was furious 또는 became furious라고 해도 좋다.

7 She flipped out when she found me with another girl.
좋다. flip out은 '화를 내다'는 뜻만 있는 것이 아니다. She flipped out when she got to see her favorite band in concert.에서 보듯 '좋아 죽었다', '껌뻑 죽었다', '흥분해서 난리를 쳤다'는 뜻이다. 즉 flip out은 좋건 나쁘건 간에 '흥분하다'는 뜻이다.

8 She went crazy when she saw me with another girl.
좋다. 문맥상 '날뛰며 성질을 냈다' 정도의 뜻이 되겠다. go crazy만 놓고 본다면 반드시 화를 냈다는 말은 아니다. 정신병이 발병한다는 뜻의 '미치다', 그 여자에게 푹 빠졌다는 뜻의 '미치다', 어떤 스포츠에 열광한다는 뜻의 '미치다', 성질이 나서 화를 낸다는 뜻의 '미치다' 등 여러 가지 의미로 쓰인다.

069 일요일에 숙취에서 깨려고 하루 종일 잠을 잤어

토요일에 술을 진탕 먹고 일요일 내내 너무 힘들어서 잠만 잤다. 화요일에 지호가 '지난 주말에 뭐 했어?(What did you do this weekend?)'라고 물어, 이 얘기를 한다.

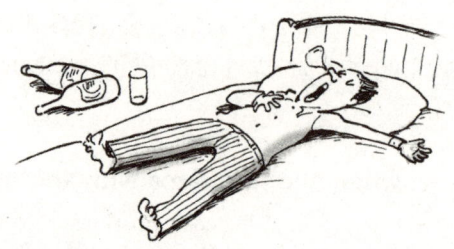

STEP 1 문장만들기
• 표제문을 영어 문장으로 만들어보세요.
[   ]

STEP 2 비교하기
• 표제문을 영어로 잘 옮긴 것에 모두 체크하세요.

1. I slept all day Sunday to wake up from the hangover.
2. I was asleep all day Sunday to come out of the hangover.
3. I slept all day Sunday to recover from the hangover.
4. I slept all day on Sunday to get rid of the hangover.
5. I slept all day Sunday to get rid of my hangover.
6. I slept all day Sunday to get rid of a hangover.
7. I stayed in bed on Sunday all day to get rid of the hangover.

8 I slept off the bad hangover on Sunday.
9 I slept the bad hangover off on Sunday.

|가능한 문장| 3, 4, 5, 6, 7, 8, 9

STEP 3 확인하기
* 문장을 자세히 확인하세요.

★ 영어식 사고로 전환하기   '숙취에서 깨어나다'는 '숙취를 없애다'이므로 get rid of the hangover가 좋다. 하지만, 아예 발상을 전환해서 '잠을 자서 ~를 없애다'는 뜻의 구동사 sleep off something을 활용할 수도 있다. 즉, sleep off the hangover도 가능하다. 그렇다면 sleep the hangover off라고 할 수도 있을까? 할 수 있다면 어떤 논리로 그것이 가능한지 알아보자.

1 I slept all day Sunday to wake up from the hangover.
2 I was asleep all day Sunday to come out of the hangover.
틀렸다. wake up은 '잠에서 깨다'란 뜻이다. '꿈에서 깨어나다'는 wake up from a dream, '마취에서 깨어나다'는 awake from an anesthetic, '동면에서 깨어나다'는 come out of hibernation이다. '숙취에서 깨어나다'는 '숙취에서 벗어남으로써 몸을 회복시키다'란 뜻이므로 wake up / awake / come out of를 쓸 수가 없다.

3 I slept all day Sunday to recover from the hangover.
좋다. '숙취로부터 벗어나 몸을 회복시키다'란 뜻으로 recover from the hangover란 표현을 썼다.

4 I slept all day on Sunday to get rid of the hangover.
5 I slept all day Sunday to get rid of my hangover.
6 I slept all day Sunday to get rid of a hangover.
the hangover, my hangover, a hangover 이 표현들은 모두 가능하다. 다만, 어떤 문장을 어떤 순서로 사용하느냐에 따라 셋 중 어느 것을 쓸 것인지 결정된다. 표제문 앞에 나올만한 문장을 예를 들어 보자. I hit the booze[1] on Saturday and I had a bad hangover on Sunday. I slept all day to get rid of it(토요일날 진탕 마셨더니 일요일날 숙취가 심했다. 일요일날 숙취에서 깨어나려고 하루 종일 잠만 잤다).에서 마지막 문장을 보면 알겠지만, 이전 문장에서 a bad hangover라고 말을 해버리면 세 문장 모두 쓸 수 없다. 영어는 앞에 나온 명사는 보통 대명사로 대체하므로 it을 쓰는 것이 일반적일 것이다. 하지만 Saturday night we went out and we drank way too much. I slept all day Sunday to get rid of the/my hangover(토요일날 너무 많이 술을 마셨다. 일요일날 숙취에서 깨어나려고 하루 종일 잤다).라고 하면 ④, ⑤가 가능하다. 한편 I slept all day Sunday to get rid of a hangover. I got boozed on Saturday and suffered on Sunday(숙취에서 깨어나려고 일요일날 하루 종일 잠만 잤다. 토요일날 진탕 마셨더니 일요일날 힘들어 죽는 줄 알았다).처럼 순서를 반대로 하면 ⑥이 가능하다. 물론 a hangover는 '특정한 숙취'가 아니라 '일반적인 의미의 숙취'로 사용되기도 한다. 예를 들어, What's the quickest way to get rid of a hangover(숙취를 깨는 가장 빠른 방법은 뭐지)?를 보면 the hangover 또는 my hangover는 특정한 hangover를 가리키는데 비해, a hangover는 일반적인 숙취, 즉 머리 속에 들어 있는 추상적인 hangover를 의미할 수도 있다.

Sunday on Sunday라고 해도 좋고 그냥 Sunday라고 해도 좋다. 왜 그럴까? 두 가지 설명이 가능하다. 영어사전을 찾아보면 알겠지만 Sunday가 부사로 쓰이기도 하며, 그 뜻은 '일요일에'이기 때문이다. On Sunday는 〈전치사 + 명사〉의 전명구이다. 다른 설명도 가능하다. 문법책에 보면, 시간을 나타내는 명사/명사구의 기능 중 부사어(adverbial)로 쓰이는 용법이 있다. Sunday를 포함, last night / today / every morning / tomorrow 등 명사구가 부사어로 쓰이는 사례는 매우 많다.

❼ I stayed in bed on Sunday all day to get rid of the hangover.
좋다. stayed in bed는 '침대에 누워 있었다'는 뜻이다. 일반적으로 잠을 잤을 것이라 추정은 되지만 실제로 잠을 잤는지, 깨어 있었는지, 자다 말다 했는지(slept on and off)는 알 수가 없다.

❽ I slept off the bad hangover on Sunday.
❾ I slept the bad hangover off on Sunday.
Longman Phrasal Dictionary 및 네이티브들의 의견을 종합하면 둘 다 괜찮다. 다만, 현실적으로는 ❽이 압도적으로 많이 사용된다. ❾는 sleep it off처럼 대명사가 목적어로 올 때 이런 어순으로 사용된다. 그렇다면, 어떤 원리로 인해 ❽도 맞고, ❾도 맞다는 걸까? 어떤 원리에 의해 off와 목적어의 위치가 자유롭게 바뀌는 걸까?
저자는 처음에는 '잠을 자서(sleep) + 숙취로부터 벗어나다(off the bad hangover)'라고 생각했다. 즉 sleep은 자동사이고, 뒤에 있는 off the bad hangover는 전명구라고 말이다. 즉, off를 전치사라고 생각했다. 이렇게 되면 off는 the bad hangover를 목적어로 가지므로, 뒤로 보낼 수가 없게 된다. 그런데, 사전에서 sleep it off[2] 같은 형식으로도 사용된다는 설명을 보고 고민이 시작되었다.

앞에 저자가 생각했던 바에 의하면 논리적으로 이것의 원형은 sleep off(자동사 + 전치사)가 되어야 하고 이 경우 〈자동사 + 전치사 + 전치사의 목적어〉 형식으로 sleep off it이 되어야지, sleep it off가 되어야 할 이유가 없다. sleep it off가 가능하다는 것은 sleep off에 대한 이해가 어디선가 틀렸다는 말이다. 이 구동사의 원형이 무엇인지 밝히는 것이 정확한 이해를 위한 지름길이다.

사전을 뒤졌더니 의외로 쉽게 문제가 해결되었다. sleep은 타동사로 '잠을 자서 (목적어를) 제거하다'란 뜻이 있다. 〈sleep + 목적어 + off〉 형식으로 쓰여 '잠을 실컷 자서 목적어를 없애다'는 뜻이 되겠다. sleep이 이런 뜻의 타동사로 쓰이기 위해서는 off가 반드시 필요하다. sleep the bad hangover off는 말이 되지만, sleep the bad hangover는 전혀 말이 되지 않는다.

그럼 여기서 off는 무엇인가? 왜 이렇게 위치를 바꿔도 상관 없는가? 이 구동사의 원형은 sleep a hangover off me/my body이다. my body 또는 me는 너무 자명하기 때문에 오래 전 옛날부터 sleep a hangover off라고 써왔을 것이다. 그리고 수 백 년간 사용하면서 품사의 전환도 생기게 된다. off는 '전치사에서 온 부사'가 된 것이다. 이것을 '전치사적 부사' 또는 '부사성 소사(adverbial particle)'라고 부른다.

따라서 off의 위치가 자유롭게 바뀌는 것이 아니다. the bad hangover가 '전치사의 목적어'가 아니라 '동사의 목적어'이다 보니, the bad hangover가 sleep 뒤에 가기도 하고 sleep off 뒤에 가기도 하는 것이다.

앞서 말한 대로 sleep a hangover off라고 오랫동안 쓰면서 a hangover는 sleep의 목적어인 것이 분명하므로 네이티브는 '동사부'와 '목적어부'를 묶고 싶었을 것이다. 이렇게 해서 나오게 된 것이 sleep off a hangover이다. 우리는 off a hangover가 전명구인지 아닌지 헷갈릴 수 있지만 네이티브는 무의식적으로 〈동사부(sleep off)〉 + 〈목적어부(a hangover)〉 구문이라는 점을 잘 인지하고 있다. 즉 off와 a hangover 간에 아무런 관계가 없다는 점을 무의식적으로 잘 이해하고 있다는 것이다.

이상과 같은 이론적인 설명에도 불구하고, 실제 네이티브가 8~9를 두 개를 비슷한 빈도로 사용하는지, 아니면 어느 하나를 절대적으로 많이 사용하는지는 전혀 별개의 문제이다. 문장이 사람들 입에 붙어 어느 한 쪽은 거의 사용되지 않을 수도 있기 때문이다. sleep off의 경우 8이 압도적으로 많이 사용된다. 앞서 말한 대로, 대명사 목적어를 취하는 경우에만 sleep it off처럼 〈sleep + 대명사 목적어 + off〉 형식으로 사용된다. 상당한 시간이 흐르면 sleep off가 하나의 동사처럼 쓰여 아예 sleep과 off가 분리될 수 없는 숙어가 될 가능성도 있을 것이다. 그런 날이 되면 9는 틀렸다고 해야 할 것이다.

070 걔는 대학 시절부터 사귀어 왔던 남자친구와 헤어졌어

둘 다 이미 대학을 졸업한 상태에서 헤어졌다.

STEP 1 문장만들기

• 표제문을 영어 문장으로 만들어보세요.

[   ]

STEP 2 비교하기

• 표제문을 영어로 잘 옮긴 것에 모두 체크하세요.

1. She broke up with her boyfriend, whom she had gone out with since she was a college student.
2. She broke up with her boyfriend from college.
3. She broke up with her college boyfriend.
4. She was separated from her college boyfriend.
5. She separated from her college boyfriend.
6. She split up with her college boyfriend.

| 가능한 문장 | 1, 2, 3, 4, 5, 6

STEP 3
확인하기

• 문장을 자세히 확인하세요.

★ **영어식 사고로 전환하기** '헤어지다'라고 하면 separate가 먼저 생각난다. 하지만 네이티브는 break up with를 훨씬 자주 사용한다. break up의 원래 의미는 '부서지다'이다. The ship broke up on a reef(그 배는 암초에 걸려 난파되었다).처럼 쓴다. '헤어지다'란 뜻으로 split up도 많이 사용된다.

1 She broke up with her boyfriend, whom she had gone out with since she was a college student.
다소 긴 듯 보이지만 완벽한 문장이다. break up with는 '~와 헤어지다', go out with는 '~와 사귀다'라는 뜻으로 둘 다 캐주얼한 표현이다.

2 She broke up with her boyfriend from college.
3 She broke up with her college boyfriend.
좋다. 이렇게 짧게 표현할 수도 있다. 다만 두 사람이 사귀기 시작할 때 그 남자가 대학생이었는지, 그 여자가 대학생이었는지, 둘 다 대학생이었는지, 지금도 대학생인지 아니면 졸업했는지 전혀 시사하는 바가 없다. 나머지 모든 것은 말하고 있는 상황 정보에 의존할 수밖에 없다.

4 She was separated from her college boyfriend.
5 She separated from her college boyfriend.
separate는 '부부/연인이 갈라서다, 부부가 별거하다'는 뜻이다. 다만 **4**는 수동태를 썼기 때문에, 자발적으로 헤어진 경우를 뜻할 수도 있지만 부모님에 의해서나 상황이 허락하지를 않아서 헤어졌다는 느낌이 강하다. 능동태로 쓴 **5**가 여자가 스스로 주도적으로 이별을 하게 되었다는 의미를 담고 있다.

6 She split up with her college boyfriend.
좋다. split up with 역시 '~와 헤어지다'란 뜻이다.

이런 문장도 생각해보세요

• 다음 중 맞는 문장에 모두 체크하세요.

A (부담된다.) 저리 가라

▶ 내가 컴퓨터 작업하는 것을 내 동료가 내 옆에 서서 지켜보고 있다. 안 가고 옆에 있어 신경 쓰인다.

I'm not comfortable with your presence. [   ]
1. Please keep off me.
2. Please keep away.
3. Please stay away.
4. Please go away.

Key point 1 keep off me는 상대방이 내 몸에 손을 댔을 때 '내 몸에서 손 좀 떼라(Keep your hands off me / Take your hands off me).'라는 뜻으로 쓴다. 지금 상황에서는 keep off me를 쓸 수 없다. 왜냐하면 물리적으로 내 몸에 닿아야(on me 해야) Keep off me!라고 할 수 있기 때문이다. 2~3 좋다. 지금은 직장 동료가 내 주위에 서 있을 뿐 내 몸에 기댄 것은 아니기 때문에 keep off me 대신에, '저리 가라 / 비켜줘'란 뜻으로 keep away / stay away를 쓰면 된다. 4 go away는 '가버리다/사라지다'라는 뜻으로 아주 강한 표현이긴 하지만 '저리 가라'란 뜻으로 쓸 수 있다.

B 그 사람은 은근히 자존심이 상한 것 같았다

▶ 그 사람 점수가 나보다 낮다. 항상 나보다 잘 한다고 생각해왔기 때문에, 내색하지는 않았지만 자존심이 좀 상한 것 같았다.

1. He didn't show his true feelings, but I could tell his pride was hurt.
2. His ego was more bruised than he let on.
3. His pride was more hurt than he let on.

Key point 1 좋다. 표제문을 풀어 쓴 문장이다. '자기 감정을 드러내지는 않았지만 자존심이 상한 게 눈에 보였다.'는 뜻이며, 여기서 tell은 '분간하다, 알아채다'란 의미로 쓰였다. his pride was hurt는 he was hurt / he felt bad / it was humiliating / he was humiliated / he was offended / his ego was bruised와 같은 뜻이다. 2~3 좋다. 표제문은 '그 사람이 얼굴에 내비친 것보다 더 많이 자존심이 상했다'이다. 여기서는 let on이 중요하다. let on은 구어체 구동사로서, '감정을 드러내다'는 뜻과 '실제로는 안 그러면서도 그런 체 하다'는 두 가지 뜻을 가지고 있다. 여기서는 전자의 뜻으로 쓰였다. 자연스러운 한국어로 옮기면 '내색하다, 티를 내다, 얼굴에 내비치다, (감정을) 얼굴에 보이다'는 뜻이다.

C 때를 미는 게 피부에는 안 좋대요.

▶ 때를 미는 민족은 한국인밖에 없는 것 같다. 다른 어느 나라에서 때를 민다는 얘기를 들어 본 적이 없다. 때를 미는 것이 과학적으로 피부에는 그다지 좋지 않다고 한다.

1 It's not good to get your skin exfoliated.
2 It's not good to exfoliate your skin.
3 It's not good to scrub your body.
4 It's not good to give yourself a body scrub.
5 Scrubbing your dead skin off is not good for your skin.
6 Scrubbing off your dead skin is not good for your skin.
7 It is not good for your skin to scrub your dead skin off.
8 It is not good for your skin to scrub off your dead skin.

Key point 때를 미는 것은 서양 사람들에게 없는 습관이라 영어로 어떻게 말해야 할지 난감하다. 미용적인 측면에서 얼굴팩, 오일 등을 이용해서 하는 '박피'는 exfoliate[eksfóulieit]라고 한다. 서양사람들도 전문가들이 시술하는 exfoliate는 한다. exfoliate는 전문적인 피부관리이며 따라서 피부에 좋다는 것이 북미인들의 일반적인 인식이다. 현재 맥락에서는 '혼자서 피부를 박박 미는 것'이 피부에 좋지 않다는 점을 말하는 것이니까 scrub your dead skin off라고 하는 것이 맞다. **1**~**2** 틀렸다. exfoliate는 전문적인 피부관리를 뜻하므로 피부에 이로운 것이다. 이것이 좋지 않다고 말하는 것은 논리적 모순이다. **3**~**4** 틀렸다. scrub your body 또는 give yourself a body scrub은 '몸을 문질러 씻어내다'라는 뜻이다. body scrub 또한 전문가들이 수행하는 피부관리의 일종이다. 어쨌든 '몸을 문질러 씻어내는 것'이 나쁘다고 말하는 것 또한 이상하다. **5**~**6** 좋다. 원형은 scrub your dead skin off (your body)이지만 your body는 자명한 것이므로 생략을 했다고 생각할 수 있다.(실제로 scrub your dead skin off your body라고 쓴 적이 있다는 말이 아니라 이론적으로 이것이 원형이라고 생각해 볼 수 있다는 뜻이다.) off는 '부사적 소사'이며 위치가 자유롭다. 즉, scrub off your dead skin 또는 scrub your dead skin off 둘 다 좋다. **7**~**8** it을 가주어로 삼아 문장 구조만 조금 바뀌었을 뿐 두 개 다 좋다.

| 정답 | A **2**, **3**, **4**　B **1**, **2**, **3**　C **5**, **6**, **7**, **8**

법칙 20 * '전치사 + 명사'로 우리말 동사를 대신하라

071 (새로 나온 해리포터 시리즈인데) **반쯤 읽었어요**

072 (스마트폰을 사용하면) **이동 중에도 많은 일을 처리할 수 있어요**

073 **그 여자는 대충 입어도 눈에 띄어**

 '전치사 + 명사'로 우리말 동사를 대신하라

술어를 〈전치사 + 명사〉로 옮기기

'(갈증이 심해서) 병 주둥이에 입을 대고 물을 마셨다.'를 말하기 위해 '병 주둥이'를 영어로 뭐라고 하는지 고민한 적이 있다. 사전을 찾아보니 a mouth of a jar / the neck of a bottle / the spout of a kettle(주전자 주둥이) / a large-mouthed jar(주둥이가 큰 병)이 눈에 띈다. '대다'도 한참 생각을 했는데 put/place라고 하면 될 것 같다. 그래서 생각해낸 것이 I drank water after placing my mouth on the mouth of the bottle.이다. 하지만 정밀하게 동작 한 개 한 개를 정밀하게 묘사해야 하는 경우를 제외하고는, '병에 직접 입 대고 물을 마셨다'는 의미를 표현하기 위해서는 I drank water directly from the bottle. 또는 I drank straight from the bottle.이라고만 하면 된다.

앞에서 영어는 과거보다는 현재 중심이고, 과정보다는 결과를 더 중시한다고 했다. '그 사람 휴가 갔다.'(과거시제)를 영어로는 He is on vacation.(현재시제)으로 주로 표현한다. 한국어의 술어(동사, 형용사)를 영어로 〈전치사 + 명사〉로 표현하는 버릇을 들이면 훨씬 깔끔한 영어다운 문장을 만들 수 있다.

'그 여자는 직장을 옮겼는데 수입이 짭짤하다.'는 She is making a good deal of money in her new job.이면 충분하다. 한국어는 '직장 옮겼다'인데 영어는 in her new job(새 일자리에서)이라고 현재의 상태 중심으로 표현한다. 데이트 끝내고 집에 가는 길에 여자친구에게 전화해서 '나 버스 탔어.'라고 하는 경우 영어로는 I took the bus.라고 하지 않고 I'm on the bus.라고 한다. '그 집 지금 불났다.'(지금 집이 타고 있는 상황)는 The house is on fire.이고, '그건 법에 위반된다.'는 It's against the law.이다. '시험 공부한 것이 거의 다 시험에 나왔어.'는 Most of the questions came from what I had covered.라고 해도 좋지만 What I studied was on the test.라고 하면 훨씬 깔끔하다.

관형절과 부사절을 〈전치사 + 명사〉로 옮기기

한국어의 관형절 역시 영어로는 〈전치사 + 명사〉로 표현하면 깔끔하다. 영화 Men In Black의 뜻은 '검은 옷을 입은 남자들'이다. '꼭 끼는 원피스를 입은 S라인 몸매를 가진 여자'는 a curvy woman in a tight dress이다. '청바지 입고 있는 저 남자 봐.'는 Look at the man in the blue jeans. 또는 Look at the man with the blue jeans on.이라고 한다. (문법 용어로 〈with + 명사 + 부사구〉를 '부대상황'이라고 한다.)

한국어의 부사절 역시 〈전치사 + 명사〉로 표현하면 깔끔한 경우가 많다. 앞 장에서 다룬 She burst into a rage at the sight of me being with another girl.이라는 문장에서 '내가 다른 여자와 함께 있는 것을 보고'를 at the sight of me being with another girl로 표현하고 있다.

확고한 주절 후보가 있는 경우에는 '병에 입을 대고', '다른 여자와 있는 것을 보고' 같은 부수적인 절을 만나는 순간 동사로 옮기지 말고 전명구를 떠올려보자.

071 (새로 나온 해리포터 시리즈인데) 반쯤 읽었어요

박대리가 내게 다가와 뭘 읽고 있냐고 물어보는 말에 대답하는 말이다.

STEP 1
문장만들기

- 표제문을 영어 문장으로 만들어보세요.
It's the new Harry Potter book.
[   ]

STEP 2
비교하기

- 표제문을 영어로 잘 옮긴 것에 모두 체크하세요.

1. I read half.
2. I read half of it.
3. I am reading half of it.
4. I went half.
5. I ran half of it.
6. I was halfway through it.
7. I am halfway through it.
8. I am halfway through.
9. I am halfway through this.
10. I am halfway through this one.

| 가능한 문장 | 1, 2, 7, 8, 10

STEP 3 확인하기 • 문장을 자세히 확인하세요.

★ **영어식 사고로 전환하기** '반쯤 읽었다.'는 아주 쉽게 동사 read를 써서 표현하면 된다. 혹은, 다르게 생각해보면 '(지금) 반쯤 끝낸 상태이다.'란 뜻인데, 영어로 '끝내다'는 전치사 through로 표현 가능하다.

1 I read half.
괜찮다. half는 half of the book의 준말이다. 문장이 지나치게 짧고 축약형이라 맥락이 분명할 때만 쓰는 것이 좋다. 예를 들어, How far did you get? / How far have you read? / How much have you read? 등 얼마나 읽었냐는 질문에 대해 할 수 있는 답이다.

2 I read half of it.
좋다. I am halfway through it.과 같은 뜻으로, 지금 현재 반을 읽은 상태라는 말이다. 한편, 2는 과거시제 문장이므로 당연히 과거 사건을 묘사할 때도 쓸 수가 있다. '(옛날에/일주일 전에/한 달 전에' 등 과거에) 이 책을 반 읽었다'란 뜻이다. 예를 들어, I read half of it when I lost it(절반쯤 읽다가 잃어버렸다).과 같이 쓸 수 있다.

3 I am reading half of it.
말이 전혀 안 된다. 책을 반 잘라 그 절반을 읽는다는 뜻에 가깝겠지만 이 경우에도 I am reading the first half of it. 또는 I am reading the last half of it.처럼 잘라진 책의 첫 번째 책인지, 두 번째 책인지를 밝혀줘야 비로소 의미 있는 문장으로 성립한다. 또는 '오직 절반만 읽을 것이다.'(I'm going to read only half of it, but no more.)라는 뜻도 가능하다. 그 절반의 어디쯤 읽고 있는지는 시사하는 바가 없다.
한국어에서는 '반쯤 읽었어요.'는 '반쯤 읽고 있어요.'와 거의 같은 뜻이다. 즉, 지금 맥락에서는 과거시제 문장과 현재진행시제 문장이 같은 뜻이다. 그래서 3이라고 하기 쉽다. 하지만 보다시피 2와 3은 의미가 완전히 다르다. 한국어 문장의 시제와 영어 문장의 시제는 맥락과 상황에 따라 언제든지 달라질 수 있다는 점을 기억하기 바란다.

4 I went half.
5 I ran half of it.
전혀 말이 안 되는 문장이다. go half와 run half 모두 이 상황에서는 쓸 수 없는 표현이다.

6 I was halfway through it.

틀렸다. 독자들 중에는 표제문이 과거시제이니 영어 문장도 과거시제를 써야 하는 것 아닌가 생각할 수 있겠다. 하지만 6은 현재와 관련이 전혀 없는 과거 사건에 사용한다. I was halfway through it when I lost it. I had to buy it again(반쯤 읽다가 잃어 버렸다. 그래서 책을 다시 사야 했다).이라고 하면 완전한 문장이 되겠다.

through 전치사 through는 '끝냈다'란 뜻이다. 따라서 I'm through it.은 '다 읽었다.'란 뜻이고 halfway through it은 '반쯤 읽었다'는 뜻이다. halfway는 '(거리, 시간 상으로) 중간에/가운데쯤에'란 뜻의 부사이다.

7 I am halfway through it.

좋다. 저자는 이 책에서 it은 '그것'이라고 생각하면 안 된다고 누누이 얘기했다. it은 '이 것'이란 뜻으로 쓰이는 일이 다반사다. 우리가 보기에는 7이 어색할 수 있지만 실은 맞는 문장이다. 바로 눈 앞에 책을 가리켜 it이라고 하기가 어렵겠지만 네이티브가 바라보는 it으로 우리도 바라봐야 한다.

8 I am halfway through.

it을 빼먹어도 아무 지장 없다. 아울러, through 대신에 done과 finished 모두 쓸 수 있다.

9 I am halfway through this.

틀렸다. 이 문장은 단독적으로는 아무 문제 없다. 하지만 대명사는 앞뒤 다른 대명사의 쓰임과 밀접하게 연관되어 있으므로 앞뒤 대명사가 어떻게 쓰였는지를 잘 검토해야 한다. 바로 앞 문장은 It's the new Harry Potter book.이라고 했으며 대명사 it을 썼다. (it 대신 this를 써서 This is the new Harry Potter book.이라고 해도 된다.) 이 경우 7, 8은 괜찮지만 9라고 하면 전혀 맞지 않는다. 설사 앞에 This is the new Harry Potter book.이라고 했다 하더라도 쓸 수 없다. 앞 문장에서 It is 또는 This is라고 하면, 뒷 문장에서는 it으로 받는 것이 맞다.

10 I am halfway through this one.

좋다. this와 달리 this one은 앞 문장으로 It's the new Harry Potter book. 또는 This is the Harry Porter book. 어느 것이 오더라도 문제 없이 잘 어울린다.

072 (스마트폰을 사용하면) 이동 중에도 많은 일을 처리할 수 있어요

사람들이 스마트폰에 열광하는 이유는 이동하면서(즉 사무실/집/학교 바깥에서도) 여러 가지 일들을 처리할 수 있기 때문이다.

인터넷부터 게임까지!

STEP 1 문장만들기
- 표제문을 영어 문장으로 만들어보세요.
[   ]

STEP 2 비교하기
- 표제문을 영어로 잘 옮긴 것에 모두 체크하세요.

1. You can do many things while moving.
2. You can take care of your work (while) on the go.
3. You can take care of what you are supposed to do on the go.
4. You can take care of your job on the go.
5. You can take care of your jobs on the go.
6. You can take care of your assignments/tasks/business on the go.
7. You can get a lot done (while) on the move.

| 가능한 문장 | 2, 3, 5, 6, 7

 • 문장을 자세히 확인하세요.

★ **영어식 사고로 전환하기** '이동하다'가 move이므로 '이동 중에도'를 while moving이라고 하면 될까? 전혀 말이 안 된다. while traveling 정도는 가능하겠다. 보다 더 자연스러운 표현은 on the go / on the move이다.

1 You can do many things while moving.
틀렸다. 여러 네이티브에게 while moving이 무슨 뜻인지 물어보니 몸을 흔들면서 뭔가 하는 장면이 떠오른다고 하는 사람도 있고, 이사를 하는 장면이 떠오른다고 하는 사람도 있다. '이동 중'이라는 뜻은 전혀 없다.

2 You can take care of your work (while) on the go.
좋다. on the go는 '이동 중' 또는 '이동하면서'란 뜻이다. With an iPhone, you can watch movies or send email while on the go(아이폰만 있으면, 이동 중에도 영화를 보거나 이메일을 보낼 수 있습니다).처럼 쓴다 your work는 사무실 일은 물론 개인적인 볼 일을 모두 포함하는 개념이다.

3 You can take care of what you are supposed to do on the go.
좋다. '일'을 what you are supposed to do라고 해도 괜찮다. 또는 things you need to do / things you have to do도 좋다.

4 You can take care of your job on the go.
5 You can take care of your jobs on the go.
단수형 your job은 '네 직업'이라는 뜻이 되어 곤란하다. 하지만 your jobs는 '여러 가지 일들'을 뜻하며 업무적인 일, 개인적인 일을 모두 포함한다.

6 You can take care of your assignments/tasks/business on the go.
좋다. assignments/tasks/business는 업무뿐만 아니라 개인적인 일들을 포함한다.

7 You can get a lot done (while) on the move.
좋다. on the move는 moving or travelling from one place to another라는 뜻이 있으므로 '이동 중에'라는 뜻으로 쓸 수 있다.

073 그 여자는 대충 입어도 눈에 띄어

그 여자는 빼어난 미인이라 티셔츠와 청바지 같이 수수하게 입어도 표가 난다.

STEP 1
문장만들기

- 표제문을 영어 문장으로 만들어보세요.

[   ]

STEP 2
비교하기

- 표제문을 영어로 잘 옮긴 것에 모두 체크하세요.

1. She stands out even when she is loosely dressed.
2. She stands out even when she is wearing casual clothes.
3. She stands out even when she cares little about what she's wearing.
4. She stands out in whatever she's wearing.
5. She stands out no matter what she wears.
6. She stands out even when she is dressed casually.
7. She is conspicuous even when she is casually dressed.
8. She stands out regardless of what she's wearing.
9. She stands out in whatever clothes she's wearing.

> ⑩ She catches people's eyes even without being dressed up.
> ⑪ She stands out even in her casual outfits.
> ⑫ She stands out even in her casual clothes.

| 가능한 문장 | ②, ③, ④, ⑤, ⑥, ⑦, ⑧, ⑨, ⑩, ⑪, ⑫

STEP 3 확인하기
• 문장을 자세히 확인하세요.

★ **영어식 사고로 전환하기** '대충 입어도'는 '잘 차려 입지 않아도', '적당히 입어도'이다. 다르게 말하면 '무슨 옷을 입어도(whatever clothes she's wearing)', '아무렇게나 입어도(without being dressed up)', '옷에 신경 쓰지 않아도(when she cares little about what she's wearing)'이다. 전명구를 활용하기 위해서는 '입었다', '착용했다'란 뜻으로 사용하는 전치사 in, '～임에도 불구하고'를 뜻하는 regardless of를 활용해보자.

① She stands out even when she is loosely dressed.
틀렸다. be loosely dressed는 거의 안 쓰는 표현이다. 굳이 해석하면 '헐렁한 옷을 입다'에 가깝기는 하지만, 이럴 때는 She's wearing baggy clothes.라고 하면 된다.

② She stands out even when she is wearing casual clothes.
괜찮다. casual clothes는 '정장'이 아닌 티셔츠와 청바지 같은 '평상복'을 말한다. casual clothes은 범위가 아주 넓어 일률적으로 뜻을 규정하기가 곤란하다. 가장 일반적인 casual clothes은 청바지에 티셔츠(jeans and a T-shirt) 차림을 가리키겠지만, 이론적으로는 '정장'이 아닌 모든 옷을 다 가리킨다.

③ She stands out even when she cares little about what she's wearing.
좋다. '대충 입어도'는 '옷에 신경 쓰지 않아도'와 같은 뜻이다.

④ She stands out in whatever she's wearing.
⑤ She stands out no matter what she wears.
좋다. whatever와 no matter what은 '뭘 ～한다고 해도', '아무리 ～한다고 해도'란 뜻으로, 무엇을 입든지 그 여자가 눈에 띈다는 점은 사실이라는 말이다.

6 She stands out even when she is dressed casually.
괜찮다. casually dressed 또는 dressed casually는 '대충/편한대로 입었다' 또는 '(정장이 아닌) 평상복을 입었다'는 뜻이다.

7 She is conspicuous even when she is casually dressed.
좋다. conspicuous(눈에 잘 띄는, 튀는)는 구어체에서도 쓰이지만 문어체에 더 가깝다.

8 She stands out regardless of what she's wearing.
9 She stands out in whatever clothes she's wearing.
좋다. 우리말로 동사(대충 입어도)로 표현하는 것을 〈전치사 + 명사절〉로 표현해보자. regardless of what she's wearing은 '입고 있는 옷에도 불구하고', 즉, '무슨 옷을 입어도'란 뜻이다. 그렇다면 in whatever clothes she's wearing에서 in은 왜 썼을까? 간단하다. in the jeans / in his hiking outfit / in her glasses에서 보듯이 '착용'을 뜻하는 in이다.

10 She catches people's eyes even without being dressed up.
좋다. '눈에 띄다'를 '사람의 이목을 끈다'로 전환하면 catch people's eyes라고 할 수 있다. 한편, dressed up은 '잘 빼입다', '양복을 입다', '정장을 하다'란 뜻이다.

11 She stands out even in her casual outfits.
12 She stands out even in her casual clothes.
좋다. '대충 입어도'란 말을 '~을 입고 있는'을 뜻하는 전치사 in을 활용해서 전명구로 전환했다.

`outfit / clothes` in her casual outfits 또는 in her casual clothes 둘 다 좋다. 일반적으로 outfit은 matching suit, matching jacket and dress 등 상의와 하의가 함께 세트를 이루는 것을 말하며, 일반적으로 함께 판매가 되는 옷을 일컫는다. 하지만 일반적으로는 상의와 하의가 별도라 하더라도 그것을 하나의 세트로 보아 outfit이라고 하기도 한다. 이런 의미에서는 outfit과 clothes가 거의 같은 뜻이다.[3]

이런 문장도 생각해보세요

• 다음 중 맞는 문장에 모두 체크하세요.

A 모든 일이 계획대로 착착 진행되고 있다

1. Everything is processing in due time.
2. Everything is progressing well/on time.
3. Everything is progressing according to the plan/the schedule/the timeline.
4. Everything is going as planned.
5. Our plan is going smoothly.
6. We are making steady progress/headway.
7. Everything is under good process/procedure/progress.
8. Everything is in good process/procedure/progress.
9. Our plan is well under way.
10. Everything is well under way.

Key point '진행되고 있다' 하니 약간 어려운 동사 progress 생각이 난다. 〈기본동사 + 목적어〉 형식으로 make progress도 가능하다. '착착 진행되고' 있으니 make good progress 라고 표현해도 좋다. 기본 동사 go를 활용해 go as planned / go smoothly와 〈전치사 + 명사〉 구문도 시도해보기 바란다. 1 틀렸다. 동사 process는 '(원자재, 식품 등을) 가공하다/처리하다'란 뜻으로 표제문과 전혀 상관 없는 말이다. 대신, progress가 '진전을 보이다, 진행하다' 란 뜻이므로 지금 맥락에 사용 가능하다. in due time은 '머지 않아', '(언젠가) 때가 되면', '결국'(eventually)이란 뜻으로 현재 맥락과 전혀 관련이 없다. '모든 일에는 때가 있는 법이다.'를 Everything happens in due time.이라고 한다. '때가 되면 너도 다 알게 될 것이다.'는 You'll find out in due time.이다. 2~3 좋다. '착착'은 well / on time / according to the plan 등으로 말하면 된다. 4 좋다. 어려운 단어 '진행되다'에 현혹되어 쉬운 단어 going을 생각하지 못하면 안 된다. '착착'은 as planned(계획한 대로)이다. 5 좋다. '진행되고 있다'가 is going으로 바뀌었다. 아울러, '착착'은 smoothly로 바뀌었다. '차질 없이 진행되다'라고 할 때 go smoothly 라는 표현을 쓴다. 6 훌륭하다. make steady progress 또는 make steady headway는 '일이 착착 진척되다'라는 뜻이다. headway는 progress와 같은 뜻이다. 〈기본동사 + 목적어〉 구문으로, make progress / make headway는 '진전하다, 진행하다'라는 뜻이 있다. 여기에 steady(꾸준한)가 들어갔으니 일이 잘 진행되고 있다는 말이다. steady 대신 good도 좋다. 주어로 We 대신 Our plan이라고 해도 된다. 7~8 틀렸다. under pressure / under construction / in good order / in good shape / in good spirits 등을 참고해서 시도해 본 것들인데, 안타깝게도 전혀 안 쓰는 말이다. 아무런 뜻이 없다. 9~10 좋다. under way는 '진행 중인'이라는 뜻이며, be well under way는 '(일이) 잘 되어가다'라는 뜻이다.

B (방금) 등산복을 입은 두 사람이 들어왔다

▶ 스타벅스에 앉아 있는데 2분 전에 등산복 차림을 한 두 사람이 안으로 들어왔다. 수지에게 전화로 하는 말이다.

1 Two people wearing hiking outfits walked into Starbucks.
2 Two people wearing hiking outfits walked in.
3 Two people dressed in hiking outfits walked in.
4 Two people in hiking outfits / apparel / clothes / gear stepped in.
5 Two people in their hiking outfits came in.
6 Two people in their hiking outfit came in.
7 I saw two people in their hiking outfits enter here.
8 I saw two people in their hiking outfits getting in.

Key point '등산복을 입은'은 wearing hiking outfits라고 동사 wear로 표현 가능하지만, in hiking outfits같이 '착용'을 뜻하는 전치사 in을 쓰면 간결하고 깔끔하게 보여 더 좋다. 한국어 동사 표현을 영어 동사 표현으로 무조건 바꾸려고만 하지 말고 〈전치사 + 명사〉 구문으로 시도해보자. 한편, '들어왔다'를 영어로는 동작동사 중심으로 생동감 있게 표현하면 좋다. 영어는 들어오더라도 어떻게 들어왔는지에 관심이 많다. 즉, 뛰어 들어왔는지, 서둘러 들어왔는지, 달려 들어왔는지 등에 관심이 많고 이것들을 동사로 삼는 경향이 있다. '들어왔다'를 come in만 사용하지 말고 walk in / step in / enter here 등으로 표현하는 연습을 해보자. **1**~**3** 내가 이미 스타벅스에 있다는 사실을 상대방이 알고 있으므로 Starbucks를 다시 반복할 필요가 없다. **2**, **3**이 맞다. **4** 좋다. 등산복은 hiking gear / hiking outfit / hiking clothes가 무난하겠다. hiking apparel도 쓰이기는 하지만 그다지 많이 사용되지 않는다. **5**~**6** outfits와 outfit 중 어느 쪽이 맞는가? 옷은 한 사람이 하나씩 입는 것이니까 단수형 outfit을 써야 하지 않을까 생각할 수 있지만, 이렇게 단수형을 쓰면 두 사람이 등산복 하나를 share한다는 것이 되어 아주 어색하다. 따라서 복수형 outfits가 맞다. **7** enter here도 좋다. 〈지각동사 see + 목적어 + 동사원형/분사〉 구문이다. **8** 틀렸다. get in/into the taxi처럼 차에 탑승할 때만 get in/into를 사용한다. 건물에 들어갈 때나 들어올 때 get in을 사용하시지 않는다.[4]

법칙 21 * 형용사로 한국어 동사를 대신하라

074 보고서 내일까지 내야 합니다

075 내일 영업하지 않습니다

076 (휴대폰) 산 지 1년도 안 됐잖아

077 정말 괴로워

형용사로 한국어 동사를 대신하라

간단하게 형용사 한 단어로 나타낸다.

한국어에서 '동사'로 표현하는 것을 영어에서는 '형용사'로 표현하는 경우가 많다. 한국어 형용사는 어미를 갖고 자체적으로 활용을 하니 사실상 동사라고 봐도 좋겠다.(따라서, 이 장에서 '동사'는 형용사를 포함하는 광의의 동사, 즉 '용언'을 말한다.) 반면에 영어에서는 오로지 동사(be동사 포함)만 서술어로 쓸 수 있으며, 형용사를 서술문에 쓰기 위해서는 〈be동사 + 형용사[5]〉의 형태로 쓰는 수밖에 없다.

'밑의 애들 너무 잡는다.' 즉 '직원들한테 지나치게 심하게 대한다.'라는 말은 You treat them too harshly.라고 해도 되지만, Don't be too harsh on them.이라고 해도 좋다. '그 사람 영어 잘 한다.'는 He speaks English very well.이라고 해도 되지만 His English is good. 또는 He is good at speaking English. 또는 He is a fluent English speaker.라고 해도 좋다. 한국어가 〈명사(목적어) + 부사 + 동사〉 형식을 갖는 데 비해 영어는 〈be동사 + 형용사〉, 〈be동사 + 형용사 + 전치사구〉, 〈be동사 + 형용사 + 명사〉 형식을 취한다. 한국어는 동사와 부사 중심인데 비해, 영어는 명사와 형용사가 정보 전달의 중심을 이루는 것이다.

'그 사람이 내 계획에 대해 꼬치꼬치 따져 물었다.'는 He asked me detailed questions about my plan.이라 해도 되지만, inquisitive(꼬치꼬치 캐묻는)라는 형용사를 써서 He was inquisitive about my plan.라고 해도 충분히 의사전달이 된다. 마찬가지로 '나는 작은 일에도 기분이 팍 상한다.'는 I'm easily affected by little things. / Little things can piss me off.라고 해도 되지만, sensitive(예민한)를 써서 I'm sensitive.라고 해도 충분하다. '그 사람은 잘 해줘도 잘 해주는 줄도 모르고 고마워하지도 않는다.'는 He is ungrateful.이라고 하면 간단명료하다.

이처럼 형용사를 쓰게 되면 문장이 간단명료해진다는 장점이 있다. 한국어 문장에서 동사를 썼다 하더라도 내용상 주체/대상의 특성, 속성, 감정을 가리키는 경우 영어로 〈be동사 + 형용사〉를 시도해보자.

074 보고서 내일까지 내야 합니다

지금 보고서 작업 중이다. 손과장이 내 사무실에 찾아왔길래 보고서를 작성하다 말고 하는 말이다.

STEP 1 문장만들기
- 표제문을 영어 문장으로 만들어보세요.

[   ]

STEP 2 비교하기
- 표제문을 영어로 잘 옮긴 것에 모두 체크하세요.

1. I have to submit this by tomorrow.
2. I have to submit it until tomorrow.
3. I need to turn it in by tomorrow.
4. The deadline for the report is tomorrow.
5. Its deadline falls on tomorrow.
6. The deadline is tomorrow.
7. It's due by tomorrow.
8. It's due tomorrow.

| 가능한 문장 | 1, 3, 4, 6, 8

STEP 3 확인하기
- 문장을 자세히 확인하세요.

★ 영어식 사고로 전환하기   '제출하다', '내다'는 submit 또는 turn in이다. 또는 '내일이 제출기한이다.'라고 말을 바꾸면 '제출기한'을 뜻하는 deadline을 쓰면 된다. 더 좋은 방법은 '~ 날짜가 제출기한인', '~ 날짜까지는 제출해야 하는'이란 뜻을 가지고 있는 형용사로 문장을 만들어보는 것이다. 바로 due를 쓰면 된다.

1 I have to submit this by tomorrow.
2 I have to submit it until tomorrow.

by와 until은 둘 다 '~까지'를 의미하지만 by는 '기한', until은 '계속'이란 뜻을 담고 있다. 여기서는 언제까지 제출해야 한다는 '기한'을 말하므로 by를 쓴 **1**이 맞다.

submit this vs. submit it 우리말에서는 바로 눈 앞의 보고서를 지칭하면서 '그것을 제출해야 한다'고 말하지 않고 '이것을 제출해야 한다'고 말한다. 하지만 영어에서는 똑같은 상황에서 submit this라고 해도 좋고 submit it이라고 해도 좋다.

3 I need to turn it in by tomorrow.

좋다. turn in은 타동사적 구동사로, turn the report in 또는 turn in the report 모두 좋다. 하지만 대명사 목적어를 취하는 경우 반드시 turn it in이라고 해야 한다.

4 The deadline for the report is tomorrow.
5 Its deadline falls on tomorrow.
6 The deadline is tomorrow.

The deadline for the report 또는 The deadline은 괜찮지만 Its deadline이라고는 하지 않는다.

5의 fall on은 '(성탄절 등의 명절이) ~요일이다'라는 뜻이다. 예를 들어, Christmas falls on Wednesday this year(올해 성탄절은 수요일이다).라고 한다. 하지만 deadline에 대해 fall on을 쓰지 않는다.

7 It's due by tomorrow.

틀렸다. due가 '~날짜까지는 제출해야 한다'이니 due by tomorrow라고 하기 쉽다. 하지만 due의 정확한 뜻은 '~날짜가 제출기한인'이다. 예를 들어, It's due on September 21st.라고 하면, '9.21이 제출기한이다.'인데, 이것을 우리말에 자연스럽게 바꾸는 과정에서 '9.21까지 제출해야 한다.'로 바뀌게 되었다. due의 정확한 뜻을 생각하면 쉽게 이해가 될 것이다.

8 It's due tomorrow.

좋다. tomorrow는 명사이기도 하고 부사이기도 하므로 on tomorrow라고 하지 않는다.

075 내일은 영업하지 않습니다

우리 가게는 빵가게이고 나는 거기 일하는 종업원이다.

STEP 1
문장만들기

- 표제문을 영어 문장으로 만들어보세요.

[   ]

STEP 2
비교하기

- 표제문을 영어로 잘 옮긴 것에 모두 체크하세요.

1. We will not do business tomorrow.
2. We're not going to open tomorrow.
3. We're not going to be open tomorrow.
4. We'll close tomorrow.
5. We'll be closed tomorrow.
6. We are closed tomorrow.
7. The shop will be closed tomorrow.
8. We're off tomorrow.

| 가능한 문장 | 2, 3, 4, 5, 6, 7, 8

STEP 3
확인하기

- 문장을 자세히 확인하세요.

★ **영어식 사고로 전환하기** '영업하지 않는다'는 '문을 열지 않는다' 또는 '문을 닫는다'이다. 동사 open 또는 close를 사용해서 충분히 문장을 만들 수 있다. 영어 형용사 가운데 '영업을 하고 있는 상태'를 뜻하는 open, '영업을 하지 않은 상태', '문을 닫은 상태'를 뜻하는 closed가 있으므로 이것을 활용하는 것도 방법이다.

1 We will not do business tomorrow.
틀렸다. 표제문을 직역한 것인데 영어로는 매우 어색한 문장이다.

2 We're not going to open tomorrow.
3 We're not going to be open tomorrow.
둘 다 좋다. 동사 open은 '(상점, 사업체 등이) 당일 영업을 위해 문을 열다' 또는 '개업하다'란 뜻이다. 형용사 open은 '(상점, 은행 등이) 영업을 하는'이란 뜻이다. 지금 맥락에서 **2**의 to open과 **3**의 to be open은 의미상 차이가 없다. for business를 추가하여 We won't be open for business tomorrow. 역시 좋다.

4 We'll close tomorrow.
괜찮다. 하루만 쉬는 것이 아니라 '폐업'한다는 뜻이라고 하는 네이티브도 있지만, 맥락이 충분하다면 큰 문제는 없다. We'll close for tomorrow.라고 하면 '내일만 쉰다.'는 뜻이 분명한 문장이 된다.

5 We'll be closed tomorrow.
6 We are closed tomorrow.
모두 좋다. 형용사 closed는 '상점, 공공건물 등이 한동안 문을 닫은/폐쇄된'이란 뜻이다. 참고로 '금일 휴업'은 Closed today라고 한다.

7 The shop will be closed tomorrow.
좋다. The shop 대신 This shop / Our shop / My shop을 쓸 수도 있다.

8 We're off tomorrow.
좋다. off에는 '근무를 쉬는'이란 뜻이 있다. 이때는 전치사가 아니라 형용사로 쓰인 것이다. 상황에 따라서는 가게는 영업을 하지만 '우리'(직원 중 몇몇)는 내일 쉰다는 뜻이 될 수도 있다.

076 (휴대폰) 산 지 1년도 안 됐잖아

수지가 자꾸 새 핸드폰을 산다고 해서 내가 한마디 한다. 지금 쓰고 있는 핸드폰은 불과 9개월 전에 구입한 신 모델이기 때문이다.

휴대폰 산 지 1년도 안 됐잖아

최신 휴대폰을 사야겠어

STEP 1 문장만들기
- 표제문을 영어 문장으로 만들어보세요.
[   ]

STEP 2 비교하기
- 표제문을 영어로 잘 옮긴 것에 모두 체크하세요.

1. It hasn't been a year since you bought it.
2. It hasn't even been a year since you bought it.
3. It has been less than a year since you bought it.
4. You bought it just several months ago.
5. You bought it just less than a year ago.
6. You just bought it 9 months ago.
7. You haven't even used it for a year.
8. It is less than a year old.

| 가능한 문장 | 1, 2, 3, 5, 6, 7, 8

법칙 21 341

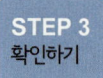
• 문장을 자세히 확인하세요.

★ **영어식 사고로 전환하기** '산지 1년도 안 됐잖아.'는 '산 지 1년 미만이잖아.', '겨우 9개월 전에 구입했잖아.', '사용한지 1년도 안됐잖아.'로 바꿔볼 수 있다. 대체로 동사 buy를 쓰면 표현이 가능할 것이다. 하지만, 완전히 발상을 전환해서, '그것 한 살도 안 됐잖아.'라고 할 수는 없는지 살펴보자.

1 It hasn't been a year since you bought it.
2 It hasn't even been a year since you bought it.
둘 다 좋다. **1**은 중립적인 문장이다. even이 추가된 **2**는 '얼마 안 되지 않았느냐?'란 뜻이 추가되어 있다. 표제문을 직역한다고 했을 때 가장 가까운 문장이다.

3 It has been less than a year since you bought it.
좋다. 한국어 부정문을 영어 긍정문으로 바꿔 '1년도 안 됐다'를 '1년 미만이다'라고 생각하면 문장 만들기가 더 쉽다. It has been less than a year ~라고 표현하면 된다.

4 You bought it just several months ago.
문장은 좋지만 뜻이 다르므로 틀리다. just several months ago는 '3~5개월 전' 정도를 뜻한다. 따라서 표제문의 '1년'과는 맞지 않는 표현이다.

5 You bought it just less than a year ago.
좋다. 직역하면 '너 그거 고작 1년 미만 전에 샀잖아.'이다. 한국어로는 말이 잘 안 되지만 마음 속으로 얼른 이런 우리말 문장으로 전환해본 다음, 이것을 **5**처럼 옮기는 연습이 필요하다.

6 You just bought it 9 months ago.
좋다. 9개월 전에 산 것을 정확히 알고 있는 경우 **5**보다는 **6**이 좋다. 서양사람들은 정확하게 얘기하는 것을 선호한다. '네다섯 개', '예닐곱 개' 등은 영어로 말할 때는 피하는 것이 좋다. 가급적 구체적으로 말해줘야 한다.

just의 위치 부사의 위치는 자유로운 경우도 있고 딱 고정되어 있는 경우도 있는데, 지금 맥락의 just의 경우 **6**이 훨씬 더 좋지만, You bought it just 9 months ago.도 나쁘지 않다.

7 You haven't even used it for a year.

좋다. '샀다 = bought'라고 기계적으로 생각하지 말고 '썼다 = used'를 사용해도 좋다. 이 문장은 중의적이다. '1년전까지 사용하다가 그 이후 지금까지 1년동안 사용하지 않았다.'는 뜻으로 쓰일 수도 있다.

8 It is less than a year old.

표제문을 '네 핸드폰 한 살도 안 됐잖아.'로 전환하면 8이 금방 나올 것이다. 한국어로 동사로 표현되어 있는 것을 형용사로 옮길 수 있는 발상의 전환이 필요하다. 다만 이 문장은 다소 중의적인 문장이다. 문장 뒤에 since you bought it이 생략되었다고 볼 수도 있고 since it has been released이 생략되었다고 볼 수도 있다. 따라서 다소 의미가 모호하기는 하지만 맥락상 의미가 분명한 경우 8은 큰 문제 없이 사용할 수 있다.

077 정말 괴로워

주식 투자를 했는데 실패해서 돈을 많이 잃었다. 잃어버린 돈도 아깝고 잘못된 판단을 한 자신에게도 부아가 치민다.

STEP 1
문장만들기

• 표제문을 영어 문장으로 만들어보세요.

[   ]

STEP 2
비교하기

• 표제문을 영어로 잘 옮긴 것에 모두 체크하세요.

1 I wanna die.
2 I can barely hold/contain my anger.
3 It really hurts.
4 It still stings.
5 That really hurts.
6 It pains me.
7 It pains me to think of what a fool I was.
8 I'm bitter.
9 I'm upset with myself.
10 I'm very/really distressed.
11 I'm miserable.

| 가능한 문장 | 2, 3, 4, 5, 6, 7, 8, 9, 10, 11

> **STEP 3**
> 확인하기
>
> • 문장을 자세히 확인하세요.

★ 영어식 사고로 전환하기 '괴롭다'는 한국어 형용사이다. 앞서 밝힌 대로 이 장에서 한국어 형용사는 '광의의 동사'에 포함된다고 간주한다. '(투자 손실 때문에 마음이 힘들고) 괴롭다'를 영어로 표현하기가 의외로 쉽지 않다. '괴롭다'를 '열 받는다', '비통하다', '화가 난다', '속이 쓰린다', '부아가 치민다'로 바꿔봐야 단서가 잡힌다. 아예 시각을 바꿔, '잃어버린 돈' 또는 '돈을 잃은 경험'을 주어로 삼아, 이것들이 '나를 괴롭힌다', '(바늘이 찌르듯이) 아프게 찌른다'라고 해도 될 것이다. 1~7처럼 영어 동사를 써서 표현할 수도 있고 8~11처럼 〈be동사 + 영어 형용사〉로 표현할 수도 있다.

1 I wanna die.
틀렸다. 한국에서는 '괴롭다, 힘들다'라는 뜻으로 '죽고 싶다'는 말을 자주 하지만 서양에서는 이렇게 말하는 일이 거의 없다. 자살을 걱정할 정도로 심각한 상황에서나 하는 말이다.

2 I can barely hold/contain my anger.
좋다. '성질 나는 것을 가까스로 참고 있다.', 즉 '성질 나서 참을 수가 없다.'이다. '참다'는 '(감정을) 억누르다'란 뜻인데 hold 또는 contain이라고 한다. contain은 She got so furious she just couldn't contain herself(그 여자는 너무 화가 치밀어올라서 도저히 참을 수가 없었다).처럼 주로 부정문에서 사용된다.

3 It really hurts.
좋다. 상황에 따라 뜻이 약간씩 달라지지만 대체로 '그것이 내 양심/자존심/약점을 찌르기 때문에 내가 고통스럽다/내 속이 쓰리다/내 마음이 아프다/내가 화가 난다/성질이 난다/정말 괴롭다.'란 뜻이다. 물론 신체적인 고통과 통증에 대해서도 사용 가능하다.

4 It still stings.
좋다. 동사 sting은 '곤충이나 식물이 쏘다/찌르다', '신체 부위가 따끔거리다/따갑다'이다. 여기에서 비롯되어 '잘못된 투자로 인한 손실(It)'이 '여전히 내 마음을 괴롭게 한다(still stings)'는 뜻으로 쓰일 수 있다. 우리말다운 말로 바꾸면 '그거 때문에 아직도 속상하다/괴롭다/화가 난다'가 되겠다.

5 **That** really hurts.

좋다. It hurts.에서 it은 '내가 잃어버린 돈'을 말하고 That hurts.에서 that은 '내가 돈을 잃은 그 쓰라린 경험'을 말한다. 지금 맥락에서는 둘 다 같은 의미로 사용된다. 반면에 상대방이 내 자존심을 건드리는 말을 했을 때 That hurts.라고 하면, 그 의미는 '상당히 아픈데', '성질 나는데', '약 오르는데', '열 받는데'란 의미가 된다. 이런 경우 대체로 진짜 성질이 났다기보다는 농담 삼아 하는 말이다. 당연히, 신체 접촉이나 물리적인 충돌에 대해서도 이 표현을 사용할 수 있다. 상대방이 바늘로 날 쿡쿡 찌를 때 '아파!'라는 뜻으로 That hurts!라고 한다.

6 It **pains** me.

7 It **pains** me to think of what a fool I was.

동사 pain은 '~을 고통스럽게 하다'이다. 예를 들어, '너의 이런 모습을 보는 것이 고통스러워.'는 It pains me to see you like this.라고 한다.

8 I'm **bitter**.

bitter는 대체로 형용사, 명사로 사용되며 '비통한', '쓰라린'이란 뜻이다. 혹은 It makes me feel bitter.라고 해도 된다.

9 I'm **upset** with myself.

좋다. '괴로운'은 upset이나 angry라는 형용사로 바꿔볼 수 있다.

10 I'm very/really **distressed**.

좋다. distressed는 '심적으로 괴로운/고통스러운'이라는 뜻이다.

11 I'm **miserable**.

좋다. miserable은 '비참한', '초라한', '불쌍한', '한심한'이란 뜻이며 지금 맥락에 잘 들어맞는다.

이런 문장도 생각해보세요

• 다음 중 맞는 문장에 모두 체크하세요.

A 차가 너무 막혔어요

▶ 차가 막혀서 행사에 늦게 참석한 것을 변명하는 말이다.

1. We had a heavy traffic.
2. We had heavy traffic.
3. We were stuck in the traffic jam.
4. We were stuck in a traffic jam.
5. We were stuck in traffic jam.
6. We were stuck in traffic.
7. We were backed up.
8. All roads were backed up.
9. The highway was backed up.
10. There was a traffic jam. Cars were backed up.
11. Traffic was terrible.
12. The traffic was terrible.

Key point 한국어 표제문은 동사 '막혔다'를 쓰고 있다. '막혔어요'를 영어 동사로 옮기려고 고민하지 말고 이를 표현할 수 있는 형용사로 옮겨보자. '막혔다'는 동사로는 stuck 또는 backed up이 되겠지만, 형용사로는 terrible 또는 so bad가 된다. 1~2 불가산명사 traffic 앞에는 부정관사를 붙이지 않기 때문이다. 따라서, 1은 문법적으로 아예 틀렸고, 2는 문법적으로는 맞지만 상황에 맞지 않아 틀렸다. '교통량이 많았다/자동차가 붐볐다.'란 뜻이다. 교통량이 많아도 자동차의 흐름은 원활할 수도 있고, 교통량이 많지 않아도 도로가 좁아 차가 막힐 수도 있다. 따라서 교통량이 많은 것과 차가 막힌 것은 다른 문제이다. 따라서 2는 표제문과는 전혀 다른 뜻이 된다. 3~5 in a traffic jam은 청자가 잘 모르는 것, the traffic jam은 청자가 알고 있거나 미리 in a traffic jam이라고 말한 경우 쓴다. jam이 가산명사이므로 무관사는 허용되지 않는다. 여기에서 traffic은 형용사다. 행사에 늦은 변명으로는 in the traffic jam은 잘 맞지 않을 것이다. 상대방과 내가 잘 아는 상습정체구간에서 차가 밀렸을 때 외에는 정관사를 쓰면 이상하다. 6 in traffic은 좋다. traffic은 불가산명사이기 때문에 부정관사 a를 붙여서는 안 된다. 7 불완전한 문장이라 틀렸다. 지금 맥락에 맞게 쓰려면 There was a heavy traffic jam. We were backed up for miles.라고 하면 된다. 7의 기본 뜻은 '줄줄이 서 있었다.'이다. 골프 치다가 막혀서 홀마다 사람들이 기다리고 있는 상황에 쓰인다. 또는 주차장에서 차들이 빨리 빠지지 않아 차들이 줄줄이 서 있을 때 쓸 수도 있다. '할 일이 엄청나게 밀려 있었다.(그래서 그거 처리하고 오다 보니 늦었다.)'는 뜻도 될 수 있다. 따라서 7만 쓰면 뭘 말하는지 듣는 사람이 아주 헷갈릴 수 있다. 8~9 좋다. All roads / The highway를 주어로 삼았다. 10

좋다. Cars were backed up 자체는 '교통 정체가 심했다'란 뜻이 아니다. 단순히 '차가 줄지어 서 있었다'란 뜻이다. 교통신호에 걸려 잠깐 차들이 줄지어 서 있는 경우까지 다 포함한다. for miles를 문장 뒤에 추가하면 '교통 정체가 심했다'는 뜻이 된다. 11~12 차가 막힌 것을 형용사 terrible을 써서 표현했다. 무관사 traffic과 정관사 the traffic 모두 좋다.

|정답| A 4, 6, 8, 9, 10, 11, 12

법칙 22 · There is/are로 웬만한 표현 다 할 수 있다

078 (내년 예산이) 아주 많이 삭감됐어요

079 골목에 가로등이 켜져 있지 않아 어두컴컴했어요

080 (그 제품에 대한) 수요가 요새 엄청나게 늘어났습니다

 # There is/are로 웬만한 표현 다 할 수 있다

마법의 표현, There is/are

학교에서 배운 there is/are는 주로 상황만 묘사한다. 그림을 그리듯이 어떤 공간에 뭔가가 있다고 말하려고 할 때 there is/are 구문을 많이 쓸 것이다. 그러나 실제로는 there is/are는 정적인 공간을 묘사하기도 하지만 동적인 움직임도 얼마든지 묘사할 수 있다.

'골목에 가로등이 켜져 있지 않아 어두컴컴했다.'는 The alley was dark because there were no streetlights on.이라고 할 수 있다. '가로등이 켜져 있지 않다'는 there is/are를 쓰면 마치 한국어 어순처럼 There were + no streetlights + on이라고 자연스럽게 말할 수 있다. 이처럼 〈There is/are + 의미상 주어〉 다음에 각종 부가 어구를 쓰면 원하는 표현을 자유자재로 할 수 있다. 이런 점에서 there is/are는 아주 유용하다.

'경기회복에 대한 낙관적인 분위기가 확산되고 있다.'에 대해 The optimistic atmosphere concerning the economic recovery is spreading.이라고 하면 다소 딱딱한 직역식 문장이 된다. 주어도 지나치게 길어진다. 대신 There is more and more optimism spreading about the economic recovery.라고 하면 균형 잡힌 문장이다. There is more and more optimism으로 주어부를 구성하고 spreading about the economic recovery로 서술어부를 구성한다. 자연스럽게 후반부가 서술어 역할을 한다.

'나이 들어서까지 결혼하지 않는 여성이 늘어나고 있다.'는 The number of middle-aged single women is increasing.보다는 There is an increasing number of middle-aged single women lately.가 훨씬 보기 좋다. 주어가 짧고 가벼워 문장이 경쾌하다.

'수술 때문에 다리에 큰 흉터가 생겼다.'는 I had a big scar on my leg after the operation.이라고 할 수 있겠지만, There is a big scar on my leg because of the surgery.라고 할 수도 있다.

078 (내년 예산이) 아주 많이 삭감됐어요

상대방이 '내년 예산 봤어요?(Have you seen the budget for next year?)'하고 물어본 말에 대답한다. 지금은 11월달인데 어제 내년 예산이 확정되었다. 새 회계연도는 1월 1일에 시작한다.

STEP 1 문장만들기
- 표제문을 영어 문장으로 만들어보세요.

[   ]

STEP 2 비교하기
- 표제문을 영어로 잘 옮긴 것에 모두 체크하세요.

1. It has been cut so much.
2. It has been cut significantly.
3. It has been drastically reduced.
4. It has decreased a lot.
5. A sharp cut has been made in the budget.
6. There are a lot of cuts.
7. There is a lot of cut.
8. There was a large cut to the budget.
9. There is a large cut to the budget.
10. There will be a large cut to the budget.

| 가능한 문장 | 1, 2, 3, 4, 5, 6, 8, 9, 10

STEP 3 확인하기
- 문장을 자세히 확인하세요.

★ 영어식 사고로 전환하기   '삭감되다'는 동사 cut / decreased / reduced를 쓰면 된다. 하지만 '아주 많이 삭감되었다'를 명사로 바꿔 '상당한 삭감이 있었다.'로 문장을 전환해봐도 좋다. 한국어는 동사의 움직임으로 풀어 쓰는데 비해 영어는 명사로 개념 규정을 하고, 그 개념을 중심으로 문장이 구성이 된다. 이때 there is/are가 자주 동원된다.

1 It has been cut so much.
2 It has been cut significantly.

둘 다 좋다. 동사 cut은 '삭감하다, 줄이다'라는 뜻이다. '아주 많이'라는 뜻으로는 so much나 significantly(상당히)를 쓰면 좋다. the budget은 앞에 상대방이 한 번 언급했으므로 대명사 it으로 대신했다.

3 It has been drastically reduced.

좋다. '아주 많이'라는 뜻으로 drastically 대신 dramatically라고 해도 같은 의미이다.

4 It has decreased a lot.

좋다. '예산이 삭감되었다'는 '예산이 감소했다'와 같은 뜻이다.

5 A sharp cut has been made in the budget.

cut은 '삭감'이라는 뜻의 명사로도 쓰며, '삭감하다'는 make a cut이라고 한다.

6 There are a lot of cuts.
7 There is a lot of cut.

there is/are를 이용해 만든 문장이다. cut(삭감)은 가산명사이므로 a lot of cuts라고 복수형으로 써야 한다. 혹은 아래에서 보듯이 a large cut이라고 해야 한다. 올해 예산과 내년 예산을 총체적으로 비교해 뭉뚱그려 '커다란 삭감(a large cut)이 있다'고 말할 수도 있다.

8 There was a large cut to the budget.
9 There is a large cut to the budget.
10 There will be a large cut to the budget.

모두 좋다. 시제는 다르지만 내년 예산안을 봤냐는 질문의 답변으로 모두 가능하다. **8**은 예산 결정권자가 어제 대폭적인 삭감을 단행한 행동에 초점을 둔다. **9**는 지금 내 앞에 내년 예산 명세서를 보면서 예산이 상당히 삭감되어 있는 점을 인식하며 하는 말이다. **10**은 예산이 어제 확정되었지만 내년에 시작하는 새 회계연도에 대폭 삭감된 예산이 손에 들어 올 것이라는 점에 중점을 둔다.

079 골목에 가로등이 켜져 있지 않아 어두컴컴했어요

어제 밤 늦게 집에 오는데 가로등이 고장 났는지 불이 꺼져 있었다.

STEP 1 문장만들기

• 표제문을 영어 문장으로 만들어보세요.

[   ]

STEP 2 비교하기

• 표제문을 영어로 잘 옮긴 것에 모두 체크하세요.

1. The alley had no streetlights on and was dark.
2. The alley had no streetlights on.
3. The alley didn't have any streetlights on.
4. The alley was dark because no streetlights were on.
5. The alley was dark because no streetlights were turned on.
6. The alley was dark because the streetlights were off.
7. It was dark in the alley because the streetlights were not on.

⑧ No streetlights were on, so the alley was dark.

⑨ With no streetlights, the alley was dark.

⑩ There were no streetlights on, and the alley was dark.

| 가능한 문장 | ①, ②, ③, ④, ⑤, ⑥, ⑦, ⑧, ⑨, ⑩

STEP 3 확인하기
• 문장을 자세히 확인하세요.

★ **영어식 사고로 전환하기** '가로등이 켜져 있지 않은 것'은 곧 어두컴컴하다는 말이다. 따라서 표제문은 약간 중언부언한 점이 있다. 아무튼, '가로등이 켜져 있지 않다'는 The streetlights were off. 또는 No streetlights were on.이다. 이것을 there is/are 구문으로 표현할 수 있다.

① **The alley had no streetlights on and was dark.**
② **The alley had no streetlights on.**
③ **The alley didn't have any streetlights on.**

한국어 문장인 '가로등이 켜져 있지 않아 + 어두컴컴했다'는 지극히 자연스럽다. 이를 직역하면 ①의 The alley had no streetlights on + and was dark가 되는데, 이는 네이티브에게는 중언부언처럼 들린다. had no streetlights on에 이미 was dark라는 의미가 포함되어 있으므로 ②, ③처럼 and was dark를 제거하면 훨씬 자연스러운 문장이 된다. ③은 the streetlights도 가능하지만, 어감상 any streetlights가 더 좋다.

④ **The alley was dark because no streetlights were on.**
⑤ **The alley was dark because no streetlights were turned on.**
⑥ **The alley was dark because the streetlights were off.**
⑦ **It was dark in the alley because the streetlights were not on.**

위와 달리 The alley was dark를 통해 골목이 어둡다는 점을 강조하고 because를 써서 그 원인이 가로등이 켜져 있지 않기 때문이라고 논리를 전개하고 있다. 정상적인 문장이다. '불이 켜져 있다'라는 상태를 나타낼 때는 〈be동사 + on〉이라고 해도 되고 〈be동사 + turned on〉이라고 해도 된다.

8 **No streetlights were on, so the alley was dark.**
9 **With no streetlights, the alley was dark.**

좋다. **8**에서 so는 '매우'라는 뜻의 부사가 아니라 '그래서'라는 뜻의 접속사이다.

10 **There were no streetlights on, and the alley was dark.**

'가로등이 켜져 있지 않다'는 상태를 묘사하는 there is/are ~ 구문으로도 표현이 가능하다. no streetlights와 on 사이의 문법적 관계는 잘 설명할 수 없으나, 이런 약간 애매한 there is/are 구문이 실제로 많이 쓰인다.

한편, **1**과 **10**은 비슷한 구성인데 **1**은 조금 어색하고 **10**은 괜찮은 이유가 무엇일까? 이유는 바로 어감상의 문제이다. **10**처럼 and로 연결되는 앞 절과 뒷 절의 주어가 다르면 설사 비슷한 내용을 중언부언하더라도 큰 문제 없이 느껴진다. 반면에 **1**처럼 앞 절, 뒷 절의 주어가 같고 and 이하에 연결되는 절이 was dark라고 맥없이 끝나면 어색하게 느껴지는 것이다. 네이티브에 따르면 **1**에 The alley had no streetlights on, and it was dark.처럼 뒷 절에 주어 it을 추가하면 괜찮다고 한다.

080 (그 제품에 대한) 수요가 요새 엄청나게 늘었습니다

제품을 출시했는데 시장의 반응이 폭발적이다.

STEP 1 문장만들기
- 표제문을 영어 문장으로 만들어보세요.
[   ]

STEP 2 비교하기
- 표제문을 영어로 잘 옮긴 것에 모두 체크하세요.

1. Demand for it has increased a lot lately.
2. Its demand has increased a lot recently.
3. Its demand is increasing a lot lately.
4. Its demands are increasing a lot recently.
5. It's in much greater demand lately/recently.
6. There is a huge increase in the demand for it lately.
7. There has been a huge increase in demand for it lately.

| 가능한 문장 | 1, 2, 3, 5, 6, 7

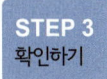
• 문장을 자세히 확인하세요.

★ **영어식 사고로 전환하기** '수요가 엄청나게 늘어났다'는 The demand has increased a lot.이라고 해도 되지만, '수요의 막대한 증가가 있다'처럼 명사화해서 생각하면 하나의 그림처럼 표현할 수 있다. 이때 there is/are 구문을 사용하면 아주 훌륭한 문장을 만들 수 있다.

❶ Demand for it has increased a lot lately.
Demand for it은 보기에는 어색하지만 괜찮은 표현이다. the demand for it이나 그냥 demand이라고 해도 된다.

❷ Its demand has increased a lot recently.
❸ Its demand is increasing a lot lately.
its demand의 뜻은 demand for it 또는 demand for the item이다. 맥락상 has increased / has been increasing / is increasing 모두 좋다. 다만, is increasing은 '지금 현재' 그렇다는 말이고, has been increasing은 계속 증가해 왔지만 '지금 현재' 증가하고 있는지 아닌지는 잘 모른다.

❹ Its demands are increasing a lot recently.
'수요'라는 뜻의 demand는 대체로 불가산명사로 쓴다. 따라서 복수형 demands는 틀리다.

❺ It's in much greater demand lately/recently.
좋다. in demand는 숙어로 '수요가 많은'이란 뜻이다. 예를 들어, These goods are in great demand.라고 한다.

❻ There is a huge increase in the demand for it lately.
❼ There has been a huge increase in demand for it lately.
둘 다 좋다. '~가 늘었음', '~의 증가', '~이 증가함'은 increase in something이라고 한다. increase of/with/on이라고 하지 않으니 주의하자. 예를 들어, '일자리 증가'는 increase in jobs라고 한다. a huge increase in demand에서 in demand는 앞서 말한 숙어 in demand와 모양은 같지만, increase in something 구(phrase)의 일부에 불과하다.

이런 문장도 생각해보세요

• 다음 중 맞는 문장에 모두 체크하세요.

A 고함 소리가 들렸다
▶ 누군가가 고함치는 소리가 내 귀에 들렸다.

1. I heard yell sound.
2. I heard somebody yell.
3. Somebody yelled.
4. Someone shouted.
5. There was a shout.
6. There was a yell.

Key point 1 틀렸다. yell sound는 영어에 없는 말이다. 2 좋다. 〈hear + 목적어 + 동사원형〉 구문이다. 3~4 좋다. 들리지 않으면 표제문을 말할 수 없기 때문에 '들렸다'를 굳이 영어로 옮기지 않아도 된다. 5~6 좋다. '고함소리가 있었다'라고 말해도 된다. '고함'이라는 의미의 shout와 yell은 둘 다 가산명사이므로 앞에 부정관사 a가 붙었다

B 오류가 몇 개 나왔어요
▶ 상대방이 계산을 세 번이나 했기 때문에 틀림 없다고 말했는데 내가 다시 해보니 틀린 것이 몇 개 있다.

1. A few mistakes were found.
2. A few errors were found.
3. I found a few errors.
4. There were a few errors.

Key point 1 mistake는 데이터를 입력하거나 계산 과정의 '실수'를 말한다. mistake의 결과물이 error이므로 지금 맥락에서는 mistake를 쓸 수 없다. 2 좋다. 한국어는 '오류 몇 개' 또는 '틀린 것 몇 개'라고 하는데 영어는 a few errors라고 한다. were found 대신에 surfaced / appeared / were noticed / were realized도 좋다. 3 한국어는 '오류가'를 주어로 채택했다. 한국어는 사람을 주어로 내세워 굳이 '내가 오류를 몇 개 찾았어요.'라고는 잘 하지 않는다. 하지만 영어는 사람 주어를 써서 말해도 전혀 어색하지 않다. 4 '나왔어요', '보였어요', '찾았어요'에 현혹되지 말고, '틀린 것이 몇 개 있었어요'로 생각하면 There were ~를 쓴 문장을 쉽게 생각해 낼 수 있다.

| 정답 | A 2, 3, 4, 5, 6   B 2, 3, 4

Part 4 참고하기

1. hit the booze 또는 get boozed 또는 booze it up은 모두 '술을 진탕 마시다'란 뜻이다.

2. sleep off it은 곤란하다. 문용(2008: 45)는 '타동사적 구동사에서 목적어가 대명사인 경우 목적어를 반드시 부사 앞으로 옮겨야 한다'고 한다. 그런데 이유를 설명하지 않고 그저 그렇다고만 한다. 저자 역시 확실히 이렇다라고 설명할 수 있는 아이디어는 없으나, 추정하건대 의미상 혼란을 줄 수 있기 때문일 것이다. 즉, sleep off it이라고 하면 it이 전치사 off의 목적어인지, 타동사 sleep의 목적어인지 헷갈릴 수 있기 때문에 원래의 자리, 즉 타동사 sleep 뒤로 제자리 찾아 들어가라는 뜻이라고 생각한다.

    당연한 얘기이지만, 동사와 소사를 분리할 수 없는 구동사(즉, 전치사 수반동사, 전치사 수반 구동사)의 경우에는 목적어가 대명사라고 하더라도 목적어는 전치사 뒤에 위치한다. 예를 들어, deal with는 '전치사 수반동사'이다. (deal은 자동사이다.) I need to deal with them.에서 them은 전치사 with의 목적어이므로 deal them with라고 할 수 없다는 말이다. put up with는 '전치사 수반 구동사'이다. I can't put up with her anymore.에서 her는 전치사 with의 목적어이므로 put her with라고 할 수는 없다.

3. clothes는 항상 복수형으로 사용된다. 반면, outfit은 단수형과 복수형 모두 사용된다. 즉, 한 세트의 옷을 지칭할 때는 단수형 outfit, 두 세트 이상의 옷의 지칭할 때는 복수형 outfits라고 한다. in her casual outfits라고 한 이유는 그 여자를 예쁘게 하는 것이 한 개의 특정한 casual outfit이 아니라 그 어떠한 casual outfits를 입어도 예쁘기 때문이다. 아울러, 그 여자가 가지고 있는 casual outfit은 한 개 이상이 거의 분명하기 때문에 복수형을 썼다고 봐도 되겠다.

    따라서, 집을 떠나 휴가를 갔는데 그 여자가 가지고 간 casual outfit이 오직 한 벌인 경우 in her casual outfit이라고 해야 할 것이다. 이때 in her casual outfit은 '그 여자가 지금 가지고 있는 바로 그 casual outfit을 입었을 때'란 뜻이 된다. 한 벌이니까 단수형 outfit을 썼다.

4. get in은 상당히 복잡한 구동사이다. 택시에 탑승하는 경우를 제외하고도, 어떤 장소에 들어간다는 의미로 사용되기는 한다. 다만, 들어가면 안 되는 장소, 출입이 제한된 장소에 들어간다는 의미로 주로 쓰인다. 주로 의문문 형식으로 쓰인다. 예를 들어, 미국 드라마를 보면 How did you get in here?라는 문장을 많이 들을 수 있다. 이 문장은 '여기는 일반인의 출입이 제한되거나 비밀번호가 없으면 들어 올 수 없는 장소인데 어떻게 여기에 들어 올 수가 있었느냐?'란 뜻이다.

5. 많지는 않지만 〈be동사 + 부사〉로 완벽한 문장으로 쓰이는 경우도 있으므로 이 장에서 말하는 형용사에는 부사가 포함된다고 이해하기 바란다. 예) I'm upstairs(나 2층에 있다).

Part 5

능동태냐 수동태냐 그것이 문제로다

우리는 무의식 중에 한국어 능동문은 영어 능동태 문장으로, 한국어 피동문은 영어 수동태 문장으로 전환해야 자연스럽다고 생각합니다. 이것이 우리의 직관에 부합하기 때문입니다. 하지만 한국어에는 영어만큼 명확한 수동태가 없는 점, 주어가 빈번하게 생략되는 점, 대체로 사물보다는 사람이 주어가 되는 점을 고려하면 한국어와 영어 문장을 1 대 1로 대응시킬 수 있다고 생각해서는 곤란합니다.

오히려 한국어 능동문을 영어로 수동태 또는 피동문으로, 한국어 피동문을 영어 능동태로 다양하게 시도해보는 것이 좋습니다. 예를 들어, '나 최근에 패션디자인 공모전에서 결선에 진출했다.'는 능동태 문장인 I advanced to the final in a fashion design competition. 또는 I made it to the final.도 좋지만, 수동태 문장으로도 생각해보면 I was selected as one of the finalists.라는 또 다른 좋은 문장을 만들 수 있습니다.

이 파트에서는 한국어 능동문이 영어 수동태/피동문으로 전환되는 경우, 한국어 피동문이 영어 능동태로 전환되는 경우를 중심으로 살펴보도록 하겠습니다.

| 법칙 23 | 한국어 능동문을 영어 수동태로 |
| 법칙 24 | 한국어 피동문을 영어 능동태로 |

법칙 23 * 한국어 능동문을 영어 수동태로

081 소나기를 만났어

082 어제 머리를 깎았어

083 (이 핸드폰) 나온 지 일주일도 안 됐어요

 # 한국어 능동문을 영어 수동태로

능동문과 피동문

우리는 한국어 문장에서 출발해서 영어 문장을 만들려고 하니 한국어의 영향을 받지 않을 수 없다. 그래서 능동태와 수동태를 쓰려 할 때도 역시 마음 속에 품고 있는 한국어 문장의 '형식'에 영향을 받는다.

한국어의 능동문이 영어의 능동태로, 피동문이 영어 수동태로 전환되면 아주 자연스럽게 느껴진다. 무의식적으로 우리는 〈한국어의 능동문 = 영어의 능동태〉, 〈한국어의 피동문 = 영어의 수동태〉로 생각하기 때문이다. 하지만 이는 상당한 오류가 발생할 수 있는 위험한 '유추(analogy)'이다.

능동문은 '어제 잠을 잘 못 잤다.' '난 그 사람을 사랑한다.' 같이 주어가 직접 행위나 동작을 하는 문장을 말한다. 피동문은 조금 복잡하다. 한국어에는 영어와 같이 형식적으로 명확한 '수동태'는 없다고 보는 것이 보통이다. 대신 수동태와 유사한 피동문이 존재한다. 피동문은 수동태와는 양상이 사뭇 다르다.

피동문을 만들기 위해서는 '피동사'와 '피동형'을 사용한다. 피동사는 동사의 어간에 '이, 히, 리, 기'를 붙여서 만들고, 피동형은 동사/형용사의 어간에 '-아/어지다'를 붙여 만든다. 표준문법에서는 '당하다', '되다', '받다'는 피동의 뜻을 나타내지만 피동사는 아니라고 본다. 하지만 저자는 이 역시 피동문의 범주에 넣으려 하는데, 왜냐하면 보통의 영어 학습자들이 이런 문장들을 영어로 전환하려고 할 때 수동태를 쓰고 싶은 유혹을 느끼기 때문이다. 이 책은 국문법 책이 아니므로 국문법에서 '피동문'으로 분류되는 문장은 물론, 그밖에 피동문으로 일반적으로 인식될 만한 문장들은 피동문의 범주에 놓고 이것이 영어 문장으로 어떻게 전환되는지 알아보려고 한다. 그래야 우리말을 영어로 옮길 때 자유로운 사고 전환을 할 수 있기 때문이다. 능동문/피동문, 능동태/수동태는 너무나 변화 무쌍하고 이들간에 전환 또한 대체로 자유롭기 때문에, 안타깝게도 어떤 '원칙'이나 '규칙'을 제시하기는 곤란하다. 이 파트는 수많은 사례들의 모음집이라고 봐야 할 것이다. 미약하나마 이들 사이에서 일관된 원칙들을 찾아보길 바란다.

한국어 능동문이 영어 수동태로

영어는 목적어를 가지고 있는 대부분의 문장이 능동태, 수동태를 자유롭게 취할 수 있다. 따라서 한국어 능동문이 영어 수동태로 쓰이는 사례를 특별히 찾고 말고 할 것이 없다. 예를 들어, '그 사람은 외할머니 손에 자랐다.'는 수동태로 He was brought up by his grandmother on his mother's side.[1]라고 하든, 능동태로 His grandmother on his mother's side brought him up.이라고 하든 어느 것을 써도 본질적인 의미는 차이가 없다. 따라서 이 장에서는 앞과 같은 사례는 제외하고, 한국어는 능동문으로 쓰는데 영어로는 주로 수동태로 쓰이는 사례를 살펴보기로 한다.

'그 결과를 보고 깜짝 놀랐다.'는 I was so surprised at the results.이다. 물론 The results surprised me.라고도 할 수 있지만 앞 문장이 일반적이다. surprise를 수동태로 쓰는 이유는 간단하다. 〈동사 surprise + 사람〉은 '(사람)을 놀라게 하다'란 뜻이기 때문이다. 감정을 나타내는 동사는 대부분 이런 식이다. I was excited. / I was amazed. / I was scared. / I was frightened. / I was bored. / I was tired. / I was exhausted.도 마찬가지다. 따라서 이런 동사들이 수동태 문장을 구성하는 것은 무슨 대단한 법칙 때문에 그런 것이 아니다.

감정 표현은 아니지만 사람을 목적어로 삼는 동사는 대체로 수동태로 쓴다. '그 사람은 뺑소니로 벌금 1000만원을 물었다.'는 He was fined 10 million won for the hit and run accident.[2]라고 한다.

남을 시킬 때는 영어 피동문으로

한국어 능동문이 영어 피동문으로 전환되는 경우도 많다. 저자는 영어 피동문을 〈get/have + 목적어 + p.p.〉 형식으로 정의하겠다. 주로 남을 시켜 서비스를 받는 경우 많이 나타난다. 예를 들어, '(미용실 가서) 어제 머리 깎았다.'는 I had my hair cut yesterday.이다. '어제 충치를 때웠다.'는 I had my cavities filled yesterday.이다.

한국어는 전반적으로 내가 시켜서 한 일이라면 내가 한 것으로 간주해서 능동문을 사용하는데, 영어는 실제 그 동작을 누가 했는지를 정밀하게 따져 내가 직접 하지 않은 경우에는 피동문, 수동태 문장으로 표현한다. '(그 사람이 폐렴 증세로 중환자실로 옮겨져) 인공호흡기를 부착했다.'는 He was put on a respirator.이다. '그 사람은 (수술 받기 위해) 전신마취를 했다.'는 He was put to sleep.이다. 인공호흡기를 부착하고 전신마취를 자기가 직접 수행할 수 없어도 한국어에서는 능동문으로 표현하지만, 영어는 이것을 수동태를 사용하여 표현한다.

081 소나기를 만났어

집에 오는 길에 소나기가 갑자기 왔다. 우산이 있어 소나기를 직접 맞지는 않았지만 옷이 좀 젖어있어, 동생이 '왜 젖었어?'(Why are you wet?)라고 물어왔다.

STEP 1 문장만들기

- 표제문을 영어 문장으로 만들어보세요.
  [   ]

STEP 2 비교하기

- 표제문을 영어로 잘 옮긴 것에 모두 체크하세요.

  1. I met a shower.
  2. I had a shower.
  3. I was in a shower.
  4. I was in the shower.
  5. The shower came down.
  6. Suddenly it showered.
  7. Suddenly it started showering.
  8. I was/got caught in a shower.
  9. I was caught in the shower.

  | 가능한 문장 | 6, 7, 8

> **STEP 3**
> 확인하기
>
> • 문장을 확인하세요.

★ **영어식 사고로 전환하기** '소나기를 만났다'는 '소나기가 내렸다'와 같은 뜻이다. 영어로는 가주어 it을 내세워 문장 구성이 가능하다. shower는 '소나기'라는 명사로도 쓰이고 '소나기가 내리다'라는 동사로도 쓰인다. '소나기를 만났다'는 '갑자기 소나기에 '잡혔다'로 생각하면 영어로 표현하기가 쉬울 것이다. 수동태 문장으로 바꿔 표현해보자.

1 I met a shower.
한국말을 그대로 직역한 문장으로 틀렸다. 'shower라는 사람을 만났다' 정도의 뜻이 된다.

2 I had a shower.
말이 안 되는 문장이다. take a shower는 '샤워하다'라는 뜻이지만 have a shower라는 표현은 쓰지 않는다.

3 I was in a shower.
아무 뜻도 없다고 보면 된다. 이해를 돕기 위해 3 을 써서 억지로 문장을 만들어봤다. I was in a shower while I was biking(자전거 타다가 소나기를 만났다).³이라고 하면 이해는 되겠지만, 여전히 I was in a shower는 어색하다. caught를 추가해서 I was caught in a shower.같이 해야 정상적인 문장이 된다.

4 I was in the shower.
틀렸다. '샤워했다'는 말이다. 이때 the shower는 '샤워룸'을 말한다.

5 The shower came down.
틀렸다. '소나기가 내렸다.'를 직역한 것인데 영어에서는 쓰지 않는 문장이다. 굳이 뜻을 찾자면 '샤워커튼/샤워기 등이 찢어졌다/떨어졌다.'로 해석할 수 있겠으나 실제 영어로는 이렇게 쓰지 않는다.

6 Suddenly it showered.
좋다. 여기서 it은 날씨를 나타내는 가주어이다. 동사 shower에 suddenly의 뜻이 들어가 있기 때문에 suddenly는 없어도 된다.

법칙 23

7 Suddenly it started showering.

좋다. 동사 start는 동명사와 to부정사를 둘 다 목적어로 취할 수 있으므로 started to shower라고 해도 괜찮다.

8 I was/got caught in a shower.

좋다. be/get caught in은 '(소나기, 비를) 만나다'라는 뜻이다. in a shower에서 보듯 shower 앞에는 부정관사 a가 와야 한다.

9 I was caught in the shower.

틀렸다. shower 앞에 정관사 the를 쓰면, 화자와 청자가 서로 알고 있는 '바로 그 소나기를 만났다'로 생각할 수도 있지만, 그런 경우에도 in the shower라고 하지 않고 in a shower라고 하는 것이 더 좋다. 왜냐하면 the shower는 '샤워' 또는 '샤워실' 말고 다른 뜻으로는 거의 사용되지 않기 때문이다. 9는 문자 그대로 '샤워실에서/샤워하다가 붙잡혔다.'란 뜻도 된다. 물론 추가적인 정보를 제공해야 완전한 문장이 된다.

082 어제 머리를 깎았어

어제 내가 보통 다니는 미용실에 가서 전담 미용사한테 머리를 깎은 사실을 친구에게 말한다. ('나'는 남자다.) 친구는 내가 어느 미용실에 다니는지 모른다.

STEP 1 문장만들기
- 표제문을 영어 문장으로 만들어보세요.
[   ]

STEP 2 비교하기
- 표제문을 영어로 잘 옮긴 것에 모두 체크하세요.

  1 I cut my hair yesterday.
  2 I had a haircut yesterday.
  3 I had my haircut yesterday.
  4 I went to the barber's yesterday.
  5 I went to the barber yesterday.
  6 I went to the (hair) stylist yesterday.
  7 I had my hair cut yesterday.
  8 I got my hair cut yesterday.

| 가능한 문장 | 2, 3, 4, 5, 6, 7, 8

STEP 3 확인하기
- 문장을 확인하세요.

★ **영어식 사고로 전환하기** 우리말로는 아무도 '나는 내 머리를 (미용사로 하여금) 깎게 했다.' 라고 하지 않을 것이다. 미용사 또는 이발사가 머리를 깎기는 하지만 그것을 시킨 사람은 나이

므로 한국어는 '머리를 깎았다'란 표현만으로도 족하다. 반면에, 영어는 행동의 주체가 누구인가를 엄격하게 따진다. 영어는 이런 경우 '영어 피동문'(have/get + 목적어 + p.p.)을 사용해서 표현하는 경우가 많다.

1 I cut my hair yesterday.
틀렸다. 내가 직접 머리 깎는 경우를 제외하고는 말이 안 된다. 한편에서는 이발사 또는 미용사가 머리를 깎는 것이 너무나도 당연하므로 **1**을 써도 문제 없다는 의견도 있다. 하지만 많은 네이티브가 여전히 **1**을 들으면 눈살을 찌푸리고 문법적으로도 틀린 문장이므로, 우리 같은 비네이티브는 이런 문장을 사용하지 않는 것이 좋다.

2 I had a haircut yesterday.
3 I had my haircut yesterday.
좋다. haircut은 '이발', '머리 깎기'를 뜻하는 명사이다. 예를 들어, '너 머리 깎아야겠다'를 You need a haircut.이라고 한다. 가산명사이기 때문에 앞에 a나 소유격을 붙여 a haircut 혹은 my haircut이라고 한다. 동사 have를 써서 '머리 깎기를 가졌다'고 말하는 것이 영어로는 자연스럽다.

4 I went to the barber's yesterday.
5 I went to the barber yesterday.
'이발소'란 뜻으로는 the barber's와 the barber 둘 다 쓸 수 있다. 엄밀하게 말해 미용실에 가는 사람이 '이발소'에 간다고 하면 거짓말이 되겠지만, 미용실에 머리 자르러 간다는 사실을 굳이 얘기하기 싫은 경우 barber 또는 barber's라고 해도 큰 문제는 없다. 물론 이런 문장보다는 I had my haircut.이 최상의 표현이다.

6 I went to the (hair) stylist yesterday.
좋다. stylist는 자체로 '헤어 스타일리스트'란 의미도 있으므로 hair는 없어도 괜찮다.

7 I had my hair cut yesterday.
8 I got my hair cut yesterday.
좋다. 〈have/get + 목적어 + p.p.〉로 구성한 문장으로, 한국어 능동문이 영어 피동문으로 전환된 대표적인 예이다.

083 (이 핸드폰) 나온 지 일주일도 안 됐어요

출시된 지 일주일 정도 된 최신 핸드폰을 샀다. 핸드폰을 손으로 만지작거리며 부장님한테 하는 말이다.

디자인도, 성능도 전부 최신이에요

나온 지 일주일도 안 됐어요

STEP 1 문장만들기
- 표제문을 영어 문장으로 만들어보세요.
  [   ]

STEP 2 비교하기
- 표제문을 영어로 잘 옮긴 것에 모두 체크하세요.

1. It has been only a week since it was in the market.
2. It has only been a week since it came out.
3. It has only been on the market for less than a week.
4. It has been on the market for only a few days.
5. It has been out for less than a week.
6. It is less than a week old.
7. It's only a week since it was released to the market.

⑧ It has only been a week since it has been released.
⑨ It was released only a few days ago.
⑩ It has been released for less than a week.

| 가능한 문장 | ②, ③, ④, ⑤, ⑥, ⑦, ⑧, ⑨, ⑩

STEP 3 확인하기 • 문장을 자세히 확인하세요.

★ **영어식 사고로 전환하기** '핸드폰 나오다/출시되다'는 간단하게 It came out이라고 하면 된다. 하지만, '나온 지 일주일도 안 됐어요. → 불과 며칠 전에 출시되었다. → It was released a few days ago.'로 생각해 볼 수도 있다. 한국어 능동문을 한국어 피동문으로 바꾸고 그것을 영어 수동태로 바꿨다.

① It has been only a week since it was in the market.
틀렸다. only는 조동사 뒤에 위치하므로 It has only been a week ~ 라고 해야 맞다. 또한 in the market은 '남대문 시장 안에'처럼 공간적인 시장 범위를 뜻하므로 틀렸다. in을 on으로 바꾼 on the market이 '시판 중', '판매 중'을 뜻하는 이디엄이다.

② It has only been a week since it came out.
좋다. 앞의 it은 가주어이고, 뒤에 나온 it은 핸드폰을 가리키는 대명사이다. come out은 '출시되다', '사진이 잘 나오다', '(소식, 진실 등이) 드러나다/알려지다/밝혀지다', '스스로 동성연애자임을 밝히다' 등 아주 다양한 의미가 있다.

③ It has only been on the market for less than a week.
좋다. '일주일 미만 동안 판매 중인 상태이다.'란 뜻으로, 즉 '출시된 지 1주일도 안 됐다'는 말이다.

④ It has been on the market for only a few days.
좋다. for a few days only라고 해도 될 것 같은 느낌이 들지만 이렇게는 안 쓴다. for only a few days라고 해야 한다. only를 아예 앞으로 빼내 It has only been on the market for a few days.라고 해도 좋다.

5 It has been out for less than a week.
'출시됐다', '(시장에) 나왔다'를 표현하기 위해 간단히 have been out이라고만 해도 된다.

6 It is less than a week old.
좋다. 다만, 이 문장은 '신제품이 나온 지 일주일이 안 됐다', '물건을 구입한지 일주일 밖에 안 됐다'라는 두 가지 뜻이 있다. 맥락에 따라 뜻이 결정될 것이다.

7 It's only a week since it was released to the market.
괜찮다. 타동사 release는 '출시하다'(make available to the public)란 뜻이 있다. It's only a week ~를 보면 출시된 후 기간이 얼마만큼 되었다는 뜻이므로 사실은 현재시제보다는 현재완료시제(It has only been a week ~)로 쓰는 것이 더 바람직하다. 하지만 일상 대화에서는 어떻게 쓰든지 큰 문제가 없다.

8 It has only been a week since it has been released.
좋다. 〈since + 현재완료시제〉를 쓴 문장이다. since it was/has been/got released to the market 모두 좋다.

9 It was released only a few days ago.
좋다. '일주일도 안 됐다'는 '불과 며칠 전에 출시되었다'와 같은 뜻이므로 9도 괜찮다. only의 위치를 바꿔 It was only released a few days ago.라고 해도 좋다.

10 It has been released for less than a week.
좋다. 과거시제 was released는 특정 시점을 표시하는 말(only a few days ago)과 어울리고, 현재완료시제 has been released는 기간을 표시하는 말(for less than a week)과 어울린다.

이런 문장도 생각해 보세요
• 다음 중 맞는 문장에 모두 체크하세요.

A 양복을 드라이했다
▶ 양복 한 벌을 드라이 맡겼다가 찾아 왔다.

1. I had a suit dry-cleaned.
2. I got a suit dry-cleaned.
3. I had my suit dry-cleaned.
4. I picked up a suit from the cleaner's.
5. I got a suit laundered.

Key point 1~2 능동문인 한국어 문장을 〈have/get + 목적어 + p.p.〉 형태로 바꾼 문장이다. 화자가 직접 드라이를 한 것이 아니라 누군가 다른 사람에게 시켜서 한 것이기 때문이다. 부정관사를 쓴 a suit는 '양복 여러 벌 중에서 한 벌'을 뜻하므로 1, 2는 '양복이 여러 벌 있는데 그 중에서 한 벌을 드라이했다.'란 뜻이 된다. 3 my suit는 '단 한 벌밖에 없는 내 양복'을 뜻하므로 해석하면 '내 양복이 딱 한 벌 있는데 그걸 드라이 시켰다.'는 뜻이다. 대부분 양복을 두 벌 이상 가지고 있으므로 엄격하게 말하면 틀린 것이지만 구어체 영어에서는 별 문제 없이 통용된다. 4 '세탁소'를 the cleaner's라고 한다. 5 틀렸다. launder는 '세탁하다'라는 뜻이지만 주로 호텔에서 옷을 세탁한다고 할 때 많이 쓰는 격식적인 단어이다. 그리고 5는 아직 양복을 찾아 왔는지 안 찾아 왔는지가 애매하다. 양복을 맡겨 놓은 상태와 이미 pickup을 완료한 상태에서 모두 사용할 수 있는 문장이다.

B (옛날에는 여행을 갔다 오면) 사진을 찾는 게 일이었다
▶ 아날로그 사진 시절에는 사진관에 직접 가서 필름 현상 및 사진 인화를 맡겨야 했다. 시간도 걸리고 직접 가야 하니 불편했다.

1. It was a hassle to get the photos.
2. It was a hassle for me to have the photos printed.
3. It was hectic to have pictures printed.
4. It was a nuisance to get the photos printed.
5. It was always a challenge to get our photos developed and printed.
6. It was a hassle to print the photos.

Key point ① 지금 맥락에서 '찾다'는 find가 아니다. 기본동사 get을 쓰면 쉽다. ② '사진을 찾다'는 have the photos printed이다. 내가 직접 사진을 인화하는 것이 아니라 사진사를 시켜서 사진이 인화되도록 하는 것이기 때문에 〈have + 목적어 + p.p.〉 구문을 썼다. ③ hectic은 '매우 바쁜'이란 뜻이므로 의미가 전혀 다르다. ④ 좋다. nuisance는 '불쾌한/성가신/귀찮은 사람/물건/존재'이다. 한편, to get the photos printed 대신에 동명사 getting the photos printed 역시 좋다. ⑤ 좋다. challenge는 한국어로 콕 집어 옮기기가 어려운데, '쉽지 않은 일', '지난한 일', '큰 맘 먹고 나서야 결과물이 나오는 일'을 말한다. 아날로그 시대에는 필름을 현상(develop)한 다음에 인화(print)를 했으므로 developed and printed라고 했다. ⑥ 좋다. have photos printed가 물론 당연히 옳은 말이지만 일반인들이 직접 사진을 인화하지 않는 것은 너무 당연하니까 print the photos라고 말을 하기도 한다. 영어도 다른 사람을 시켜서 뭔가를 하는 경우에도 아주 일상적인 일들에 대해서는 이렇게 능동문을 사용하는 경우가 있다.

C 조금 있다가 사진 같이 찍자

▶ 수지하고 같이 에버랜드로 놀러 나왔다. 지금 점심 먹고 있다. 밥 먹고 나서 10분 정도 있다가 다른 사람들한테 우리 사진을 찍어 달라고 부탁을 하려고 한다.

① Let's have some pictures taken together later.
② Let's have our pictures taken later.
③ Let's have a picture taken together after this.
④ Let's have our picture taken after this.
⑤ Let's take some pictures together after this.
⑥ Let's take some photos together after lunch.

Key point ① 좋다. 사진을 내가 찍는 것이 아니라 다른 사람들이 '우리를' 찍어 주는 것이기 때문에 영어 피동문 〈have/get + 목적어 + p.p.〉를 사용했다. ② 좋다. some pictures라고 해도 되고 our pictures라고 해도 된다. ③~④ 괜찮다. a picture / our picture도 좋지만 pictures / our pictures / some pictures가 더 좋다. ⑤ 좋다. 한국어 구절 '사진 찍다'는 영어로 옮길 때 주의해야 한다. '능동적으로 사진을 찍는 행동을 하다'는 take a picture / take pictures, '수동적으로 다른 사람이 찍는 사진의 피사체가 되다'는 have one's picture taken이다. 따라서 '나는 사진 찍는 거 별로 안 좋아한다.'는 전자이면 I don't like taking pictures.이고, 후자이면 I don't like having pictures taken.이라고 한다. 원칙적으로 ⑤, ⑥이 맞지는 않지만 구어체에서는 크게 따지지 않고 능동문으로 쓴다. ⑥ 좋다. after this / after lunch 둘 다 좋다.

D (치과에 가서) 충치를 때웠다

▶ 치과에 가서 충치 치료를 했다. 충치를 몇 개 아말감으로 때웠다.

1 I filled my cavities.
2 I had my cavities filled.
3 I had my teeth filled.
4 I had my decayed teeth filled.
5 I had some fillings put in my teeth.

Key point **1** 틀렸다. 치과의사가 스스로 충치를 때우지 않고서는 이런 문장이 나올 수 없다. 설사 치과 의사라 하더라도 스스로 충치를 때운다는 것은 불가능하다. I had my hair cut. 대신 I cut my hair.가 괜찮다고 했던 사람도 I filled my cavities.는 안 된다고 했다. 양자의 전문성, 필요로 하는 지식에 엄청난 차이가 있기 때문에 이렇게 말하면 안 된다는 것이다. **2~5** 모두 좋다. 한국어는 자기가 직접 했는지 남에게 시켜서 했는지 크게 신경을 쓰지 않지만 영어는 직접 했는지 시켜서 했는지에 따라 형식이 상당히 달라진다.

|정답| A **1**, **2**, **3**, **4**   B **1**, **2**, **4**, **5**, **6**
C **1**, **2**, **3**, **4**, **5**, **6**   D **2**, **3**, **4**, **5**

법칙 24 | 한국어 피동문을 영어 능동태로

084 그 영화는 지금 용산 CGV에서 상영되고 있습니다

085 그 사람은 사고로 왼쪽 팔에 경상을 입었어

086 그 프로는 다음 주 화요일 밤에 방송됩니다

087 나도 올해만 벌써 독감에 세 번이나 걸렸어

한국어 피동문을 영어 능동태로

영어의 수동태와 한국어의 피동문은 다르다

한국어는 능동문 위주의 언어이다. 피동/수동문을 쓰는 이유는 주로 행위 주체를 감추기 위해서인데 한국어는 주어만 생략하면 되기 때문에 피동문을 사용할 일이 많지 않다. 반대로, 영어는 주어가 생략되는 법이 드물다. 이런 이유로 행위 주체를 모르거나 감추고 싶은 경우 수동태를 많이 사용하게 된다.

문법학자들은 한국어에서 가급적 피동문을 사용하지 말라고 하지만 경우에 따라서는 피동문이 훨씬 자연스러운 경우도 있다. 한국어는 사건에 적극적으로 사람이 개입하지 않은 경우 피동문을 사용하는 경향이 있다. 이미 Part 2에서 살펴본 바와 같이 영어의 주어는 능동성을 한국어만큼 많이 요구하지는 않는다. 예를 들어, '(쌍안경으로 멀리 보고 있는 사람에게) 뭐가 보이냐?'는 What do you see?, '뭐가 들리냐?'는 Do you hear anything?이다. see는 '(적극적으로) 보다'가 아니라 '시야에 ~가 들어오다'는 뜻이다. hear 역시 마찬가지로 '나의 귓가에 ~ 소리가 들려오다'란 뜻이다.[5]

'장미 가시에 찔렸다.'는 I was pricked by a rose.라고 할 수도 있지만 I pricked myself on a rose.라고도 한다. '감기에 걸렸다.'는 I caught a cold. '백내장에 걸렸다.'는 I developed a cataract. 또는 I have a cataract., '당뇨에 걸렸다.'는 I'm suffering from diabetes.이다. '복권이 당첨됐다.'는 I won the lottery.이다. 이렇듯 한국어는 '내'가 수동적으로 당하는 경우 주어를 표면에 내세우지 않으면서 자동사 문장을 주로 활용한다. 반면, 영어는 이에 개의치 않고 〈사람주어 + 동사 + 목적어〉 형식을 유지한다. 우리가 선뜻 받아들이기가 쉽지 않지만 이것이 한국어와 영어의 차이점 중 하나이다.

'테니스를 치다가 무릎이 까졌다'도 까다롭다. 사전을 찾아 보면 '까지다'는 be grazed라고 되어 있다. '까다'의 피동형 '까지다'에 영어 수동형 be grazed가 대응하고 있다. 따라서 My knee was grazed while playing tennis.가 완벽한 문장인 것처럼 보인다. 하지만 네이티브는 이런 상황에서 보통 I skinned my knee while playing tennis.라고 한다. 내가 일부러 피부에 상처를 입힌 것처럼 느껴지기 때문에 한국 사람들에게는 이 문장이 낯설다. 때문에 실전에서 이런 문장을 자연스럽게 구사하기도 쉽지가 않다.

사물 주어와 피동문

한국어는 사물 주어를 쓸 때 피동문을 사용하는 경향이 있다. 영어는 사람, 동물, 사물, 추상적 개념, 감정, 시간 등 그 어느 것이라도 주어 자리를 차지하고 그 능력 범위 내에서 능동문을 구성할 수 있다. 예를 들어, '지하철 문이 닫히고 있으면 무리하게 타지 마라.'는 Don't get on the subway while the doors are closing.이다. 누군가 문을 닫는 것이기 때문에 the doors are being closed라고 할 것 같지만 네이티브는 '문이 스스로 닫는다'고 생각하지 '문이 누군가에 의해 닫힌다'고 생각하지 않는다. '(밤이 늦어) 지하철이 끊겼다.'는 The subway is disconnected.가 아니고 The subway is not running.이라고 한다.

'1999년 성수대교가 무너졌다.'를 영어로 표현한다고 하자. 영어에 웬만큼 능숙한 사람이 아니고는 Seongsu Bridge was collapsed in 1999.이라고 하기 쉬울 것이다. '무너졌다'에 현혹되어 영어로 수동태로 표현해야 하지 않을까 생각하기 때문이다. 하지만 정확한 문장은 Seongsu Bridge collapsed in 1999.이다.

'회의가 어제 개최되었다.'는 The meeting was held yesterday.라고 해도 되지만 The meeting took place yesterday.라고 해도 자연스럽다. '양국간의 긴장이 고조되었다.'는 Tension has built up between the two countries.이다. '그 프로는 다음 주 화요일에 방송된다.'는 The show will air next Tuesday.이다. 주로 사람이 개입해야 하는 사건에 피동문이 사용되는 것을 알 수 있다. 반면 영어는 사물 주어가 제약 없이 얼마든지 능동문을 구성한다.

084 그 영화는 지금 용산 CGV에서 상영되고 있습니다

영화가 개봉해서 상영되고 있다.

STEP 1 문장만들기
- 표제문을 영어 문장으로 만들어보세요.
[   ]

STEP 2 비교하기
- 표제문을 영어로 잘 옮긴 것에 모두 체크하세요.

1. It is running in Yongsan CGV.
2. It is running at Yongsan CGV.
3. The film is now showing at CGV Yongsan.
4. It is playing at CGV Yongsan.
5. It's on at CGV Yongsan.
6. It's on CGV Yongsan.
7. You can watch it at CGV Yongsan.
8. You can see it at CGV Yongsan.
9. You can view it at CGV Yongsan.
10. You can catch it at CGV Yongsan.

| 가능한 문장 | 2, 3, 4, 7, 8, 10

> **STEP 3**
> **확인하기**
> • 문장을 확인하세요.

★ **영어식 사고로 전환하기** 우리말로는 '상영하다'보다는 피동문으로 '상영되다'라고 표현하는 것이 더 자연스럽다. 영어적인 사고로는 사물주어도 얼마든지 능동적으로 동작을 수행할 수 있다. '상영하다'를 나타내는 가장 적절한 동사는 show이다. play는 연극이 상연된다는 의미로 자주 쓰므로 네이티브 간에도 다소 의견 차이가 있으나 괜찮을 것 같고 run은 다소 어색하다. 아예 발상을 전환해서 표제문을 '그 영화 용산 CGV 가면 볼 수 있다'로 전환해 문장을 만들어보자.

1 It is running in Yongsan CGV.
2 It is running at Yongsan CGV.

running에 대해서는 설이 분분하다. 괜찮다는 사람도 있고 쓸 수 없다는 사람도 있다. 동사 run은 '기차/버스가 운행하다', '시계가 작동하다', '공장이 조업을 하다'는 뜻으로도 쓰인다. '상영 시간'을 running time이라고 하는데서 보듯이, 저자는 run을 '영화가 상영되다'란 뜻으로 써도 큰 문제 없다고 생각하지만, 약간 어색하므로 동사 show를 쓸 것을 권장한다.

용산 CGV '용산 CGV'는 Yongsan CGV이냐, 아니면 CGV Yongsan이냐? 어느 것이라고 해도 실질적으로 문제는 없다. 하지만 영어 습관상 CGV Yongsan이 더 나을 듯 하다. 한편, 고유명사의 경우 장소 앞에 전치사 at을 사용하므로 in CGV Yongsan이 아니라 at CGV Yongsan이라고 하는 것이 맞다. 반면 보통명사 theater의 경우 in the theater 또는 at the theater 두 가지 모두 좋다. in CGV Yongsan은 물리적인 장소로서 '용산 CGV 안에서'란 뜻이다. 표제문의 '용산 CGV에서'는 장소 개념이 아니라 'CGV Yongsan이라고 하는 영화관에서'를 뜻하므로 at CGV Yongsan이 맞다.

3 The film is now showing at CGV Yongsan.

좋다. 〈영화 + is showing〉은 '영화가 상영되고 있다'는 뜻이다. 예를 들어, What's showing at the theater?은 '그 영화관에서 무슨 영화가 상영되고 있지?'란 뜻이다.

4 It is playing at CGV Yongsan.

동사 play는 주로 연극에 쓰지만 영화에도 쓸 수 있다. '그 극장에서는 지금 연극 뭐하지? → 그 극장에서는 뭐가 공연되고 있지? → What's playing in/at the theater?'로 옮긴다.

5 It's on at CGV Yongsan.
6 It's on CGV Yongsan.

TV 프로그램에 대해 말할 때는 전치사 on을 쓴다. '오늘밤 KBS에서 뭐 해?'는 What's on KBS tonight?이며 '지금 TV에서 뭐하고 있지?'라고 할 때는 What's on TV now?라고 한다. 하지만 영화관에서 상영되는 영화에 대해 말할 때는 on을 써서 표현하지 않는다.

7 You can watch it at CGV Yongsan.

좋다. TV에서 영화 볼 때만 watch를 쓰고 영화관에서 영화를 볼 때는 watch를 쓰지 않는다는 네이티브도 있으나 크게 관계 없는 것으로 생각된다.

8 You can see it at CGV Yongsan.

좋다. see a movie는 '영화를 보다'란 뜻으로, see와 catch는 영화관에서 영화를 보건, TV로 영화를 보건 아무 제약 없이 사용할 수 있다.
I saw the movie.가 저자에게 익숙하기는 했는데, 불현듯 see는 '눈에 보이다'란 뜻이라는 생각이 들었다. 즉, look at(응시하다), watch(감시하다/주의 깊게 살펴보다)와 다르게 see는 일부러 작정해서 보는 것이 아니라 '시야에 들어오다'는 뜻이다. 그래서 8이 괜찮은지 갑자기 궁금해졌다. 연구 결과, see의 '눈에 보이다'란 뜻은 30가지 정도 되는 뜻 중 한 가지에 불과했다. see에는 '영화를 보다/관람하다'는 뜻도 있다.

9 You can view it at CGV Yongsan.

틀렸다. view는 핸드폰으로 뮤직비디오를 보거나 TV로 영화를 보거나 DVD를 빌려다가 영화를 보는 것을 말한다. 영화관에서 가서 영화를 볼 때 view는 거의 사용되지 않는다. see, catch, watch를 사용하는 것이 좋다. I was viewing a video on my smart phone when she called(스마트폰으로 동영상 보고 있는데 걔한테서 전화가 왔다). 처럼은 쓸 수 있다.

10 You can catch it at CGV Yongsan.

좋다. catch a movie는 see a movie와 마찬가지로 '영화를 보다'라는 뜻이다. 영화관에 가서 보건, TV에서 보건 영화를 볼 때 catch를 사용해서 표현할 수 있다.

085 그 사람은 사고로 왼쪽 팔에 경상을 입었어

자동차 사고를 당했는데 왼쪽 팔을 약간 다쳤다.

STEP 1 문장만들기
- 표제문을 영어 문장으로 만들어보세요.
  [   ]

STEP 2 비교하기
- 표제문을 영어로 잘 옮긴 것에 모두 체크하세요.

  ① He was slightly injured, on the left arm, in the accident.
  ② He was slightly injured in the left arm in the accident.
  ③ His left arm was slightly injured in the accident.
  ④ He slightly injured his left arm in the accident.
  ⑤ The accident slightly injured his left arm.

  | 가능한 문장 | ①, ③, ④, ⑤

STEP 3 확인하기
- 문장을 자세히 확인하세요.

★ **영어식 사고로 전환하기** '그 사람은 사고로 다쳤다.'라는 간단한 문장부터 시작해보자. He was injured in the accident.이다. 그럼 '왼쪽 팔에 경상을 입었다.'는 뭐라고 할까? His left arm was slightly injured.가 좋겠다. 아울러, 영어 능동태 문장도 시도해보자. '그 사람은 사고로 다쳤다.'는 He injured himself in the accident.[6], '왼쪽 팔에 경상을 입었다.'는 He slightly injured his left arm in the accident.도 문제 없다. 내가 상처를 입은 경우에도 영어는 사람을 주어로 삼아 능동태 문장을 만들 수 있다.

1 He was slightly injured, on the left arm, in the accident.
가급적 사용하지 않는 것이 좋다. 한국어 피동문을 영어 수동태로 전환했기 때문에 우리 시각에서는 자연스럽게 보이지만, 실제로는 거의 틀린 문장에 가깝다. on the left arm을 제외하면 좋은 문장이다. 즉, '그 사람은 그 사고로 다쳤다.'는 He was injured in the accident.라고 하고, '그 사람은 그 사고로 중상을 입었다.'는 He was badly injured in the accident.라고 한다. 그런데 on the left arm이 들어가면 어색한 문장이 된다. 네이티브들은 1이라 하지 말고 3처럼 His left arm was slightly injured라고 하는 것이 좋겠다고 말한다. 영어는 간단하고 쉬운 문장을 선호한다.

2 He was slightly injured in the left arm in the accident.
틀렸다. 긁혔거나 베인 경우에는 on the left arm이라고 하고, 뼈가 다쳤거나 어디에 찔린 경우에는 in the left arm이라고 한다. 일반적으로 on the left arm이라고 하는 것이 좋다.

3 His left arm was slightly injured in the accident.
좋다. 한국어 피동문을 영어 수동태로 옮겼기 때문에 우리가 느끼기에도 자연스러운 문장이다.

4 He slightly injured his left arm in the accident.
좋다. 우리 눈에는 1이 자연스럽게 보이지만 4가 제대로 된 영어 표현이다. 문장만 놓고 보면 '일부러' 왼쪽 팔에 상처를 냈다는 뜻으로 생각이 들어 우리 눈에는 어색해 보일 수 있다. 하지만 영어 주어의 성격에 대한 이해를 잘 하게 되면 보다 쉽게 이런 문장을 생각해 낼 수 있을 것이다.

5 The accident slightly injured his left arm.
어색하다. 동사 injure의 주어로 the accident를 내세우는 것이 어감상 썩 자연스럽지 않다. 괜찮다고 하는 네이티브도 있지만 사용하지 않는 것이 좋다.

086 그 프로는 다음 주 화요일 밤에 방송됩니다

KBS에서 대작 다큐멘터리를 만들었다고 들었다. 다음 주 화요일에 방영될 예정이다.

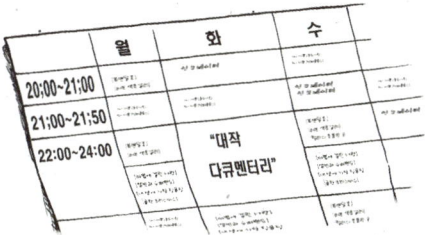

STEP 1 문장만들기
- 표제문을 영어 문장으로 만들어보세요.
[   ]

STEP 2 비교하기
- 표제문을 영어로 잘 옮긴 것에 모두 체크하세요.

1. The program will be broadcasted next Tuesday night.
2. The show will be aired next Tuesday night.
3. The show will air next Tuesday night.
4. KBS will air the show next Tuesday night.
5. KBS will televise the show next Tuesday night.
6. The show will go on the air next Tuesday night.
7. The show will be on the air next Tuesday night.

| 가능한 문장 | 1, 2, 3, 4, 5, 6, 7

STEP 3
확인하기
• 문장을 확인하세요.

★ **영어식 사고로 전환하기** 우리가 흔히 쓰는 '프로'는 program의 줄임말로 콩글리시다. TV 프로그램을 가리킬 때는 program보다 show가 더 자주 쓰인다. 드라마부터 음악 프로그램, 다큐멘터리, 영화, 연예인들이 나와 잡담하고 게임을 하는 예능 프로그램까지 모두 show라고 한다. 우리말로는 '프로가 방송된다', 'KBS가 방송한다'가 자연스럽다. 영어로 동사 air는 타동사로 '방송하다', 자동사로 '방송되다'란 뜻이 있다.

1 **The program will be broadcasted next Tuesday night.**
'방송하다'를 broadcast로 생각하는 것이 보통일 것이다. 하지만, broadcast는 오래된 말이므로 가급적 사용하지 않는 것이 좋다.

next Tuesday night '다음주 화요일 밤'은 on next Tuesday night과 next Tuesday night 중에 무엇일까? on night은 안 되고 at night만 되는 점, next Tuesday night이 전치사 없이 충분히 부사구 역할을 수행하고 있는 점을 감안하면 on을 쓰는 것이 매우 어색하다. in/at next Tuesday night 역시 말이 안 된다. next Tuesday night 대신에 at night next Tuesday 또는 on next Tuesday, at night도 좋다. 참고로, evening은 좀 다르다. next Tuesday evening이라고 하지는 않는다. '15일 저녁'도 on the 15th evening이라고 하지 않고 in the evening on the 15th 또는 on the 15th in the evening이라고 해야 한다.

2 **The show will be aired next Tuesday night.**
3 **The show will air next Tuesday night.**
air는 자동사와 타동사 모두 사용되므로 be aired라고 해도 되고 air라고 해도 된다.

4 **KBS will air the show next Tuesday night.**
좋다. 물론 이때 air는 타동사로서 '~을 방영하다'라는 뜻이다.

5 **KBS will televise the show next Tuesday night.**
좋다. 동사 televise는 air와 같은 뜻이지만 다소 격식적인 단어이다.

6 **The show will go on the air next Tuesday night.**
7 **The show will be on the air next Tuesday night.**
좋다. go on the air는 '전파를 타다', '방송을 타다'라는 뜻에 가깝다. '첫 방송이 나가다'는 뜻이다.

087 나도 올해에만 벌써 독감에 세 번이나 걸렸어

상대방이 독감 걸렸다고 했다. 나도 올해만 벌써 독감에 세 번이나 걸렸다. 지금은 걸려 있지 않은 상태이다.

STEP 1 문장만들기
- 표제문을 영어 문장으로 만들어보세요.

[   ]

STEP 2 비교하기
- 표제문을 영어로 잘 옮긴 것에 모두 체크하세요.

1. I've been caught in a flu 3 times already this year.
2. I've already caught the flu 3 times this year.
3. I've already caught the flu as many as 3 times this year.
4. I caught the flu 3 times this year.
5. The flu knocked me out three times this year.

| 가능한 문장 | 2, 4, 5

STEP 3 확인하기
- 문장을 확인하세요.

★ 영어식 사고로 전환하기   '감기에 걸렸다'란 표현은 중학교 때부터 암기했기 때문에 I caught a cold.이라고 반사적으로 나온다. 그러나 '독감에 걸렸다'라고 하면 쉽게 I caught the flu.란 표현이 나오기 쉽지 않다. 한국어 문장이 피동형이다 보니 영어로 I've been caught처럼 수동형으로 말하기 쉽다. 영어는 주어가 피동적으로 당하는 경우에도 사람 주어를 쓸 때 능동태 동사를 얼마든지 사용한다. 예를 들어, 다리가 부러졌다 = I broke my leg., 무릎이 까졌다 = I skinned my knee.처럼 우리 언어 관념으로는 도저히 받아들이기 어려운 표현을 많이 쓴다.

'나 감기에 걸렸다'로 돌아가 보자. 영어에서는 내가 수동적으로 당하는 경우라 하더라도 〈주어(나) + 동사 능동형 + 목적어(감기)〉형식으로 자주 사용한다. 이때 주어는 의미상 '원인', '대상', '경험자' 등으로 분류될 수 있다. 이런 관점에서 표제문을 보면 주어 I는 수동적으로 감염을 당하므로 '경험자 주어'의 성격을 갖는다.

1 I've been caught in a flu 3 times already this year.
틀렸다. 수동태 have been caught in도 틀렸고, 부정관사 a flu도 틀렸다.
<u>a flu</u>   I catch a cold.가 맞지만 I catch the flu.라고 한다. the flu라고 한 이유는 독감을 일으키는 바이러스는 인플루엔자 하나이기 때문이다. 요새는 독감(flu)도 여러 가지이므로 a flu라고 해도 된다고 하는 네이티브도 있으나, 대다수 네이티브가 the flu를 사용하고 있으므로 저자 역시 the flu를 지지한다.

2 I've already caught the flu 3 times this year.
좋다. already에는 '세 번씩이나 걸려 지겹다/신경질 난다'란 뜻이 간접적으로 들어 있다. 한편 I've caught the flu already 3 times this year.라고 해도 된다.

3 I've already caught the flu as many as 3 times this year.
틀렸다. as many as 3 times는 3 times or less, 즉 '약 3회 이하'로 걸렸다는 뜻이다. 올해 자신이 독감에 몇 번 걸렸는지 정확히 모른다는 것도 이상하고, 표제문 맥락에서는 몇 번 걸렸는지가 문제가 아니라 '세 번이나 걸려 신경질 난다'는 뜻이므로 이렇게 쓸 이유가 전혀 없다.

4 I caught the flu 3 times this year.
좋다. 엄밀하게 말하면 4는 12월말에 거의 근접한 시점에 더 이상 감기에 걸릴 일이 없을 때 쓰는 말이고, 2는 올해 초부터 지금까지 감기에 세 번 걸렸다는 뜻이다.(앞으로 감기 걸릴 가능성도 배제할 수 없다.) 하지만 구어체에서는 현재완료시제 대신 과거시제를 사용하는 경우가 많으므로 별 차이가 없다.

5 The flu knocked me out three times this year.
지겹고 지쳤다는 느낌을 전달하는 구어체 문장이다. knock somebody out은 '~를 KO시키다/나가 떨어지게 하다'이다.

이런 문장도 생각해보세요
• 다음 중 맞는 문장에 모두 체크하세요.

A 신경 쓰인다
▶ 공부하고 있는데 누군가가 옆에서 귀에 거슬리는 소리를 낸다. 상대방에게 신경 쓰이니까 그만 하라고 요청한다.

1 It's getting on my nerves.
2 It annoys.
3 It annoys me.
4 It's annoying.
5 It's annoying me.
6 I'm annoyed by it.
7 It bugs.
8 It bugs me.
9 I'm bugged by it.

Key point **1** 〈신경 쓰이게 만드는 주체 + get on one's nerves〉 형식으로 사용된다. **2** 틀렸다. 불완전한 문장이며, 목적어가 필요하다. **3** 좋다. '신경 쓰이게 하는 주체 + annoy + 피해자' 형식이다. 한국어는 피동문인데 영어로는 사물 주어를 취해 능동문으로 써도 아무런 지장이 없다. **4** 좋다. 여기서 annoying은 형용사로 '짜증스러운'이란 뜻이므로, 동사가 아니라 목적어가 필요하지 않다. 이 문장은 현재진행시제가 아니라 SVC 문장이다. **5** 이 문장은 현재진행시제이다 **6** 좋다. 한국어 표제문과 유사한 문장 형식이다. **7** 틀렸다. annoy와 마찬가지로 목적어가 필요하다. **8** 좋다. annoy와 마찬가지로 〈신경 쓰이게 하는 주체 + bug + 피해자〉 형식이다. **9** 괜찮다. 한국어 피동문을 영어 수동태로 전환했다. 좀 어색한 거 아니냐 네이티브에게 물었는데 큰 문제 없다고 한다.

B 이 열차는 5분 간격으로 운행됩니다
▶ 인천공항 지하 셔틀기차 플랫폼 안내판에 쓰여 있는 문장이다.

1 Train operates every 5 minutes.
2 Train is operated every 5 minutes.
3 The train runs every 5 minutes.
4 Trains run every 5 minutes.

5 The train runs every 5th minute.
6 The train runs at 5 minute intervals.

Key point 1~2 틀렸다. '운행된다'는 operate 또는 be operated라고 하기 쉽다. 하지만 열차는 계속 왔다 갔다 하고 있기 때문에 계속 operate되고 있는 상황이다. 따라서 5 minutes마다 train이 operate한다는 것은 적절하지 않다. 동사 operate, 수동태 모두 틀렸다. 3 train은 자기 역량 범위 내에서 '스스로' run한다. 물론 사람이 운전하고 다니지만 영어적 관점에서는 train은 스스로 running 하고 있다. 또, 기차는 선로를 다니며 행선지가 이미 정해져 있으므로 the train이라고 한다.⁷ 4 좋다. 복수형 trains라고 해도 된다. 5 틀렸다. every 5th minute이라고는 하지 않는다. 6 좋다. 숫자를 포함하는 명사가 다른 명사를 수식하는 경우, 100 dollar bills 또는 a 20 year old boy에서 보듯이 단수형으로 쓰인다. 여기서 5 minute이 intervals를 수식한다. '5분 간격으로'란 뜻이다.

C 스테이크가 쓱쓱 잘 썰어졌다
▶ 어느 스테이크 집에 갔는데 고기가 나이프로 잘 썰렸다.

1 The steak was cut well.
2 The steak cut well.
3 The steak cut easily.
4 It was easy to cut the steak.

Key point 1 표제문과는 전혀 다른 뜻이다. '(고깃집 사장님이) 지방이 없는 아주 좋은 부위로 잘 끊어줬다'란 뜻이다. 2~3 세 가지 뜻을 가지고 있다. 우선 '고기가 부드러웠다(tender)', 두 번째로 '고기에 비계(fat), 물렁뼈(gristle)가 없었다(좋은 부위였다)', 마지막으로 '잘 썰어졌다(chopped/sliced well)'라는 뜻이 있다. 물론 이 세 가지 의미는 다 연관성이 있다. 표제문은 '썰어졌다'처럼 피동문인데 영어는 능동태이다. 동사 cut은 자동사로 '썰어지다/썰리다'란 뜻이 있다. 따라서 cut well하면 '잘 썰어지다/잘 썰리다'라는 뜻이 된다. 그렇다면, '(질겨서) 잘 안 썰어졌다'는 뭐라고 할까? The steak didn't cut very well.이라고 하거나 The steak was tough/stringy.라고 한다. 4 좋다. 문법적으로 보면, 가주어-진주어 관계이다. to cut the steak이 진짜 주어이지만 앞에 두기 어색하니 가짜 주어 it을 앞에 둔 것이다.

| 정답 | A 1, 3, 4, 5, 6, 8, 9 B 3, 4, 6 C 2, 3, 4

Part 5 참고하기

1. his grandmother on his mother's side는 his maternal grandmother라고 해도 된다. 둘 다 구어체에서 아무 문제 없이 사용된다.

2. 10 million won이라고 한다. wons라고 하지 않는다. 10 million dollars는 복수형으로 해야 하지만 won / yen / yuan은 단수형만 쓴다. 그럼, euro는 어떤가? http://forum.wordreference.com/showthread.php?t=1633733 등 열띤 논쟁이 있는데 euro의 복수형은 공식적으로는 euro이다. 하지만 영어 사용자들은 당연히 euros로 알고 있다. 따라서 이 문제가 정리될 때까지 한참 동안은 euro 또는 euros 둘 다 문제 없을 듯 하다.

3. It showered while I was biking. 또는 While I was biking there was a shower.가 일반적인 문장이다. 본문에 있는 문장 I was caught in a shower while I was biking. 역시 좋다.

4. I had the suit dry-cleaned.은 특정한 양복 한 벌을 가리키며 하는 말이다. 직전에 화자 또는 청자가 언급했던 그 양복을 가리킬 수도 있고,(물론 이런 경우 대명사 it이나 that을 사용하는 것이 일반적일 것이다.) '양복이 딱 한 벌 있는데 그 양복을 드라이했다'란 뜻일 수도 있다. 정관사 the는 사물을 특정하는 힘이 있기 때문이다.

5. '(일부러, 적극적으로) 보다'는 look at이다. '(일부러) 귀 기울여 듣다'는 listen to이다. 따라서 '난 영어 히어링이 안 된다.'라고 하면 청각에 문제가 있다는 말이지, 결코 영어 청취 능력이 떨어진다는 뜻이 아니다. '영어 청취 (능력)'은 listening comprehension이다.

6. 물론 이 문장은 '자해했다'는 뜻으로 쓰일 수도 있다. 어떤 뜻인지는 맥락에 따라 결정된다.

7. 인천공항의 셔틀기차 타는 곳에 가면 The 없이 Train runs every 5 minutes.라고만 써 있다. 정관사가 없으면 문법적으로 틀린 문장이지만, 안내판에는 관사를 생략하고 간단하게 쓰는 경우도 있기 때문에, 이 정도는 허용될 수 있다고 본다. 하지만, 대화에서는 The train 또는 Trains라고 해야 한다.

Part 6

시제가 맞아야 문장이 분명해진다

한국어 과거시제와 영어 과거시제는 상당히 다릅니다. 한국어로는 과거시제인 '화났니?'는 영어로 Are you mad at me?라고 현재시제를 쓰고, 역시 한국어로는 과거시제인 '그 책 아직 다 못 읽었다.'는 영어에서는 현재완료시제로 I haven't finished the book yet.이라고 합니다. 현재완료시제는 한국어에 존재하지 않기 때문에 제대로 이해하기 쉽지 않은 개념입니다.

'과거보다 앞선 과거'는 현실적으로 과거완료시제보다는 과거시제로 표현하는 경우가 많습니다. 한편, 학교 문법에서는 시제일치를 강조하면서 일정한 법칙으로 규격화하고 있지만 사실은 그 정도로 엄격하게 따라야 할 규칙은 아닙니다.

시제 없는 문장은 없습니다. 따라서 시제를 제대로 이해하지 않고서는 결코 좋은 문장을 만들 수 없습니다. 이 장에서는 한국어의 시제와 영어의 시제가 어떻게 다른지 살펴보도록 하겠습니다.

법칙 25	한국어로 과거시제라도 영어로는 천차만별
법칙 26	'과거보다 앞선 과거' 표현하기
법칙 27	시제일치에 목숨 걸지 마라
법칙 28	까탈스런 시제, 비위 맞추기

법칙 25   한국어로 과거시제라도 영어로는 천차만별

088   아직 출발 안 했어

089   추워서 옷을 겹겹이 껴입었어

090   거의 도착했어

091   아이가 사춘기에 접어들면서 부쩍 반항이 심해졌어요

092   오늘 집 밖으로 한 발자국도 안 나갔어

한국어로 과거시제라도 영어로는 천차만별

한국어의 과거시제

한국어와 영어의 근본적 차이점을 논할 때 빠질 수 없는 것이 바로 한국어의 '과거시제'이다. 영어로 얘기할 때마다 한국어의 과거시제를 영어로는 무슨 시제로 옮겨야 할지 항상 고민이 많다. 예를 들어, 친구를 만나기로 했는데 아직 출발도 못 하고 있다. 이때 친구가 내게 전화를 해서 '너 어디쯤이냐?'라고 묻는다. '출발 못 했어.'라고 할 때 대답하려는데 영어로는 어떻게 말해야 할까? 과거시제로 I didn't leave.라고 해도 괜찮은가? 이때는 I haven't left.가 바람직하다. 북미 구어체에서는 과거시제로 현재완료시제를 대신하는 경우가 많기 때문에 I didn't leave yet.이라고 해도 된다. 하지만, I didn't leave.는 틀렸다고는 할 수 없지만 상당히 어색하게 들리는 문장이다.

우리는 한국어의 과거시제는 무조건 영어의 과거시제로 옮겨야 한다고 잘못 알고 있다. 한국어의 과거시제 문장이 영어의 과거시제로 많이 전환되는 것은 사실이나, 현재시제나 현재완료시제 등으로 옮겨야 말이 되는 경우도 허다하다.

한국어 과거시제가 영어 현재시제로

다음은 한국어는 과거시제지만 영어에서는 현재시제로 쓰는 대표적인 예이다.

① 그 사람 잘생겼다.　He is handsome / good-looking.
② 화났니?　Are you mad at me?
③ 나 아직 옷 안 입었다.　I am not dressed yet.
④ 잠이 확 깼다.　I am not sleepy anymore.
⑤ 그 사람 오늘 줄무늬 셔츠 입었다.
　He is wearing a striped shirt today.[1]
⑥ 준비 다 됐어?　Are you all set?
⑦ 그 여자 삐쩍 말랐다.　She is skinny.

① 저자는 오래 전부터 '잘생겼다'라는 표현이 뜻은 현재인데 형태는 왜 과거시제인지 궁금했다. 국어학자들이 여러 가지로 설명을 시도하는 것을 보기는 했지만, 아직도 만족할 만한 설명은 보지 못했다. 특히 '예쁘다'와 비교하여 '잘생겼다'를 과거시제로 써야 하는 당위성을 찾기가 힘들다. 어쨌든 '그 사람 잘생겼다.'는 현재 handsome한 것을 말하고자 하는 것이다. 따라서 영어는 현재시제로 표현한다.

⑤처럼 한국어의 과거시제는 중의적인 뜻을 갖는 경우가 많다. 중의적이라기보다는 영어로는, 두 가지로 표현되는 경우가 많다고 해야 하겠다. 줄무늬 셔츠 입은 사람이 직장 동료라고 가정하자. 말하는 시점이 오늘 오전 또는 오후 등 일과 시간 중이라면 영어로는 He is wearing a striped shirt today.라고 말해야 한다. 왜냐하면 현재 줄무늬 셔츠를 입고 있는 상황을 묘사하기 때문이다. 그러나 오늘 저녁 때 퇴근하고서 여자친구를 만나서 이 말을 한다고 하자. 더 이상 현재와 관련이 없다. 오늘(업무시간 기준에서의 '오늘')은 이미 지났기 때문에 더 이상 현재와 관련이 없는, 즉 굳어 버린 과거를 단순히 기술하는 것이기 때문이다. 따라서 He wore a striped shirt today.처럼 과거로 말한다.

⑦ 그 여자가 현재 빼빼 말라있는 상태를 표현하기 때문에 She is skinny.라고 한다. 하지만 '그 여자가 며칠 사이에 몰라볼 정도로 말랐다.'라고 하려면 '과거에 비해 살이 많이 빠졌다.'는 뜻이므로 She has lost so much weight. 또는 She has become much thinner.라고 해야 한다. (단순히, 현재 상태를 묘사하는 것이라면 She is skinny. / She is thin. / She is all skin and bone.이라고 하면 된다.)

한국어 과거시제가 영어 현재완료시제로

현재완료시제는 한국어에 없는 것이기 때문에 이해하기도 쉽지 않고 잘못 사용하는 경우도 많다. 현재완료시제는 과거로부터 현재 직전까지 '기간'을 대상으로 하는 시제이다. (아래 그림에서 A~A* 기간)

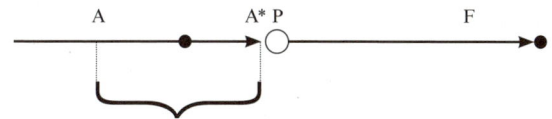

현재완료시제의 긍정문은 이해하기가 쉽다. 예를 들어 보자. 2년 정도 연락을 하지 못한 미국인 친구가 전화를 해서 다음과 같이 말을 했다. You probably know that we have moved back to the States(네가 아는지 모르겠는데, 우리 미국으로 귀국

했어). 이 문장은 지난 2년 동안(2년 전부터 현재 직전까지) 어느 시점에 미국으로 귀국해서 현재 시점에도 미국에 거주하고 있다는 말이다. 앞서 말한 대로 북미 구어체에서는 현재완료시제를 써야 하는 상황에서 과거시제를 쓰는 일이 많으므로 You probably know that we moved back to the States.라고 해도 물론 좋다.

이제 현재완료시제의 부정문을 살펴 보기로 하자. 다음은 성문기본영어 '시제'편에서 제시하고 있는 예문이다. I have not finished reading the book yet(나 아직 그 책 다 못 읽었다).을 살펴보자. 내가 과거 불특정 시점(A)부터 이 책을 읽고 있는데 현재 직전까지(A*)도 책을 다 읽지 못한 상태이다. 이런 경우 현재완료시제를 사용한다. 그렇다면 이 문장을 과거시제를 써서 I didn't finish reading the book yet.이라고 하면 안 되는가? 결론적으로 말하면 북미식 구어체에서는 I didn't finish reading the book yet. 역시 많이 사용된다. 심플한 것을 선호하는 북미식 영어의 특성이다. 다만, 북미 문어체 영어에서는 대체로 현재완료시제를 바른 표현으로 본다.

화자나 상황에 따라 어떤 문장은 두 가지 다 사용되기도 하고, 현재완료시제만 사용되기도 하고, 아예 과거시제만 사용되는 경우도 있다. 대체로 현재완료시제를 주축으로 하되 과거시제도 광범위하게 사용된다고 이해하면 큰 문제가 없다. 반면 영국식 영어에서는 현재완료시제를 과거시제로 대신하는 법이 없다. I didn't finish ~는 올바른 문장이 아닌 것으로 본다.

여기서 '현재 직전까지'라는 말에 주의할 필요가 있다. '현재 직전까지'이지 '현재까지'는 아니다. 그림에서도 '현재'는 포함되지 않았다. '현재'에도 그 상태가 계속되고 있을지, '현재'에는 상황변화가 있었는지는 현재완료시제의 관심 밖이다.

내가 10년 만에 처음으로 모교를 방문한다고 하자. 방문 전날 동문 친구하고 전화하면서 I haven't been there for 10 years.라고 했다. '학교에 못 간지 10년 되었다.'는 말이다. '현재 직전까지'도 못 간 상태이고 '현재'에도 아직 못 간 상태이다. 그 다음 날 모교에 왔다고 하자. 모교에 와 있는 동문들에게 감개무량해서 I haven't been here for 10 years.라고 했다. 당연히 '10년 만에 왔다.'는 말이다. '현재 직전까지'는 못 간 상태였지만 '현재'는 상황이 바뀌어 학교에 와 있다. 지금 현재 10년 동안 학교에 못 간 경우에도, 10년 만에 학교에 온 경우에도 모두 현재완료시제를 사용했다. 왜냐하면 현재완료시제는 과거부터 '현재 직전까지'에 대해서만 얘기하고 있는 것이기 때문이다. 현재에 그 상태가 그대로 이어지고 있을지, 아니면 다른 반전이 있을지는 현재완료시제가 관여하지 않기 때문이다. 반면 한국어는 지금 현재 모교에 와 있느냐(10년 만에 왔다.) 아니냐(못 간지 10년 되었다.)에 따라 아예 다른 문장을 사용한다.

비슷한 예로서, I haven't seen him for a long time.은 '그 사람 만난 지 참 오래 됐다.'이고 (상대방을 앞에 두고) I haven't seen you for ages.는 '너 정말 오랜만이 다.' 즉, Long time, no see.라는 말이다.[2]

현재완료시제는 경험, 계속 용법도 있으나 구분하기 어렵지 않으므로 여기에서는 설명하지 않는다.

한국어 과거시제가 영어 과거시제로

영어 과거시제는 현재와는 전혀 관련이 없는, 말하자면 화석과 같은 과거를 묘사하는 시제이다. 순수하게 과거에 일어나서 현재하고는 관련이 없는 그런 과거 말이다. 대부분의 한국어 과거시제 역시 대부분 '현재와 관련이 없는 과거'를 대상으로 하는 시제이므로 영어 과거시제로 전환된다.

'그 사람 2002년에 고등학교를 졸업했다.'를 영어로 옮길 때는 어떤 시제를 사용해서 말할까? 2002년에 고등학교를 졸업했다는 사실은 '화석'과 같다. 2002년이라는 과거시점도 명확하고 이 사실 또한 앞으로 절대 바뀔 가능성이 없다. 이때 영어는 과거시제를 사용해서 He graduated from high school in 2002.라고 말한다.

영어 과거시제는 과거의 특정 시점이 필요하다는 점에서 현재완료시제와 근본적인 차이가 있다. 즉, 영어 과거시제는 '점' 개념인데 현재완료시제는 '구간' 개념이다. '시점'이 2011년 10월 22일 17시 57분 12초만을 뜻하는 것은 아니다. 경우에 따라 하루, 일주일이 될 수도 있고, 한달, 작년처럼 긴 기간이 될 수도 있다. 이 모든 시점의 공통점은 현재와 전혀 무관하다는 점이다.

He broke his leg yesterday.는 정상적인 과거시제 문장이다. 반면에 He has broken his leg yesterday.는 틀린 문장이다. yesterday 없이 He has broken his leg.이 제대로 된 문장이 된다. He has broken his leg.은 막연히 과거 어느 시점에 부러져서 '현재 직전//까지' 계속 부러져 있는 것을 의미한다. 현재완료시제는 구간을 다루기 때문에 특정 시점과 어울릴 수가 없다.

영어 과거시제 문장에서 사건의 결과가 현재에도 영향을 미치고 있느냐 없느냐는 별도의 문제이다. 그것은 상식과 주변 정보를 통해 파악해야지 과거시제 문장만 가지고 판단할 수는 없다. 예를 들어, He broke his leg yesterday.는 그 결과가 지금까지 영향을 미치고 있을 것이라고 보는 것이 상식적인 판단이다. 즉, 지금도 그 사람 다리는 부러져 있는 상태이다. 하지만 He broke his leg last year.라고 하면 지금쯤은 다리가 정상으로 회복되었을 것으로 보는 것이 상식적일 것이다.

088 아직 출발 안 했어

퇴근 후에 친구를 만나기로 했는데 아직 사무실에 있다. 친구가 전화해서 '어디냐?(Where are you?)'고 묻는 말에 대답한다.

STEP 1 문장만들기
- 표제문을 영어 문장으로 만들어보세요.
[   ]

STEP 2 비교하기
- 표제문을 영어로 잘 옮긴 것에 모두 체크하세요.

1. I didn't start.
2. I don't leave the office.
3. I haven't left the office.
4. I haven't left yet.
5. I didn't leave.
6. I didn't leave the office.
7. I didn't leave the office yet.
8. I didn't leave yet.
9. I'm still in/at the office.
10. I'm still at work.

| 가능한 문장 | 3, 4, 5, 6, 7, 8, 9, 10

> **STEP 3**
> 확인하기
>
> • 문장을 확인하세요.

★ **영어식 사고로 전환하기**   '출발했다'는 left니까 '출발하지 못했다'는 didn't leave라고 생각할 수도 있다. 하지만 이건 썩 좋은 문장이라 할 수 없다. 다시 곰곰이 생각해보자. '출발하지 않았다'는 지금, 즉 현재 출발하지 않고 있는 상황을 묘사하는 것이다. 즉, '아직 사무실이야.'가 가장 정확한 문장이다. 이것을 영어로 바꾸면 가장 표준적인 영어식 답변이 된다.

leave를 굳이 써야 하겠다면, 시제를 무엇으로 해야 좋을까? 영어에서 과거시제는 분명한 과거 표지와 함께 현재와 전혀 관련이 없는, 현재와는 동떨어진 과거의 일(그것이 비록 1분전에 벌어진 과거라 하더라도)을 묘사한다. '과거에 출발했어야 하는데 그렇게 하지 못했고, 지금까지도 출발하지 못하고 있다'를 전달하기 위해서는 현재완료시제를 써야 한다. 우리 영문법 책에는 현재완료의 용법으로 경험, 계속, 완료, 결과 용법만을 언급하고 있지만 이것으로 현재완료시제의 용법을 다 설명하기는 힘들다. 지금 상황에 맞는 현재완료의 용법은 '해야 하는 건데 아직까지 완료되지 않은 행동/활동(An uncompleted action you are expecting)'이라고 이름을 달 수 있겠다.

1 I didn't start.
'출발하다'를 start로 잘못 알고 있는 사람이 적지 않다. start는 '시작하다'일 뿐 출발한단 의미가 아니다.

2 I don't leave the office.
아직 출발하지 않은 상태이니 현재시제를 쓰면 안 될까? 틀렸다. 현재의 습관적 행동에 대한 부정이지 지금 바로 이 순간에 발생한 사건/상황에 대한 부정은 아니다. 이 문장만 놓고 보면 '나는 사무실을 나가지 않는다', 즉 24시간 사무실에 있다는 뜻이다. 따라서, 다른 구/절이 뒤따라 나와 내용을 한정해줘야 의미를 갖는 문장이 된다. 예를 들어, I don't leave the office without looking at my task list(사무실을 나설 때면 항상 나는 업무 목록을 체크한다).처럼 써야 한다.

3 I haven't left the office.
4 I haven't left yet.
좋다. 현재완료시제는 '과거부터 현재까지'의 '기간'을 다루는 시제이다. **3**, **4**는 지금 현재 떠나지 못하고 있다는 사실을 정확히 전달하고 있다. yet은 있어도 되고 없어도 문제 없다. 현재완료시제를 통해 현재와의 상관성이 명확하므로 의미상 중복되기 때문이다.

5 I didn't leave.
6 I didn't leave the office.

북미 구어 영어에서는 현재완료를 사용해야 하는 상황에서 과거시제를 쓰는 일이 자주 있기는 한데, 과연 **5**, **6**이 이런 경우에 해당되는지 알아보자. **5**, **6**이 사용 가능한지에 대해서는 네이티브 간에 의견이 분분하다. 아예 틀렸다고 하는 사람도 있고 좋다고 하는 사람도 있다. 또 다른 네이티브는 **3**, **4**를 선호하고 **5**, **6**은 가급적 사용하지 않는 것이 좋다고 한다. **5**, **6**이 어색하다고 하는 네이티브가 대체로 많다.

종합적으로 판단하건대, 이 책에 있는 모든 문장은 대화 상황을 전제로 하고, 아울러 대화자간에 맥락을 공유하고 있다고 전제를 하므로, 맥락이 분명한 경우 **5**, **6**을 사용하는 데 문제는 없겠지만, 가급적 현재완료시제문장을 사용하거나 **7**, **8** 같이 〈과거시제 + yet〉 형식을 쓰는 것이 좋겠다.

한편, **5**, **6**은 과거시제이므로 당연히 과거 상황/행동을 표현할 때, 즉 현재와 관련이 없는 과거를 대상으로 사용할 수도 있다. 따라서 I didn't leave the office until nine last night(어제 저녁 9시 넘어 퇴근했다).처럼 사용할 수 있다.

7 I didn't leave the office yet.
8 I didn't leave yet.

앞에 나온 **5**, **6**보다 좋다. yet은 '현재까지' 이면 사건이 수행되지 못했을 때 사용되는 부사이다. 즉, yet은 원래 문법적으로 현재완료시제와 같이 쓰인다. 하지만 미국 구어 문장에서는 〈과거시제 + yet〉이 가능하다.³ 저자의 경험으로 봤을 때, 현재완료시제를 대신해서 과거시제를 사용하는 모든 상황에서, 〈과거시제 + yet〉이 yet 없이 과거시제만 쓴 문장보다 더 낫다고 할 수는 없다. 경우에 따라서는 yet 없이 과거시제만 쓴 문장이 더 좋다는 경우도 있다. 미묘한 뉘앙스 차이 때문일 것이라 생각한다.

9 I'm still in/at the office.
10 I'm still at work.

가장 좋은 표현이다. '아직 출발 안 했다'는 바꿔 말하면 '아직 사무실이다'는 뜻이다. Where are you?라는 질문에 네이티브는 100이면 100 다 이렇게 답변할 것이다. 동사 leave를 써서 표현할 필요조차 없다. 위에서 동사 leave를 활용해서 현재완료, 과거시제, yet을 포함한 과거시제를 논했지만, 이들 문장들은 솔직히 독자에게 현재완료시제의 개념을 이해하기 쉽도록 설명해 주기 위해 다소간 작위적으로 만든 예문들이다. (물론 모두 문제는 전혀 없는 문장들이다.) in the office / at the office 둘 다 쓸 수 있으며 at work도 물론 좋다.

089 추워서 옷을 겹겹이 껴입었어

오늘 아침에 너무 추워서 출근할 때 옷을 잔뜩 껴입고 나왔다. 오전 10시에 옷을 껴입은 상태로 친구에게 전화로 하는 말이다.

STEP 1 문장만들기
- 표제문을 영어 문장으로 만들어보세요.

[   ]

STEP 2 비교하기
- 표제문을 영어로 잘 옮긴 것에 모두 체크하세요.

1. I put on warm clothes this morning.
2. I put on layers of warm clothes this morning.
3. I put on layers and layers of warm clothes this morning.
4. I have put on several layers of clothes this morning.
5. I'm wearing several layers of clothes.
6. I am bundling up now.
7. I have bundled up.
8. I've dressed warm clothes.
9. I've dressed in several layers of clothes.
10. I've dressed warmly.
11. I am (all) bundled up.

| 가능한 문장 | 2, 3, 4, 5, 7, 9, 10, 11

> **STEP 3 확인하기**
> • 문장을 확인하세요.

★ **영어식 사고로 전환하기** '껴입다'는 표현은 영어로는 put on(동작), wear(상태), bundle up(동작) 등으로 표현 가능하다. '겹겹이 껴입은'을 뜻하는 형용사 bundled up도 사용할 수 있다. bundle up은 사실 겹겹이 껴입는 정도를 넘어 몸 움직임이 둔할 정도로 너무 많이 입는 '동작'을 말한다. 예를 들어, 스키장에서 눈만 내놓고 스키 바지, 재킷과 벙어리 장갑(mittens), 비니 모자(beanie)로 완전 무장한 장면을 상상하면 된다. 사무실에 이렇게 입고 출근하는 경우는 거의 없으므로 지금 맥락에서 bundle up은 추운 것을 강조하기 위해 동원한 다소 과장된 표현이라 이해하기 바란다.

1 I put on warm clothes this morning.
2 I put on layers of warm clothes this morning.
3 I put on layers and layers of warm clothes this morning.
4 I have put on several layers of clothes this morning.

동사 put on은 옷을 입는 동작을 했다는 말이다. 현재 옷을 겹겹이 껴입은 상태를 표현하기 위해 과거시제와 현재완료시제가 둘 다 쓸 수 있다. 문법적인 관점에서는 아침 일찍부터 현재까지(지금도 오전이다) 겹겹이 입은 상태이니 현재완료시제가 정석이다. 하지만 북미영어는 현재완료시제를 보다 간단한 과거시제로 대체하는 경우가 적지 않다.

1은 문장 형식, 문법은 맞는데 '겹겹이'라는 뜻이 들어 있지 않아 틀렸다. 문장 자체는 정상적인 문장이다.

2를 문자적으로 직역하면 '오늘 아침 겹겹이 옷을 껴입는 행위를 했다'는 말이다. 그 중간에 얼마든지 옷을 벗거나 상황이 바뀌어 다른 옷으로 갈아 입었을 수도 있다. 하지만, 문맥상 '오늘 아침에 옷을 겹겹이 껴입었고, 지금도 그 결과가 그대로 유지되고 있다'는 뜻으로 이해하는데 지장이 없다.

3은 '엄청나게 옷을 껴입었다'는 것을 강조하는 표현이다. '겹'은 영어로 layer라고 한다. '겹겹이'를 layers and layers of로 강조해서 옮겼다.

4는 현재완료시제를 썼다. 위에서 설명한 바와 같이 현재완료시제는 지금도 옷을 두껍게 입고 있다는 뜻을 갖는다. 과거에 옷을 입는 동작을 한 결과가 '바로 지금 현재까지' 이어지고 있다는 말이다.

5 I'm wearing several layers of clothes.

동사 wear에 주목해보자. wear는 '입고 있다'는 뜻이다. 입는 동작을 한다는 것이 아니라 입고 있는 '상태'에 있다는 뜻이다. 입는 동작을 나타내는 표현은 put on이다. 영어는 대체로 '동작'과 '상태'를 구분한다. 따라서, 시제 역시 과거시제, 현재시제가 아니라 현재진행시제임에 주의하자.

6 I am bundling up now.
틀렸다. I am bundling up.은 '지금 옷을 두툼하게 입고 있는 동작을 하고 있다.'란 뜻이다. 즉, I am putting on several layers of clothes.와 같은 의미이다. bundle up은 '동작'을 나타내는 표현으로 put on과 같다고 생각하면 된다. 현재진행시제로 썼으므로 지금 '옷을 겹겹이 껴입고 장갑 끼고 머리에 비니 쓰는 일련의 동작을 하고 있는 중이다'란 뜻이다.

7 I have bundled up.
좋다. '지금 옷을 겹겹이 껴입은 상태'이다. 즉, I'm bundled up.의 뜻이다. I have bundled up.은 불특정한 과거 어느 시점에 bundle up 동작을 수행을 했고 그 결과가 지금까지 이르고 있다는 뜻이다.

8 I've dressed warm clothes.
틀렸다. dress는 타동사로 '~에게 옷을 입히다'란 뜻이 있다. She dressed her children in their best clothes(그 여자는 아이들에게 가장 좋은 옷을 입혔다).처럼 〈dress + 사람〉의 형태로 쓰며, 〈dress + 옷〉으로는 절대로 쓰이지 않는다.

9 I've dressed in several layers of clothes.
좋다. 옷 입는 것을 전치사 in을 써서 표현할 수 있다. '청바지 입은 남자'는 a man in jeans, '양복 입은 남자'는 a man in a suit이라고 한다.

10 I've dressed warmly.
좋다. 직역하면 그대로 '따뜻하게 입었다.'라는 뜻이다. 동사 dress는 '동작' 동사이다. 그래서 과거에 옷을 입은 것이 현재까지 영향을 미치고 있다는 것을 표현하기 위해 현재완료시제를 사용했다.

11 I am (all) bundled up.
'나는 옷을 겹겹이 껴 입은 상태이다'라는 뜻이다. 과거 어느 시점에 옷을 껴입는 동작이 일어났겠지만, 그것은 무시하고 지금 옷을 껴입은 상태만을 언급하는 것이다. 역시 상태수동태이다. 아니면 bundled up을 형용사로 보면 〈주어 + be동사 + 보어(SVC)〉 문장이 된다.

090 거의 도착했다

약속 시간에 좀 늦었다. 약속 장소로 가면서 친구에게 전화를 걸어 금방 도착할 것이라고 얘기한다.

STEP 1 문장만들기
- 표제문을 영어 문장으로 만들어보세요.

[   ]

STEP 2 비교하기
- 표제문을 영어로 잘 옮긴 것에 모두 체크하세요.

1. I almost arrived.
2. I have almost arrived.
3. I'm going to be there soon.
4. I'll be there soon.
5. I'm almost there.
6. I'm almost here.

| 가능한 문장 | 2, 3, 4, 5

STEP 3 확인하기
- 문장을 자세히 확인하세요.

★ **영어식 사고로 전환하기**   '거의 도착했다.'라는 문장은 아주 쉽게 보인다. 그대로 직역하면 I almost arrived가 되는데, 이렇게 쓰면 틀리다. 지금 맥락에서 영어는 과거시제 대신에 현재완료시제를 사용한다. 영어는 어떻게 생각하길래 이런 차이점이 생기는 것일까?
영어는, 원리상, '현재와 관련이 있는 사건/상황'과 '현재와 전혀 관련이 없는 과거 사건(그것이 단 1분전에 일어난 일이라 하더라도)'을 구분하기 때문이다. 아울러, 현재완료시제는 과거로부터 현재

(정확하게 말하면 '현재 직전')까지의 불특정한 '기간'이 대상이 되고, 과거시제는 과거 특정 시점에서 바라보는 '단면'이 시제의 대상이 된다.[4] 그래서 '5분전에 도착했다'는 I arrived 5 minutes ago.라고 하지, I have arrived 5 minutes ago.라고는 절대로 하지 않는다. 기간을 다루는 현재완료시제의 원칙에 벗어나기 때문에 이렇게 하지 않는다. 반면에 I have arrived.는 '과거 불특정한 시점부터 현재 직전까지의 기간' 사이에 어느 순간에 '도착 사건'이 발생했다는 말이다. 화자의 머리 속에는 굳이 그것이 5분전인지 10분전인지 중요하지 않다. 화자는 내가 어쨌든 여기 도착했고 지금 여기 있다는 점이 중요할 뿐이다.

과거시제, 현재완료시제에서 벗어나 발상을 전환해보자. '거의 도착했다.'는 '곧 도착할 것이다.'이다. 따라서 미래시제로 표현할 방법도 있을 것이다.

1 I almost arrived.

틀렸다. '거의 도착했다.'는 '도착하지 못 했다'라는 뜻이며, 지금 맥락에서 쓰기도 곤란하다. 예를 들어, I almost arrived when the train was leaving(기차가 떠날 때 '거의' 도착했었다).은 '기차를 놓쳤다'(I missed it.)는 뜻이다. 2와 달리 1은 '지금 벌어지고 있는 사건'을 묘사하는데 사용할 수 없으며, 과거 사건에 대해 말할 때 쓸 수 있는 문장이다.

2 I have almost arrived.

좋다. I have arrived.는 '이미 도착해서 지금 거기 있다'이다. 언제 도착했는지는 관심사가 아니다. 다만 도착해서 현재 거기 있다는 점이 메시지의 초점이다. 다만, 이 문장에는 almost가 있기 때문에 아직 완료가 되지 않았음을 표현한다. almost는 '거의 ~ 했다'란 뜻이므로 아직 '완료'되지는 않았다는 말이다.

3 I'm going to be there soon.
4 I'll be there soon.

좋다. be there로 arrive를 대신하고 있다. He'll be there tomorrow.는 문맥에 따라 '내일 거기 갈 것이다.', '도착할 것이다.', '방문할 것이다.'로 해석된다.

5 I'm almost there.

좋다. almost there가 실제로 어느 정도 거리인지는 사람마다 다르다. 바로 문 앞에 와 있을 수도 있고 차를 타고 가고 있는 중일 수도 있다.

6 I'm almost here.

틀렸다. 다만, 백화점 10층에서 만나기로 했는데 내가 1층에 막 들어서고 있다면 이렇게 말할 수도 있다. 그 외에는 매우 어색한 문장이다.

091 아이가 사춘기에 접어들면서 부쩍 반항이 심해졌어요

아들이 지금 중학교 2학년인데 사춘기가 되니 말도 잘 안 듣고 부쩍 반항이 심해졌다.

STEP 1 문장만들기

• 표제문을 영어 문장으로 만들어보세요.

[   ]

STEP 2 비교하기

• 표제문을 영어로 잘 옮긴 것에 모두 체크하세요.

1. When my son entered the adolescent period, he often disobeyed me.
2. As my son entered adolescence he often disobeys me.
3. Since my son entered adolescence he has often disobeyed me.
4. With the start of his adolescence there was a lot of disobedience from my son.
5. With the start of his adolescence he began to disobey me more.
6. With the start of his adolescence he has become more disobedient.

7 Since my son entered adolescence his disobedience has increased.

8 With the start of his adolescence he quickly became more disobedient.

9 With the start of his adolescence he has quickly become more disobedient.

|가능한 문장| 3, 5, 6, 7, 8, 9

STEP 3 확인하기
• 문장을 자세히 확인하세요.

★ **영어식 사고로 전환하기** '부쩍 반항이 심해졌다'는 맥락상 지금 반항이 심한 상태임을 나타낸다. 따라서 현재완료시제가 상황에 맞는 시제이다. '반항이 심해졌다'는 '말을 잘 듣지 않는다', '반항하다'란 뜻의 동사 disobey, 또는 '말을 잘 듣지 않는', '반항이 심한'란 뜻의 형용사 disobedient / defiant 등을 사용할 수 있다.

1 When my son entered the adolescent period, he often disobeyed me.
disobeyed 틀렸다. 과거시제는 과거 사건을 묘사한다. 1은 내 아들이 사춘기가 이미 지났다는 뜻이다. '사춘기 때 우리 아들이 참 말 안 들었다'라는 뜻이다. 또는 사춘기가 한참 지나고 있는 중에(사춘기 막바지에) 이렇게 말했다면 '사춘기 막 시작한 시점에 말을 참 안 들었다'는 뜻이 된다.
adolescent vs. puberty '사춘기'는 the adolescent period라고 하지 않고 adolescence라고 한다. '사춘기'는 adolescence 또는 puberty라고 한다. 전자가 주로 정서적, 사회적 변화를 나타낸다면, 후자는 주로 신체적 변화를 나타내는 단어다. 지금 맥락에서는 adolescence를 쓰는 것이 더 좋겠지만 puberty라고 해도 큰 문제는 없다.

2 As my son entered adolescence he often disobeys me.
틀렸다. 우리가 보기에는 그럴 듯 할지 몰라도 시제가 전혀 어울리지 않는다.

③ Since my son entered adolescence he has often disobeyed me.
좋다. 지금과 같은 상황에서는 현재완료시제가 아주 적절하다. 현재완료시제로 인해 비로소 현재와의 상관성이 생겨나게 된다. 즉, 지금 현재도 반항이 계속되고 있음을 시사한다. '접어들면서'는 '접어든 이래', '접어들고 나서부터'이므로 〈since + 과거시제〉가 바람직하다. 한편, '사춘기에 접어들다'는 enter adolescence이며 enter into라고 하지 않는다. enter는 타동사이기 때문에 전치사를 쓰지 말아야 한다. enter into는 '계약, 법령, 관계 등이 시작하다'이다.

④ With the start of his adolescence there was a lot of disobedience from my son.
아주 묘사적인 문장으로 매우 어색하다. start of his adolescence와 a lot of disobedience는 명사구인데, 영어 역시 문장을 명사/명사구로만 구성하게 되면 격식적이라 생각되고 어색하게 느껴진다.

⑤ With the start of his adolescence he began to disobey me more.
좋다. '사춘기가 되니 말을 안 듣기 시작했다'는 뜻이다. ⑤만 봐서는 우리 아이가 사춘기를 지났는지 안 지났는지 알 수가 없다. 아직 안 지났을 수도 있고 아니면 이미 사춘기를 지났을 수도 있다(He could be in adolescence or no longer an adolescent). 여기서 과거시제를 사용한 점에 의문을 품는 독자도 있을 것이다. he disobeyed me가 아니라 he began to disobey me인 점을 생각하라. began to disobey me는 사춘기 들어서며 '반항을 하기 시작해서' 지금도 그런 상태가 유지되고 있음을 시사한다.

⑥ With the start of his adolescence he has become more disobedient.
좋다. 현재완료시제를 써야 지금 진행되고 있다는 의미를 전달할 수 있다. his adolescence에서 his는 문맥상 명확하기 때문에 생략 가능하다.

⑦ Since my son entered adolescence his disobedience has increased.
좋다. 역시 현재완료시제가 쓰였음에 주목하라. 현재완료시제가 쓰여야 아들이 반항하는 것이 현재 진행되고 있음을 나타낸다. 현재완료진행시제 has been increasing도 좋다. 현재완료진행시제는 지금도 계속되고 있음을 더욱 강조한다.

8 With the start of his adolescence he quickly became more disobedient.

9 With the start of his adolescence he has quickly become more disobedient.

8은 문장 자체만 보면 과거 사건을 기술하는 것이지만, 상대방이 내 아들이 중학교 2학년이라는 사실을 알고 있을 때도 쓸 수 있다. 물론, 9를 쓰는 것이 바람직하다.

092 오늘 집 밖으로 한 발자국도 안 나갔어

나는 아파트에 사는데 나가기 귀찮아서 일요일 내내 집에만 틀어박혀 있었다. 오후 5시 경에 친구와 통화하면서 하는 말이다.

STEP 1 문장만들기
• 표제문을 영어 문장으로 만들어보세요.
[   ]

STEP 2 비교하기
• 표제문을 영어로 잘 옮긴 것에 모두 체크하세요.

1. I didn't go out today.
2. I haven't gone out today.
3. I've stayed in my house today.
4. I stayed at home today.
5. I stayed home today.
6. I stayed in/inside today.
7. I didn't leave home today.
8. I didn't step outside today.
9. I didn't take a step outside today.

| 가능한 문장 | 1, 2, 3, 4, 5, 6, 7, 8, 9

> **STEP 3**
> 확인하기
>
> • 문장을 확인하세요.

★ **영어식 사고로 전환하기** 시제를 현재완료를 언제 쓸 것인지, 언제 단순과거를 쓸 것인지 생각해보자. 오후 5시경이라고 하면 통상적으로 밖에 나가 활동하는 낮 시간대, 즉 daytime 안에 있다. '오늘 아침부터 지금까지' 밖에 나가지 않고 있다는 점을 표현하기 때문에 '과거 어느 시점부터 현재까지의 기간'을 나타내는 현재완료시제가 적절하다. 전통적인 영문법 개념에서는 현재완료시제를 쓰는 것이 맞지만, 북미식 영어에서는 구어체에서 현재완료시제 대신 과거시제를 사용하는 경우가 많다.

1 I didn't go out today.
2 I haven't gone out today.

현재완료시제도 좋고 과거시제도 좋다. **1**과 **2** 사이에 약간의 어감상의 차이가 있다. **1**은 나갈 계획이 전혀 없음이 함축되어 있으므로 I'm not planning to go out, either(밖에 나갈 계획도 없다).와 같은 소리이다. **2**에는 아직까지는 안 나갔는데 향후 나갈 가능성도 있다는 뜻이 내재되어 있다.

이는 현재완료시제와 과거시제의 특성으로부터 나오는 당연한 차이다. 현재완료시제는 지금까지 안 나갔다는 말이기 때문에 앞으로 어떻게 될 지 모른다. 과거시제는 개념상 화석처럼 굳어버린, 그래서 도저히 변화시킬 수 없는 과거사건을 다루는 것이므로, 화자는 '이미 오늘은 끝났다, 앞으로 나갈 가능성도 없다.'고 생각하며 **1**을 말할 것이다. 물론 이런 차이는 미세한 것이기 때문에, 현 맥락에서는 실질적인 의미 차이를 가지는 것은 아니다.

3 I've stayed in my house today.
4 I stayed at home today.
5 I stayed home today.

모두 좋다. 표제문을 '오늘 집에 머물렀다.', '집에 쭉 박혀 있었다.'로 전환하면 쉽게 생각날 것이다. 과거시제, 현재완료시제 모두 가능하다. in the house / in my house / at home / home 모두 좋다.

`house / home` '집'을 영어로는 뭐라고 표현하면 좋을까? house는 원래 단독주택을 의미하는 말이지만, 아파트에 거주하는 사람이 '집'이라고 할 때도 house라는 말을 쓸 수 있다. house는 꼭 물리적인 '단독주택'만을 의미하지 않고 우리말의 '집'처럼 범용적으로 사용한다. house, home, my place는 모두 한국어의 '집'과 유사한 의미로서 크게 차이를 두지 않고 사용한다. 물론 단독주택에 사느냐, 아파트에 사느냐 물어볼

때는 Do you live in a house or an apartment?라고 말한다. my place 또한 '집'이라는 뜻으로 사용되는 표현으로, '우리 집에 와'라고 할 때 Come over to my place.라고 한다. 이때 Come over to my house.는 괜찮지만 Come over to my home.이라고 하면 틀린다.

6 I stayed in/inside today.
좋다. in과 inside는 '집안에'란 뜻이다.

7 I didn't leave home today.
좋다. 현재완료시제 대신으로 과거시제를 썼다고 생각할 수도 있고, 오늘은 이미 종료되었다고 생각하고(즉, 과거가 되었다고 생각하고) 과거시제를 썼다고 생각할 수도 있다. **1**, **2**에서 설명한 바와 같다. home 앞에 관사, 소유격 등 아무 것도 붙이지 않으므로 leave my home / leave the home이라고 쓰면 모두 틀린 표현이다.

8 I didn't step outside today.
9 I didn't take a step outside today.
좋다. 표제문의 '발자국'은 '발로 밟은 흔적(footprint)'이 아니라 '걸음(step)'을 뜻한다. step이 동사로 쓰이면, '발걸음을 떼서 ~하다'란 뜻이다. 발걸음을 가지고 하는 행동은 동사 step으로 다 표현할 수 있다: I stepped on his toes(실수건, 일부로건 그 사람 발을 밟았다). / Step on it(엑셀 밟고 빨리 가주세요)! / She stepped aside(한쪽으로 비켜주었다).처럼 쓴다. step outside는 '집 바깥으로 나가다'이다. 〈기본동사 + 명사〉 형태로 take a step이라 하기도 한다. take a walk(산책하다), take a stroll(한가하게 거닐다)과 같은 구성이다.

이런 문장도 생각해보세요
• 다음 중 맞는 문장에 모두 체크하세요.

A 밖에 나왔다
▶ 근무시간 중에 은행에 볼 일이 있어 사무실을 잠깐 나왔다. 지금 밖에 나와 있는 상태이다. 지호가 전화 통화에서 Where are you? / What are you doing? / What's up?이라고 묻는다.

1. I came out.
2. I went out.
3. I left the office.
4. I am outside.
5. I am out of the office.

Key point '나왔다'를 거의 반사적으로 came out 또는 went out으로 생각하기 쉽다. 하지만, 다시 한번 곰곰이 생각해보자. '나왔다'는 여기 맥락상 '나와 있다'이다. 한국어는 '나오는 동작'을 과거시제로 표현하면 현재도 그럴 것이라 전제를 하고 말을 한다. 하지만 영어는 '나왔다'는 과거 동작일 뿐이고 '나와 있다'는 현재 상태일 뿐이다. 따라서 문장도 완전히 다른 모양을 취한다. 1 틀렸다. 불완전한 문장이다. I came out to do some banking(은행 일 보려고 나왔다). / I came out to get a Subway sandwich(서브웨이 샌드위치 사러 나왔다). / I came out to get some fresh air(바람 좀 쐬러 나왔다).처럼 추가적인 설명이 붙어야 비로소 온전한 문장이 된다. 또는 I came out은 '남성 동성연애자가 커밍아웃했다.'란 뜻이다. come out of the closet(커밍아웃하다)의 준말이다. 제대로 쓰려면 I came out of the office for cigarettes(담배 한 대 피러 사무실 나왔다).같이 이유와 목적이 필요하다. 2 매우 어색하다. I went out은 도대체 어디를 나왔다는 말인가? 사무실? 사무실 건물? 아무 것도 알 수 없는 문장이다. I went out 대신에 I went out of the office라고 하면 그나마 조금 낫지만 여전히 썩 좋은 문장은 아니다. go out은 단순히 나간 것이 아니라 '데이트 하러 나가다'란 뜻이 강하다. 따라서 지금 맥락에서 I went out은 매우 어색하게 들린다. I went out to the movies last night. / I went out for dinner last night.처럼 쓰여야 온전한 문장이 된다. 3 좋다. 뜻이 약간 중의적이다. 사무실은 나섰는데 아직도 건물 안에 있을 수도 있고 아예 건물 바깥으로 나와 있을 수도 있다. '퇴근했다'는 뜻으로 쓰일 수도 있겠다. 4 좋다. outside가 단독으로 쓰이면 '건물 외부 바깥(outdoors)'이라는 뜻이다. 반면에 5처럼 out of the office라고 하면 건물 바깥이 아니라 '사무실 바깥'이기 때문에 건물 내 엘리베이터, 복도, 1층 카페에 있을 수도 있다. 5 나와 있는 상태를 얘기하는 것이다. I'm out of the office at the moment.라고 하면 더욱 분명한 뜻이 되겠다.

B 방금 출발했어

▶ 퇴근 후 친구를 만나기로 했다. 친구가 나에게 전화해서 어디냐고 물어봤는데 나는 바쁜 업무를 처리하다가 1분 전에 사무실에서 나온 참이다.

1 I just started.
2 I've just left the office.
3 I've just left.
4 I just left the office.
5 I just left.
6 I'm out just now.

Key point **1** 의미상 맞지 않다. '출발하다'는 start가 아니라 leave이다. **2**~**3** 맞다. 구체적인 시점이 없는 과거이거나 현재와 긴밀하게 관련되는 과거를 영어는 현재완료시제로 표시한다. **4**~**5** 북미 구어에서는 **2**, **3**과 같이 현재완료시제를 써야 하는 상황에서 **4**, **5**와 같이 단순 과거시제 문장으로 대신하기도 한다. 이 문장의 경우 **4**, **5**처럼 과거시제를 더 많이 사용한다. **6** 틀렸다. Now, I'm out of my office(나 지금 사무실 밖이야).라는 뜻에 가깝다. 즉, I'm out, just now.로 이해하면 된다. 콤마에서 한번 쉬고 말하면 뜻이 대강 이해가 될 것이다. 표제문과는 다른 뜻으로, '지금 이 순간 바깥에 나와 있다'는 사실만 얘기한다. 출발해서 목적지로 가고 있다는 말이 아니라, 잠시 어떤 목적을 위해 바깥에 나와 있단 말이다.

C 손과장한테서 아직까지 답장이 안 왔다

▶ 내가 손과장에게 이메일을 보냈는데 아직까지 답신을 받지 못했다.

1 He hasn't replied to me up until now.
2 I've got no reply from him until now.
3 He hasn't replied to me yet.

Key point **1** 틀렸다. '아직까지'를 up until now라고 옮겼는데 〈not A(활동) until B(시간)〉은 'B(시간)되어 A(활동)을 했다'란 뜻이다. 따라서 **1**은 '이제 막 답장을 받았다'란 뜻으로서, 표제문과 뜻이 정반대이다. **2** 틀렸다. **1**과 같은 이유다. **3** 괜찮다. 표제문 '답장이 안 왔다.'와 **3** '그 사람이 답장을 안 했다.'는 엄밀하게 말하면 다르다. 손과장은 메일을 보냈는데 시스템 사정으로 나에게 도착하지 않을 수도 있기 때문이다. 하지만 일반적인 상황에서는 개의치 않고 사용할 수 있을 것이다. 우리말 '아직까지'를 영어로 until now로 전환하고 싶은 마음이 들 것이다. 하지만, 이 맥락에서 '아직까지'는 한번 더 생각해 보면 '아직', 즉 yet이다.

|정답| A **3**, **4**, **5** B **2**, **3**, **4**, **5** C **3**

법칙 26 * '과거보다 앞선 과거' 표현하기

093 　잠시 화장실 간 사이에 네가 왔었던 거야
094 　이번 주말에 어디 갔다 왔다면서?
095 　남편이 비행기를 20시간이나 탔어

 '과거보다 앞선 과거' 표현하기

과거보다 앞선 과거, 과거시제로 표현하는 경우가 많다

과거시점보다 더 앞선 과거를 '대과거'라고 한다. 대부분의 영문법 책을 보면 대과거를 표현하기 위해 과거완료(had + p.p.)를 쓴다고 한다. 하지만 실제 일상생활에서 과거완료를 사용하는 경우는 많지 않다. 많은 경우 과거시제로 대과거를 표현한다.

예를 들어, '그녀는 남편이 도박하다가 돈을 많이 잃었다는 것을 알게 되었다.'는 뭐라고 할까? 돈을 많이 잃은 것은 그 여자가 알기 이전 시점이므로 이론적으로는 대과거를 써서 She learned that her husband had lost a lot of money through gambling.이라고 해야 한다. 이것이 정확한 표현이기는 하지만, 일상생활에서는 She learned her husband lost a lot of money through gambling.이라고 해도 문제 없다. 마찬가지로 '내가 도착하기 직전에 기차가 떠나버렸다.'는 The train had left just before I reached the station.이 정확한 표현이지만, The train left just before I reached the station.이라고 해도 된다.

하지만 반드시 과거완료를 사용해야 할 때도 있다. 이 경우 단순한 과거 사실보다는 경험, 결과, 계속 등을 뜻하는 경우가 많다. '수지와 만나기 전에 롯데월드에 가본 적이 없다.'는 I had never been to Lotte World before I dated her.라고 한다. I didn't go to Lotte World before I dated her.라고는 잘 말하지 않는다. 또, '2010년 MBA를 끝냈을 때 지호는 미국에 온지 벌써 5년이 넘었다.'는 By the time he finished his MBA in 2010, he had been in the United States for over five years.라고 한다. 과거시제를 써서 By the time he finished his MBA in 2010, he lived in the United States for over five years.라고는 잘 하지 않는다.

이상에서 보듯이 '과거 이전 일'은 원칙적으로 과거완료시제를 쓰는 것이 안전하지만, 많은 경우 과거시제를 써도 큰 문제가 없다.

093 잠시 화장실 간 사이에 네가 왔었던 거야

호텔 로비에서 수지를 만나기로 했다. 나는 먼저 가서 기다리고 있다가 화장실이 급해서 갔다 오니 수지가 도착해 있었다. 그때는 수지가 별말이 없다가 나중에 일찍 와서 자기를 기다려야 되는데 안 그랬다고 불평했다. 그때 내가 변명하는 말이다.

STEP 1 문장만들기
- 표제문을 영어 문장으로 만들어보세요.
[   ]

STEP 2 비교하기
- 표제문을 영어로 잘 옮긴 것에 모두 체크하세요.

1. You arrived here while I was away at a restroom.
2. You arrived here while I was at the restroom.
3. You arrived while I was in the restroom.
4. You arrived while I had gone to the restroom.
5. You arrived while I went to the restroom.
6. You arrived when I went to the restroom.
7. You arrived after I had gone to the restroom.
8. You arrived after I went to the restroom.
9. I was in the restroom when you arrived.

| 가능한 문장 | 3, 4, 5, 6, 7, 8, 9

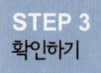
STEP 3 확인하기 • 문장을 자세히 확인하세요.

★ **영어식 사고로 전환하기** 화장실에 간 것이 가장 먼저 일어난 사건이고 네가 온 것이 그 다음에 일어난 사건이다. 그리고 지금 과거에 일어난 이 두 사건에 대해 우리가 얘기하고 있다. 이 경우 표준문법에서는 화장실에 간 것을 대과거(had + p.p.)로 표현하는데, 일상 대화체에서는 과거시제를 써도 대체로 무리가 없다.

1 You arrived here while I was away at a restroom.
2 You arrived here while I was at the restroom.
3 You arrived while I was in the restroom.

1의 away는 쓰면 안 된다. 내가 멀리 가 있었다는 뜻인데, 멀리 간 게 아니라 화장실에 있었을 뿐이니 말이다. 따라서 '있었다'란 의미로 be동사의 과거형을 써서 표현하면 된다.

`a restroom vs. the restroom` 가깝이 있고 비교적 특정할 수 있기 때문에 the가 되어야 한다. 상대방이 화장실의 위치 등을 꼭 알아야 하는 것은 아니다. 이 맥락에서는 상대방이 전혀 모르더라도 the restroom이라고 해도 문제 없다.

`in the restroom` 흔히 문법책에서 작은 장소는 at, 큰 장소는 in이라고 기술되어 있다. 이런 설명은 영어 학습자들을 혼란에 빠뜨리는 주범이다. in, at은 장소가 크냐 작으냐의 기준이 아니다. 대체로 in은 장소적 개념이고, at은 추상적으로 어떤 목적을 위해 장소에 있는 것을 말한다. 예를 들어, At 5 p.m. she was at her desk(오후 5시에 그 여자는 사무실에서 일하고 있었다).에서 보듯 at her desk는 물리적으로 책상 앞에 앉아 있는 것만을 뜻하지 않고, 책상 주변에서 자기 할 일을 하고 있었다는 의미를 전달한다. 화장실을 사용하기 위해서는 화장실이라고 하는 물리적 장소에 들어가야 하기 때문에 in the restroom이라고 해야 맞다.

4 You arrived while I had gone to the restroom.
5 You arrived while I went to the restroom.

표준문법에서는 while I had gone은 말이 되지만 while I went는 말이 안 된다. 왜냐하면 내가 화장실에 간 것은 상대방이 도착한 것보다 더 먼저 일어난 일이므로 대과거에 해당하기 때문이다. 하지만 일상 생활에서는 **5**도 잘 쓰인다.

6 You arrived when **I went to the restroom.**
괜찮다. 글자 그대로의 의미는 '내가 화장실 문턱에 발을 딛는 순간 네가 도착했다'는 뜻이다. 하지만 일상생활에서는 대체로 무슨 의미인지 알 수 있기 때문에 큰 문제 없이 사용 가능하다.

7 You arrived after **I had gone to the restroom.**
8 You arrived after **I went to the restroom.**
문법적으로는 과거완료시제를 쓴 7이 맞지만 일상생활에서는 과거시제를 쓴 8 역시 문제 없이 사용된다.

9 I was in the restroom when **you arrived.**
가장 좋다. 한국어와 마찬가지로 영어 역시 시간순서대로 표현하는 것이 대체로 자연스럽다. 표제문에서 '내가 화장실에 간 것' 다음에 '네가 도착했다'고 말하므로, 영어 역시 I was in the restroom(내가 화장실에 있었다) 다음에 you arrived(네가 왔다)를 표현하면 된다. I was in the restroom과 you arrived는 접속사 when을 써서 연결하면 된다. 아울러 1~8처럼 you arrived를 먼저 쓰게 되면 '네가 그때 도착한 것 자체가 잘못된 것이다, 왜 하필이면 그 시간에 도착했느냐?' 정도의 비난하는 의미로 해석될 여지도 없지 않다. 따라서 9와 같은 순서로 말하는 것이 바람직하다.

094 이번 주말에 어디 갔다 왔다면서?

지금은 7월 25일 월요일 오전이다. 나는 7월 23일에서 24일까지 강릉 경포해수욕장에 갔다 왔다. 부장님이 다른 사람한테 내가 엊그제 놀러 갔다 왔다는 사실을 들은 모양이다. 부장님이 인사 겸해서 내게 물어보는 말이다.

STEP 1 문장만들기
• 표제문을 영어 문장으로 만들어보세요.
[   ]

STEP 2 비교하기
• 표제문을 영어로 잘 옮긴 것에 모두 체크하세요.

1. I heard you went to somewhere last weekend.
2. I heard you had gone somewhere this weekend.
3. I heard you went somewhere over the weekend.
4. I heard you had been somewhere this weekend.
5. I heard you were somewhere this weekend.
6. I heard you were out of town this weekend.
7. I heard you had been out of town this weekend.

> 8 I heard you were away this weekend.
> 9 I heard you had been away this weekend.
> 10 I hear you were away this weekend.

| 가능한 문장 | 2, 3, 6, 7, 8, 9, 10

STEP 3 확인하기
• 문장을 자세히 확인하세요.

★ **영어식 사고로 전환하기** 과거시제와 과거완료시제 중 무엇을 쓰면 될까? 내가 해수욕장에 간 것은 부장님이 이 사실을 들은 시점보다 더 앞선 사건이므로 '과거완료시제'가 옳을 것이다. 네이티브들은, 이 생각에 동의하기는 했지만, 이 맥락에서는 과거시제로 충분하다고 한다. 어떤 네이티브는 과거완료시제가 지나치게 복잡하다고 하면서 자기는 과거시제가 더 좋다고 한다. 저자 역시 과거완료시제, 과거시제 다 좋지만, 이 맥락에서는 간결한 과거시제가 더 좋다고 생각한다.

1 I heard you went to somewhere last weekend.
과거시제를 쓴 건 괜찮은데 전치사 to와 last weekend가 틀렸다. somewhere는 부사이므로 go somewhere이지, go to somewhere라고 하지 않는다.
'이번 주말에'를 영어로 옮기면 last weekend는 틀리고 this weekend가 맞다.[5] 월요일은 직전 주말을 last weekend라고 하기에는 너무 가까운 과거이기 때문이다.

2 I heard you had gone somewhere this weekend.
3 I heard you went somewhere over the weekend.
둘 다 좋다. 구어체에서 과거완료시제 대신 단순과거시제를 써도 문제 없다. this weekend라고 해도 좋고 over the weekend라고 해도 좋다.

4 I heard you had been somewhere this weekend.
틀렸다. 아예 말이 안 되는 문장으로 '이번 주말에 어디 있었다면서?'라는 뜻이다. 세상에 그럼 '어디' 안 있는 사람이 어디 있겠는가? 집에 있든, 학교에 가든, 놀러 가든 '어디' 있는 것은 사실이므로 굉장히 어색한 문장이다.

5 I heard you were somewhere this weekend.

틀렸다. 역시 바보 같은 문장이기는 하지만, **4**보다는 조금 낫다. **5**를 쓸 일은 거의 없겠지만, 다 알고 있다는 듯이 윙크를 하면서 부장님이 이렇게 말한다면 '자, 어디 갔었는지 한 번 말해봐!' 정도의 뉘앙스를 전달한다. 부장님이 바보 '칠득이' 정도로 전락하는 문장이다.

6 I heard you were out of town this weekend.
7 I heard you had been out of town this weekend.

두 가지 모두 문제 없다. 엄밀하게 보면 **7**이 맞지만 일반적으로 **6**처럼 말한다. 과거완료시제가 맞지만 맥락 상 충분히 이해하기 때문에 **6**이 좋다고 한다. 아울러 **11**처럼 I hear라고 해도 문제 없다.

8 I heard you were away this weekend.
9 I heard you had been away this weekend.

역시 두 시제 모두 괜찮다. '어디 다녀왔다'를 away로 표현했다.

10 I hear you were away this weekend.

내가 놀러 갔다 왔다는 사실을 실제로 부장님이 들은 시점이 '과거'라 하더라도, 현재시제 I hear로 말할 수 있다. 이때는 '들어서 알고 있다'는 의미 정도가 되겠다. 즉, 여기서 hear는 understand와 같은 뜻으로 이해하면 된다. 물론 구어체에서만 가능한 문장이며, 문어체에서는 I heard라고 명확히 해줘야 한다.

095 남편이 비행기를 20시간이나 탔어

해외출장을 마치고 남편이 집에 돌아왔다. My husband was exhausted when he came home(남편이 집에 도착했을 때 완전히 녹초가 되어 있었다).라고 말한 후 하는 말이다.

STEP 1 문장만들기
- 표제문을 영어 문장으로 만들어보세요.
[   ]

STEP 2 비교하기
- 표제문을 영어로 잘 옮긴 것에 모두 체크하세요.

1. He had been taking a plane for 20 hours.
2. He had been flying for 20 hours.
3. He had been travelling for 20 hours.
4. He was flying for 20 hours.
5. He flew for 20 hours.
6. He had flown for 20 hours.

| 가능한 문장 | 2, 3, 4, 5, 6

STEP 3 확인하기
- 문장을 자세히 확인하세요.

★ **영어식 사고로 전환하기** 남편이 비행기를 20시간 타고, 녹초가 되어 집에 도착했다. 과거 이전에 비행기를 20시간 탄 것은 과거완료시제 또는 과거완료진행시제로 표현하면 될 것이다. 하지만, 구어체 영어에서는 과거시제로 써도 크게 지장 없다.

법칙 26

1 He had been taking a plane for 20 hours.

틀렸다. take a plane은 '비행기를 타고 한번의 여정(journey)을 수행하다(예: He took a plane yesterday. / He will be taking a plane tomorrow.)'라는 뜻, 그리고 '비행기 탑승 동작을 수행하다'는 의미의 '비행기를 타다'라는 두 가지 뜻이 있다. **1**은 20시간 동안 비행기가 올라갔다 내려갔다 반복했다는 말로, 비행기를 20시간 탔다는 의미가 아니다.

2 He had been flying for 20 hours.

가장 훌륭한 문장이다. 귀가하기 직전까지 20시간 비행기를 탔다는 사실을 강조한다. 즉, 귀가하기 직전까지 스트레이트로 20시간 비행기를 타고 집에 돌아왔다는 점을 표현한다. '비행기를 타다'를 자동사 fly로 표현한 점에 주목하기 바란다. 동사 fly는 '비행기를 타고 여행하다'란 뜻이 있다.

3 He had been travelling for 20 hours.

괜찮다. 다만, travelling은 여행을 했다는 말이지 비행기로 여행을 했다는 말은 아니다. 표제문과 100% 일치하는 것은 아니지만 이어지는 문장에서 관련 정보를 준다는 전제 하에 괜찮은 문장으로 넣도록 하겠다.

4 He was flying for 20 hours.

괜찮다. 과거진행시제는 He was studying when I visited him(걔를 보러 갔었는데, 마침 공부하고 있었다).에서 보듯 특정 시점에 어떤 행동이 진행되고 있는 것을 묘사할 뿐이다. 따라서 과거진행시제 뒤에는 원칙적으로 for 20 hours같이 '기간'이 나올 수 없다. 하지만, 지금 맥락에서는 남편이 녹초가 되어 귀가했다는 정보를 이미 청자와 화자가 공유하고 있으므로, **2** 대신 **4**를 사용해도 괜찮다.

5 He flew for 20 hours.

괜찮다. 문법책에서는 영어과거시제를 '기간'(여기서는 for 20 hours)과 함께 쓰면 틀렸다고 하지만, 구어체에서는 과거완료시제 대신 과거시제를 쓰기도 하므로 **5**도 괜찮다. 다만, 맥락 없이 문장 자체만 놓고 본다면 **5**는 조종사가 비행기를 20시간 조종했다는 느낌이 강하게 난다고 한다. He flew on the plane for 20 hours.라고 고치면 승객으로 탑승했다는 뜻이 분명해진다. 지금 맥락에서는 남편이 조종사가 아니라는 점이 화자와 청자 사이에 분명하므로 **5**라고 해도 문제가 없다.

6 He had flown for 20 hours.

좋다. **2**와 거의 비슷한 뜻이다. **2**는 연속해서 비행기를 타고 온 사실을 **6**보다 더 강조하는 정도의 차이다.

이런 문장도 생각해보세요
• 다음 중 맞는 문장에 모두 체크하세요.

A 두 사람은 3년 사귀었었다

▶ 지호와 지호 여자친구가 3년 동안 사귄 끝에 최근 헤어졌다.
A: 지호가 여자친구와 헤어졌다고?
B: 말도 마. 표정이 말이 아니야. 3년이나 사귀었잖아.

1. They had seen for 3 years.
2. They had seen each other for 3 years.
3. They had been seeing each other for 3 years.
4. They saw each other for 3 years.
5. They were seeing each other for 3 years.
6. They had been out for 3 years.
7. They had dated for 3 years.
8. They had been dating for 3 years.
9. They dated for 3 years.
10. They were dating for 3 years.
11. It had been 3 years since they were together.
12. They had been together for 3 years.
13. They were together for 3 years.

Key point 1 틀렸다. see는 타동사이며, 반드시 목적어가 필요하다. 지금 맥락에서 see는 '사귀다', '교제하다'이다. 2~3 과거완료, 과거완료진행시제 모두 좋다. 4~5 과거완료시제를 쓰는 것이 정석이지만 과거시제, 과거진행시제도 가능하다. 6 틀렸다. 굳이 해석을 해보자면 '3년 동안 바깥에 있었다.'인데 무슨 의미인지 전혀 알 수가 없다. go out에 '사귀다'란 뜻이 있으므로 They had gone out for 3 years.로 고치면 표제문 뜻이 된다. 7~8 좋다. 동사 date는 '사귀다'이다. 9~10 과거완료시제를 쓰는 것이 정석이지만 구어체에서는 과거시제, 과거진행시제도 가능하다. 물론 항상 그런 것이 아니라 의미, 상황, 화자에 따라 되는 경우도 있고 안 되는 경우도 있다. 11 정반대의 뜻이다. '헤어진 지 3년 되었다'는 뜻이다. It has been 3 years since they were together.라고 하면 '헤어진 후 지금까지 3년 되었다'는 뜻인데, It had been으로 되어 있으니 헤어진 때로부터, 예를 들면 저번 주 수요일까지 3년 되었다는 뜻이 된다. since they were together라고 하니 '사귄 지'라고 생각이 들 수도 있겠지만 실제로는 '헤어진 지'라는 뜻이 된다. 12 좋다. '그 전 과거부터 엊그제 헤어지기 전까지 3년 동안 사귀었다.'란 뜻이다. 13 좋다. 12가 정석이지만 구어체에서는 과거시제 문장도 문제 없다. go out을 응용해서 They went out together for 3 years.라고 해도 좋다.

B 방금 전까지 그걸 계속 보고 있었다
▶ 그 사건이 어떻게 진행되나 궁금해서 몇 분 전까지 계속 주시하고 있었다. 지겹고 피곤해서 지금은 더 이상 안 보고 있는 상태이다.

1 I had been watching it till a few minutes ago.
2 I was watching it until a few minutes ago.
3 I stopped watching it a few minutes ago.

Key point **1**~**2** 둘 다 좋다. 과거완료는 과거 이전 문제이다. I had been watching it은 과거에 대해 얘기하면서 과거 이전 문제를 언급하는 경우 쓰인다. 문법적으로는 과거 이전부터 과거 어떤 시점까지 내가 보고 있었기 때문에 과거완료진행시제가 되어야 한다. 하지만, **2**에서 보듯이, 과거완료진행시제 대신 과거진행시제를 써도 문제 없다. **3** 좋다. '몇 분 전까지 주시하고 있었다'를 '몇 분 전에 주시를 그만뒀다'로 생각하면 **3**을 생각해내기가 쉽다. 과거완료시제는 아예 맞지 않는다. 단순과거시제(I stopped)를 취하면 된다.

법칙 27 *시제일치에 목숨 걸지 마라

096 난 네가 오늘 저녁 늦게나 도착하는 줄 알았어

097 사장님이 다음 주까지 해도 된다고 하셨어요

098 지호가 일행하고 같이 오늘 출발한다고 했다

 ## 시제일치에 목숨 걸지 마라

시제일치, 불변의 법칙이 아니다

이야기하다 보면, 'said/told + 전달하는 말'을 써서 간접화법으로 남이 했던 말을 옮기거나 'knew/thought/forgot/promised/mentioned + 사실/생각을 표현하는 절'처럼 말하는 경우가 허다하다. 이 경우 종속절의 시제를 뭘로 써야 할지 헷갈리는 경우가 자주 있다. 이것이 문법서에 말하는 '시제일치' 문제이다. 「고급 영문법 해설」(문용, 2008)에서는 다른 많은 문법서에서 다루듯이, 다음 예를 들면서 '시제의 일치'를 설명한다.

> He says he doesn't feel well.
> He said that he didn't feel well.

시제일치 원칙은 많은 예외가 있고, 또한 '예외의 예외'도 있다. 그는 say가 이끄는 간접화법상 시제의 일치 원칙에 많은 예외가 있음을 인정하며, tell, regret, forget, report, show, discover 역시 '시제의 일치' 원칙이 적용되지 않는다고 한다. 반면 think, know, believe, hope, wish 등이 술어동사로 쓰이는 경우 '시제일치' 원칙이 예외 없이 적용된다고 한다. 이쯤 되면 어쩌라는 건지 갈피를 잡기가 힘들어진다.

저자는 '시제일치'는 오히려 영어 학습자에게 혼란만 가중하는 것이라 확신한다. 문법서에서 '시제일치' 원칙을 지나치게 강조하다 보니 한국어 학습자들은 '시제일치'를 기본적으로 꼭 지켜야 하는 절대적인 법칙으로 생각하는 경우가 태반이다. 하지만 전혀 그렇지가 않다. 위 문장만 보더라도 만약 5분 전에 그 사람이 이런 말을 했다면, He said (that) he doesn't feel well. 이라고 해도 사실상 아무 지장도 없다. 일반적인 상황에서는 5분전에도 몸이 안 좋았다면 지금도 역시 좋지 않을 것이라 추론하는 것이 합리적이기 때문이다. 저자가 말하고자 하는 점은 획일적으로 시제일치를 시켜야 한다는 강박관념에서 벗어나기를 바란다는 것이다. 따라서 독자는 시제일치 규칙에 맞게 가급적 말을 하되 상황에 따라 의사전달에 가장 적절한 시제와 부가 어구를 선택하는 것이 좋다. 시제 일치 규칙은 절대적으로 따라야 하는 규칙이 아니므로 각 상황에 따라 적절한 표현을 찾도록 하자.

096 난 네가 오늘 저녁 늦게나 도착하는 줄 알았어

동생이 오늘 저녁 늦게(밤 10시) 도착할 것이라 생각했는데 오늘 오후 7시에 도착한다고 한다. 오후 5시에 소식을 듣고 전화로 동생에게 하는 말이다.

난 네가 오늘 저녁 늦게나 도착하는 줄 알았어

하나도 안 치웠는데 큰일났네

STEP 1 문장만들기

• 표제문을 영어 문장으로 만들어보세요.

[   ]

STEP 2 비교하기

• 표제문을 영어로 잘 옮긴 것에 모두 체크하세요.

1. I thought you are going to arrive late this evening.
2. I thought you were going to arrive late tonight.
3. I thought you were going to be here late today.
4. I thought you were going to be here later tonight.
5. I thought you would arrive late tonight.
6. I thought you would've arrived late tonight.
7. I thought you would be back late tonight.
8. I though you would have been back late tonight.

| 가능한 문장 | 2, 3, 4, 5, 6, 7, 8

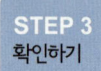
• 문장을 자세히 확인하세요.

★ **영어식 사고로 전환하기** '알았다'는 I knew인가, 아니면 I thought인가? '알다'는 know이니까 당연히 I knew가 아닌가 생각하는 사람도 있을 것이다. 하지만, 표제문의 '알았다'는 '생각했다/인식했다'는 의미이므로 I thought라고 해야 한다. 여기서는 시제일치에 집중해야 하므로 이 문제를 깊이 살피지는 않겠지만, knew는 '내 이럴 줄 알았어(I knew it).' 같이 전혀 다른 맥락에 사용된다.

문법책에 보면, 〈think + 종속절〉은 '시제일치'를 충실히 따른다고 되어 있다. 이 말이 맞기는 하지만, 독자는 이것을 무조건 외우려고 하지 말고 이해하려고 노력하기 바란다. 종속절의 내용은 '동생이 오늘밤 늦게 도착할 것'이다. 종속절의 내용을 생각했던 것은 과거이므로, 종속절 역시 과거시제를 쓰면 된다. 동생이 아직 도착을 하지 않았어도(오늘 저녁에 도착할 예정이라도) 종속절의 시제에 영향을 미치지 않는다.

1 I thought you are going to arrive late this evening.
2 I thought you were going to arrive late tonight.

'니가 오늘 밤 늦게 도착할 것'이라고 생각한 것은 과거에 한 것이므로 〈I thought + 미래시제〉는 틀렸다. I thought you were ~라고 한다. be동사의 과거형 was/were를 쓴 was/were going to ~는 과거의 예정과 계획을 나타낸다. 아직 동생이 도착하지 않았지만 **2**처럼 were를 써야 한다. 동생이 도착했느냐 안 했느냐가 핵심이 아니라 내가 그 생각을 한 시점이 언제냐가 중요하기 때문이다.

this evening / tonight 우리말에서 '오늘 저녁'은 대체로 '오늘 밤'과 비슷한 의미로 사용한다. 오늘 저녁은 대체로 8시 정도까지, 오늘 밤은 12시까지를 말한다. 하지만 영어에서 this evening은 오후 4~6시 정도, tonight은 6시부터 12시 정도까지를 커버한다. 따라서 한국어 '오늘 저녁'도 대부분 tonight으로 말하는 것이 좋다. 지금 오후 5시인데 What are you going to do this evening?이라고 말했다고 치자. 네이티브 반응은 '지금이 this evening인데 뭘 하냐? 니 앞에서 지금 얘기하고 있잖아.'가 될 것이다. 한국어는 '저녁 늦게'를 '밤 늦게'와 비슷한 의미로 사용한다. 영어에서는 late this evening이 아니라 late tonight으로 옮겨야 한다.

3 I thought you were going to be here late today.
4 I thought you were going to be here later tonight.

be here는 '도착하다'이고 late 또는 later도 모두 쓸 수 있다. today 또는 tonight 모두 좋다.

5 I thought you would arrive late tonight.
6 I thought you would've arrived late tonight.

좋다. 이 두 문장은 뜻에는 차이가 거의 없다. 여기서 would는 조동사 will의 과거형으로, would 자체의 다른 부가적인 뜻은 없다. 어떤 네이티브에 의하면, **5**는 북미식, **6**은 영국식이라고 한다.

7 I thought you would be back late tonight.
8 I though you would have been back late tonight.

좋다. **5**, **6**과 마찬가지로 시제 차이에도 불구하고 뜻은 같다.

097 사장님이 다음 주까지 해도 된다고 하셨어요

7월 6일(수요일), 저녁 8시에 야근하면서 사장님이 지시한 보고서를 작성하고 있다. 옆에 앉은 손과장이 내게 '그 보고서 언제까지 끝내야 되냐'고 물었을 때 대답하는 말이다.

STEP 1 문장만들기
- 표제문을 영어 문장으로 만들어보세요.

[   ]

STEP 2 비교하기
- 표제문을 영어로 잘 옮긴 것에 모두 체크하세요.

1. He said to me it was okay for me to finish it by next week.
2. He said to me it is okay for me to finish it by next week.
3. The boss said I can/could turn it in by next week.
4. The boss said I can turn it in until next week.
5. He said he doesn't have a problem with me to finish it by next week.
6. He said he doesn't have a problem with me finishing it by next week.
7. He said I don't have to finish it until next week.
8. He said I don't have to finish it by next week.

| 가능한 문장 | 1, 2, 3, 6, 7

STEP 3 확인하기
• 문장을 자세히 확인하세요.

★ **영어식 사고로 전환하기** 사장님이 '다음 주까지 천천히 제출해라(Take your time and turn it in by next week.)'라고 말한 시점은 과거이다. 보고서 작업도 아직 진행 중이다. 종속절(다음 주까지 해도 된다.)에 시제를 무엇으로 할 것인가? 앞서도 얘기했지만 굳이 시제일치를 하지 않아도 문제 없다. 현재시제, 과거시제 모두 가능하다.
또한 '다음 주까지'라고 할 때 by next week은 '다음 주까지 사건이 한 번 발생하면 된다', 반면에 until next week은 '다음 주까지 사건이 계속 발생해야 한다'(repeated action)는 뜻이다. 보고서를 완성하는 것은 한번 일어나는 사건이므로 by next week이라고 한다. 하지만 문장을 부정문으로 만들면 〈not A(활동) until B(시기)〉 형식으로 쓴다. **7**을 참고하라.

1 He **said to me it** was **okay for me to finish it by next week.**
2 He **said to me it** is **okay for me to finish it by next week.**

주절과 종속절 시제일치를 해야 할 것인가, 하지 않아도 되는 것인가? 이런 경우마다 항상 고민하는 문제이다. 결론적으로 일치시켜도 되고 시키지 않아도 상관 없다. 다만, 뉘앙스가 약간 차이가 있다.
1은 사장님이 말씀하신 시점이 과거이므로 습관적으로 시제일치를 시킨 것이다. 의식적인 것이라기 보다는 과거시제로 시작했으므로(said) 종속절 또한 과거시제(was)가 되어야 한다는 무의식적인 습관에 기인한 것이다. 반면에 **2**는 과거에 얘기했지만 현재도 사장님이 말씀하신 것은 그대로 효력이 있음을 내포한다. **1**은 일반적으로는 **2**와 같은 의미가 되겠지만, 다음주까지 끝내면 된다고 했던 사장님 말씀이 더 이상 유효하지 않기 때문에 의식적으로 과거시제를 사용했을 가능성도 있다. 따라서 **1**은 상황 변화가 있음을 암시할 수도 있다.

He 사람을 지칭하는 말로써 한국어는 '사장님'처럼 직위를 지칭어로 사용한다. 하지만 영어는 boss, 성(surname), 이름(given name), 대명사(he/she)를 쓰는 것을 선호한다. 한국어는 3인칭 대명사 '그'를 문어체가 아니면 사용하지 않지만 영어는 구어체이건, 문어체이건 일반적으로 He라고 하는 것이 좋다. '사장님'을 지칭할 때 president보다는 the boss / my boss / our boss라고 하는 것이 좋다. boss 앞에 정관사 또는 소유격이 필요하다. 또는 Mr. Kim이라고 할 수도 있겠다. 북미에서는 사장님의 이름(first name)을 부르는 경우도 많다. 한국에서는 상상하기 어려운 일이지만 북미에서는 서로를 잘 아는 경우 이렇게 지칭할 수도 있다.

❸ The boss said I can/could turn it in by next week.
정상적인 문장이다. can/could 관계는 앞서 언급한 '시제일치' 원리와 같은 맥락에서 이해하면 되겠다. 사장님 밑에 나, 손과장이 같이 있으니 the boss라고 했다. Our boss나 He라고 해도 좋다.

❹ The boss said I can turn it in until next week.
다시 한번 말하지만 until next week은 다음 주까지 계속 행동을 반복하는 것을 뜻한다. 따라서 지금 맥락에 부합하지 않는다.

❺ He said he doesn't have a problem with me to finish it by next week.
틀렸다. with 이하는 전치사 with의 목적어이다. 전치사는 동명사를 목적어로 취하며 to부정사를 목적어로 취하지 않는다.

❻ He said he doesn't have a problem with me finishing it by next week.
좋다. 지나치게 긴 문장 아닌가 네이티브에게 거듭 물었는데 괜찮다고 한다.
with me finishing it by next week에서 with의 목적어가 me인지 finishing it인지 헷갈릴 수 있겠다. finishing it이 목적어이고 me는 finishing it의 의미상의 주어이다. 영문법 책을 찾아보면 알겠지만, 동명사의 의미상의 주어는 소유격으로 표현한다. 구어체에서는 목적격도 허용이 된다. 그래서 me를 쓴 것이다. 따라서 ❻은 with my finishing it by next week도 가능하다. 사실은 비즈니스 문맥에서는 my가 더 선호된다. 왜냐하면 소유격이 더 격식적인 표현이기 때문이다.
he doesn't have any problem with me처럼 부정관사 a 대신에 any를 써도 된다. 이 경우, any problem이라고 해도 좋고 any problems라고 해도 좋다.

❼ He said I don't have to finish it until next week.
좋다. 물론 I didn't have to finish it이라고 해도 되며, 이 경우 앞에서 논의했던 '시제일치' 원리가 그대로 적용된다. 즉, 과거시제를 쓰는 경우(I didn't have to finish it) 새로운 데드라인이 설정되는 등 지금은 상황이 바뀌었을 가능성이 있다.
종속절을 부정문으로 전환하니 접속사가 until로 바뀌었다. 〈not A(활동) until B(시기)〉는 'B(시기)가 되면, A(활동)한다'란 뜻이다. 사전을 찾아 보면 금방 알겠지만 긍정문에서의 until과 부정문에서의 until은 의미가 같지 않다. 부정문에서의 until은 before의 뜻이다.

8 He said I don't have to finish it by next week.
틀렸다. 이 문장의 정확한 의미에 대해서는 설이 분분하다. 어떤 네이티브는 이 회사의 business hour가 월~금, 9시~18시라고 한다면, 최소한 11일(월) 9시~15일(금) 18시까지는 끝낼 필요가 없다는 뜻이라고 주장한다. 언제 끝내야 할지는 다시 날짜를 잡아야 하지만, '최소한 다음 주 월요일부터 금요일까지 끝낼 필요가 없는 것은 확실하다'고 한다. 다른 네이티브는 다음 주 어느 날(someday next week)이라고 한다. 이렇게 되면 표제문과 같은 뜻이 된다. 뜻이 불명확한 문장을 사용하지 말자는 취지에서 저자는 8을 틀렸다고 간주한다.

098 지호가 오늘 일행하고 같이 출발한다고 했어

지호가 어제(10일) 자기하고 자기 친구가 '내일(11일) 떠날 것이다'.(We leave here tomorrow.)라고 말했다. 오늘(11일) 수지에게 지호가 어제 했던 말을 전한다. 나, 지호, 수지는 모두 같이 서울에 산다. (이 조건을 명시하는 이유는 here 때문이다.)

지호가 오늘 일행하고 같이 출발한다고 했어

STEP 1
문장만들기

• 표제문을 영어 문장으로 만들어보세요.

[   ]

STEP 2
비교하기

• 표제문을 영어로 잘 옮긴 것에 모두 체크하세요.

1 He said they left here today.
2 He said they leave here today.
3 He said they would leave here today.
4 He said they will leave here today.
5 He said they were going to leave here today.
6 He said they are going to leave here today.
7 He said they were leaving here today.
8 He said they are leaving here today.

| 가능한 문장 | 3, 4, 5, 6, 7, 8

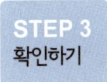
• 문장을 자세히 확인하세요.

★ **영어식 사고로 전환하기** '일행하고 같이'에서 '일행'을 company라고 굳이 옮길 필요는 없다. 여러 가지 방법이 있겠지만 they라고 지칭하면 간단하고 좋다. 한편 '~라고 말했다'는 뜻이니까 〈He said + 절〉 형태로 옮기면 될 것이다. 이때 '절' 안의 시제를 He said에 맞춰 과거시제로 해야 할 것인지, 아니면 현재 또는 미래시제로 해도 될 것인지가 핵심이다.

1 He said they left here today.
틀렸다. 지호가 한 말 We leave here tomorrow.는 현재시제이지만 내용은 미래이다. 따라서 무조건 시제 일치를 시킨다고 left를 쓰면 안 된다.

2 He said they leave here today.
틀렸다. 표준문법에서는 주절이 과거시제인데 종속절에 동사원형이 오는 경우는 suggest 등 극히 예외적인 동사에 한정된다. 구어체에서 2를 말한다고 해서 청자가 이해를 못 하는 일은 없을 것이지만, 우리는 네이티브가 아니므로 가급적 문법적으로 맞는 문장을 구사하는 것이 맞다고 생각한다.

3 He said they would leave here today.
틀렸다고 말할 수는 없지만, 조동사 would의 뜻이 부가되어 문장의 내용이 달라진다. 여기서 would는 약 80% 정도 확신으로 말한다고 보면 된다. '상황이 바뀌면 어쩔지 모르겠지만 목표는 오늘 떠나는 것이고 별다른 문제가 생기지 않으면 출발이 가능할 것이다.'는 뜻이다. We leave here tomorrow.보다는 확신의 정도가 낮다고 봐야 한다.

4 He said they will leave here today.
좋다. 조동사 will은 100% 확신할 때 쓴다. 또는 주어의 강력한 의지를 나타낸다. '오늘 분명히 떠날 것이다.'란 뜻이다.

5 He said they were going to leave here today.
6 He said they are going to leave here today.
좋다. were/are going to는 일반적인 미래 표현이다.

7 He said they were leaving here today.
8 He said they are leaving here today.

좋다. 진행시제는 가까운 미래를 나타낸다. **7**은 시제일치를 한 것이고 **8**은 시제일치를 하지 않은 것이다. 둘 다 문제 없다.

 추가 표현 A⁺

지호가 일행하고 같이 지난주 수요일에 출발한다고 했다

지호가 지난주 화요일(10일)에 We are going to leave here tomorrow(우리 내일 출발할 거야).라고 말했다. 며칠 후(18일), 내가 수지에게 지호가 10일날 했던 말을 전하는 상황이다. 나, 지호, 수지는 모두 서울에 산다.

1 He said they were going to leave here last Wednesday.
2 He said they are going to leave here last Wednesday.
3 Last Tuesday he said they would leave here the next day.
4 Last Tuesday he said they will leave here the next day.
5 Last Tuesday he said they were going to leave here the next day.
6 Last Tuesday he said they are going to leave here the next day.
7 Last Tuesday he said they were leaving here (on) the next day.
8 Last Tuesday he said they are leaving here (on) the next day.

1~2 이미 지나 버린 것이니까 종속절을 과거시제로 옮기는 게 맞다. were going to는 맞고, are going to는 틀렸다.

3~4 이미 지나 버린 것이니까 과거시제로 옮기는 게 맞다. would가 맞고, will은 틀린다.

5~6 이미 지나버린 것이니까 과거시제로 옮기는 것이 맞다. were는 맞고, are는 틀린다.

7~8 과거시제가 맞다. were는 맞고, are는 틀린다.

이런 문장도 생각해보세요

• 다음 중 맞는 문장에 모두 체크하세요.

A **지호가 이번 주말까지는 바쁘겠다고 그랬다**
▶ 표제문 98과 같은 상황이다. He said, "I am going to be busy till this weekend."를 간접화법으로 옮겨보자.

1. He said he is going to be busy till this weekend.
2. He said he was going to be busy till this weekend.

Key point 1~2 구어체, 문어체 구분 없이 둘 다 괜찮지만 다소 뉘앙스 차이가 있다. 1은 지금도 바쁜 상태에 변화가 없다는 의미이며, 2는 그때는 그렇게 말했지만 그 동안 상황 변화가 있을 수도 있다. 지금 주어진 상황에서 두 문장은 별 차이 없이 통용 가능하다.

B **지호가 지난 주말까지는 바쁘겠다고 그랬다**
▶ 지호가 지난주 화요일(10일)에 이렇게 말했다. 18일에 내가 수지에게 지호가 10일에 했던 말을 전한다.

1. He said he is going to be busy till last weekend.
2. He said he was going to be busy till last weekend.
3. Last Tuesday he said he was going to be busy till the end of the week.

Key point 1~2 1은 틀리고 2는 맞다. 오늘 기준으로는 모두 과거가 되므로 this weekend는 last weekend로 변경한다. 3 좋다. last Tuesday라고 지호가 말한 시점을 명시했으므로 last weekend 대신에 the end of the week이라고 정확히 기간을 밝혔다.

C (방금) 이름이 뭐라고 했지요?
▶ 학생처에 가서 서류를 하나 뗐는데, 학생처 직원이 내 이름을 잘 못 알아 듣고 다시 물어본다.

1 What did you say your name is?
2 What did you say your name was?
3 Could you repeat your name, please?
4 What was your name, again?
5 Sorry, I didn't catch your name.
6 Your name was….

Key point 「고급 영문법 해설」(문용, 2008)에 나온 예문이며, 종속절이 과거나 현재나 변함이 없는 습관이나 성질 또는 사실을 나타낼 때 '시제의 일치' 원칙이 적용되지 않는다고 했는데, 이 예외 또한 예외가 있다고 주장하면서 위 표제문을 예로 들었다.[6] 하지만 1, 2에서 보듯이 네이티브들은 종속절의 과거시제와 현재시제 중 어느 한쪽을 절대적으로 지지하지 않았다. 개인적 선호에 따라 의견이 다른 것으로 생각된다. 1~2 좋다. 두 문장 모두 다 좋다. 상당히 딱딱하고, 어투에 따라서는 무례함이 느껴지기 때문에, 관공서나 경찰관 아니고서는 이렇게 묻는 법은 많지 않을 것이다. 3~6 좋다. 5의 동사 catch는 '알아듣다', '이해하다'란 뜻으로 쓰였다.

|정답| A 1, 2   B 2, 3   C 1, 2, 3, 4, 5, 6

법칙 28   까탈스런 시제, 비위 맞추기

099 답장 늦게 해서 죄송합니다

100 아까 보낸 내 메일을 지금까지도 박대리가 못 받고 있어요

101 잠이 안 올까 봐 걱정이야

102 (날 제발 꼬시지 마.) 잘하면 이번 학기에 장학금을 받을 수도 있어

 ## 까탈스런 시제, 비위 맞추기

한국어 현재시제 VS. 영어 현재시제/현재진행시제

간단한 표현도 깊게 살펴보면 쉽게 풀리지 않는 경우가 많다. 친구가 전화해서 '뭐 해?'라고 묻는 말에 대답한다고 하자. '공부해.'를 I study now.라고 하면 전혀 말이 안 된다. I am studying now.라고 해야 한다. 한참 자고 있다가 간신히 일어나 '자(자고 있어).'라고 할 때는 I sleep.이 아니라 I was asleep. 또는 I was sleeping.이라고 한다. 막 자려고 침대에 누운 경우 '자(자려고 해).'는 I'm in bed.라고 한다. 'TV 봐.' 역시 I watch TV.가 아니라 I am watching TV.라고 해야 한다.

일반동사의 현재시제는 늘 하는 일반적 습관을 말하는 것이다. 지금 당장 일어나고 있는 일은 현재진행시제 또는 〈be동사 + 부사구/형용사구/과거분사〉로 표현한다. 다만, 일반동사 중에서도 know, believe, think, have, see, hear, feel, hate 등 상태동사(지각, 인지, 관계 동사)는 진행형을 만들지 못하므로 현재시제로 '현재의 상태'를 표현한다. 예를 들어, '그 여자 눈이 예쁘다'는 She has beautiful eyes.라고 하지, She is having beautiful eyes.라고 하지 않는다. '뭐가 보이냐?'는 What do you see?이지, What are you seeing?이라고 하지 않는다. What are you seeing?은 영화관에서 '너 무슨 영화 볼 거야?' 할 때 쓴다.

물론 상태동사와 활동동사를 겸하는 동사도 있다. I think he is honest.라고 할 때와 I am thinking about what you said.라고 할 때 think는 뜻이 다르다.

한국어 현재진행시제 vs. 영어 현재진행/현재완료시제

한국어 현재진행시제는 '~고 있다'는 형식을 말한다. '재미있게 놀고 있다.'는 I'm having a good time. '통화하고 있습니다.'는 He is talking on the phone.같이 영어 현재진행시제로 전환된다.

문제는 한국어의 현재진행시제가 항상 '진행'만을 뜻하지 않는다는데 있다.[7] 예를 들어, '지금도 내가 보낸 메일을 박대리가 못 받고 있다.'는 내용상 영어로 현재진행시제로 표현할 수 없다. 현재완료시제로 표현해야 한다. '아직 출발 못 하고 있습니다.' 역시 '아직 출발 못 했습니다.'란 뜻이므로 현재완료시제를 써야 한다.

현재진행시제와 비슷한 모양으로 '~아/어 있다' 형태의 보조용언이 있다. 이것은 자동사에 붙어 '완료'를 의미한다. '그 사람 부산에 가 있습니다.'는 He is in Busan. 같이 현재시제로 표현한다. '그 사람은 자리에 앉아 있습니다.'는 He is in a seat.이라고 한다.

과거에도, 현재에도 여전히 그대로 사실인 경우

'우리 형이 어제 학교 안 가고 PC방에 갔는데, 하필이면 그 PC방[8]이 아버지 사무실 근처여서 아버지한테 딱 걸렸어.'라고 친구한테 말한다고 하자. 여기서 '그 PC방이 아버지 사무실 근처다.'를 It was near our father's office.라고 해야 할까, 아니면 It is near our father's office.라고 해야 할까? 현재시제가 맞는지, 아니면 과거시제가 맞는지 네이티브 사이에서도 의견이 분분하다. 저자의 네이티브 친구 Dave에 의하면 현재시제로 시제를 불쑥 바꾸게 되면 별 것도 아닌데 신경이 쓰이기 때문에 가급적 과거시제를 유지하는 것이 일반적이라고 한다. My brother skipped school to go to a PC room yesterday. It was near our father's office, and my brother was caught by our father.에서 보듯이 과거로 시제를 다 일치시켰다. 하지만, Sophia, Patt, George는 오히려 현재시제를 쓰는 것이 더 자연스럽다고 한다. Erica는 현재, 과거시제 모두 상관 없다고 하면서 자기라면 현재시제를 택하겠다고 한다.

저자는 비록 소수설이기는 하지만 Dave에 찬성한다. 별로 중요하지도 않는데 현재시제를 써서 대화의 흐름을 깰 필요는 없다고 생각한다. 독자가 현재시제이든, 과거시제이든 어느 것을 택해도 문제가 없으니 각자 취향대로 말하면 되겠다.

조동사 과거형은 현재 상황에서도 많이 쓰인다

저자는 네이티브와 공부하면서 어떤 영어 문장을 앞에 두고 '당신이라면 이거 사용할 거냐, 말거냐?' 많이 물어본다. 네이티브가 '나라면 이거 안 쓰겠다.'라고 말할 때 I am not going to use it. 또는 I will not use it.이라고 하지 않는다. 대체로 I wouldn't use it.이라고 한다. I wouldn't use it.에는 '나라면~하겠다'가 내포되어 있는데, I will not use it.은 결심, 확신, 의지를 뜻한다. 반면에 I wouldn't use it.에는 사람마다 다를 수 있음을 인정하는 약간의 겸손한 마음이 들어 있다. would가 will의 과거형이기는 하지만, will과는 독립적인 뜻으로 현재 상황에서 자주 사용된다.

다음은 취업 면접하러 갔는데 컴퓨터 잘 못한다고 하니까 인사담당자가 하는 말이다. '컴퓨터를 다룰 줄 모른다면 취업에 불리한 조건이 될 수 있습니다.'를 영어로 말해보자.

Your inability to use a computer can/could be a disadvantage when you are applying for the job.

이 상황에서는 could는 과거시제가 아니다. 형식은 과거시제이지만 의미는 현재 상황이다. 여기서 could는 '추측'을 뜻한다. could는 can보다는 확신의 정도가 더 낮다. 즉, can을 쓰면 컴퓨터 못하면 취직하기 어렵다는 말이고 could를 쓰면 컴퓨터 못하면 취직에 좀 불리할 거라는 의미다.

might가 확신의 정도가 가장 낮다. 대략 60% 정도 가능성이 있다고 생각한다. 일률적으로 말하는 것이 부담스럽기는 하지만 독자의 이해의 편의를 위해 나머지 조동사의 확신 정도를 퍼센트로 나타내면, may는 65%, could는 75% 정도, can은 90% 정도, would는 95%, will은 100% 확신이라고 한다.

099 답장 늦게 해서 죄송합니다

이메일 보내면서 답장을 늦게 한 점을 사과한다. 지금 이메일에 타이핑하고 있는 문장이다.

STEP 1 문장만들기
- 표제문을 영어 문장으로 만들어보세요.

[   ]

STEP 2 비교하기
- 표제문을 영어로 잘 옮긴 것에 모두 체크하세요.

1. I'm sorry for the late reply.
2. I'm sorry about the late reply.
3. I'm sorry about my late reply.
4. I'm sorry I get back to you late.
5. I'm sorry I got back to you late.
6. I'm sorry I am getting back to you late.
7. I'm sorry I am getting back to you so late.
8. I'm sorry I am getting back to you this late.

| 가능한 문장 | 1, 2, 3, 5, 6, 7, 8

STEP 3 확인하기
- 문장을 자세히 확인하세요.

★ **영어식 사고로 전환하기** 이메일에 대한 답장이 너무 늦었다. 지금 답장을 쓰고 있는 중이다. 먼저 사과부터 할 생각인데, 도대체 I am sorry I get back to you late. / I am sorry

I am getting back to you late. / I am sorry I got back to you late. 중 어느 것을 해야 할지 도대체 감이 잡히지 않는다. 직역을 하면 현재시제가 맞을 것 같기도 하고, 내가 쓰는 시점이 지금이니까 현재진행형이 맞을 것 같기도 하고, 상대방이 이 메일을 볼 때면 이미 내가 쓴 다음이니까 과거시제가 맞을 것도 같다. 독자는 어떻게 생각하는가?

1 I'm sorry for the late reply.
2 I'm sorry about the late reply.
둘 다 좋다. 참고로, 일반적으로 sorry for는 '안타깝다/유감스럽다(pity/regret)'이고, sorry about은 '미안하다(apologize)'이다. 물론 일반적으로 그렇다는 말이고, 실제로는 아주 복잡하고 네이티브 간에도 쓰임새에 대해 이견이 많다.

3 I'm sorry about my late reply.
좋다. the late reply 대신 my late reply 역시 좋다.

4 I'm sorry I get back to you late.
한국어 표제문 어디를 봐도 과거시제를 사용하고 있지 않기 때문에 현재시제가 자연스러워 보일 수 있다. 하지만 현재시제는 일반적으로 '현재의 습관'을 뜻하지, 지금 진행되고 있는 것을 의미하지 않는다. Sorry I get back to you late all the time.은 '항상 답장이 늦어 미안합니다.'란 뜻이다. 여기에서 보듯이 현재시제는 현재의 습관을 의미한다. 현재 벌어지고 있는 일에 쓰지 않는다.

5 I'm sorry I got back to you late.
좋다. 네이티브들은 대체로 지금 맥락에 **5**가 부합한다고 했다. 상대방이 메일을 보는 시점에서는 이미 메일 답신을 한 상태이기 때문이라고 한다.

6 I'm sorry I am getting back to you late.
좋다. 지금 현재 이메일을 쓰고 있는 것이므로 현재시제도 아니고, 과거시제도 아닌 현재진행시제가 되어야 한다.

7 I'm sorry I am getting back to you so late.
8 I'm sorry I am getting back to you this late.
좋기는 한데, 다소 불완전한 문장이다. so late / this late 다음에 늦은 이유에 대한 추가적인 설명이 있어야 온전한 문장이 된다. 예를 들어, 이 다음에 My wife had a baby(처가 애를 낳았어요).처럼 메일을 늦게 보낼만한 충분한 이유가 되는 내용을 붙여야 한다.

100 아까 보낸 내 메일을 박대리가 지금까지도 못 받고 있어요

회사 전산 시스템에 뭔가 이상이 생긴 모양인지 오늘 아침 보낸 메일을 11시 현재 못 받고 있다.

STEP 1 문장만들기

- 표제문을 영어 문장으로 만들어보세요.

[   ]

STEP 2 비교하기

- 표제문을 영어로 잘 옮긴 것에 모두 체크하세요.

1. He didn't receive my email that I sent before until now.
2. He hasn't received the email that I sent this morning yet.
3. I emailed him this morning. He hasn't received it yet.
4. He didn't receive my email that I sent a while ago yet.
5. I emailed him this morning. He didn't receive it.
6. I sent him an email this morning. He didn't receive it yet.

| 가능한 문장 | 2, 3, 4, 5, 6

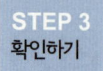
STEP 3 확인하기
• 문장을 자세히 확인하세요.

★ **영어식 사고로 전환하기** 한국어 현재진행시제 '못 받고 있다'는 의미상 '(아직까지) 못 받았다'이다. 영어로는 현재완료시제가 가장 바람직하다. '지금까지도'를 until now라고 하기 쉬운데, 한국사람이 범하는 가장 흔한 실수 중 하나이다. 〈not A(활동) until B(시각)〉은 'B(시각)에야 비로소 A(활동)했다'란 뜻이다. 표제문과 정반대의 의미를 표현하게 된다. '지금까지도'는 '아직까지도', 즉 '아직'이다. 영어로 yet이라고 하면 된다. 정말 쉽지 않은가!

1 He didn't receive my email that I sent before until now.
틀렸다. '방금 메일을 받았다.'는 말이다.

2 He hasn't received the email that I sent this morning yet.
3 I emailed him this morning. He hasn't received it yet.

좋다. 영어의 여러가지 시제 중 지금 맥락에는 현재완료시제가 가장 바람직하다. 다만, 북미 영어에서는 현재완료시제를 써야 할 상황에서 과거시제를 쓰는 일이 허다하다.[9] 이 문장에서 yet은 있어도 되고 없어도 된다. 현재완료시제로 이미 '아직까지'(yet) 받지 못하고 있는 점이 명확하기 때문에 굳이 yet이 필요하지는 않다. yet이 있으면 박대리가 기다리고 있음을 강조한다. 아울러 컴퓨터 시스템이 그 메일을 붙잡고 전달을 하지 않고 있다(The system hasn't put it through).는 것을 강조한다.

4 He didn't receive my email that I sent a while ago yet.
yet이 있어도 되고 없어도 상관 없다. 내용상으로 '지금까지' 못 받고 있는 것이 자명하기 때문이다. yet이 들어가면 '조만간 받기를 바란다'는 뉘앙스가 들어가게 된다.

5 I emailed him this morning. He didn't receive it.
6 I sent him an email this morning. He didn't receive it yet.

좋다. **5**는 메일이 반송되든지 해서 앞으로 박대리가 내가 보낸 메일을 받을 가능성이 없어져 버린 상황이다. **6**은 내가 메일을 보내기는 했는데 오류 메시지가 나타나고 있지 않다. 앞으로 받을 가능성이 좀 있는 상황이다. (그리고 나 역시 박대리가 메일을 꼭 받으면 좋겠다고 바라고 있는 상황이다.) 큰 차이는 아니니 일상적으로는 둘 다 문제 없이 사용된다.

101 잠이 안 올까 봐 걱정이야

내일 중요한 시험이 있다. 지금 일찍 잠자리에 들기는 하는데 잠이 오지 않을까 봐 걱정이다.

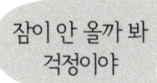

STEP 1
문장만들기

• 표제문을 영어 문장으로 만들어보세요.

[   ]

STEP 2
비교하기

• 표제문을 영어로 잘 옮긴 것에 모두 체크하세요.

1. I'm not sure if sleep will come early.
2. I worry I might be awake late at night.
3. I am worried I might be awake late at night.
4. I worry I might not fall asleep early.
5. I am worried I might not fall asleep early.
6. I am worrying if I will be awake late at night.
7. I am worrying I will be awake late at night.
8. I am afraid I will not fall asleep early.
9. I am afraid I wouldn't go to sleep early.
10. I am afraid I can't fall asleep early.
11. I am afraid I couldn't fall asleep early.
12. I am afraid I may not fall asleep early.
13. I am afraid I might not fall asleep early.

⒁ I hope I fall asleep early.
⒂ I hope I will fall asleep early.

| 가능한 문장 | 1, 3, 5, 7, 8, 9, 12, 13, 14, 15

STEP 3 확인하기
• 문장을 자세히 확인하세요.

★ 영어식 사고로 전환하기   '(오늘 잠자리에 일찍 들건데, 빨리 잠이 들어야 하는데) 잠이 안 올까 봐 걱정이다'에서 '안 올까 봐'는 가능성이다. 이것은 조동사 will/would/can/could/may/might로 표현한다. '걱정이다'는 I'm afraid / I'm worried / I am worrying 등을 쓰면 된다.

1 I'm not sure if sleep will come early.
좋다. '잠이 일찍 올지 안 올지 확실하지 않다.'는 '잠이 안 올까 봐 걱정이다.'이다. 하지만 sleep will come은 다소 구식(archaic) 표현이다.

2 I worry I might be awake late at night.
3 I am worried I might be awake late at night.
4 I worry I might not fall asleep early.
5 I am worried I might not fall asleep early.
I worry는 일반적인 걱정이고, I am worried는 바로 지금 걱정한다는 말이다. 일반동사의 현재시제는 일반적/반복적/일상적 사실을 표현하고, 현재진행시제 또는 〈be동사 + 과거분사〉는 지금 현재의 상태를 표현한다고 앞에서 말했다. 여기에도 그대로 적용이 된다. 따라서 I worry about him.은 '걔가 늘상 걱정이야.'란 뜻인 반면에, I'm worried about him.은 '(무슨 일이 생겼나? 왜 이리 늦지?) 걱정되네.'이다. 따라서, 2, 4는 매일 stay up할까 봐 걱정이란 의미이므로 어색하다. 한편 3, 5는 오늘 잠이 안 올까 봐 걱정이란 의미이므로 표제문에 부합한다.

6 I am worrying if I will be awake late at night.
7 I am worrying I will be awake late at night.
I am worrying도 I'm worried와 같다. 현재진행시제를 써서 바로 현재 내가 걱정한다는 것을 표현했다.
6은 틀렸다. 문장도 어색하고 뜻도 정반대이다. 제대로 된 문장으로 고치면 I'm worrying if I'll be able to stay awake late at night.이며, 그 뜻은 '(한국대표팀이 축구

를 새벽에 해서 늦게까지 안 자고 싶은데) 늦게까지 안 자고 깨어 있을 수 있을지 걱정이다'
는 뜻이다. 표제문과 정반대 뜻임을 알 수 있다.
7은 좋다. '일찍 자고 싶은데 못 잘까 봐 걱정이다'란 뜻이다. if가 있느냐 없느냐에 따라 뜻이 정반대가 되었다.

8 I am afraid I will not fall asleep early.
9 I am afraid I wouldn't go to sleep early.

좋다. I am afraid = I'm worried이다.

10 I am afraid I can't fall asleep early.

틀렸다. '나 잠을 통 못 자 유감이다/답답하다/안타깝다'이다. '오늘 밤 잠 안 올까 봐 걱정이다'란 뜻은 전혀 아니다.

11 I am afraid I couldn't fall asleep early.

틀렸다. 어제 또는 지난 주 같은 과거에 잠을 일찍 못 잤다는 말이다. '오늘 밤' 상황이 아니다.

12 I am afraid I may not fall asleep early.
13 I am afraid I might not fall asleep early.

좋다. will/would를 쓰면 잠을 못 잘 것이라는 것을 거의 확신하는 것이고, may, might을 쓰면 혹시 잠이 안 오면 어떡하나 정도로 약한 의미가 된다.

14 I hope I fall asleep early.
15 I hope I will fall asleep early.

잠드는 시점은 지금보다 미래이기는 하지만 〈I hope + 종속절 현재시제/미래시제〉 형식 두 가지 모두 괜찮다.

102 (날 제발 꼬시지 마.) 잘하면 이번 학기에 장학금을 받을 수도 있어

기말고사 준비하느라 바쁜데 친구가 와서 놀자고 꼬신다. 나는 장학금을 받기 위해 열심히 공부하고 싶다. 잘하면 장학금도 받을 수 있을 것 같다.

STEP 1 문장만들기

- 표제문을 영어 문장으로 만들어보세요.
(Don't tempt me.)
[   ]

STEP 2 비교하기

- 표제문을 영어로 잘 옮긴 것에 모두 체크하세요.

1. I may get a scholarship this semester.
2. I may receive a scholarship this semester.
3. I may take a scholarship this semester.
4. I may win a scholarship this semester.
5. I could win a scholarship this semester.
6. I could receive a scholarship this semester.
7. I can receive a scholarship this semester.
8. I might receive a scholarship this semester.
9. I will receive a scholarship this semester.
10. I would receive a scholarship this semester.

| 가능한 문장 | 1, 2, 4, 5, 6, 7, 8, 9

STEP 3 확인하기
• 문장을 자세히 확인하세요.

★ **영어식 사고로 전환하기** '장학금을 받다'라고 할 때는 동사 get/receive/win 등을 활용하면 된다. '받을 수도 있단 말이야'는 가능성을 나타내므로 조동사 will/would/can/could/may/might를 시도해보기 바란다. 조동사에 따라 의미, 용법상 이유로 사용이 가능한 경우도 있고, 곤란한 경우도 있다.

1 I may get a scholarship this semester.
2 I may receive a scholarship this semester.
3 I may take a scholarship this semester.
4 I may win a scholarship this semester.

'장학금을 받다'는 get/receive/win/be awarded with/be given a scholarship이라고 한다. **3**처럼 take a scholarship이라고는 하지 않는다.

<u>win a scholarship</u> win은 우리가 생각하는 것과 다르게 쓰인다. 어젯밤 한국이 일본 상대로 축구를 했는데 2:0으로 이겼다고 하자. '한국이 일본을 2:0으로 이겼다.'는 Korea won Japan 2:0.라고 하지 않는다. Korea won the game against Japan 2:0. 또는 the game 없이 Korea won against Japan 2:0.이라고 한다. win은 '(게임을) 쟁취했다'는 뜻이지 '(일본을) 이겼다'는 뜻이 아니기 때문이다. '장학금을 받다'는 '장학금을 따다', '장학금을 쟁취하다'이므로 win a scholarship이 훌륭한 표현이 된다. win을 '이기다'로만 생각하면 win a scholarship이 잘 이해가 안 될 것이다.

5 I could win a scholarship this semester.
6 I could receive a scholarship this semester.
7 I can receive a scholarship this semester.
8 I might receive a scholarship this semester.
9 I will receive a scholarship this semester.

각 조동사들은 문장의 의미에 어떤 영향을 미칠까? 앞서 말한 대로 확신의 정도가 센 순서대로 will > can > could > may > might이다.

10 I would receive a scholarship this semester.

틀렸다. would는 이런 상황과 형태로 잘 사용되지 않는다. He would have received a scholarship if he studied harder.처럼 장학금을 받지 못한 것에 대해 유감스럽게 생각하는 상황에서 사용하는 것이 자연스럽다.

이런 문장도 생각해보세요

• 다음 중 맞는 문장에 모두 체크하세요.

A **뭐가 보이니?**
▶ 담벼락이 높아 형이 동생 무등을 태워 담벼락 바깥 상황을 살피게 하면서 물어보고 있다.

1. What are you seeing?
2. What do you see?
3. Do you see anything?
4. What do you look at?
5. What are you looking at?

Key point 1~3 영어에서 현재시제는 보통 일반적 사실, 습관, 행태 등을 말하고 현재진행시제는 지금 이 순간 진행되고 있는 사실을 묘사한다. 하지만 인지/감정 등 상태동사는 현재시제가 곧 지금 현재의 인지/감정을 표현한다. 동사 see는 인지동사로서 What do you see?는 '지금 뭐가 보이냐?'란 뜻이다. 인지동사는 현재진행시제를 만들지 않는다. 물론 예외는 있다. 영화, 연극 등을 보려고 할 때 What are you seeing?이라고 하면 '너 뭐 볼 거냐?'는 뜻이다. 이때 see는 인지동사가 아니라 '관람하다', '영화를 보다'란 뜻의 활동동사이므로 현재진행시제를 구성할 수 있다. 4~5 What are you looking at?은 '지금 뭐 보고 있느냐?'는 뜻이다. 신경을 써서 일부러 보고 있는 경우 쓸 수 있는 말이다. 단순히 눈에 들어오는 광경이나 장면을 본다고 할 때는 see를 쓴다. 4 역시 단독으로는 쓸 수 없고, 상황을 한정해줘야만 쓸 수 있는 문장이다. 예를 들어, What do you look at when you go to the museum(박물관 가면 뭐를 주로 보나요)?는 온전한 문장이다. 한편, 현재시제 look at은 지금 당장 발생하고 있는 일이 아니라 '일반적인 습관/행태'를 뜻한다.

B **내일 날씨가 따뜻하면 좋겠어요**
▶ 지금 초겨울이다. 일기예보에 의하면 내일 상당히 춥겠다고 한다. 내일 축구 하기로 해서 날씨가 따뜻했으면 좋겠다는 희망을 말한다.

1. I hope tomorrow's weather is warm.
2. I hope tomorrow's weather will be warm.
3. I hope it is going to be warm tomorrow.
4. I wish tomorrow's weather will be warm.

5 I wish it will be warmer tomorrow.
6 I wish it would be warmer tomorrow.
7 I wish it were going to be warmer tomorrow.

Key point 내일 날씨가 춥다는 일기 예보가 있든 없든 희망을 얘기할 때 I hope를 쓴다. I wish는 안 된다고 하는 네이티브도 있는데 내일 추울 것이 확실한 경우 〈I wish + 가정법 과거절〉도 괜찮다. 1 좋다. 네이티브 중에는 종속절이 미래를 나타내고 있는 점을 들어 현재시제를 쓰는 것에 반대하는 사람이 있다. 하지만 일반적으로 미래시제 대신 문제 없이 사용된다. 2 좋다. 네이티브에 따라서는 미래사건이므로 반드시 미래시제를 써야 한다는 사람도 있다. 그는 2가 가장 좋다고 했다. 지금까지의 〈I hope + 절〉의 사용 사례를 종합적으로 검토한 결과, 저자는 미래시제를 써도 되고 현재시제를 써도 된다고 생각한다. 3 좋다. it 대신에 tomorrow's weather라고 해도 된다. 4~7 내일 엄청 추울 것에 대해서는 의심의 여지가 없는 상황에서 '내일 날씨가 무척 춥다는데, 날씨가 좀 따뜻하면 정말 좋을 텐데.(도대체 이게 뭐냐?)'는 뜻으로 〈I wish + 가정법 과거절〉을 사용할 수 있다. 4, 5는 문법적으로 틀렸으며, will 대신 6, 7처럼 would 또는 were going to를 써야 한다. 주어가 it이긴 하지만 가정법 과거시제의 be동사는 인칭에 관계 없이 was 대신 were를 사용한다.

C 전화 왔어요
▶ 이선생님이 부장님한테 전화를 했는데 내가 대신 받아, 부장님에게 전화 왔다고 알려 준다.

1 You have a phone call.
2 There is a call for you.
3 Someone is waiting for you on the phone.
4 Mr. Lee is on the line.

Key point 지금 맥락의 '전화 왔어요.'는 '~에게 전화가 와서 지금 통화 대기 중입니다.'란 뜻이다. 현재시제, 현재진행시제로 모두 표현할 수 있다. 1 좋다. 내가 전화를 대신 받아 부장님께 연결해주면서 하는 말로 적당하다. 2 '전화 왔어요. → 전화 통화가 있어요. → There is a call for you.'처럼 생각할 수 있는 발상의 전환이 필요하다. 3 좋다. on the phone은 '전화가 왔다'는 의미로도 쓰이지만 '통화 중'이라는 뜻으로 훨씬 더 많이 쓰인다. We were chatting on the phone.은 '통화하고 있었다.'이다. He is on the phone.은 '그 사람 통화 중이다.'란 뜻이다. 4 좋다. '이선생님한테서 전화가 와서 제가 받았는데 그 분이 부장님과 통화를 위해 대기하고 있습니다. 부장님, 전화 받으세요.'란 뜻이다.

|정답| A 2, 3 B 1, 2, 3, 6, 7 C 1, 2, 3, 4

Part 6 참고하기

1. 한국말로 '셔츠'라고 하지만 영어로는 a shirt라고 하니 주의하자. shirts는 그야말로 '복수의 shirt' 를 의미한다.

2. 물론 전화상으로(즉, 대면하지 않고) I haven't seen you for ages.라고 했다면 '너 정말 못 본 지 오래됐다.'란 뜻이 된다. 만난 상황인지, 못 만난 상황인지 관계 없이 영어는 한 문장을 사용하는데, 한국어는 다른 문장을 사용한다.

3. 영국식 구어/문어체, 북미식 문어체에서는 **3**, **4**가 표준이다. **5**~**8**은 북미 구어체에서만 쓰일 뿐, 문어체에서는 쓰지 않고 영국식 영어에서도 쓰지 않는다. 영국식 영어는 현재완료시제와 과거시제를 분명하게 구분하기 때문이다.

4. I stayed in Seoul last year 등과 같은 예를 들며, 과거시제도 '기간'이 대상이 되는 것 아닌가 반문할 수도 있다. 네이티브의 머리 속에는 이런 경우에도 '작년'은 기간이 아니라 하나의 점 또는 단면으로 이해한다. 이미 지나가버린 과거는 기간이 아무리 길더라도 점 또는 단면에 불과한 것으로 이해를 하는 것이다. 반면에, 현재완료시제로 I have stayed in Seoul for a year.라고 하면 화자가 '1년전부터 현재까지'를 기간으로 인식하고 있음을 알 수 있다.

5. 한국어는 '이번 주말'과 '이번 주말에'는 각각 명사구, 부사구로서 문법 성분과 기능이 완전히 다르다. 영어는 두 가지 모두 this weekend로 표현한다. 일반적으로 부사구로 사용되기 위해서는 전치사가 필요하지만 this weekend처럼 시간/날짜 관련 관용구의 경우, 전치사 없이 명사구가 그대로 부사구로 사용되는 경우가 많다.

6. 문용 '고급 영문법 해설'에 아래와 같이 설명되어 있다.

   "이 '시제의 일치' 원칙의 예외는 절대적인 것이 아니다. 성명이란 수시로 바뀌는 것이 아니지만 다음 예문에서와 같이 종속절에서는 보통 과거형이 쓰인다.
   I asked him what his name was.
   What did you say your name was?"

   본문에서 말한 대로 저자의 네이티브 튜터들은 과거시제가 좋다는 사람도 있고, 현재시제가 맞다고 하는 사람도 있었다.

7. '완료'의 의미로 쓰인 한국어 현재진행시제를 과연 '현재진행시제'로 부를 수 있는 것인가? 국문법 학자들은 여러 가지 이론을 주장하지만 이 책은 국문법 책이 아니고, 일반인이 이것을 현재진행시제라고 생각하는 점을 감안하여 그대로 '현재진행시제'로 부르도록 하겠다.

8   'PC방'은 한국의 독특한 문화라서 영어에 딱 대응하는 단어가 없다. 영문 사이트에 PC Bang이라고 나오는 경우도 있지만, PC room, game room, internet cafe, internet house, PC House 등으로 불리는 것이 보통이다. 저자는 실제 행태면에서 game room이 가장 가까운 개념이라 생각하지만, 고전적인 오락실과는 다르므로 PC room을 쓰기로 한다.

9   물론 사람의 선호, 인종, 계층, 지역, 상황에 따라 차이가 아주 많다. 어떤 문장 같은 경우에는 절대로 과거시제를 안 쓰는 것이 있는가 하면, 어떤 문장은 현재완료시제가 오히려 이상하게 느껴지는 경우도 있고, 나머지는 그 중간 어딘가에 있다. 두 시제 모두 괜찮지만 현재완료시제를 선호하는 경우가 있는가 하면 과거시제를 선호하는 경우도 있다.

Part 7 동사를 알면 목적어가 보인다

영어에서 목적어는 문장의 뒷부분에 위치합니다. 주어와 동사가 결정되면 목적어는 사실상 이미 결정되어 있다고 보는 것이 맞습니다.
'도움에 감사 드립니다.'는 Thank you. 또는 Thank you for your help.라고 하지만, I appreciate your help.라고 하지 I appreciate you. 라고 하지 않습니다. ⟨thank + 사람⟩인데 비해 ⟨appreciate + 도움⟩의 형태로 쓰기 때문이지요.
목적어는 동사와 직접적인 연결 관계에 있으므로 한 묶음이라 생각하고 공부하는 것이 좋습니다. 어떤 동사가 어떤 유형의 목적어를 취할지, 어떤 문장형태를 구성할지 결정한다는 말입니다.
한국어의 타동사가 영어로는 자동사로, 한국어의 자동사가 영어로는 타동사로 나타나는 일 또한 흔합니다. 한국어 문장에 구애 받지 말고 여러 가지 문형을 시도해보세요.

법칙 29	헷갈리는 목적어, 이렇게 찾아라
법칙 30	이런 목적어에 주의하라 〈동 + 목 + 전 + 명〉
법칙 31	한국어는 타동사, 영어는 자동사
법칙 32	한국어는 자동사, 영어는 타동사

법칙 29 · 헷갈리는 목적어, 이렇게 찾아라

103 그거 인터넷에서 찾아봐

104 잔에 와인을 따랐어요

105 (추우니까) 이불 잘 덮고 자

106 난 지금 6개월째 수영을 배우고 있어요

 ## 헷갈리는 목적어, 이렇게 찾아라

목적어는 동사에 달렸다

영어로 문장을 만들면서 목적어 때문에 고민하는 일은 많지 않다. 하지만 목적어라고 그렇게 만만한 것만은 아니다. '오늘 오후에 시험 봤어요.'는 I took the test this afternoon., '기어를 중립에 두어라.'는 Put the gear into neutral.[2]이다. 이처럼 한국어의 목적어가 영어의 목적어 그대로 전환되는 경우는 이해하기 쉽겠지만, 실전에서는 이렇게 호락호락하지 않은 경우가 훨씬 많다. 아울러 한국어의 목적어는 생략되는 일도 많다. 예를 들어, '사랑해요.'는 I love you.이고, '보고 싶어요.'는 I miss you.이다.

우리말 문장에서는 목적어를 상상할 수 없는 경우에도 영어에는 목적어가 나타나는 일 또한 빈번하다. '문제가 생겼다.'는 I've got a problem.이고, '뭐가 보이냐?'는 Do you see anything?이다, '탄내가 난다.'는 I smell something burnt.이다, '감기에 걸렸다.'는 I caught a cold.이다, '그 옷이 나한테 딱 맞다.'는 It fits me well.이다.

한국어에서는 목적어가 있지만 영어에서는 목적어가 없을 때도 많다. 친구에게 '술 마시고 있다.'고 말할 때, I'm drinking alcohol. 대신 I'm drinking.이라고만 해도 된다.[3] 내일 출장 가야 하는데 너무 바빠 '짐을 아직 못 쌌다.'는 I haven't packed yet.이라고 한다. 자동사 pack이 '짐을 싸다'란 뜻이기 때문에, 목적어 '짐'이 따로 필요하지 않다.

이렇게 문장 양태가 너무 복잡하기 때문에 목적어와 관련하여 어떤 이론을 정립하는 것은 불가능에 가깝다. 사실, 주어와 동사가 결정되면 어떤 목적어를 써야 할지 이미 결정되어 있다고 봐야 한다. 동사와 목적어는 아주 긴밀하게 연결되어 있으며 목적어를 이해한다는 말은 동사의 특성을 이해한다는 것과 거의 같은 의미라고 생각하면 된다.

여기서는 목적어를 예상할 수 있는 상황에서 우리 예상을 빗나가 사용되는 헷갈리는 목적어를 살펴보기로 하자.

목적어의 성격 탐구

6개월 된 아들이 이빨이 나기 시작했다. '애가 이빨이 났다.'는 뭐라고 할까? 영어로는 His tooth came out.이라 하지 않고 He cut a tooth.라고 한다. 저자가 처음 이 문장을 접했을 때 도저히 이해를 할 수 없었다. '이빨을 쪼갰다.'라니 정말 이상하지 않은가? 목적어를 '대상'으로만 생각하기 때문에 이해를 못했던 것이다. '잇몸을 cut 해서 a tooth를 드러나게 했다'로 이해하면 어떨까? 즉 이때 목적어는 '(동작으로 인해 나타난) 결과'이다. 이런 식으로 이해하면 쉽게 받아들일 수 있을 것이다.

자세히 살펴보면 동사와 목적어의 의미관계가 여러 가지임을 알 수 있다. '주먹으로 책상을 쳤다.'는 He banged the table with his fist.인데, 여기서 the table은 대상이다. '어제 문을 페인트칠했다.'는 He painted the door yesterday.인데, the door 또한 대상이다.

어떤 목적어를 취하느냐는 동사에 따라 결정된다. 동사에 따라서는 어느 한 유형 이상의 목적어를 취하는 동사도 있다. '주먹으로 책상을 쳤다.'에서 He banged his fist on the table.을 생각해내기 어렵지만 영어는 이런 문장이 아무 문제 없이 사용된다. 여기서 his fist는 '수단'이다. '그 사람은 초상화를 하나 그렸다.'는 He painted a portrait.인데 여기서 a portrait는 '결과'이다.

채우고 담는 것과 관련된 동사라면, '전경(figure)'과 '바탕(ground)'이라는 개념이 도움이 된다. '욕조에 물을 채웠다.'를 영어로 말해보자. 우리의 직관적인 관점에서는 I filled water into the bathtub.가 자연스럽지만, 실제로는 I filled the bathtub (with water).이 맞다. fill은 〈fill + 액체〉가 아니라 〈fill + 담는 통〉 형식으로 쓰이기 때문이다. 즉, fill은 '바탕'을 목적어로 취한다. with water는 특별한 사정이 없는 한 자명하기 때문에 생략해도 된다.

이번에는 '욕조에 물을 채웠다.'를 동사 pour를 가지고 영문으로 만들어보자. I poured the bathtub with water.라고 할까? 실제로는 I poured water into the bathtub.라고 한다. 동사 pour는 〈pour + 담는 통〉이 아니라 〈pour + 액체〉 형식으로 사용하기 때문이다. 즉, pour는 '전경'을 목적어로 취한다.

네이티브는 어렸을 때 fill과 pour를 접하며 수많은 시행착오를 겪은 끝에 〈fill + 담는 통〉, 〈pour + 액체〉 감각을 몸 속에 체득한다. 하지만 우리는 이런 감각을 체득할 기회가 없었기 때문에, fill/pour를 사용해서 문장을 구성할 때 어려움을 겪는 것이다.

pour, dribble, spill은 목적어로 '전경'만을 허용하는 동사이고, fill, cover, decorate는 목적어로 '바탕'만을 허용하는 동사이다. 동사 중에는 전경과 바탕을 모두 취할 수 있는 것들도 있다. 예를 들어, spray, load, paint, stuff 등이 그렇다. 이런 동사들은 전경 요소가 목적어가 될 때보다 바탕 요소가 목적어가 될 때 더욱 '완전함'의 의미를 갖는다고 하나 실질적인 차이는 거의 없다고 보면 된다.

예를 들어, '벽에 스프레이로 페인트 칠을 했다.'는 I sprayed the paint on the wall.이라고 해도 되고 I sprayed the wall with the paint.이라고 해도 된다. 「영어동사의 문법」(이기동 저)에 의하면 앞 문장은 벽면에 전부다 칠하지 않았다는 느낌, 뒷 문장은 벽면 전체를 다 칠했다는 느낌이라고 한다. 하지만 네이티브에게 물어보니 일반적인 상황에서 두 문장은 의미 차이가 없다고 하니 독자들도 의미 차이에 대해서는 크게 신경 쓰지 않아도 된다. 동사 spray가 전경과 배경을 모두 목적어로 삼을 수 있다는 점만 이해하면 되겠다.

동사에 따라 목적어의 문법적 형태가 다르다

I managed to get on the bus.는 좋지만 I managed getting on the bus.는 불가능하다. I avoided talking to him.은 좋지만 I avoided to talk to him.은 불가능하다.

영어 타동사 가운데는 부정사만을 목적어로 취하는 것(주로 의지와 관련되는 want, intend, refuse, learn, teach 등), 동명사만을 목적어로 취하는 것(deny, enjoy, finish, give up 등), 둘 다 목적어로 취하지만 어느 것을 취하느냐에 따라 뜻이 달라지는 것(begin, start, continue, try, regret, forget, remember 등) 등 동사의 특성에 따라 다양한 양상을 보인다. 이것은 한꺼번에 외우지 말고 나오는 대로 용례와 함께 암기하는 것이 좋다.

103 그거 인터넷에서 찾아봐

상대방이 어떤 문제를 물어봤는데 잘 몰라서 인터넷에서 찾아서 알아보라고 말해준다.

STEP 1 문장만들기
- 표제문을 영어 문장으로 만들어보세요.
[   ]

STEP 2 비교하기
- 표제문을 영어로 잘 옮긴 것에 모두 체크하세요.

1. Please look up the internet.
2. Please look it up on the internet.
3. Please look further into the internet.
4. Please look further into it online.
5. Please look further into it on the internet.
6. Please check up the internet.
7. Please check the internet.
8. Please check it on the internet.
9. Please search the internet.
10. Please google it.

| 가능한 문장 | 2, 4, 5, 7, 8, 9, 10

STEP 3 확인하기
• 문장을 확인하세요.

★ **영어식 사고로 전환하기** 동사를 정해야 목적어가 정해진다. '찾다'는 맥락상 '조사하다'이므로 look up / look into / check / search / google 등이 생각난다. 특히, google은 동사로 '~을 구글에서 검색하다'는 말로서 네이티브들이 일상적으로 빈번하게 사용하는 단어이다. 다만, 동사에 따라 목적어가 다를 수 있다. 우리말도 '인터넷에서 그 문제를 찾아봐라.'라고 하기도 하고 '그 문제에 대해 인터넷을 뒤져봐라.'라고 하기도 한다.

1 Please look up the internet.
2 Please look it up on the internet.

2가 좋다. look up의 목적어는 it이지 the internet이 아니다. look up은 '타동사적 구동사'로서 look the question up 또는 look up the question이라고 한다. 하지만, 대명사를 목적어로 취하는 경우, 반드시 대명사를 look과 up 사이에 두어야 한다. on the internet '인터넷에서'를 우리가 생각할 때는 in the internet이라고 생각하기 쉬운데, 실제로는 오로지 on the internet만 사용한다.

3 Please look further into the internet.

그럴듯하게 보이지만, 틀렸다. look into the internet은 인터넷의 역사와 미래, 적용 기술, 발전방향, 효용성, 전자상거래 등 '인터넷학(學)'을 잘 조사해보라는 엉뚱한 뜻이 된다.

4 Please look further into it online.
5 Please look further into it on the internet.

좋다. look into는 〈자동사 + 전치사〉 형태의 구동사이다. look into the question에서 the question은 전치사 into의 목적어이지 동사 look의 목적어가 아니다. 따라서, 목적어가 대명사라고 하더라도 look과 into 사이에 위치시키면 안 된다. 전치사의 목적어를 전치사 앞쪽에 둘 수는 없기 때문이다. 한편, on the internet 대신에 online이라고 해도 좋다. 양자는 거의 같은 뜻이다.

6 Please check up the internet.

틀렸다. check up은 기본적으로 '건강검진을 실시하다'는 뜻이다. 명사 checkup은 '건강검진'이라는 뜻으로, **6**은 '인터넷 연결 상태, 인터넷 선로 등을 점검하라'는 의미다.

7 Please check the internet.

괜찮다. 원래 check the internet은 '인터넷 상태가 괜찮은지 점검하다', '인터넷이 속도가 제대로 나오는지 점검하다'란 의미지만, 화자가 인터넷 자체를 얘기하는 것이 아니라 인터넷에서 관련 정보를 찾아보라는 의미가 분명하다면 쓸 수 있다.

8 Please check it on the internet.

좋다. check it + on the internet은 '그것을 확인하고 점검하되, 인터넷에서 하라'는 의미가 되어 지금 맥락에 어울린다.

9 Please search the internet.

좋다. search는 '장소적 개념'을 목적어로 취한다.

10 Please google it.

가장 좋은 문장이다. 사이트 이름이기도 한 google은 '인터넷에서 ~을 검색하다'라는 뜻의 일반동사로도 쓰인다. 인터넷에서 찾아보라고 하는 것이 핵심적으로 말하고자 하는 사항이라면, 단도직입적으로 이렇게 표현하는 것이 좋다.

104 잔에 와인을 따랐어요

와인을 따서 잔에 채운 상황이다.

STEP 1
문장만들기
- 표제문을 영어 문장으로 만들어보세요.
[   ]

STEP 2
비교하기
- 표제문을 영어로 잘 옮긴 것에 모두 체크하세요.

  1. I poured wine into the glass.
  2. I poured the glass with wine.
  3. I filled wine into the glass.
  4. I filled the glass with wine.

| 가능한 문장 | 1, 4

STEP 3
확인하기
- 문장을 확인하세요.

★ **영어식 사고로 전환하기**   앞에서도 설명했지만 〈fill + 담는 통〉, 〈pour + 액체〉로 쓴다. 우리는 단어를 외울 때 'fill = 채우다', 'pour = 붓다'라고만 외우기 때문에 실제로 이 단어를 사용하려고 하면 목적어를 뭐로 써야 할지 헷갈리게 된다. 문장을 통해서 외우지 않았기 때문에 나타나는 현상이다. 동사는 각자 자기의 세계관이 있다고 생각하면 된다. 각 동사는 어떤 목적어를 취해서 어떤 뜻을 강조할 것인지 나름대로 쓰는 방식이 다 정해져 있다.

1 I **poured wine** into the glass.
2 I poured the glass with wine.
3 I filled wine into the glass.
4 I **filled the glass** with wine.

fill은 목적어로 '담는 통'이 오며, pour는 목적어로 '액체'가 오므로 **1**, **4**가 맞는 문장이다. 'pour와 fill은 왜 이리 목적어를 이렇게 까다롭게 고를까? 왜 pour는 목적어를 wine만을 택하고, fill은 목적어를 the glass만을 써야 하는가? 앞에 나온 spray, load, paint, stuff처럼 목적어를 wine과 the glass 둘 다 사용하면 안 될까?
저명한 언어학자 Steven Pinker는 *The Stuff of Thought*, p. 50에서 왜 pour는 '용기'를 목적어로 삼을 수 없고 왜 fill은 '채워지는 액체'를 목적어로 삼을 수 없는지에 대해 논리적으로 설명하고 있다.

'pour는 액체가 끊이지 않고 아래쪽으로 흐르도록 하는 것을 뜻한다. 강제로 흐르도록 하는 것이 아니라 스스로 흘러가게 놔두는 것을 말한다. 액체를 퍼지게 하는 방식이 spray, splash, spew와는 다르다. pour는 액체의 움직임을 다루기 때문에 Pour water into the glass라고 문장을 만들 수 있다. 하지만 pour는 액체가 얼마나 그리고 어디로 가는지는 관심 두지 않는다. 물을 잔에 pour할 수도 있고, 바닥에 pour할 수도 있고, 비행기 바깥으로 pour해서 대기 속으로 뿌려지게 할 수도 있다. 즉, pour의 경우 그 액체의 '종착지'에 무슨 일이 일어날 것이 일관성 있게 예측할 수가 없다. 그러니까 우리는 She poured the glass with water.라고 할 수 없는 것이다.'

Pinker는 이어서 fill에 대해서도 같은 방법으로 설명한다. fill은 통(the container)이 채워지는 것에는 관심이 있지만, 무엇으로, 어떻게 채워지는가에 대해서는 관심이 전혀 없다. 통을 채울 수 있는 방법은 여러 가지다. 예를 들어 물을 부어 통을 채울 수도 있고 욕조에 있는 물을 떠서 통에 담을 수도 있고 비가 올 때 통을 밖에 내놓아 물을 담을 수도 있다. fill은 '통 상태의 변화'에만 관심이 있기 때문에 Fill the glass with water.라고 말한다. 하지만 통이 어떻게 가득 차게 되었는지는 전혀 관심이 없고 알 수가 없기 때문에 Fill water into the glass.라고 하지는 않는다는 것이다.

105 (추우니까) 이불 잘 덮고 자

엄마가 아이에게 잠자기 전에 하는 말이다.

추우니까 이불 잘 덮고 자

STEP 1 문장만들기
- 표제문을 영어 문장으로 만들어보세요.
(It's so cold.)
[   ]

STEP 2 비교하기
- 표제문을 영어로 잘 옮긴 것에 모두 체크하세요.

1 Cover your blanket well and sleep.
2 Cover yourself well.
3 Put more quilts/blankets on your bed.
4 Put another quilt/blanket/comforter on your bed.

| 가능한 문장 | 2, 3, 4

STEP 3 확인하기
- 문장을 자세히 확인하세요.

★ 영어식 사고로 전환하기   '이불을 잘 덮어라'는 Cover your blanket well.이라고 하면 괜찮을까? 한국어 문장의 목적어 '이불'은 '수단'이다. 한국어 사용자는 '이불을 잘 덮고'라는 말을 '이불로 너의 몸을 잘 덮고'라고 이해한다. 한국어는 '이불'로 '너의 몸'을 덮으라는 것은 너무 당연한 사실이므로 '너의 몸'은 생략한다. 허나 안타깝게도 cover의 목적어는 '대상'이 되어야 한다. 따라서 cover yourself라고 해야 한다.
무엇으로 몸을 감쌀 것인지는 맥락에 따라 결정되겠지만 이 상황에서는 당연히 '이불'이다. 따라서 영어 사용자는 이불은 다 아는 것이니 굳이 얘기할 필요가 없다. 모든 것을 문장에 담기에는 효율성이 떨어지므로 모든 언어는 '당연한 전제'로 삼는 것이 있다. 문제는 이것이 언어마다 많이 다르다는 점이다. 동사 cover(덮다)의 경우 한국어는 수단(이불)을 취하고 대상(몸)을 빼버렸고, 영어는 대상(몸)을 취하고 수단(이불)을 빼버렸다. 어느 것이 좋다 나쁘다 할 수는 없다. 작게는 각 동사의, 크게는 각 언어의 특성일 뿐이다.

1 Cover your blanket well and sleep.
한국어 문장을 직역한 문장으로 틀렸다. '너의 몸을 감싸라'란 말이 아니라 '이불을 감싸라'란 말이다.

2 Cover yourself well.
완벽한 문장이다. cover의 목적어를 사람(yourself)으로 두었다. 한편, 동사 tuck(~을 좁은 공간에 쑤셔 넣다)을 활용해서 Tuck yourself in.도 좋다. 이때 in 다음에는 bed가 생략되어 있다고 보면 된다.

3 Put more quilts/blankets on your bed.
4 Put another quilt/blanket/comforter on your bed.
영어 문장에서 굳이 '이불'을 꼭 쓰고 싶다면 put이 좋다. put은 엄청나게 다양한 뜻이 있지만 이 경우 '덮다', '감싸다', '가리다'라는 뜻이 된다.
우리말 표제문이 제시하는 의미는 '이불을 하나 더 덮으라'는 뜻이 아니다. 그저 '잘 덮고 자라'는 말이다. 3은 이불을 '하나 이상', 4는 '하나 더' 덮으라는 말이다. 이 두 문장은 4~5개를 덮고 자는 서양 사람 습성에는 맞는 표현이지만, 여러 겹을 덮는 대신 두꺼운 이불 하나를 덮고 자는 한국사람들 습관을 고려하면, 지금 맥락에 100% 부합하는 표현은 아니다. 2가 가장 정확한 표현이지만, 일반적으로 3, 4도 큰 문제 없이 통용될 수 있다.

another quilt   more quilts에서는 복수명사, another quilt에서는 단수명사가 사용되었다. another은 an + other이 결합된 단어이기 때문에 'another + 단수명사' 형태로 쓴다.

이불   '이불'에 해당하는 단어가 여러 개 있지만 가장 대표적인 단어는 blanket이다. 서양에서는 4~5개 이불이 합쳐져서 한 세트를 구성한다. 덕 다운, 솜, 깃털 등 속이 들어간 두툼한 이불은 영국에서는 duvet[duːvéi] 라고 하고 북미에서는 comforter 라고 한다. 패턴이 들어간 얇은 이불은 quilt인데, 이들을 다 모아 한 세트의 이불을 bedding 또는 bedclothes라고 부른다. 물론 bedding, bedclothes는 불가산 명사이다.

106 난 지금 6개월째 수영을 배우고 있어요

6개월 전부터 수영강사 한 사람에게서 쭉 수영을 배우고 있다.

STEP 1
문장만들기

- 표제문을 영어 문장으로 만들어보세요.

  [   ]

STEP 2
비교하기

- 표제문을 영어로 잘 옮긴 것에 모두 체크하세요.

  ① I have been learning swimming since six months.

  ② I have been learning (how) to swim for six months.

  ③ I have been taking a swimming lesson for six months.

  ④ I have been taking swimming lessons for the past six months.

  | 가능한 문장 | ②, ④

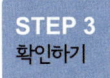
· 문장을 자세히 확인하세요.

★ **영어식 사고로 전환하기** '배우다'는 learn이다. 따라서 '수영을 배우다'는 learn swimming 아닐까? '수영'은 swimming이므로 I have been learning swimming.이 지극히 자연스럽게 들린다. 하지만, 〈learn + to부정사〉 또는 〈learn + how to부정사〉 형식이 맞다. 문법에 따르면, 동명사를 learn의 목적어로 쓸 수 없다. 문법에서뿐만 아니라 실제 영어에서도 철저하게 지켜진다. 다만, 과목, 주제 등 몇 가지 경우 명사를 learn의 목적어로 쓰는 경우는 있다. swimming을 과목으로 생각하고 learn의 목적어로 쓸 수 있지 않을까 생각할 수 있지만, 네이티브는 learn to swim이라고 할 뿐이다. 몇 가지 경우를 제외하고는 〈learn + (how) to부정사〉가 거의 굳어져 있다고 보면 된다.

1 I have been learning swimming since six months.
틀렸다. '6개월 동안 계속'이라는 뜻이므로 since six months가 아니라 for six months 또는 for the past six months라고 하는 것이 맞다. since는 특정한 시각/날짜와 함께 쓰일뿐 기간하고 같이 쓰이지 않는다.

2 I have been learning (how) to swim for six months.
완벽한 문장이다. how to swim 또는 to swim 둘 다 좋다.

3 I have been taking a swimming lesson for six months.
4 I have been taking swimming lessons for the past six months.
'수영을 배우고 있다'는 말은 '수영 레슨을 받고 있다'는 말이다. 이것은 take swimming lessons라고 하며 receive swimming lessons가 아니다. 3은 단수형 a swimming lesson을 써서 틀렸다. '한 번 만나 수영을 배우는 것', 즉 1회의 수영레슨을 a swimming lesson이라고 한다. 따라서 a swimming lesson once a week은 말이 되지만, '6개월째 수영을 배운다'는 4처럼 복수형으로 써야 한다. 좀 더 살펴보면 I have been taking a swimming lesson once a week for six months. / I have been taking a swimming lesson every week for six months. / I have been taking swimming lessons twice a week for six months.처럼 단수형, 복수형이 달라진다.

`have been taking` 4는 수영을 배운 것이 과거부터 지금까지 쭉 이어진 것이므로 현재완료진행시제를 썼다. 현재 시점에도 수영레슨을 받고 있음을 강조하기 위해 진행시제를 사용하였다.

추가 표현 A⁺

learn의 목적어

독자들의 이해를 돕기 위해 learn과 관련된 몇 가지 사례를 더 보기로 하자.

1. learn a computer / learn how to use a computer
2. learn ski / learn skiing / learn how to ski / learn to ski
3. learn piano / learn how to play the piano
4. learn English / learn how to speak English
5. learn how to play jujitsu / learn how to do jujitsu / learn jujitsu

① learn a computer는 틀렸다. 다만, 주제나 과목 등은 명사 자체를 learn의 목적어로 사용할 수도 있다. I learned a computer program/a computer system/a computer language.라고 한다. 컴퓨터 언어 중의 하나인 Visual Basic을 배우는 경우, Visual Basic은 하나의 '과목'에 해당한다고 볼 수 있으므로 I'm learning Visual Basic.이라고 해도 된다. 물론, I'm learning how to use Visual Basic.이라고 해도 된다.

② learn ski와 learn skiing은 틀렸다. ski는 명사로서 '스키 한 쪽', 동사로서 '스키를 타다'란 뜻이다. '스키가 취미다'라고 할 때의 '스키'는 skiing이라고 해야 한다. skiing은 '스키 타기'이며 My hobby is skiing.이라고 한다.
참고로, 스키를 가르치다(teach) 역시 to부정사를 목적어로 취한다. I am teaching students ski. / I'm teaching students skiing.은 틀렸다. I am teaching students how to ski. 또는 I am teaching students to ski.라고 해야 한다.

③ '피아노'를 과목으로 봐서 learn piano 또는 그냥 to부정사를 써서 learn how to play the piano 두 가지 모두 가능하다. I'm learning piano.에 정관사 the를 쓰지 않음에 유의하라.

④ learn English를 쓸 수는 있지만, 쓰기, 읽기, 듣기, 말하기 등 다양한 측면이 있기 때문에 learn English는 뭘 배우는지가 분명하지 않다. 따라서 구체적으로 말하는 것이 바람직하다. I learned some English grammar. / I learned how to write in English. / I learned English composition.도 좋다.

⑤ learn jujitsu만 맞다. 대체로 무술은 명사를 그대로 목적어로 취한다. learn jujitsu/Taekwondo/judo/wrestling/boxing이라 한다. 반면에, 스포츠는 대체로 to부정사를 취한다. 레슬링은 learn (how) to wrestle, 복싱은 learn (how) to box라고 해도 된다.

이런 문장도 생각해보세요
• 다음 중 맞는 문장에 모두 체크하세요.

A 룸서비스를 시켜 아침을 먹었다
▶ 호텔에 투숙 중이다. 밖에 나가기가 귀찮아서 룸서비스를 시켜 아침을 먹었다.

1 My breakfast was room service.
2 I had room service for breakfast.
3 I ordered room service for breakfast.

Key point　**1** 허접한 문장이다. 뜻은 통하지만 추천하기 어렵다. **2** 좋다. 목적어 room service는 '룸서비스로 나온 식사'를 뜻한다. 네이티브들이 대체로 가장 자연스럽다고 하는 문장이다. **3** 좋다. I ordered spaghetti.처럼 자연스러운 문장이니 걱정 말고 사용하기 바란다. room service에 관사는 필요 없다. 정관사, 부정관사를 쓰면 이상하다.

B 오늘 아침 수지에게 문자 메시지를 세 개 보냈다

1 I sent her three SMS this morning.
2 I sent three SMS to her this morning.
3 I sent her three texts this morning.
4 I sent three texts to her this morning.
5 I texted her three times this morning.

Key point　**1**~**2** 틀렸다. 북미인들은 '문자'라는 의미로 SMS(short message service)라는 표현을 쓰지 않는다. **3**~**4** 좋다. '문자'라고 할 때 SMS 대신 text를 사용한다. 동사 send는 4형식 동사로 흔히 말하는 수여동사이다. ⟨send + IO + DO⟩ 또는 ⟨send + DO + to + IO⟩ 형식으로 사용한다. **5** 가장 자연스러운 문장이다. text는 동사로 사용될 때 '~에게 문자 메시지를 보내다'라는 의미가 있다. 따라서 ⟨text + 사람⟩ 형식으로 사용된다. 이는 명사 '문자 메시지'(text)를 그대로 동사화해서 문장을 단순화하는 영어 특유의 효율성 추구 방식의 한 예라고 볼 수 있다.

|정답| A **2**, **3**　B **3**, **4**, **5**

법칙 30 * 이런 목적어에 주의하라
⟨동 + 목 + 전 + 명⟩

107 그 가게에 새 상품이 들어 왔어요

108 그 사람이 내 사진을 한 장 달라고 했어

109 국자로 국을 떴어요

110 국물을 옷에 쏟았어요

111 수지가 내 팔을 잡았어

이런 목적어에 주의하라
〈동 + 목 + 전 + 명〉

맞는 목적어와 전치사 짝꿍 찾기

영어를 공부하는 것은 그 동안 막연히 알았던 동사들의 특성을 알아나가는 과정이다. 각 동사들은 목적어와 전치사 선택에 있어 고유한 특성을 가지고 있기 때문이다.

신문 기사 제목으로 '재무부, 신용사기 경고'라고 할 때는 Finance Ministry warns credit fraud.와 Finance Ministry warns of credit fraud. 중 무엇이 맞을까? 동사 warn은 〈warn + 사람 + of + 경고내용〉 형식으로 쓰인다. 따라서 뒷 문장이 맞다.

동사에 따라서는 〈동사 + A + 전치사 + B〉 형식을 취하면서 A와 B를 둘 다 목적어로 갖는 경우도 있다. 예를 들어 '(실비정산제도가 도입되어 앞으로 출장시) 실비 환급을 받을 것입니다.'는 다음과 같이 표현할 수 있다.

> The company will pay you for your actual expenses.
> The company will pay back your actual expenses.
> The company will repay you for your actual expenses.
> The company will repay your actual expenses.
> The company will reimburse you for your actual expenses.
> The company will reimburse your actual expenses.

'회사가 사람에게 비용을 환급하다'는 〈회사 + pay back/repay/reimburse + 사람 + for + 비용〉 또는 〈회사 + pay back/repay/reimburse + 비용 + (to + 사람)〉 형식으로 쓰인다. '회사'가 환급하는 것이 명확하므로, '회사'를 주어로 내세우지 않고 일반적으로 수동태로 쓰인다.[4]

'토스트에 버터를 듬뿍 발랐다.'에는 동사 slather를 사용한다. I slathered butter on a slice of toast.라고 하기도 하고 I slathered a slice of toast with butter.라고 하기도 한다. 전치사가 on과 with로 다른데, 의미를 생각하면 충분히 이해가 갈 것이다. 즉, 첫 번째 문장은 '토스트 위에 버터를 바르는 것'이고 두 번째 문장은 '토스트를 버터로 바르는 것'이기 때문에 각각 거기에 상응하게 전치사 on과 with를 사용했다.

신체 부위 접촉에 쓰이는 〈동사 + 사람 + 전치사 + 신체부위〉

신체 부위 접촉을 표현하고자 할 때 〈동사 + 사람 + 전치사 + 신체부위〉 형식으로 쓴다. '여자친구 입술에 키스했다.'를 영어 문장으로 전환할 때 I kissed her lips.와 I kissed her on the lips.가 뜻이 다르다. 전자는 단순히 여자친구의 신체 일부분인 입술에 키스했다는 의미이고, 후자는 여자친구의 인격 전체에 애정을 가지고 그 중 일부인 입술에 키스했다는 의미라고 말이다. 하지만 구어체 영어에서는 이 정도로 뉘앙스 차이를 두지 않고 같은 의미로 둘 다 자유롭게 통용된다.

한편 '여자친구가 내 궁둥이를 툭 쳤다.'는 She patted my butt. 또는 She patted me on the butt. 둘 다 좋다. 다만 뒷 문장이 성적인 뉘앙스가 더 강하다.

'그 사람 얼굴을 쳐다 봤다.'를 I looked at his face.라고 하면, 일반적인 상황에서, 안색을 살피기 위해, 특별한 이유 없이 저기 그 남자가 지나가길래 '(특별한 감정 없이) 얼굴을 쳐다봤다'는 말이다. I looked him in the face.는 '얼굴을 똑바로/정면으로 쳐다봤다.'란 뜻이다. '너 거짓말 하는 거 다 알고 있어, 라는 표정으로 그 사람 얼굴을 빤히 쳐다봤다.' 또는 '위로와 사랑을 듬뿍 담은 채, 그 사람 얼굴을 쳐다봤다.' 등 그 사람에 대한 긍정적, 부정적 감정이 들어간 상황에서 쓰인다.

'그 사람이 내 눈을 쳐다 봤다.'를 He looked at my eye.라고 하면, 안과의사가 내 눈을 쳐다 본 것처럼 감정 없이 내 눈을 본 것을 말한다. 반면 look someone in the eye는 숙어로서 의심, 우려, 환희 등 어떤 감정을 someone에게 품은 채 쳐다보는 것을 말한다. 예를 들어, Look me in the eye and tell me the truth.라고 말하면 '내 눈 똑바로 보고 사실대로 말해라'는 뜻이다. (이때 look은 타동사이다.)

〈동사 + 사람 + 전치사 + 신체부위〉 표현이 I caught him by the arm(그 사람 팔을 붙잡았다). / They shot him in the head(그 사람 머리에 총을 쐈다). 같이 많이 쓰이기는 하지만, 한국어에는 없는 형식이라 우리 눈에는 낯설다. 연습을 많이 해서 충분히 익숙해지도록 노력하기 바란다.

107 그 가게에 새 상품이 들어 왔어요

상점에 전에 들여온 적이 없는 새로운 품목을 들여놓았다.

STEP 1 문장만들기
• 표제문을 영어 문장으로 만들어보세요.
[   ]

STEP 2 비교하기
• 표제문을 영어로 잘 옮긴 것에 모두 체크하세요.

1. New items came into the shop.
2. New items arrived.
3. They brought new items in/into the shop.
4. They placed new items at the shop.
5. They placed new items on the shelves.
6. They put new items on the shelves/on display/in the shop.
7. They put new items to the shop.
8. They have new items.
9. There are new items at/in the shop.
10. They stocked new merchandise into the store.

> 11 They stocked the shop with new items.
> 12 They stocked their store with new merchandise.

| 가능한 문장 | 1, 2, 3, 5, 6, 8, 9, 11, 12

STEP 3 확인하기
• 문장을 자세히 확인하세요.

★ **영어식 사고로 전환하기** 표제문을 '새 상품을 도입했다/들여왔다'로 바꾸면 영어로 옮기기가 쉽다. 동사 bring / place / put / have / stock 등을 써서 문장을 만들어보자. 동사 stock은 주의가 필요하다. 어디엔가 무엇인가를 비축하기는 하는데, 어떤 장소에다가 '상품을' 비축하는 것인지, 어떤 상품을 '어떤 장소에' 비축하는 것인지 주의해야 한다. 즉, 목적어가 '상품'이 아니라 '장소'가 되므로 〈stock + 장소 + with + 물건〉 형식으로 쓰인다.

1 New items came into the shop.
좋다. come(오다)과 into(~안으로)가 문자적인(literal) 의미로 사용되었다. came to the shop은 뜻이 안 맞으며 came into the shop이라고 해야 말이 된다.

2 New items arrived.
좋다. 백화점에 가면 '신상품'을 new arrivals라고 표시한 것을 봤을 것이다.(복수형 arrivals라고 한 것에 주의하자. '도착'이 아니라 '새로 들어온 물건들'로 뜻이 확장되었기 때문에 복수형을 썼다.)

3 They brought new items in/into the shop.
좋다. 〈bring + 물건 + in/into + 장소〉는 '장소로 물건을 가져다놓다'는 뜻이다.

4 They placed new items at the shop.
틀렸다. place는 '비치하다'는 뜻으로 좋다. 하지만 at the shop이 아닌 in the shop이라고 해야 한다. at the shop은 단순히 장소적 개념이 아니다. at은 어떤 목적을 수행하기 위해 거기에 있다는 뜻이 강하다. 예를 들어, I was at my desk all day.는 '하루 종일 책상 앞에 앉아 있었다.'인데 '일을 했다' 또는 '공부를 했다'는 뜻을 내포한다. 반면에 in the shop은 '그 가게 안에'란 뜻이다. place는 장소적 개념이 강하므로 '그 가게 안에'를 뜻하는 in the shop과 함께 쓰는 것이 맞다.

5 They placed new items on the shelves.
좋다. on the shelves는 '진열했다'는 구체적인 장소적 개념도 되고 '물건 팔기 위해 가게에 내놓았다'는 추상적인 의미도 있다.

6 They put new items on the shelves/on display/in the shop.
on the shelves = on display = in the shop 다 좋다. 다만 at the shop은 곤란하다.

7 They put new items to the shop.
틀렸다. to the shop과 at the shop 둘 다 말이 안 된다.

8 They have new items.
'(상점에 새로운 상품을 들여놓은 결과) 현재 상품을 가지고 있다.'란 뜻이다. 주어 They는 '가게'를 말한다.

9 There are new items at/in the shop.
이때는 at the shop / in the shop 둘 다 좋다. at the shop이라고 하면 '그 가게에 구비되어 있다. 그 가게가 새 상품을 갖추고 있다'는 말이다. '거기 명품 판다.'는 They sell luxury brands at the shop.이라고 한다. in the shop은 '그 가게 내에 있다(가게 내에 진열되어 있다)'는 말이다.

10 They stocked new merchandise into the store.
11 They stocked the shop with new items.
12 They stocked their store with new merchandise.
동사 stock은 '비축하다, 어떤 상품을 들여 놓다, 구비하다'란 뜻이며, 목적어는 '장소'가 되어야 한다. 따라서 **11**, **12**가 맞다. items는 복수형으로 쓰고 merchandise는 집합명사라서 단수형으로 쓴다.

108 그 사람이 내 사진을 한 장 달라고 했어

사진이 필요하다며 내 명함사진 한 장을 달라고 했다.

STEP 1 문장만들기
- 표제문을 영어 문장으로 만들어보세요.

[   ]

STEP 2 비교하기
- 표제문을 영어로 잘 옮긴 것에 모두 체크하세요.

1. He told me to give him a sheet of my picture.
2. He told me to get him a picture of myself.
3. He asked me to get him a picture of myself.
4. He asked me to give him a picture of myself.
5. He asked me a picture of myself.
6. He asked me for a picture of myself.
7. He asked my picture.
8. He asked for a picture of myself.

| 가능한 문장 | 3, 4, 6, 8

• 문장을 자세히 확인하세요.

★ **영어식 사고로 전환하기** '달라고 했다'는 '달라고 말했다'가 아닌가 싶어 처음에는 He told me to give him ~으로 말을 했다. 나중에 안 사실이지만 told는 거의 '명령하다' 수준의 뜻이다. '달라고 부탁했다'이니 He asked me to give him ~이 맞는 표현이다. '달라고 부탁했다'를 아예 〈ask + 목적어 + for + 명사〉 구문을 사용하면 명확하고 간결한 표현이 된다.

사진 한 장 한국어에서 별도의 단위가 있는데 영어에서는 단위가 없는 경우도 많다. 우리말 문장 '그 사람이 내 사진을 달라고 했다.'는 왠지 어색하다. '그 사람이 내 사진을 하나 달라고 했다.'는 괜찮다. '하나' 대신 '한 장' 달라고 했다가 가장 표준적인 어법이다. 영어로는 a picture / my picture라며 별도의 단위가 없다. '종이 한 장'을 a sheet of paper라고 하는 걸 생각하면 '사진 한 장'을 a picture / my picture /a picture of myself라고만 하는 점이 선뜻 받아들여지지 않지만 영어가 이렇다고 하니 별 방법이 없다.

1 He told me to give him a sheet of my picture.
told 때문에 틀렸다. tell은 단순히 '말했다'가 아니라 '명령했다/시켰다'에 가깝다. '사진 한 장'을 어떻게 말해야 할 지 몰라 a sheet of my picture라고 시도해봤는데, 이것도 말이 안 된다.

2 He told me to get him a picture of myself.
문장에는 아무런 문제가 없지만 그 사람이 '내 사진 한 장 달라고 지시했다.'란 뜻이 되므로 맥락에 맞지 않아 틀렸다.

3 He asked me to get him a picture of myself.
좋다. 〈ask + 사람 + to부정사〉 형식으로 쓰인다. 문장형식으로 보면 SVOC 구문이다. get에 여러 가지 뜻이 있지만, Please get me a picture of yourself.라고 하면 '사진 한 장 주세요.'이다. 이것이 **3**처럼 문장 안으로 들어가면 우리말로는 '자기한테 사진 한 장 달라고 했다'가 된다.

4 He asked me to give him a picture of myself.
좋다. 〈give + 간접목적어 + 직접목적어〉 또는 〈give + 직접목적어 + to + 간접목적어〉 형식으로 쓰인다.

5 He asked me a picture of myself.
6 He asked me for a picture of myself.
문법 형식상 〈ask + 나 + for + 사진〉을 취해야 한다. for가 빠지면 문장으로 성립하지 않는다.

7 He asked my picture.
틀렸다. 'my picture에게 물어봤다'란 뜻이다. ask for라고 해야 '달라고 하다'란 뜻이 된다. my picture는 일반적으로는 a picture of myself(내가 들어 있는 사진)를 말하지만, '내가 찍은 사진'이라는 뜻도 가능하다.

8 He asked for a picture of myself.
좋다. 한국어에서는 '사진을 달라고'라고 하는데 영어로는 asked for a picture라고 한다. 다만, **8**은 꼭 나에게 달라고 했다는 뜻은 아니다. 목적어가 없기 때문이다. '누구에게' 말했는지는 정황으로 파악할 수밖에 없다. 〈ask + 나 + for + 사진〉에서 목적어 '나'는 상황상 명확하므로 이를 제거하고 〈ask + for + 사진〉 형식이 된 것으로 추정된다. 물론 ask for는 상황에 따라 다양하게 뜻이 변화한다. He asked for it.은 '그 사람이 그것(trouble)을 달라고 했다', 즉 '자업자득이다.'란 뜻이고 '봉급 인상을 요구하다'는 ask for a raise, '길을 묻다'는 ask for directions이다. When you arrive, ask for him.은 '도착해서 그 사람을 찾으세요.'이다.

109 국자로 국을 떴어요

뷔페에 가서 된장국을 뜨다가 실수로 국물을 옷에 쏟았다. 생소한 표현이니 '국자로 국을 떴다'와 '국물을 옷에 쏟았다'로 나눠 차근차근 살펴 보기로 하자. 우선 '국자로 국을 떴다'(국자로 국을 떠서 내 그릇에 담는 행동)를 영어로 말해보자.

STEP 1
문장만들기
- 표제문을 영어 문장으로 만들어보세요.
[   ]

STEP 2
비교하기
- 표제문을 영어로 잘 옮긴 것에 모두 체크하세요.

1. I scooped the soup.
2. I ladled soup out.
3. I spooned soup.
4. I spooned soup into my bowl.
5. I filled the soup with a ladle.
6. I filled my bowl with soup.

| 가능한 문장 | 4, 6

STEP 3
확인하기
- 문장을 자세히 확인하세요.

★ 영어식 사고로 전환하기   '국자로 국을 뜨는 그림'(동작 그 자체)에 초점을 두느냐, 아니면 '국그릇에 담는 그림'(동작의 목적)에 초점을 두느냐에 따라 쓰는 동사가 다르다. '국'은 soup인데 불가산명사이므로 a soup가 될 수는 없다. 하지만 the soup는 괜찮다. 앞에 한번 언급이 되

었든지, hot soup, cold soup, mushroom soup, clam chowder 등등 비교 대상이 있는 경우, 정관사 the soup가 된다. 아무 것도 특정하지 않을 때, soup에 필요 이상의 관심을 두고 싶지 않을 때 무관사 soup 또는 some soup라고 하면 된다.

1 I scooped the soup.
틀렸다. scoop은 '~을 숟갈로 뜨다'는 뜻이다. 명사 scoop은 '작은 국자 같이 생긴 숟갈' 또는 '그 한 숟갈의 양'을 뜻한다. scoop은 구조상 국물을 뜨기가 곤란하며 대체로 아이스크림을 뜰 때 쓴다. 따라서 scoop ice cream(아이스크림을 숟가락으로 뜨다), scoop the melon flesh(멜론 과육을 숟가락으로 뜨다)처럼 쓰인다.

2 I ladled soup out.
틀렸다. ladle은 타동사로 '음식을 국자로 듬뿍 떠 담다'란 뜻이다. 저자의 튜터들은 모두 미국, 캐나다인들이었는데, 오직 한 명만 ladle(국자, 주걱)을 동사로 쓸 수 있다고 했다. ladle을 동사로 쓰는 것은 영국식 용법일 것이라고 했다. ladle을 동사로 써도 2는 여전히 틀린 문장이다. I ladled soup out of the pot.이라고 해야 온전한 문장이 된다.

3 I spooned soup.
틀렸다. 불완전한 문장이다. spoon은 '스푼으로 뜨다'이다. 우리 말로는 이것만으로도 말이 되는 것처럼 보인다. 하지만 3은 부사 또는 전명구가 뒤에 따라오면서 추가적인 설명이 있어야 비로소 온전한 문장으로 성립한다. 예를 들어 into his mouth / into their bowls / from a wooden bowl 등이 필요하다.

4 I spooned soup into my bowl.
좋다. '스푼/국자를 써서 ~을 ...에 담았다'를 동사 spoon ~ into...로 표현하고 있다.

5 I filled the soup with a ladle.
틀렸다. 타동사 fill의 목적어는 '용기(container)'가 되어야 한다. 〈fill + 용기 + with + 액체〉 형식으로 쓰인다.

6 I filled my bowl with soup.
좋다. '국을 내 그릇에 담는 것'에 촛점을 둔 문장이다. '어떻게' 담았는지는 말하지 않는다. 청자의 상식에 맡겨둔 것이다. 보통 국자를 써서 국 그릇에 담을 것이므로 '국자로 떴다'가 이 문장에는 전제로 들어 있다. 따라서 굳이 이것을 문장에 담아 복잡하게 만들 필요가 없다.

110 국물을 옷에 쏟았어요

이번에는 '(실수로) 국물을 옷에 쏟았다'를 말해보자.

STEP 1
문장만들기

- 표제문을 영어 문장으로 만들어보세요.
  [   ]

STEP 2
비교하기

- 표제문을 영어로 잘 옮긴 것에 모두 체크하세요.

  1. I poured the soup on my clothes.
  2. I poured soup on my clothes by mistake.
  3. I spilled the soup on my clothes.
  4. I spilled soup on my clothes.
  5. I accidentally spilled soup on my clothes.

  | 가능한 문장 | 2, 3, 4, 5

STEP 3
확인하기

- 문장을 자세히 확인하세요.

★ 영어식 사고로 전환하기   '쏟다'를 사전에서 찾으면 pour와 spill이 나온다. pour는 의도적으로 쏟는 것, spill은 실수로 쏟는 것을 말한다. 따라서 여기서는 spill이 문맥에 맞다. '실수로 쏟다'는 pour ~ by mistake도 괜찮다.

1 I poured the soup on my clothes.
틀렸다. pour는 '(일부러) 붓다/쏟다'이다. on my clothes 대신 on to my clothes라고 해도 좋다.

2 I poured soup on my clothes by mistake.

괜찮다. 동사 pour가 있지만 by mistake을 쓰게 되면 실수했다는 의미가 명확해진다. 이미 앞서 언급이 되었거나, 몇 가지 중에서 특정한 경우 the soup라고 하지만 일반적인 상황이라면 무관사 soup가 좋다.

3 I spilled the soup on my clothes.
4 I spilled soup on my clothes.

좋다. spill은 '실수로 쏟다'란 뜻이며, 앞서 설명했듯 the soup와 soup 모두 좋다.

5 I accidentally spilled soup on my clothes.

좋다. accidentally는 '실수로'이다. spill에 이미 실수로 쏟았다는 뜻이 들어가 있기 때문에 있어도 그만 없어도 그만이다.

 ### 추가 표현 A⁺

국자로 국을 뜨다가 국물을 옷에 쏟았다

앞에서 배운 두 표제문을 이어서 문장을 만들어보자.

> **1** I dropped soup on my clothes while I spooned the soup using the ladle.
> **2** I spilled soup on my clothes as I was filling my bowl.
> **3** I spilled soup on my clothes while I was filling my bowl.
> **4** I spilled soup on my clothes while I was spooning it into my bowl.

1 틀렸다. 말이 전혀 안 된다. drop은 '물건을 떨어뜨리다'이다. using the ladle은 상식적으로 당연하기 때문에 쓰면 어색하다.

2~3 좋다. as / while 모두 좋다.

4 좋다. soup에 아무 관사가 없다. 특정한 수프가 아니라 그냥 보통의 수프를 뜻하기 때문이다. 하지만 while 다음 절에서는 soup를 it으로 받았다. 앞에 soup가 나왔기 때문에 이것을 뒤에 대명사로 받을 때는 it으로 받는다.

111 수지가 내 팔을 잡았어

며칠전 에버랜드에 놀러가서 바이킹을 타는데(We took a ride on the Viking) 수지가 무섭다고 내 팔을 꽉 붙잡았다.

STEP 1 문장만들기
• 표제문을 영어 문장으로 만들어보세요.
[   ]

STEP 2 비교하기
• 표제문을 영어로 잘 옮긴 것에 모두 체크하세요.

1. She caught my arm.
2. She caught me by the arm.
3. She took my arm.
4. She took me by the arm.
5. She grabbed my arm.
6. She grabbed me by the arm.
7. She grasped my arm.
8. She grasped me by the arm.
9. She clasped my arm.
10. She held onto my arm.
11. She held onto me by the arm.

| 가능한 문장 | 4, 5, 6, 7, 8, 10, 11

> **STEP 3**
> 확인하기
>
> • 문장을 자세히 확인하세요.

★ **영어식 사고로 전환하기** '내 팔을 잡았다'는 동사 catch로 표현할 수 있지 않을까? 앞서 배운 것처럼 〈동사 + 사람 + 전치사 + 신체부위〉를 응용해서 catch me by the arm이라고 하면 완벽할 것이라 생각했다. 영어사전을 찾아 보니 grasp/clasp가 있어 이 단어를 써서도 문장을 만들어봤다. 아래에서 살펴보겠지만 지금 맥락에 catch/clasp는 맞지 않는다. grab 또는 hold on to가 바람직하다.

1 She caught my arm.
의미상으로도 틀렸고 문장 형식상으로도 틀렸다. catch는 의미상 지금 상황에 쓰이지 않는다. 내가 어떤 문제에 빠져 있는 상황에서(When I am in trouble) 누군가 나를 붙잡을 때 catch가 사용될 수 있다. 예를 들어, 넘어지지 말라고 내 팔을 잡을 때 catch를 사용한다.
한편, catch를 쓸 수 있는 상황이라 하더라도 caught my arm은 자제하는 것이 좋다. caught me by the arm이라고 해야 한다. 어떤 네이티브는 She caught my arm.은 '수지가 (다른 사람이 수지에게 던진) 내 팔을 잡았다.'는 무시무시한 뜻이 된다고 한다.

2 She caught me by the arm.
의미상 틀렸다. 앞서 설명한 대로 2는 내가 문제에 봉착해 있을 때 도움을 주기 위해 붙잡는다는 뜻으로 쓰인다. 또는 내가 도망가려고 하니까 '못 도망 가게 날 붙잡았다'라는 느낌이 든다고 한다. 지금 맥락에서는 수지가 무서워서 내 팔을 붙잡는 것이므로 이렇게 쓸 수 없다.

3 She took my arm.
틀렸다. 이것만 가지고는 무슨 뜻인지 알 수가 없다. 굳이 의미를 찾아 보면, '내 팔을 붙잡았다'는 말이 아니라 '내 팔을 (내 몸에서 떼어내서) 가져가 버렸다'에 가까운 뜻이다.

4 She took me by the arm.
아무 맥락이 없는 경우 매우 어색한 문장이다. 팔을 붙잡은 것은 맞지만 어떤 후속적인 행동을 위해 팔을 붙잡은 것이다. 예를 들어, She took me by the arm and pulled me back(내 팔을 붙잡고 자기 쪽으로 날 끌어 당겼다). 또는 She took me by the arm and led me out the door(내 팔을 붙잡고 문 밖으로 끌고 갔다). 같이 사용된다. 하지만, 이 문장은 대화상황에 나온 것이므로 화자와 청자 사이에 맥락을 당연히 공유하고 있을 것이다. 따라서 4에 앞서 바이킹을 탔는데 수지가 무서워했다거나 4 뒤에 상황을 알리는 문장을 붙이는 경우 정상적인 문장이 된다. 예를 들어, She was so scared that she took me by the arm. 또는 She took me by the arm and held it tight because she was scared.라고 하면 괜찮은 문장이 된다. 독자도 눈치를 챘겠지만, ❹는 감정이 들어 있지 않다. 눈에 보이는 행동만을 묘사하는 것이다. 따라서 다른 부가적인 맥락이 있어야 표제문의 뜻을 갖는다. 반면, 밑에서 살펴볼 grab/grasp/hold onto는 그 자체로서 내 몸에 꼬옥 달라붙어 있다는 뜻을 갖는다.

❺ **She grabbed my arm.**
❻ **She grabbed me** by the arm.
둘 다 훌륭하다. 지금 맥락에 가장 잘 어울리는 문장이다. grab는 '붙잡다'이다.

❼ **She grasped my arm.**
❽ **She grasped me** by the arm.
좋다. grasp는 '(떨어질 지도 모르는 상황에서) 재빨리 움켜잡다'이다. 따라서 지금 맥락에서도 사용 가능하다. 다만, 바이킹이 움직이지 않는 상황에서, 공포심 때문에 내 손을 붙잡은 경우라고 하면, grasp가 조금 안 맞을 수도 있겠다.

❾ **She clasped my arm.**
어색하다. clasp는 '깍지를 끼듯이 꽉 붙잡다'란 뜻이므로 지금 맥락에 썩 부합하지는 않는다.

❿ **She** held onto **my arm.**
좋다. hold onto는 '꽉 붙잡다'이다. 지하철 에스컬레이터에 Hold onto the handrail(손잡이를 꼭 잡으세요)!이라는 경고문이 붙어 있는 것을 독자들도 많이 봤을 것이다.

⓫ **She** held onto me by the arm.
괜찮다. She held onto me(나를 꽉 붙잡았다).는 훌륭한 문장이다. 하지만, She held onto me by the arm.은 늘어지는 감이 없지 않다. ❿이 더 깔끔하다. 참고로, She held me by the arm.은 긴장감이 느껴지지 않는다. 무서워 내 팔을 잡는다는 뉘앙스가 들어 있지 않다. 날 안내해주기 위해 팔을 붙잡았다는 느낌에 가깝다.

이런 문장도 생각해보세요

• 다음 중 맞는 문장에 모두 체크하세요.

A 도와주셔서 감사합니다

1. Thank you for your help.
2. I appreciate you for your help.
3. I appreciate for your help.
4. I appreciate your help.

Key point ① 좋다. 동사 thank는 〈thank + 사람〉이 되어야 하며, 〈thank + 감사의 내용〉이 될 수 없다. 감사의 내용을 표현하는 경우 〈thank + 사람 + for + 감사의 내용〉 형식으로 쓴다. ② 기존 한국의 영어 참고서에 잘못된 문장이라 나와 있다. 네이티브들도 전혀 안 된다고 하는 사람부터 정식 문장은 ④이지만 구어체에서는 ②도 괜찮다고 하는 사람까지 다양하다. 〈appreciate + 감사할 내용〉이 맞고, 〈appreciate + 사람〉은 틀렸다고 보는 것이 표준적인 이해라고 생각한다. ②를 사용한다고 해서 틀렸다고 할 수는 없겠으나, ④같이 간결한 문장을 할 수 있는데 굳이 ②를 사용할 이유는 없다. ③ 아예 틀렸다. appreciate은 타동사로 목적어가 필요하다. ④ 좋다. 〈appreciate + 감사의 내용〉 형식이다.

B 어항에 금붕어를 채워 넣었다

▶ 어항에 있던 물고기가 죽어서 다시 물고기를 사서 채워 넣었다.

1. I refilled the fishbowl with gold fish.
2. I purchased more gold fish for the fishbowl and put them into it.
3. I restocked gold fish in the fishbowl.
4. I restocked the fishbowl with gold fish.

Key point 한국어는 '금붕어'를 목적어로 삼는 것이 자연스러운데, 영어는 '어항'을 목적어로 삼는 것이 자연스럽다. 특히, refill 또는 restock을 쓸 때 목적어는 반드시 '어항'이 되어야 한다. ① 좋다. 〈refill + 담는 통 + with + 사물〉 형식으로 사용한다.[5] '어항'은 fishbowl이다. ② 좋다. fish는 단수형과 복수형이 똑 같다. and 다음 절에서 more gold fish를 them으로 받았다. it은 the fishbowl을 말한다. it 대신 that을 쓰면 매우 어색하다. ③~④ 〈restock + 장소 + with + 사물〉 형식으로 사용한다. I went shopping and got some crazy good deals on groceries to restock our freezer(시장 갔는데 식품 코너에서 진짜 싸게 파는 게 있어서, 사서 냉동실에 넣어놓았다).처럼 일상적인 상황에서도 잘 사용되고 있다.

C 마틴 루터 킹은 사람들의 마음 속에 새로운 희망을 심어줬다

1. He gave people a new hope.
2. He filled people with a new hope.
3. He put a lot of hope into people.
4. He infused people a new hope.
5. He infused people with a new hope.
6. He infused the people with a new hope.
7. He infused a new hope into people.

Key point 1 gave도 좋다. He gave a new hope to people.이라고 해도 된다. 2 〈fill + 사람들 + with + 희망〉 형식으로 사용한다. 3 좋다. '심어줬다'를 기본동사 put으로 표현한 점에 유의하자. 〈put + 희망 + into + 사람〉 형식으로 사용된다. people도 나쁘지는 않지만, people's hearts라고 하면 더 적합한 표현이 된다. 4 틀렸다. '불어넣다, 고취하다'는 뜻의 infuse는 4형식 동사가 아니다. 〈infuse + 사람 + with + 희망〉, 〈infuse + 희망 + into + 사람〉 형식으로 사용된다. 목적어 교체가 가능하다. 5 infuse는 people을 목적어로 삼을 수 있다. 6 맥락에 맞지 않아 틀렸다. the people은 특정한 그룹, 예를 들어 '흑인', 아니면 그 장소에 참석한 사람들에게만 새로운 희망을 줬다는 말이다. 지금 맥락은 온 인류에게 희망을 줬다는 말이니 어울리지 않는다. 7 infuse는 또한 a new hope를 목적어로 삼을 수도 있다.

|정답| A 1, 2, 4 B 1, 2, 4 C 1, 2, 3, 5, 7

법칙 31 * 한국어는 타동사, 영어는 자동사

112 어젯밤에 술을 너무 많이 마셨어

113 지호네 이삿짐을 아직 다 못 풀었어

114 너 싸이(PSY) 알아?

115 지호는 고충을 상담하려고 오후에 이사님을 만났어

한국어는 타동사, 영어는 자동사

영어 자동사는 뒤에 전치사나 부사구를 붙인다

한국어 문장에서는 타동사로 표현되는데 영어로는 자동사로 표현되는 경우가 많다. 타동사에서 요구하는 목적어의 성격이 한국어와 영어가 다르기 때문이다. 영어 자동사는 〈자동사 + 전치사〉 또는 〈자동사 + 부사구〉 형식의 구동사를 취하는 경우가 일반적이다. look at(보다), listen to(듣다), graduate from(졸업하다), insist on(주장하다), refer to(참고하다), add to(추가하다), abide by(지키다) 등이 있다.

'나 그 가수 잘 안다(그 가수 광팬이다).'는 I know him very well.이 아닌 이유는 무엇일까? 영영사전을 찾아 보면 왜 그런지 쉽게 알 수 있다. Macmillan 사전은 know를 to be familiar with someone, because you have met them or because you are friends라고 풀이하고 있다. 여기서 알 수 있듯이 〈know + 사람〉은 '그 사람을 아주 친밀하게 안다'는 뜻이다. 심지어, 창세기 4장 1절 '아담이 하와와 동침했다'를 많은 영어 성경이 Adam knew Eve라고 한다. know의 사전상 정의에도 To have sexual intercourse with라는 설명이 포함되어 있다. (이제는 더 이상 이런 의미로 사용되지는 않는다.) 지금 맥락은 팬으로서 그 가수를 잘 안다는 말이므로 I know all about him.이라고 하면 되겠다.

'내 말 주의 깊게 잘 들어.'는 Hear my words carefully.가 아니라 Listen to me carefully.이다. listen에 왜 to가 필요할까? listen에는 '주의 기울여 듣다'는 뜻만 들어 있고 '~을'이라는 뜻이 없기 때문에 전치사의 도움을 받지 않으면 안 된다. 한국어는 '내 말을 잘 들어.'라고 하지만 영어는 '내 쪽으로 (주의를 기울여) 들어라.'라고 말한다. 그래서 listen to me라고 한다. listen for my words / listen with my words / listen of my words / listen on my words라고 하지 않는다.

apologize는 apologize for 형식으로만 사용된다. '그 사람은 답변이 늦은 점을 사과했다.'는 He apologized for the delay in answering. 또는 He apologized for his answer having been delayed.라고 한다.

112 어젯밤에 술을 너무 많이 마셨어

어제 밤에 술을 너무 많이 마셔서 지금(오늘 오후)까지 머리가 몽롱하니 아프다.

STEP 1 문장만들기

- 표제문을 영어 문장으로 만들어보세요.

[   ]

STEP 2 비교하기

- 표제문을 영어로 잘 옮긴 것에 모두 체크하세요.

  1. I drank alcohol too much last night.
  2. I had too much drink last night.
  3. I had too many drinks last night.
  4. I had too much to drink last night.
  5. I hit the booze last night.
  6. I boozed it up last night.
  7. I drank too much last night.

  | 가능한 문장 | 3, 4, 5, 6, 7

STEP 3 확인하기

- 문장을 자세히 확인하세요.

★ **영어식 사고로 전환하기**   '술을 마시다'를 직역해서 drink alcohol/liquor라고 하면 틀리다. 한국어에 목적어가 있다고 해서 영어로 옮길 때 무의식적으로 목적어를 넣어서는 안 된다.

목적어 없이 I drank last night.이라고 하면 충분하다. 물론 〈타동사 + 목적어〉 형식으로 얼마든지 표현이 가능하다. I had some drinks라고 하든지, 아니면 속어로 I hit the booze라고 하면 된다. 예를 들어, '호프집에서 술 마시고 있었다'는 I was drinking at the pub. / I was having a drink at the pub. / I was having drinks at the pub.이라고 말한다.

1 I drank alcohol too much last night.
틀렸다. 자동사 drink는 목적어 없이 '술을 마시다'란 뜻이므로 alcohol은 없어도 된다. alcohol을 목적어로 쓸 때는 단순히 '술을 마셨다'가 아니라 '술을 너무 많이 마셨다'란 뜻이다. 이때는 I drank too much alcohol.이라고 한다. 한국어 부사를 영어 형용사로 바꾸고 이 형용사가 명사를 수식하도록 해서 이것들을 통째로 목적어(too much alcohol)로 삼는 것이 영어식 표현이다.

2 I had too much drink last night.
3 I had too many drinks last night.
`drink` 명사 drink는 알코올 음료, 비알코올 음료를 모두 포괄하는 '음료'를 뜻한다. 하지만 통상 '알코올 음료' 즉, '술'을 뜻한다. drink는 일반적으로 불가산명사로 생각하기 쉬운데 가산명사이다. 따라서 too many drinks가 맞다.
`had` 보통 '술 마시다'를 동사 have를 써서 표현한다. have a drink(술 마시다) 또는 have too many drinks(술을 너무 많이 마시다) 형식으로 쓰인다. 여기서 too many는 〈부사 + 형용사〉이며 drinks를 수식한다.

4 I had too much to drink last night.
좋다. too much to drink는 '지나치게 많은 술' 정도로 이해하면 될 것이다. 여기서는 too much가 목적어이다.

5 I hit the booze last night.
6 I boozed it up last night.
좋다. booze는 속어로서 '술'을 뜻한다. hit the booze 또는 booze it up은 '술을 진탕 마시다'란 뜻이다.

7 I drank too much last night.
좋다. too much는 부사구이며 drink too much는 '술을 너무 많이 마시다'란 뜻이다. 여기서 drink는 자동사이므로 목적어를 필요로 하지 않는다.

113 지호네 이삿짐을 아직 다 못 풀었어

지호가 이사 한다고 해서 새로 이사한 집에 왔다. 아직 짐이 완전하게 다 안 풀어진 상태이다. 어질러진 짐들을 보면서 전화로 수지에게 하는 말이다.

STEP 1 문장만들기

• 표제문을 영어 문장으로 만들어보세요.

[   ]

STEP 2 비교하기

• 표제문을 영어로 잘 옮긴 것에 모두 체크하세요.

1 They haven't unloaded yet.
2 They haven't unpacked all of their stuff/boxes/belongings.
3 The stuff hasn't been unpacked.
4 Their stuff hasn't been unpacked.
5 All of their boxes haven't been unpacked.
6 They haven't unpacked yet.

| 가능한 문장 | 2, 3, 4, 5, 6

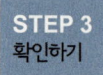
• 문장을 자세히 확인하세요.

★ **영어식 사고로 전환하기** '이삿짐을 풀다', '이삿짐을 정리하다'는 영어로 unpack이라고 하면 된다. 상당히 쉬운 말이지만 생각하기가 아주 어렵다. 한국어 표현에서는 목적어가 반드시 필요하지만, 영어에서는 목적어가 있어도 되고 목적어 없이 자동사도 가능하다. '이삿짐'에 일 대 일로 대응할 만한 영어 단어는 없지만 문맥에 따라 belongings, stuff, boxes 모두 '이삿짐' 이라는 뜻으로 쓴다. 일반적으로는 boxes가 무난하다. '이삿짐센터'는 mover라고 하면 된다.

1 They haven't unloaded yet.
뜻이 틀렸다. unload는 '짐을 내리다'로, '아직 이삿짐 컨테이너에서 짐을 내리지 않았다.'는 뜻이다.

2 They haven't unpacked all of their stuff/boxes/belongings.
좋은 문장이다. not ~ all은 문법적으로 보면 '부분부정'이다. 이삿짐을 조금 풀기는 풀었는데 완전히 다 풀지는 않았다는 말이다.

3 The stuff hasn't been unpacked.
4 Their stuff hasn't been unpacked.
좋다. '이삿짐'은 the stuff라고 해도 좋고 their stuff라고 해도 좋다. 얼마나 이삿짐을 풀었는지 이 문장만 가지고서는 알 수가 없다. 전혀 안 풀어져 있는 상태일 수도 있고 일부 풀어져 있는 상태일 수도 있다.

5 All of their boxes haven't been unpacked.
물론 좋다. 2와 마찬가지로 '부분부정' 문장이다. 이삿짐을 풀기는 했는데 아직 다 풀지 못했다는 말이다.

6 They haven't unpacked yet.
가장 자연스럽다. 2에서 보듯이 〈unpack + 목적어〉도 괜찮지만, 굳이 이렇게 목적어를 반드시 써야 할 필요는 없다. 우리는 한국어에 갇혀 영어 문장에도 '이삿짐을'에 해당하는 말이 꼭 있어야 한다고 생각하기 쉽다. 자동사 unpack이 이미 '이삿짐을 풀다'란 뜻이므로 목적어가 필요 없다.

114 너 싸이(PSY) 알아?

외국사람에게 '강남 스타일'로 뜨고 있는 한국 가수 싸이(PSY)를 알고 있는지 물어보고 싶다.

STEP 1
문장만들기
- 표제문을 영어 문장으로 만들어보세요.
[   ]

STEP 2
비교하기
- 표제문을 영어로 잘 옮긴 것에 모두 체크하세요.

1. Do you know PSY?
2. Do you know who PSY is?
3. Do you know of PSY?
4. Do you know about PSY?
5. Have you heard PSY?
6. Have you heard of PSY?

| 가능한 문장 | 1, 2, 3, 6

STEP 3
확인하기
- 문장을 자세히 확인하세요.

★ **영어식 사고로 전환하기** '알다'를 무조건 know로 대응시키면 안 된다. 동사 know는 개인적으로(personally) 안다는 말이다. 따라서 Do you know PSY?라고 하면 '싸이를 개인적으로 아느냐?'란 뜻이다. know of / hear of 등을 써야 우리가 말하고자 하는 뜻이 된다. 왜 〈타동사 + 목적어〉로 표현하면 간단하고 쉬운데 굳이 〈자동사 + of + 명사〉 형식을 택하는

것일까? 원칙적으로 〈타동사 + 목적어〉는 밀착된 관계, 전인격적 관계, 직접적 영향을 받는 관계를 표현한다. 따라서 know him은 전인격적으로, 개인적으로 그 사람을 안다는 말이 되고 know of him은 그 사람의 이름을 안다든지, 그 사람에 대해서 안다든지 하는 뜻이 된다.

① Do you know PSY?

앞서 말했듯이 ①은 '개인적으로' 아느냐?'란 뜻이다. 다만, 가수, 영화배우, 정치인 등 유명인사를 아느냐고 물을 때 Do you know ~?라고 해도 상대방이 이해하는 데 지장은 없다. 즉, Do you know Anthony Hopkins?라고 해도 유명배우가 나를 모르는 것은 일반적으로 당연하기 때문에 통용이 된다는 말이다. 그러나 표준어법에 맞게 말하는 것이 바람직하므로 ①은 자제하는 것이 좋다. 다만 이미 사망한 역사적 인물에 대해서는 이렇게 말해도 아무 문제 없다. 이미 사망한 사람과 개인적 교류를 할 수 없다는 것은 누구나 다 알기 때문이다. 예를 들어, Do you know George Washington? 은 괜찮다.

② Do you know who PSY is?

훌륭한 문장이다. '너 싸이가 누군지 알아?'에 대응하는 문장이다.

③ Do you know of PSY?

좋다. know of는 '그 사람이 존재한다는 사실을 알다'는 말이다.

④ Do you know about PSY?

그럭저럭 괜찮으나 가급적 자제하는 것이 좋다. know about은 '그 사람의 근황/최근 발생한 일을 안다'가 기본적인 뜻이다. 최근에 그 사람이 이혼했다든지 엄청난 스캔들을 일으켰다든지 등등 '최근에 발생한 일'을 알고 있느냐는 말이다. 예를 들어, Do you know about Tom Cruise's divorce(톰 크루즈가 이혼한 거 알아)?처럼 쓴다.

⑤ Have you heard PSY?

틀렸다. 'PSY가 말하는 것을 들어본 적이 있느냐?' 또는 'PSY 목소리를 들어 본 적이 있느냐?' 또는 'PSY가 노래 부르는 것을 들어본 적이 있느냐?'란 뜻이다.

⑥ Have you heard of PSY?

가장 좋다. hear of는 '~의 존재 유무를 알다'이다. 즉, ⑥은 PSY가 존재한다는 사실을 아느냐는 뜻이다. 비슷한 구동사인 hear about은 know about과 비슷하다. 싸이의 존재는 이미 알고 있는 상황에서 PSY의 최근 소식을 알고 있냐는 뜻이다. Have you heard about PSY? 역시 ⑥과 같은 뜻으로 사용할 수 있으나 좋은 문장은 아니다.

115 지호는 고충을 상담하려고 오후에 이사님을 만났어

지호가 부장님과 갈등이 있어 이사를 만나 고충 상담을 한 사실을 수지에게 저녁때 말한다. (수지는 지호의 이사가 누군지 모른다.)

STEP 1
문장만들기
- 표제문을 영어 문장으로 만들어보세요.
  [   ]

STEP 2
비교하기
- 표제문을 영어로 잘 옮긴 것에 모두 체크하세요.

1. He met his boss's boss in the afternoon to talk about his grievances. ▸ grievances 고충, 애로사항
2. He met with his boss's boss this afternoon to talk about his grievances.
3. In the afternoon he saw his boss's boss to talk about his grievances.
4. In the afternoon he saw with his boss's boss to talk about his grievances.
5. He talked with his boss's boss about his grievances this afternoon.
6. He spoke with his boss's boss about his grievances this afternoon.

7 He went to his boss' boss in the afternoon to talk about his grievances.

| 가능한 문장 |　**1**, **2**, **3**, **5**, **6**, **7**

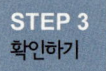
• 문장을 자세히 확인하세요.

★ **영어식 사고로 전환하기** '이사님을 만났다'는 met him / saw him도 가능하지만 '자동사 + 전치사' 표현인 met with him이 더 정확한 말이다. saw는 타동사이므로 saw with him이라고 하지 않는다. 한편, '만났다'는 '이야기했다' 또는 '(사무실로) 찾아갔다'란 말이니까 talked with / spoke with / went to 등으로 충분히 표현할 수 있다. 한국어 글자 그대로를 영어로 전환하는 것만 고집하지 말고 여러 가지 한국어 문장을 시도해보면 좋다.

1 He met his boss's boss in the afternoon to talk about his grievances.
〈meet + 사람목적어〉는 원래 '(그 사람이 그냥 거기에 있어서) 얼굴을 봤다', '다른 사람 소개를 받아서 알게 되었다/처음으로 인사를 나눴다'란 뜻이다. 지금 맥락에서처럼 '어떤 목적/안건을 가지고 상의하기 위해 만나다'는 meet with라고 해야 한다. 다만, 문맥상으로 고충상담을 위해 만난 것을 충분히 알 수 있으므로 **1**이 가능하다. 그렇지만 met with라고 하는 것이 훨씬 교양 있는 영어이다.
호칭: 이사님 지금 상황에서는 '이사님'이 Mr. Kim인지 누구인지가 중요한 것이 아니다. 직근 상사(supervisor)가 아니라 두 단계 위 상사(boss's boss)라는 점이 중요하다. boss's superior라고 해도 좋다.
boss's vs. boss' boss의 소유격은 boss's이며, [바시즈]라고 발음한다. 몇몇 문법책에 따르면 boss 뒤에 나오는 단어가 [s]발음으로 시작하는 경우, my boss' secretary처럼 boss'라고 해야 한다고 주장한다. 하지만 이에 반대하는 의견도 만만치 않다. my boss's secretary처럼 boss's라고 써야 한다는 의견도 많다. 간단하게 boss의 소유격은 언제나 boss's라고 알고 있으면 된다.

2 He met with his boss's boss this afternoon to talk about his grievances.
좋다. 상담하기 위해서 만났다는 뜻이다. 표제문에 부합하는 정확한 문장이다. '오늘 오후'는 in the afternoon과 this afternoon 모두 좋다. meet with 대신 meet up with 역시 가능하다.

3 In the afternoon he saw his boss's boss to talk about his grievances.
괜찮은 문장이다. see는 '(내가 보려고 해서 본 것이 아니라 그 대상이) 내 시야에 보이다/들어오다'란 뜻도 있지만 '(상담하려고 누군가를) 만나다/보다'란 뜻도 있다. '무슨 일로 저를 보자고 하셨습니까?'는 What is it that you want to see me about?이라고 한다. 한편, see는 '남자/여자를 사귀다'는 뜻의 '만나다'란 뜻도 있다.

4 In the afternoon he saw with his boss's boss to talk about his grievances.
틀렸다. see는 타동사이므로 see with는 곤란하다.

5 He talked with his boss's boss about his grievances this afternoon.
talk with 역시 좋다. 지금 맥락상 '이사님을 만났다'는 '이사님과 상담했다'와 같은 말이다. talk with ~ about ... 형식으로 쓰인다.

6 He spoke with his boss's boss about his grievances this afternoon.
좋다. 많은 사람들이 speak은 '연설하다', '(영어, 불어 등 언어를) 말하다'란 뜻으로만 생각한다. 하지만, speak의 원래 의미는 talk과 마찬가지로 '대화하다'이다. 지금 맥락에서 speak with는 talk with로 바꿔 쓸 수도 있다.

7 He went to his boss's boss in the afternoon to talk about his grievances.
좋다. '이사님을 찾아 갔다'는 뜻이다.

이런 문장도 생각해보세요
• 다음 중 맞는 문장에 모두 체크하세요.

A 갓길에 잠깐만 차 좀 세워줄래?
▶ 고속도로에서 친구가 운전하는 자동차를 타고 가다가 갑자기 일이 생겨 갓길에 세워달라고 부탁한다.

1. Can you stop the car on the shoulder for a moment?
2. Can you stop on the shoulder for a moment?
3. Can you pull the car over (onto the shoulder) for a moment?
4. Can you pull over (onto the shoulder) for a moment?

Key point 1~2 좋다. 엄밀하게 말하면 stop은 '시동을 정지하다'란 뜻이다. 하지만 표제문 뜻으로 사용하는 데 큰 문제가 없다. stop은 자동사로 써도 되고 타동사로 써도 된다. stop the car에서 the car는 당연한 것이니 stop이라고만 해도 '자동차를 세우다'란 뜻으로 이해된다. 3~4 pull over는 '갓길에 차를 세우다'란 뜻이다. pull the car over라고 해도 좋고 pull over the car라고 해도 좋다. 아예 the car 없이 pull over라고만 해도 된다. onto the shoulder는 있어도 되고 없어도 상관 없다. shoulder는 '갓길'인데, pull over 안에 onto the shoulder라는 뜻이 들어 있다.

B 그런 얘기는 한 번도 들어본 적이 없어요
▶ 어떤 사람이 찾아 와서 내가 전혀 들어본 적이 없는 말을 한다.

1. I never heard that.
2. I never heard of that.
3. I've never heard of that.
4. I never heard about that.

Key point 1 틀렸다. '총소리 난 것 들었냐?'라고 누가 물었을 때 '전혀 안 들렸는데.'라고 대답할 때 쓸 수 있다. that은 '어떤 소리'를 뜻한다. 2 좋다. hear of는 '존재에 대해 듣다'이다. 표제문 의미로는 현재완료시제가 더 정확한 표현이다. 하지만 구어에서는 과거시제 역시 잘 통용된다. 3 좋다. 현재완료의 '경험' 용법은 주로 ever, never 등의 부사(구)와 함께 사용된다. 4 좋다. hear about은 존재 자체는 아는데 '최근 소식을 들어본 적이 없다.'란 뜻이다. 엄밀하게 말하면 지금 맥락에 100% 어울리는 것은 아니지만 많은 경우 hear of와 hear about은 둘 다 사용이 가능하다.

| 정답 | A **1**, **2**, **3**, **4** B **2**, **3**, **4**

법칙 32 　한국어는 자동사, 영어는 타동사

116 　그 사람한테 술 냄새가 나

117 　바람이 차서 뼛속까지 시려요

118 　지호가 그 일로 몹시 힘들어했어

119 　6월에 못 가면 9월이나 되어야 갈 것 같아

한국어는 자동사, 영어는 타동사

한국어는 '상황중심적 표현'이 많고 영어는 '사람을 주어로 삼은 표현'이 많다. 그러다 보니 한국어는 자동사, 영어로는 타동사로 표현되는 경우가 많다.[6]

파티 즐거웠다. I enjoyed the party.
월급이 올랐다. I got a raise.
타는 냄새가 난다. I smell something burning.
감기가 들었다. I have a cold.
문제가 생겼다. I've got a problem.
어제 비가 많이 왔다. We had heavy rain yesterday.
그 바지 나한테 잘 맞는다. They fit me well.
전화 없었어? Did anybody call me?
무엇이 보이냐? What do you see?

문법책에도 이와 관련된 사례가 몇 가지 제시되어 있다. 몇 개 안 되므로 암기하는 것이 가장 바람직하다.

교실에 들어가다 enter the classroom
시험에 합격하다 pass the test
질문에 답하다 answer the question
Mary와 결혼하다 marry Mary
그 사람과 함께 가다 accompany him
엄마보다 더 자라다 outgrow his mother
그 문제에 관해 토의하다 discuss the problem
지원이 부족하다 lack support
그 사람은 아내보다 더 오래 살았다. He survived his wife.

116 그 사람한테 술 냄새가 나

지난 밤에 폭음했는지 지금 그 사람한테서 술 냄새가 많이 나고 있다.

STEP 1 문장만들기
- 표제문을 영어 문장으로 만들어보세요.

[   ]

STEP 2 비교하기
- 표제문을 영어로 잘 옮긴 것에 모두 체크하세요.

1. Drink smell still stays with him.
2. He has smell of drink.
3. He smells of alcohol/liquor/whiskey.
4. He smells like alcohol.
5. He smells like he's been drinking.
6. It smells like he's been drinking.
7. He reeks of alcohol.
8. I smell of wine from him.
9. I smell of him drinking.
10. I smell alcohol on him.
11. I smell alcohol from him.
12. I smell whisky/alcohol/liquor on his breath.
13. He has beer breath.

| 가능한 문장 | 3, 5, 6, 7, 10, 12, 13

> **STEP 3**
> 확인하기
>
> • 문장을 자세히 확인하세요.

★ **영어식 사고로 전환하기** 생각보다 영어로 표현하기 힘든 문장이다. 동사 smell의 용법에 대한 정확한 이해가 필요하기 때문이다. 영어로 '술 냄새'를 주어로 내세울 수 있는 방법은 없다. 대신 '그 사람'을 주어로 내세워 '그 사람은 술 냄새를 풍기고 있다.'로 전환해보자. '냄새를 풍기고 있다'에 해당하는 동사가 〈자동사 + 전치사〉 형태의 smell of이다. 따라서 He smells of alcohol.이 좋다.

이제는 '나'를 주어로 내세워 보자. 냄새를 맡고 있는 사람은 '나'이기 때문이다. 지금 맥락에서는 내가 직접 의도적으로 냄새를 맡는 것은 아니므로, 한국어로는 좀 어색하지만 '내가 술 냄새를 맡아지고 있다.'로 전환해보자. '냄새를 맡아지고 있다'에 해당하는 동사는 타동사 smell이다. 따라서, I smell alcohol on him.도 좋다. 타동사 smell은 '(어떤 냄새가) 나다/맡아지다'란 뜻도 되고, '(어떤 냄새를 적극적으로) 맡다.'란 뜻으로도 쓰인다.

1 Drink smell still stays with him.
2 He has smell of drink.

말이 전혀 안 된다. 하도 생각이 안 나서 시도해본 것인데 허접하기 이를 데 없는 이상한 문장이 되었다.

3 He **smells of** alcohol/liquor/whiskey.

표제문에 정확히 부합하는 문장이다. 아래에서 차차 살펴보겠지만 smell은 자동사와 타동사로 널리 쓰이는 단어이다. 자동사 smell은 〈A(사람) + smell of + B(냄새)〉 형태로 쓰이며 'A에게서 B 냄새가 나다'란 뜻이다. 전치사 of가 반드시 필요하다. 타동사 smell은 〈A(사람) + smell + B(냄새)〉 형태로 쓰이며 'A가 B 냄새를 (의도적으로) 맡다' 또는 'A에게 B 냄새가 (공기를 타고 퍼져) 맡아지다'란 뜻이다. 물론 alcohol은 그냥 '술', liquor는 '도수가 높은 술', whiskey는 '위스키'이다. 상황에 따라 적절한 단어를 선택하면 된다.

4 He smells like alcohol.

틀렸다. 〈주어 + smell + like + 냄새 나는 것〉 형식이다. 예를 들어, It smells like shit.은 '그것에서 똥 냄새가 난다.'란 뜻이다. 한편, 같은 smell like이지만 **4**는 말이 안 되고, 아래 **5**는 괜찮다.

5 He smells like he's been drinking.
6 It smells like he's been drinking.

smell like는 ⟨smell like + 종속절⟩ 형식으로 사용될 수도 있다. **5**는 주절에도 he, 종속절에도 he가 쓰였음에 주의하자. **6**에서 보듯이 ⟨It smells like + 종속절⟩ 형식으로도 잘 사용된다. 두 구문 모두 문제 없다.

7 He reeks of alcohol.

⟨A(사람) + reek of + B(냄새)⟩는 'A에게서 지독한 B 냄새가 나다 / 악취가 나다'란 뜻이다. 동사 reek의 주어는 사람(예: he), 동물(예: the fish), 공간(예: the dark room, his place), 입김/숨(예: his breath) 등이 될 수 있다.

8 I smell of wine from him.
9 I smell of him drinking.

I smell of는 '나한테서 무슨 냄새가 난다'는 말이다. 예를 들어 I smell of shit.은 '나한테서 똥 냄새가 난다'는 말이다. 둘 다 어느 뜻으로도 정상적인 문장이라 할 수 없다.

10 I smell alcohol on him.
11 I smell alcohol from him.

⟨I smell + 목적어⟩는 '내가 (일부러/가까이 다가가) 냄새를 맡다'는 뜻도 있지만 지금 맥락에서는 '목적어가 내 코에 날라와서 냄새가 맡아지다'란 뜻이다.

on him 우리가 생각하기에, on him보다 from him이 맞을 것 같지만, 실제로는 on him이라고 한다.

12 I smell whisky/alcohol/liquor on his breath.

좋다. 술의 종류에 따라 거기에 맞게 골라 말하면 되겠다. on his breath라고 한 점에 주의하라. from his breath/from his mouth가 아니다.

13 He has beer breath.

맥주를 마신 경우 쓸 수 있는 문장이다. 위스키를 마셔서 술 냄새가 날 때는 He has whiskey breath.라고 한다.

117 바람이 차서 뼛속까지 시려요

칼바람이 불고 있다. 지금 추워서 미칠 지경이다.

STEP 1 문장만들기
- 표제문을 영어 문장으로 만들어보세요.
[   ]

STEP 2 비교하기
- 표제문을 영어로 잘 옮긴 것에 모두 체크하세요.

1. It's bitterly cold outside. There is a freezing cold wind blowing.
2. A freezing cold wind is blowing now.
3. The wind is freezing cold now.
4. It is blowing a freezing cold wind now.
5. Wind chills me to the bone.
6. The wind is chilling me to the bone.
7. The wind is freezing me.
8. The piercing wind aches me.
9. The freezing wind is making me feel numb.
10. The freezing wind is almost making me faint.

| 가능한 문장 | 1, 2, 3, 4, 6, 7, 9, 10

> **STEP 3 확인하기**
> • 문장을 자세히 확인하세요.

★ **영어식 사고로 전환하기** '바람이 차서 뼛속까지 시리다'는 뭐라고 할까? '바람이 차서'에만 집중해서 The wind is very cold.라고 해도 될 것이다. 하지만 더 생생하고 표제문에 가까운 문장을 만들어보자. 한국어는 '바람이 시리다'라고 하지만 영어는 '바람이 나를 얼게 한다'로 표현한다. The wind is freezing me.같이 영어는 타동사와 목적어를 써서 표현한다. 가주어 it을 활용할 수도 있다. It is blowing a freezing cold wind.라고 하기도 한다. 타동사 blow와 목적어를 써서 표현한다.

1 **It's bitterly cold outside. There is a freezing cold wind blowing.**
좋다. '지금 엄청 춥다'와 '뼛속까지 시린 찬 바람이 분다'로 쪼개서 문장을 구성해보자. 앞 문장은 비교적 쉽다. 뒷 문장은 there is/are를 시도했다. there is/are로 움직이는 역동적인 현상도 상태 측면에서 바라보는 것이 영어의 특징이다. 〈There is + 진주어 + 분사〉 형식도 실전 영어에서 자주 쓰인다. '분사'가 부가적으로 행동이나 상황을 기술하는 경우가 많다. freezing cold wind에는 부정관사가 있어도 되고 없어도 된다.

2 **A freezing cold wind is blowing now.**
좋다. The freezing cold wind라고 하지 않고 a freezing cold wind라고 했다. 이는 freezing cold wind가 그동안 얘기되지 않은 신정보이기 때문에, 부정관사 a를 붙인 것이다.

3 **The wind is freezing cold now.**
'아무 바람'이 아니라 '지금 불고 있는 그 바람'이라는 의미에서 정관사 the가 필요하다. **2**와 **3**의 관사 쓰임은 언뜻 보기에는 납득이 잘 안 되지만 자세히 생각해 보면 나름대로 논리를 찾을 수 있다.[7]

4 **It is blowing a freezing cold wind now.**
좋다. blow a wind를 문법적으로는 '동족목적어'라고 한다. 가주어 it을 내세운 문제없는 문장이다.

5 **Wind chills me to the bone.**
지금 밖에서 내가 맞고 있는 바람을 얘기하므로 무관사 Wind는 곤란하다. **3**처럼 The wind라고 해야 한다. '일반적으로/통상/보통 그 지역은 칼바람이 불고 바람이 아주 매섭다'라는 의미로 사용할 때는 **5**를 사용할 수도 있겠지만 지금 내가 맞고 있는 바람을 얘기할 때는 The wind라고 해야 한다.

6 **The wind is chilling me to the bone.**
나쁘지는 않지만 대체로 chill은 '공포 영화를 보고 나서 오싹하다'는 느낌을 말한다. 공포영화 보고 난 다음에 It is chilling me to the bone. 또는 It chilled me to the bone.이라고 하면 '무서워 몸이 오싹했다. 정말 죽는 줄 알았다'는 의미라고 이해하면 되겠다.

7 **The wind is freezing me.**
freeze가 chill보다 훨씬 좋은 표현이다. '바람이 차서 뼛속까지 시리다'를 '바람이 나를 얼리고 있다'로 이해하면 생각해내기가 더 쉬울 것이다. The wind is freezing me to the bone.이라고는 하지 않으니 참고 바란다.

8 **The piercing wind aches me.**
'차디 찬 바람에 뼛속까지 시리다'는 의미로 나름대로 머리를 돌려 만들어봤다. 하지만 여러 가지로 틀렸다. ache은 자동사로서 '(스스로) 아프다'는 뜻이다. 남을 아프게 할 수가 없다. My body aches. / My legs ache.은 되지만 The piercing wind는 ache할 수 없다. 8은 The piercing wind makes me ache.라고 바꾸면 좋은 문장이 된다.

9 **The freezing wind is making me feel numb.**
좋다. feel numb는 '감각이 마비되다', '감각이 없다'란 뜻이다.

10 **The freezing wind is almost making me faint.**
좋다. 〈make + 목적어 + 동사원형〉을 쓴 문장이다. faint는 자동사로 '졸도하다'는 뜻이다.

118 지호가 그 일로 몹시 힘들어했어

여자친구한테 차인 일 때문에 지호가 슬퍼하고 괴로워했다.

STEP 1 문장만들기

• 표제문을 영어 문장으로 만들어보세요.

[   ]

STEP 2 비교하기

• 표제문을 영어로 잘 옮긴 것에 모두 체크하세요.

1. He was in much pain.
2. He was in so much pain.
3. He was distressed so much.
4. He was very distressed.
5. He was really distressed.
6. He was in agony.
7. He was in such an agony.
8. He was in such agony.
9. He took it really/very hard.
10. It gave him so much pain/heartache.

| 가능한 문장 | 2, 4, 5, 6, 8, 9, 10

• 문장을 자세히 확인하세요.

★ **영어식 사고로 전환하기** 한국어 자동사 '힘들어하다'는 의미상 in pain / distressed / in agony 등으로 표현할 수 있다. 다르게 생각하면, '그 일로 힘들어했다'는 '그 일을 괴롭게 생각하다', '그 일을 괴롭게 받아들이다'로 생각할 수 있겠다. 영어로 하면 take it hard가 이런 뜻이다. 여기서 it은 '그 사건'을 말한다. 한국어는 자동사로 표현한 것을, 영어로는 〈타동사 + 목적어〉 형식으로 표현한 사례이다.

1 He was in much pain.
틀렸다. '많다'는 뜻의 much는 긍정 평서문에 사용하지 않는다. 대신 a lot of를 사용한다. He was in a lot of pain. / He was in great pain.이 맞다.

2 He was in so much pain.
좋다. 물론, in pain은 신체적으로 통증이 있다는 뜻도 된다. 즉, physically hurt 또는 mentally in agony 두 가지 의미를 가지고 있다. much와 달리 so much는 긍정 평서문에 사용 가능하다. so는 강하고 길게 발음하며 그 뜻은 '아~주 심하게', '대~단히', '엄~청나게' 정도의 뜻이다.

3 He was distressed so much.
4 He was very distressed.
5 He was really distressed.
3은 매우 어색하다. distressed(괴로워 하는)를 강조하려면 so distressed라고 하든지 4, 5같이 very/really distressed라고 해야 한다. 3은 He was so distressed.로 고치면 좋은 문장이 된다.

6 He was in agony.
agony(괴로움)가 썩 친숙한 단어는 아니지만, 구어체에서 써도 하등의 지장이 없다. in agony는 distressed보다 훨씬 심각하고 괴로운 감정을 나타낸다.

7 He was in such an agony.
8 He was in such agony.
agony는 불가산명사이므로 in such an agony는 안 된다. in such agony라고 한다. '차인 것 때문에'를 추가하고 싶으면 about it을 추가해서 He was in such agony about it. / He was really distressed about it.으로 표현 가능하다.

9 He took it really/very hard.

좋다. 우리말은 자동사로 표현하는 것을 영어로는 타동사로 표현하고 있다. take it hard는 '그것을 매우 어렵게 받아들이다', 즉 '그것에 대해 매우 힘들어하다'이다. it 은 발생한 안 좋은 일(the thing that happened)을 말한다. 예를 들어, A few years ago my parents got a divorce. My dad took it particularly hard(몇 년 전에 부모님이 이혼을 했는데, 아버지가 특히 힘들어했다).에서 it은 divorce를 말한다. 한편, really/very 대신에 awfully/terribly도 좋다.

10 It gave him so much pain/heartache.

좋다. heartache는 '심적 고통', '속병', '마음고생'이다. '그 일로 인해 개가 정신적으로 고통이 아주 심했다.', '심한 정신적 고통을 겪었다.', '아주 괴로워했다.'란 뜻이 된다. 타동사 give로 표현한 문장이다.

119 6월에 못 가면 9월이나 되어야 갈 것 같아

친구가 싱가포르에 있다. 6월에 가기로 했는데 못 갈 가능성이 있다. 6월에 못 가면 7, 8월은 너무 바쁜 일이 많아 가기 어려울 것 같고 9월 정도 되면 일정이 나올 것 같다. 지금은 5월이다.

6월에 못 가면 9월이나 되어야 갈 것 같아

STEP 1 문장만들기
- 표제문을 영어 문장으로 만들어보세요.
[   ]

STEP 2 비교하기
- 표제문을 영어로 잘 옮긴 것에 모두 체크하세요.

1. If I can't come in June, I will be able to come in September.
2. If I can't go in June, I will be able to go in September.
3. I'm going to fly in September, if I fail to arrange visiting you in June.
4. I'm going to fly to you in September, if I can't come in June.
5. If I am not able to visit you in June, I won't be able to visit you until September.

6 If I can't go in June, I am not going to be able to visit you until September.

7 My visit will be delayed until September, if I am not able to visit you in June.

8 I'm going to come in September, if I can't arrange a visit in June.

9 If my visit is not made in June I can't visit you until September.

| 가능한 문장 | 1, 2, 3, 5, 6, 7, 8, 9

STEP 3 확인하기
• 문장을 자세히 확인하세요.

★ **영어식 사고로 전환하기** '간다'는 go/come/be there로 표현한다. 하지만 이 단어 외에도 다양한 시도를 해보는 것이 좋다. go, come과 같이 자동사로만 표현하면 문장이 심심하다. 타동사 see / visit / arrange 또는 〈기본동사 + 명사〉 형식(make a visit / pay a visit)으로 문장을 만들어보거나 이들의 수동태 문장을 시도해보자.

1 If I can't come in June, I will be able to come in September.
2 If I can't go in June, I will be able to go in September.
둘 다 좋다. 상대방이 기준이므로 come이 좋기는 하지만, 맥락상 분명하므로 go 역시 큰 문제 없다.

3 I'm going to fly in September, If I fail to arrange visiting you in June.
fly 때문에 권장하기가 곤란하다. 자동사 fly는 '비행기를 타고 어디로 가다'라는 뜻이 있다. 하지만 이 뜻으로 fly를 사용하는 것에 반대하는 사람도 있다. 종합적으로, 3이 큰 문제없다고 생각하지만, 다른 좋은 표현들이 많으므로 fly는 가급적 삼가는 것이 좋겠다. 게다가 I fail to arrange visiting you는 너무 장황(wordy)하다. 굳이 이렇게 복잡하게 쓸 이유가 없다.

4 I'm going to fly to you in September, if I can't come in June.

fly to you가 문제다. 우리가 보기에는 별 문제 없어 보이는데, 실제로는 매우 어색하다. '내일 (비행기 타고) 너 있는 곳으로 갈게'는 I fly to you tomorrow.라고 하지 않는다. 대신 I'll visit you. / I'll see you. / I'll come.으로 표현한다.

5 If I am not able to visit you in June, I won't be able to visit you until September.

좋다. come/go 대신에 〈타동사 + 목적어〉 형태의 visit you를 써도 좋다. 한국어에서는 '방문'은 공식적인 상황에서 쓰며 개인적인 대화에서 거의 사용하지 않지만 영어 단어 visit는 사적인 방문도 전부 포함한다. 뒷 절을 문자적으로 해석하면 '9월까지는 방문할 수 없을 것 같아.'이고, 반대로 생각을 하면 '10월이 되어서나 방문할 수 있을 것 같다'라고 해석할 가능성이 없지 않다. 그러나 not ~ until September는 '9월에나 ~ 할 수 있을 거 같아'란 뜻이다.

6 If I can't go in June, I am not going to be able to visit you until September.

좋다. am not going to be able to는 다소 복잡해보이지만 아무 문제 없다.

7 My visit will be delayed until September, if I am not able to visit you in June.

좋다. '9월이나 되어야 갈 것 같다 = 내 방문이 9월까지 연기될 것이다.'이다. If I am not able to visit you in June의 시제에 주의하자. 조건절의 미래는 현재시제로 대응하기 때문에 현재시제를 사용하였다. 반면에 주절에는 미래시제가 사용되었다.

8 I'm going to come in September, if I can't arrange a visit in June.

좋다. '방문하다'라는 뜻의 arrange a visit 역시 훌륭한 표현이다.

9 If my visit is not made in June I can't visit you until September.

좋다. make a visit를 수동태로 바꿨다. 직역하면 '내 방문이 6월중에 이뤄지지 않으면 9월이나 되어야 방문할 수 있을 것 같다'이다. 한국어로는 상당히 딱딱하게 들리지만, make a visit는 전혀 격식적이지 않으며 일반적인 상황에서 사용 가능한 표현이다. 반면에, pay someone a visit는 다소 격식적인 느낌이다.

이런 문장도 생각해보세요
• 다음 중 맞는 문장에 모두 체크하세요.

A 우리 오랫동안 못 봤지?
▶ 몇 년 만에 친구를 만난 상황이다. 다른 말로 하면 '정말 오랜만이다.'이다.

1 We haven't met for ages.
2 We haven't seen for ages.
3 We haven't seen each other for/in ages.

Key point **1** 좋다. meet은 목적어가 없어도 된다. for ages는 for a long time, 즉 '오 랫동안'란 뜻이다. **2**~**3** see는 목적어가 필요하다. each other가 없으면 문법적으로는 물론, 실제 대화체에서도 틀린 문장이다. for ages도 좋고 in ages도 좋다. for ages는 긍정문, 부정문 에 두루 쓰이고, in ages는 부정문에 주로 쓰인다.

B 북한산에 등산 가본 적이 있습니까?
▶ '(정상까지는 올라 갔는지를 불문하고) 북한산에 등산해 본 적이 있느냐?'고 묻고 있다.

1 Have you climbed Bukhan Mountain?
2 Have you gone to Bukhan Mountain?
3 Did you go to Bukhan Mountain?
4 Have you gone on a hike at Bukhan Mountain?
5 Did you go on a hike at Bukhan Mountain?
6 Have you hiked at Bukhan Mountain?
7 Have you hiked on Bukhan Mountain?
8 Have you hiked to Bukhan Mountain?
9 Have you hiked (up) Bukhan Mountain?

Key point **1** 틀렸다. '북한산 mountain climbing 해봤느냐?' 즉, '북한산에서 (로프 를 이용해서) 암벽타기를 해봤느냐?'란 뜻이다. mountain climbing은 한국 사람이 흔히 '등산' 으로 잘 오해하는 단어인데 '암벽등반'이라는 뜻이다. 한편, 우리가 보통 말하는 '등산'은 hiking 이라고 한다. 동사 climb은 일반적으로 꼭대기까지 올라가는 것을 말한다. 즉, **1**은 Have you hiked Bukhan Mountain to the peak?의 뜻이 된다. **2**~**3** 틀렸다. 북한산까지 갔다는 말이 지 북한산을 등산했다는 말이 아니다. '북한산 기슭이나 북한산 안에 있는 놀이동산 등에 (걷든지,

차를 타고 가든지 어쨌든) 가본 적이 있는가?'라는 뜻이 된다. 4~5 좋다. 표제문은 '경험'을 묻는 것이므로 현재완료시제로 옮기는 것이 바람직하다. 구어체에서는 과거시제 5 역시 큰 문제가 없다. 6~8 여기서 hike는 자동사로 쓰였다. hike at/on은 좋지만 많은 네이티브들이 hike to 에는 반대한다. to Bukhan Mountain은 to the foot of the Bukhan Mountain란 뜻이다. 즉, '북한산 기슭에' 간다는 말이다. 등산을 했는지 안 했는지는 애매하기 때문에 틀렸다고 한다. 따라서 8은 가급적 자제하는 것이 좋겠다. 9 한국어는 '북한산을 올라가다'라고 하면 상당히 어색하다. 영어 동사 hike는 타동사로 충분히 사용 가능하다. 〈hike + 산〉 또는 〈hike up + 산〉 형식으로 사용된다.

C (같이 어울리는 건 좋은데) 남자로는 안 보여

▶ 여동생이 남자의 데이트 신청을 거절한 이유를 말하고 있다.

(I like to hang out with him, but) [   ]
1 I don't see him as a man.
2 I don't see him as a potential mate.
3 I don't see him as a potential husband.
4 I see him as a friend, not as a boyfriend.
5 I don't regard him as a potential boyfriend.
6 I don't take him as a potential mate.
7 there's no chemistry between us other than friendship.

Key point 한국어에서는 '보이다'라고 했지만 영어로는 '나는 그 사람을 남자로 보지/간주하지/생각하지 않는다.'라고 한다. 한국어는 자동사를 썼지만 타동사 see/regard를 쓰면 된다. 한편, 표제문의 '남자'는 '이성으로서의 남자', '잠재적인 남자친구', '잠재적인 남편'이란 뜻이다. '남자'를 man으로 옮기면 안 된다. man에는 '(동물이 아닌) 인간', '(여자가 아닌) 남자', '(소년이 아닌) 성장한 남자'로서의 뜻만 있기 때문이다. 1 틀렸다. 네이티브는 이 문장은 도저히 말이 안 된다고 한다. 즉, 남자가 아닌 여자로 보인다는 말이냐, 인간이 아닌 동물로 보인다는 말이냐, 여자를 좋아하는 정상적인 남자가 아니라 남자를 좋아하는 동성연애자라는 말이냐, 지구인이 아니라 외계인이라는 말이냐 등 도저히 무슨 뜻인지 알 수가 없다고 한다. I don't see him as a man에 대해, 그 사람이 아직 충분히 성장하지 못 했거나(not a full grown), 나약하거나(weak), 여자 같거나(feminine), 미성숙하다(immature)고 생각이 든다고 하는 사람도 있다. 2~5 네이티브들은 man 대신에 potential mate / husband / boyfriend라고 하겠다고 한다. 4는 not as a boyfriend 대신에 rather than a boyfriend라고 해도 좋다. 6 틀렸다. 지금 맥락에 take는 전혀 사용할 수 없다. 7 좋다. chemistry는 우리말로 말하면 '스파크'라고 할 수 있겠다. no chemistry는 '스파크가 안 튄다' 정도의 의미이다.

Part 7 참고하기

1. I appreciate you.는 I appreciate that you are here. / I appreciate you for being here. / I appreciate your being here. / I appreciate you being here.의 축약된 문장이다. '옆에 있어줘서 (전반적으로) 고맙다.'이지 '도와줘서 고맙다.'는 아니다. I appreciate you.는 온전한 문장이라 보기 어렵다. 특정한 문맥 하에서 비로소 의미를 가지며, 지극히 제한된 상황에서 통용될 뿐이다.

2. Put the gearbox into neutral. 또는 Put the car into neutral.이라고 해도 된다.

3. I'm drinking alcohol.이라고는 하지 않지만 I'm drinking beer/wine/whiskey.는 많이 쓰인다. 특정한 술의 종류를 언급하는 경우 drink는 타동사로 쓰인다.

4. 주로 Actual expenses 또는 You를 주어로 내세워 아래와 같이 사용한다.
   (Your) actual expenses will be paid back to you.
   You will be paid back for actual expenses.
   (Your) actual expenses will be repaid.
   You will be repaid for your actual expenses.
   (Your) actual expenses will be reimbursed (to you).
   (Your) actual expenses will get reimbursed (to you).
   You will be reimbursed for your actual expenses.
   You will get reimbursed for your travel expenses.

5. George는 괜찮다고 하는데 Patt은 틀렸다고 한다. George는 통에 금붕어를 넣을 수 있다고 하는데, Patt은 어항에는 이미 물이 들어 있기 때문에 금붕어를 fill하는 것은 아니라고 한다. 저자는 엄밀하게 따지면 Patt의 주장이 맞겠지만 일상적으로는 I refilled the fishbowl with gold fish.가 큰 문제가 없다고 생각한다.

6. 문장 구조상 차이 때문에 한국어는 자동사로 쓰이고, 영어로는 〈타동사 + to 부정사/that절〉로 쓰이는 경우도 많다. '(인터넷 서비스 회사가 내가 돈을 제때 안 냈다고) 서비스를 끊어버리겠다고 했다.'는 They threatened to cut me off.라고 한다. '주말에 하루 종일 집에만 있는다고 아내가 불평했다.'는 She complained about us staying at home over the weekend.라고 해도 되고 She complained that we stayed at home over the weekend.라고 해도 된다.

7. The wind는 지금 불고 있는 바람을 뜻하기 때문에 the wind라고 정관사를 붙였고, A freezing cold wind는 지금 불고 있는 바람 중에서도 어디선가 갑자기 매섭고 추운 바람이 불어온 것을 말하므로 과거에 우리가 겪지 않았던 바람, 생각하지 않았던 바람, 새로운 유형의 바람을 의미하는 측면에서 부정관사를 붙였다.

Part 8

가짜 영어를 조심하자

영어 초심자들은 무조건 많은 단어, 표현, 문장을 보고 익히는 것이 중요합니다. 또한 이 단계에서는 자기 의사를 표현하기에도 바쁘기 때문에 맞든 틀리든 우선 시도하는 것 자체가 중요합니다. 하지만, 이런 단계를 지나 어지간한 의사표현이 가능해지면 '맞는 영어', '제대로 된 영어'를 연마해야 합니다. 그래야 수준을 한 단계 올려 고급 영어를 말할 수 있게 됩니다.

안타깝게도 시중에 있는 영어교재와 영어사전에는 '틀린 영어', '죽은 영어'가 범람하고 있습니다. 믿고 의지할 교재와 사전이 없다고 봐도 과언이 아닙니다. 게다가 맞는 영어라고 믿고 있던 것이 콩글리시인 경우도 많아 혼란을 주지요.

한국과 서양의 문화와 제도와 인식이 달라 뜻을 전달하기가 어려운 경우도 적지 않습니다. My vision is 1.0(시력이 1.0이다).이라고 아무리 말해봐야 네이티브는 알아 듣지 못합니다. 호칭어(address term)도 우리말과 달라, '형! 도와줘!'라고 할 때는 이름을 불러 Bill! Help me!라고 말해야 합니다.

이런 것들을 알려 주는 사람도, 책도 거의 없기 때문에 안타깝지만 시행착오를 겪어가며 알아가야 합니다.

법칙 33	사전, 영어책, 인터넷에 나오는 틀린 영어
법칙 34	콩글리시 박멸하기
법칙 35	한국 문화와 서양 문화는 달라도 너무 다르다

법칙 33 * 사전, 영어책, 인터넷에 나오는 틀린 영어

120 간밤에 열대야 때문에 잠을 못 잤어

121 금연에 성공하시길 빌게요

122 부장님은 지금 통화 중이십니다

사전, 영어책, 인터넷에 나오는 틀린 영어

엉망진창 영어가 너무 많다

영어로 된 기사나 칼럼을 가지고 영어공부를 하면 살아있는 영어를 배우고 지식도 넓힐 수 있어 좋다. 하지만 영어로 된 기사라고 무조건 신뢰할 수 있을까? 영국의 윌리엄 왕자와 케이트 미들턴이 결혼식을 올리고 버킹검 궁에서 첫날밤을 보냈다는 영문 기사를 보면 말이 안 되는 문장도 많다.[1] 이런 문장을 그대로 받아들이면 '첫날밤'을 first night 또는 initial night이라고 외우는 멍청한 짓을 할 가능성이 높다. '첫날밤'은 first night as husband and wife 또는 first night as a married couple이라고 할 수는 있지만 가장 일반적인 말은 wedding night이다. 이렇듯 인터넷에서 볼 수 있는 영어 칼럼, 정체불명의 영문 웹사이트, Q&A 코너 등에는 틀린 영어가 난무하고 있다. 영어로 쓰여 있으니 맞겠거니 하지 말고 늘 의심하고 확인해야 한다.

사전도 틀릴 수 있다

영어 공부의 가장 기본은 영어사전이다. 우리는 보통 영어사전이라고 하면 그 내용을 신뢰하지만 안타깝게도 영어사전에도 오류가 많다. 따라서 사전을 참고하되 항상 비판적인 태도를 견지하는 것이 중요하다.

영어사전에 '대충대충'을 검색하면 a lick and a promise가 나온다.[2] 하지만 이 말을 알고 있는 네이티브는 거의 없다. 구절의 유래를 알려 주는 웹사이트[3]를 보면 a lick and a promise가 웬만한 원어민도 잘 모르는 오래된 표현임을 알 수가 있다. 예문으로 나온 Don't give me a lick and a promise.라는 문장의 뜻을 '대충 하지 마라.'라고 풀이하고 있지만, 네이티브가 거의 모르는 표현이니 이걸 사용해봐야 소용없다. 또한, '체질'이라는 말을 국내 출판사가 운영하는 인터넷 영어사전에서 찾아보면,[4] 이 항목에 나와 있는 예문들은 안타깝게도 대체로 틀렸다고 보면 된다.

그렇다면 네이티브가 만든 사전은 어떨까? 영영사전 역시 조심하지 않으면 함정에 빠진다. 형용사 gay는 13세기경부터 사용되던 단어로서 원래 happy, joyful and lively란 뜻인데 최근 수십 년 사이에 갑자기 '남성 동성애자'를 지칭하는 말이 되어 버렸다. 문제는 이제 gay가 '즐거운'이란 뜻으로 거의 사용되지 않음에도 불구하고 사전에는 아무런 부가 설명 없이 이런 정의가 나열되어 있는 것이다. 일부 사전에서는 '동성애자'란 의미로 압도적으로 사용된다고 usage note이 달려 있기도 하지만[5] 다른 사전에는 전혀 이런 말이 없다.

영어의 역사를 고려한다면 사전에 더 이상 쓰지 않는 낡아 빠진 단어와 정의가 포함되는 것이 하등 이상한 일이 아니다. 문제는 이런 영어를 현대 실생활에서 사용했을 때 전혀 말이 안 되는 엉뚱한 영어가 돼버린다는 것이다. 지금 쓰고 있는 영어라 하더라도 격식이 높은지 낮은지, 보통 상황에 쓰는 것인지 슬랭인지, 표면에 드러난 뜻 말고 암묵적인 뜻이 있는 것인지 주의 깊게 살펴야 한다.

120 간밤에 열대야 때문에 잠을 못 잤어

어젯밤은 25도 이상의 무더운 밤이었다.

STEP 1 문장만들기
- 표제문을 영어 문장으로 만들어보세요.
  [   ]

STEP 2 비교하기
- 표제문을 영어로 잘 옮긴 것에 모두 체크하세요.

  1. It was a tropical night last night. I couldn't sleep at all.
  2. It felt like I was in the tropics last night, and I couldn't sleep a wink.
  3. It felt tropical last night, and I couldn't sleep a wink.
  4. It was so hot last night, and I couldn't sleep a wink
  5. It was so hot last night that I couldn't sleep a wink.
  6. It was really hot last night, so I couldn't sleep a wink.

| 가능한 문장 | 2, 3, 4, 5, 6

STEP 3 확인하기
• 문장을 확인하세요.

★ **영어식 사고로 전환하기** '열대야' 또는 '열대야 현상'이라는 말은 영어에 없는 말이다. 하지만, 국내 유명한 한영사전에는 '열대야'가 버젓이 tropical night라고 올라와 있다.[6] 네이버 예문 검색에도 나오며,[7] 유명한 영어 사이트 ybmsisa.com과[8] 연합뉴스 영어 기사에도 보인다.[9] 심지어 기상학 관련 학술 논문에까지 tropical night phenomenon이 나타나고 있다. (물론 그 논문의 저자는 한국인이다.) 권위 있는 사이트, 언론 매체에서 너무 당연하듯이 tropical night phenomenon이라는 말을 사용하고 있지만 이것은 영어에는 절대로 없는 말이다.

1 It was a tropical night last night. I couldn't sleep at all.
이 문장 앞에 '밤에도 기온이 25도 이하로 내려 가지 않는 경우를 열대야라고 기상청은 정의하고 있다.(The KMA defines a tropical night as one during which the temperatures remain at 25 degrees Celsius or above.)'[10]라고 얘기해 주면 외국인도 이해를 할 것이다. 하지만 tropical night은 '열대지방의 밤'이라는 전혀 엉뚱한 뜻이기 때문에 이것을 전문적인 용어로 사용하면 어색하게 느껴진다.

2 It felt like I was in the tropics last night, and I couldn't sleep a wink.
좋다. 표제문을 달리 말하면 '어젯밤 열대지방에 온 것 같았다' 정도로 말할 수 있다. tropics는 '열대지방'이란 뜻이며, '열대지방에서 맞이하는 크리스마스'를 Christmas in the tropics라고 한다.
`not sleep a wink` '한숨도 자지 않다'라는 뜻의 숙어이다.

3 It felt tropical last night, and I couldn't sleep a wink.
좋다. '주어 + 동사 + 형용사'의 형태인 It felt tropical ~을 어색하게 느끼는 독자도 있을 것이다. 하지만 천을 만지면서 '이 천 정말 부드럽다.'를 It feels really smooth. / It feels great. / It feels good. / It feels wonderful.이라고 말한다는 것을 아는 독자라면 **3**을 어렵지 않게 이해할 것이다. 느끼는 주체는 '화자' 자신이지만, 이는 자명하기 때문에, 화자는 빠지고 It을 주어로 내세웠다. 동사를 수식하는 것은 형용사가 아니라 부사여야 하니까 It felt tropically.라고 해야 하는 것 아닌가 생각할 수도 있겠다. 활동동사(action verbs)는 부사의 수식을 받지만 연결동사(linking verbs. 감각동사도 여기에 해당된다.)는 형용사의 수식을 받는다. It sounds great. / I feel good. / It looks nice. 등이 그 예이다.

4 It was so hot last night, and I couldn't sleep a wink.
5 It was so hot last night that I couldn't sleep a wink.

'열대야'라는 말을 '지난 밤에 아주 더웠다'로 옮기면 좋다. **4**도 괜찮지만 가급적 **5**를 쓰는 것이 좋다. 앞 절이 뒷 절의 원인이 되므로 '~해서 …하다'라는 뜻의 〈so ~ that 구문〉을 사용하는 것이 바람직하다. 등위접속사 and을 쓰게 되면 두 문장은 병렬적인 문장에 불과하다. 물론 맥락상 **4**를 이해하는 데 지장은 없지만, 가급적 **5**를 사용하는 것이 좋겠다.

6 It was really hot last night, so I couldn't sleep a wink.
좋다. '아주 더운'은 really hot도 가능하며, 여기서 so는 접속사이다.

121 금연에 성공하시길 빌게요

2010.1.15 한국경제신문 영어 칼럼에 실린 표현이다.[11] 아버지가 올해는 담배를 끊기로 결심했다고 하자 아들이 진심으로 '성공하시길 빌게요'라고 한다.

STEP 1 문장만들기
- 표제문을 영어 문장으로 만들어보세요.

[   ]

STEP 2 비교하기
- 표제문을 영어로 잘 옮긴 것에 모두 체크하세요.

1. I wish you would succeed.
2. I hope you succeed.
3. I hope everything works out well.
4. I wish you every success.
5. I wish you the best of luck.
6. Good for you.
7. Good luck with that!

| 가능한 문장 | 2, 3, 4, 5, 6, 7

STEP 3 확인하기
- 문장을 확인하세요.

★ **영어식 사고로 전환하기** 표제문에 '빌다'가 있으니 동사 wish를 사용해보자. 문장 형식에 따라 wish는 뜻이 매우 달라진다. 〈I wish + 가정법 과거〉는 '가정법 과거절'이 사실이 아니거나 일어나지 않으리라 생각할 때 사용한다. 고전적인 예문, I wish I were a bird(내가 새라면 좋겠다).와 I wish I could fly(날 수 있다면 얼마나 좋을까).를 생각하면 쉽게 이해가 되리라 생각한

다. 반면에 〈I wish + 사람 + 결과〉는 〈I wish + IO + DO〉 형식으로서 '결과'가 일어나기를 기원하는 뜻이 된다.

■ I wish you would succeed.
틀렸다. 앞에서 말한 한국경제신문 영어 칼럼에 버젓이 나와 있는 문장이다. 한국어 표제문은 아버지의 결심이 성공하기를 바라는 아들의 진심 어린 바람이 나타나 있다. 하지만 네이티브가 ■을 보면 포복절도할 것이다. 표제문과 반대의 뜻이기 때문이다. 〈I wish + 가정법 과거절〉의 뜻은 '가정법 과거절'의 내용을 믿지 않는다는 말이다. 즉, 담배 끊겠다는 결심을 믿지 않는다는 말이다. ■은 '아버지, 저도 제발 아버지가 담배 끊었으면 좋겠어요. 제발 이번에는 담배 끊기를 바랄게요. 말씀한 대로 한번 해보기나 하세요.'란 뜻이다. 영어 칼럼에 틀리거나 부적절한 문장이 자주 보이니 독자는 영어 칼럼에 있다고 해서 그대로 받아 들이지 말고 비판적인 태도를 가질 필요가 있다.

■ I hope you succeed.
■ I hope everything works out well.
좋다. 표제문에 '빌다'가 있지만 영어로는 〈hope + that절〉 형식을 취한다. (영어에서 〈wish + 현재/미래시제절〉은 사용되지 않는다.) that절은 미래 사건이기는 하지만 현재시제를 사용해도 문제 없다. 물론 미래시제를 써서, I hope you'll succeed.라고 해도 된다.

■ I wish you every success.
좋다. 〈wish + IO + DO〉 형식으로 사용되는 경우, wish는 '기원하다/행운을 바라다'란 뜻이다. every 없이 I wish you success라고 해도 된다. 무관사 success에 주의하라.

■ I wish you the best of luck.
아주 좋다. ■와 같은 형식의 문장이다.

⑥ Good for you.
맞기는 한데 말을 공손하게 해야 한다. 어조를 바꾸면 아주 냉소적(sarcastic)으로 들리므로 주의해야 한다.

■ Good luck with that!
좋다. 하지만, 역시 어조를 이상하게 하면 냉소적으로 들리므로 주의가 필요하다.

122 부장님은 지금 통화 중이십니다

부장님이 통화 중인 상황에서, 부장님한테 전화가 오길래 내가 당겨 받았다. 전화를 건 사람은 부장님 친구분이다. 지금 현재 부장님 통화 중이라고 안내를 해준다.

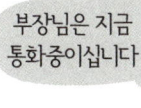

STEP 1 문장만들기
- 표제문을 영어 문장으로 만들어보세요.
[   ]

STEP 2 비교하기
- 표제문을 영어로 잘 옮긴 것에 모두 체크하세요.

1. He is on the phone.
2. He is on the line.
3. He is on a line with someone else.
4. He is on the line with someone else.
5. He is (talking) on another line.

| 가능한 문장 | **1, 4, 5**

STEP 3 확인하기
- 문장을 자세히 확인하세요.

★ **영어식 사고로 전환하기**   표제문은 '부장님이 전화를 받고 있다'로 말을 바꿔볼 수 있다. 한국어의 현재진행시제 문장이 영어로는 전명구로 표현되는 경우가 많다. 표제문은 전명구 on the phone을 사용하는 것이 좋다. 사전, 영어책에 보면 on the line도 자주 보인다. on the phone과 의미는 비슷하지만 on the line의 정관사 the는 상황에 따라 적절하지 않을 수도 있으니 주의해야 한다.

1 He is on the phone.
좋다. on the phone은 '통화 중이다'란 뜻이다. 가장 일반적이고 자연스러운 문장이다. He is talking on the phone.이라고 해도 된다.

2 He is on the line.
틀렸다. on the line은 뜻이 세 가지이다. 첫 번째 뜻은 He is on the phone(부장님 통화 중입니다).이다. 하지만 정관사 the 때문에 **2**는 표제문 상황에서는 사용하기 곤란하다. 전화한 사람이 옆 부서에 있는 직원인 경우에 한하여 on the line이 가능하다. 표제문 맥락에서, 지금 전화를 건 사람은 회사 외부에 있는 사람이다. 즉 전화 건 사람이 우리 회사의 전화 시스템을 알지 못 하면 line을 특정할 수가 없기 때문에(실제 line이 눈에 보인다는 말이 아니라, 개념적으로 부장님이 사용하는 line을 특정할 수 없다는 말이다.), on the line이 아니라 on another line이라고 해야 한다. '통화 중'이라는 뜻으로는 on the phone이 훨씬 더 자주 사용된다. 영어책이나 사전에는 on the line을 아무런 설명 없이 '통화 중'이라고 풀이해놓고 있다. 영어에 대한 이해가 약한 초심자들은 그런가 보다 하고 중구난방으로 on the line을 사용할 것이다. 영어사전에 나온 표현들을 대화 상황에서 활용하는 경우, 문법, 어법 측면에서 요모조모 잘 따져 봐야 한다.
두 번째 뜻은 You have a phone call(전화 왔습니다).이라는 뜻으로, 훨씬 많이 쓰인다. 즉, He is on the line.은 비서 또는 다른 직원이 부장에게 하는 말이다. '그 사람(He)이 전화를 걸어 와서 부장님과 통화하기 위해 지금 기다리고 있습니다(on the line). 그러니 수화기를 들고 통화를 시작하십시오.'란 뜻이다.
세 번째로는, '그 분 연결되었습니다.'란 뜻이다. 부장님이 비서에게 'Mr. Kim 좀 연결 좀 해주세요.'라고 시킨 경우, 조금 있다가 비서가 '그 분(Mr. Kim) 연결되었습니다(on the line).'라고 할 때 **2**라고 말한다.

3 He is on a line with someone else.
4 He is on the line with someone else.
on a line with someone else는 말이 안 된다. with someone else가 들어감으로써 line이 특정된다.(물론 line이 눈에 보여 특정된다는 것이 아니라 관념적으로 그렇다는 것이다.) 따라서 정관사 the를 써서 on the line with someone else라고 해야 한다.

5 He is (talking) on another line.
좋다. on another line은 일상적으로 자주 쓰는 표현이다.

이런 문장도 생각해보세요

• 다음 중 맞는 문장에 모두 체크하세요.

A **너 어제 저녁에 뭐 했어?**
  ▶ 표제문의 '어제 저녁'은 대략 7시부터 9시 사이를 말한다.

  1. What did you do yesterday evening?
  2. What did you do last evening?
  3. What did you do in the evening of yesterday?
  4. What did you do yesterday, at night?
  5. What did you do last night?

Key point 1~2 프라임 한영사전을 찾아 보면 '어제 저녁'은 last evening 또는 yesterday evening으로 나온다[12]. 프라임 영한사전의 yesterday[13]에는 친절하게도 yesterday morning/afternoon/evening을 쓴다고 나온다. 한 네이티브는 yesterday evening은 괜찮지만 last evening은 쓰지 않는다고 하고, 다른 네이티브는 정반대라 주장한다. 구글 검색 결과 및 영어 웹사이트[14] 등을 참고할 때 yesterday evening이 일반적이고 last evening은 덜 쓰인다고 보는 것이 맞다. 문제는, 이럼에도 불구하고 표제문 맥락에는 1, 2가 잘 맞지 않는다는 점이다. 한국어와 영어 사이에 '저녁'에 대한 인식에 차이가 있기 때문이다. 한국 사람은 대략 6시부터 9시까지를 저녁이라고 하고 9시가 넘어야 '밤'이라고 한다. 서양 사람들은 4시부터 6시 정도까지를 evening이라고 하고, 6시부터 자정까지를 night이라고 한다. 따라서 표제문의 '어제 저녁'은 영어로 night이라고 하는 것이 바람직하다. 1, 2가 100% 틀렸다고 말할 수는 없겠지만, 7시 이후에는 5가 가장 일반적이다. 3 틀렸다. in the evening of yesterday은 아예 말이 안 된다. 4 나쁘지 않다. yesterday와 at night을 띄어 말해야 '어제, 특히, 밤에'란 뜻이 된다. 5 가장 좋다. '오늘 저녁 약속 있다.'도 I have plans tonight.이 바람직하다.

B **학생들이 어제 운동장에서 축구를 했다**

  1. They played soccer on the playground yesterday.
  2. They played soccer on the schoolyard yesterday.
  3. They played soccer in the schoolyard yesterday.
  4. They played soccer at the schoolyard yesterday.

Key point ❶ 틀렸다. 네이버 사전에 나오는 문장이지만¹⁵, playground는 '(공원의) 놀이터'를 의미한다. 정글짐(jungle gym), 구름 사다리(monkey bars), 시소(seesaw), 그네(swing set), 미끄럼틀(slide) 등 놀이기구(playground equipment)가 갖춰진 곳을 말한다. playground에서 축구를 하기는 어렵다. 학교 운동장은 schoolyard라고 한다. ❷~❸ ❷는 틀렸다. on the schoolyard가 아니라 ❸처럼 in the schoolyard라고 해야 한다. 원어민 관념에는 '학교 운동장 경계 안에서(in)' 운동하는 것이지 '학교 운동장 위에서(on)' 운동하는 것이 아니다. ❹ at the schoolyard도 괜찮다.

C 이 애들은 동갑입니다

❶ They are of an age.
❷ They are of one age.
❸ They are of the same age.
❹ They are the same age.

Key point ❶ 문용, '고급 영문법 해설' p. 249에 The two boys were of a size(두 소년은 크기가 같았다), 박만상, '개정 영어교사를 위한 고급 영문법', p. 68에 They are of an age(그들은 동갑이다).가 나온다. 영어사전, 웹사이트¹⁶도 같은 예문이 나온다. 이들 출처에 의하면 부정관사 a가 the same이라고 한다. 하지만, ❶은 아주 구식 표현이며 더 이상 사용되지 않는다. 사전, 문법책에는 나와 있지만 실제로는 거의 쓰지 않는 표현이다. 영어학습자를 위해 이 문장을 하루 빨리 삭제하거나, 더 이상 구어에서 사용되지 않는다는 점을 알려줘야 헷갈리지 않을 것이다. ❷ 틀렸다. one age라는 말은 없다. ❸ 틀린 것은 아니지만 대화체에서 굳이 이렇게 쓸 필요도 없고 쓰지도 않는다. 문어체에서는 사용할 수도 있겠다. 아주 formal한 느낌을 준다. 구어체에서는 보통 ❹를 사용한다. of the same age는 문법적으로 어떻게 설명할 것인가? 독자도 잘 알고 있겠지만 문법이론에 의하면 〈of + 추상명사〉로 형용사구를 만든다. of some use(유용한), of no use(소용이 없는/도움이 안 되는), of good quality(품질이 좋은/성능이 우수한/질이 좋은), of significance(중요한), of vital importance(매우 중요한) 등이 그 예이다. ❹ ❸의 축약형이다. 구어체 영어에서 압도적으로 많이 쓰인다. ❹에서 처럼 of the same age가 be동사의 보어로 쓰일 때 생략이 된다는 것이지 다른 모든 상황에서도 생략된다는 말은 아니다. 예를 들어, '그 사람은 동갑내기와 결혼했다.'는 He got married to a woman of the same age.¹⁷라고 하는데 a woman과 the same age를 동격으로 연결하는 전치사 of를 반드시 써줘야 한다.

|정답| A ❶, ❷, ❹, ❺ B ❸, ❹ C ❸, ❹

법칙 34 콩글리시 박멸하기

123 반기문 사무총장은 자기는 사각 팬티를 입는다고 말했습니다

124 오늘 아침 네가 준 스킨로션 발랐어

125 그 여자는 히프가 크고 예쁘게 생겼어

126 외국어 능력과 글로벌 마인드는 글로벌 기업들이 인재를 채용할 때 가장 중요하게 여기는 판단 기준입니다

127 저 여자 S라인 몸매 끝내주네

 ## 콩글리시 박멸하기

콩글리시, 잘못 쓰면 큰일난다

2010년 비밀 정보 폭로 사이트 wikiLeaks.org는 미국 정부가 반기문 UN사무총장의 신상 정보를 비밀리에 수집했다는 사실을 공개하였다. 그 해 연말 UN 출입기자단 송년회에서 반기문 총장은 이 점을 점잖게 꼬집으며 자기의 신상 정보 몇 가지를 공개하였는데, 그 중에 '나는 사각팬티를 입는다.'는 말을 했다. 이런 대화 소재를 가지고 친구와 얘기를 하고 싶었다. 저자는 Mr. Ban talked about his panties last night.으로 얘기를 시작했는데 친구가 껄껄 웃고 만다. panties는 '여자용 빤스'를 말한다. '남자용 빤스'는 briefs(삼각팬티), boxers(사각팬티)라고 한다. 위 문장대로 하면 반기문 사무총장은 여자용 속옷을 입는 '변태'가 되어 버린다.

콩글리시의 폐해는 이와 같다. 우리가 우리끼리만 통용되는 새로운 영어 단어를 만들고 우리끼리만 통하면 하등 문제될 것이 없다. 문제는 외국인과 대화할 때 이런 표현을 쓰면 말이 전혀 안 통한다는 것이다. 따라서 가급적 정확한 영어를 사용하기 위해 노력을 해야 한다.

무슨 이유인지 모르겠지만 한국인들은 '몸매'라는 뜻의 영어표현 body line을 만들고 이것이 마치 정상적인 단어인양 생각한다. 한국식으로 영어를 해석해서 'S라인', 'V라인'이 만들어졌다. 이런 표현은 한국인을 제외하고는 그 누구도 이해하지 못할 것이다. body line, S라인, V라인은 영어에 전혀 없는 단어다.

'엉덩이 치워라!'라는 뜻으로 '히프 치워라!'라고 한다. 이 역시 잘못 사용되고 있는 단어이다. 영어 단어 hip은 우리말 '골반'이라고 생각하면 거의 들어 맞는다. '엉덩이'는 butt, buttocks, bum, behind, ass 등 다양하다. '글로벌 마인드(global mind)'도 마찬가지로 완전 엉뚱한 뜻으로서 일상적으로 거의 사용되지 않는 용어이다. 영어로는 global mindset / global awareness / cross cultural awareness 등으로 말하는 것이 좋다.

'레드오션' 역시 네이티브가 모르는 단어이다. '블루 오션', '레드 오션'이라는 단어 자체가 프랑스에서 활동하는 경영학자 김위찬 교수가 만들어낸 말이다. 그러다 보니 한국에서는 이 말이 잘 통용되지만 영어로는 잘 통하지 않는다. blue ocean 정도는 대충 추리가 가능하지만 red ocean은 외국인들은 전혀 뜻을 모른다. '레드 오션'은 saturated market이라고 하는 것이 무난하다.

광고에 나오는 콩글리시

이 기회에 우리나라 최고 기업의 영어 실력을 좀 비판해야겠다. 삼성전자와 같은 글로벌 기업이라면 영어에 더욱 신경을 써야 한다는 뜻이니, 애정어린 충고로 생각해 주길 바란다.

2010년 삼성 갤럭시 탭 지면 광고에 MORE RELIEF ON THE GO with a 7 INCH TABLET[18]이라는 카피가 있었다. 광고에서 원래 말하고자 했던 것은 '7인치 갤럭시 탭을 쓰면 이동 중에 이메일 체크 못 하고 인터넷 검색 못 하는 걱정을 덜 수 있다'였을 것이다. 하지만 네이티브는 '이동 중 화장실 급할 때 7인치 갤럭시 탭에 볼일을 볼 수 있다'로 이해했다. 이 모든 오해의 근원은 명사 relief에 대한 이해의 부족에 있다. 삼성전자 담당자는 relief를 '안심', '구원'이란 뜻으로 생각했을 것이다. 하지만, 네이티브는 relief를 보는 순간 '배변'을 연상하게 된다. 삼성전자 담당 직원을 사실 탓하기가 어렵다. 왜냐하면 relief의 이런 뜻은 사전에 나와 있지 않거나 나와 있더라도 제일 끝에 있기 때문에 사실상 네이티브가 아니면 이 의미를 캐치할 수 없기 때문이다. 아무튼 단어에 대한 정확한 인식은 이렇게나 중요하다.

2012년 삼성 갤럭시S III는 designed for humans(인간을 위한 디자인)을 새로운 슬로건으로 내걸고 있다. 우리 눈에는 designed for humans가 멀쩡하게 보인다. 하지만 human은 '(동물이 아닌) 인간', '(외계인이 아닌) 인간'을 말하며, '인류(人類)'에 가까운 뜻이다. 그러니 영문 IT 사이트[19] 기사에 Samsung Galaxy S III first ad is out: "designed for humans," not aliens라고 약간의 조롱조의 제목이 등장한다. 왜냐하면 원어민은 이것을 보는 순간 '동물이나 외계인을 위한 디자인이 아니라 인간을 위한 디자인이라 이거지? 그럼, 인간을 위한 디자인 말고 동물이나 외계인을 위한 디자인이 따로 있다는 말인가?'라는 생각이 떠오르기 때문이다. 옳은 표현이 되려면 designed for people이라고 해야 한다. 우리말은 '인간'과 '사람'을 크게 구분하지 않으나 영어는 human과 people을 엄격하게 구별한다. 단어에 대한 정확한 이해가 중요한 또 하나의 사례이다. (물론 삼성전자가 이런 모든 점을 충분히 이해한 상태에서 designed for humans라는 슬로건을 선정했다면 다행이다. 광고를 통해 기존의 고정관념을 뒤흔들고 의도적으로 상식과 통념을 깨뜨리는 효과를 노렸을 수도 있기 때문이다.)

우리가 일상적으로 쓰는 단어들이 진짜 영어 단어인지, 말하려고 하는 지금 맥락에 사용이 가능한지 늘 주의 깊게 살피고 정확한 영어를 구사하기 위해 끊임없이 노력하는 자세가 필요하다.

123 반기문 사무총장은 자기는 사각팬티를 입는다고 말했습니다

2010년 유엔 출입기자단 연례 만찬에서 개인 신상정보 수집을 비판하면서 반기문 사무총장은 '나는 몸에 달라붙지 않는 사각팬티를 입는다'고 말했다.

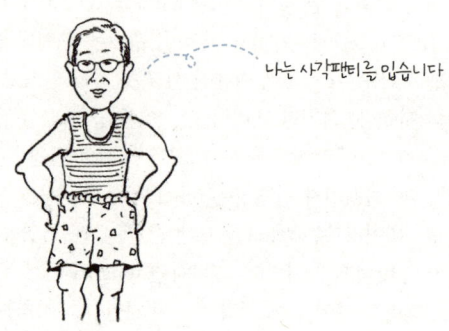

STEP 1 문장만들기
- 표제문을 영어 문장으로 만들어보세요.

[   ]

STEP 2 비교하기
- 표제문을 영어로 잘 옮긴 것에 모두 체크하세요.

1. UN Chief Ban Ki-Moon said he wears rectangular panties as underwear.
2. UN Chief Ban Ki-Moon said he wears boxers as underwear.
3. UN Chief Ban Ki-Moon said he wears boxers for underwear.
4. UN Chief Ban Ki-Moon said he wore boxers as underwear.

| 가능한 문장 | 2, 3, 4

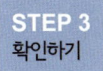
• 문장을 자세히 확인하세요.

★ **영어식 사고로 전환하기** 우선 명심하여야 할 점은 서양 사람들은 우리들보다 훨씬 사적인 부분을 언급하는 것을 꺼린다는 것이다. 속옷 얘기, 배변 얘기 등을 우리보다 훨씬 꺼리므로 직접적으로 언급하는 것을 삼가 해야 한다. '삼각팬티', '사각팬티' 등은 통상적인 상황에서는 말할 경우가 없다. 표제문 같은 상황은 극히 이례적이라는 점을 먼저 밝힌다.

1 UN Chief Ban Ki-Moon said he wears rectangular panties as underwear.
완전히 틀렸다. rectangular panties는 '사각팬티'를 직역한 표현인데, 전혀 말이 안 된다. 앞서 말한 대로 panties는 여성용 underwear를 말하므로 **1**처럼 말하면 반기문 사무총장은 '변태'라는 말밖에 되지 않는다. 우리가 흔히 '빤스'라고 부르고, 좀 더 고상하게 부르면 '팬티'라고 부르는 이 말을 영어로 옮길 때는 조심할 필요가 있다. 속옷의 통칭은 underwear라고 하는데, I am not wearing underwear today.처럼 underwear는 관사 없이 사용된다.

2 UN Chief Ban Ki-Moon said he wears boxers as underwear.
3 UN Chief Ban Ki-Moon said he wears boxers for underwear.
`boxer` boxer는 '사각 팬티'라는 뜻이다. 관련된 영문 기사[20]에도 boxers와 briefs를 사용하고 있음을 확인할 수 있다. He is a boxers not briefs man.은 '반기문 사무총장은 삼각팬티를 입는 사람(briefs man)이 아니고 사각팬티를 입는 사람(boxers man)이다'라는 뜻이다. (여기서 briefs와 boxers는 man을 수식하는 형용사적 용법으로 사용되었다.)
`as/for underwear` as와 for 둘 다 좋다. as underwear가 훨씬 많이 사용된다.

4 UN Chief Ban Ki-Moon said he wore boxers as underwear.
좋다. **4**처럼 said/wore 시제일치를 시켜도 되고 **2**, **3**처럼 said/wears 시제일치 시키지 않아도 된다. 오히려 **4**는 과거에는 그랬지만 요새는 속옷으로 boxers를 잘 안 입는다는 생각도 들 수 있으므로 오해의 소지가 있다. 따라서 저자는 **2**, **3**을 더 권장한다.

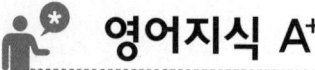
영어지식 A⁺

남자 팬티의 종류

남자 팬티는 모양에 따라 헐렁한 사각팬티(boxers / boxer shorts), 삼각팬티(briefs / bikini briefs[21]), 그 중간 형태인 타이트한 사각팬티(jockey briefs / jockey shorts)의 종류가 있다. 물론 브랜드마다 명칭은 다를 수 있으나 대강은 여기 설명과 같다.

관련된 말로, 사전에 drawers라는 말이 있다. 네이버 용어사전[22]에도 버젓이 올라와 있지만 '남자용 속옷'이라는 의미로는 실생활에서는 거의 사용되지 않는 아주 구식 표현이다. 따라서 drawers라는 말 쓰면 우습다. 속옷을 drawers라고 했던 이유는, 옛날에는 속옷에 끈이 달려 있어 이걸 잡아당겨 흘러내리지 않도록 고정을 했기 때문이다. 그래서 draw에 er를 붙여 drawers라고 한 것이다. 요새는 대부분 underwear 또는 undies라고 한다고 한다.

shorts는 '반바지'라는 의미로는 많이 사용된다. boxer shorts에서 boxer 없이 shorts만으로도 '속옷'이라는 의미로 가끔씩 사용되기도 하는데 역시 썩 잘 사용하지 않는다.

trunks라는 말도 있다. 한국 사람들은 '사각팬티'를 '트렁크'라고 많이 생각한다. 하지만 틀렸다. trunks는 '수영복'을 의미하는데 역시 구식 표현이다. 요새는 거의 사용되지 않는다. swimwear는 일반적인 집합적 의미로, swimsuit은 a couple of swimsuits처럼 개별 수영복 한 개 한 개를 의미한다. 실생활에서 쓰는 말은 swimsuit보다는 bathing suit, swim shorts, board shorts이며, 이것들은 무릎까지 내려오는 헐렁한 사각팬티 스타일 수영복을 의미한다. 몸에 쫙 달라붙는 삼각팬티형 수영복은 bikini swim shorts라고 하기도 하고 특정 회사의 제품명을 그대로 써서 speedos라고 하기도 한다. 대체로 전문 수영선수가 아니라면 서양사람들은 삼각팬티형보다는 사각팬티형 수영복을 선호한다고 한다.

124 오늘 아침 네가 준 스킨로션 발랐어

여자친구가 며칠 전에 스킨로션(물 같이 맑고 투명한 액체로서 얼굴에 바르는 남성용 화장품) 선물을 줬다. 오늘 아침 그 스킨로션을 발랐다는 것을 여자친구에게 전화해서 알려 준다. 이 문장을 말한 시점도 역시 오전이다.

STEP 1 문장만들기
- 표제문을 영어 문장으로 만들어보세요.

[   ]

STEP 2 비교하기
- 표제문을 영어로 잘 옮긴 것에 모두 체크하세요.

1. This morning I applied the skin lotion you gave me.
2. This morning I put on the skin lotion you gave me.
3. This morning I put on the toner you gave me.
4. This morning I used the aftershave you gave me.
5. I am wearing the toner you gave me.
6. I wear the toner you gave me.

| 가능한 문장 | 3, 4, 5

> **STEP 3**
> 확인하기
>
> • 문장을 자세히 확인하세요.

★ **영어식 사고로 전환하기** '스킨로션'은 콩글리시이다. 영어로는 어떻게 말할까? 검색을 하면 '스킨 로션'이 콩글리시라고 하면서 해설을 해주는 사이트들이 많이 있지만 그 설명마저 틀린 경우가 많다. 한국어에서 '스킨' 또는 '스킨 로션'은 투명한 액체 형태로서 세수 후 얼굴에 바르는 것을 말한다. 이것은 영어로 toner라고 한다. skin lotion은 전혀 사용되지 않는 완전한 콩글리시이다. 더구나, 이것을 줄여 '스킨'이라고 하면 오직 '피부'라는 뜻만 남는다. 아예 말이 될 수가 없다.

1 This morning I applied the skin lotion you gave me.
틀렸다. 발랐다=applied이니까 applied를 써야 할까? '발랐다'를 공식처럼 무조건 applied로 옮겨서는 곤란하다. 이런 상황에서 applied를 쓰게 되면 현학적이라고 한다.

2 This morning I put on the skin lotion you gave me.
3 This morning I **put on the toner** you gave me.
skin lotion을 toner로 바꿔야 한다. 맥락이 분명하므로, 일회성 동작을 의미하는 put on도 사용 가능하다. **3**은 오늘 아침 스킨로션을 바르는 동작을 수행했다는 뜻만 있지만, 그 동작 이후에 일반적으로 스킨 로션을 지우지 않았을 것이므로, 지금도 얼굴에 발라진 상태라는 뜻을 간접적으로 가지게 된다.

4 This morning I **used the aftershave** you gave me.
스킨 로션이 면도 후에 바르는 액체 형태의 화장품인 aftershave 기능을 겸하고 있다면 이렇게 말해도 좋다. 아울러 put on 대신에 used라고 써도 되겠다.

5 I **am wearing** the toner you gave me.
wear는 '입고/바르고/매고/신고 있는 상태'를 뜻한다. 물론 표제문에서 말하는 '오늘 아침'을 직접적으로 표현하지 못하는 점이 있기는 하지만 '지금 스킨 로션을 바른 상태'라는 점을 통해 충분히 간접 설명이 된다. 영어에서는 몸에 착용하는 것은 웬만하면 wear를 쓴다. 표제문처럼 화장품을 바르는 경우에도 wear를 쓴다는 점, wear는 '바른 상태이다'라는 점에 유의하기 바란다. 앞서 논한 대로 put on은 '동작', wear는 '상태'이다.

6 **I wear the toner you gave me.**
틀렸다. '요즘 니가 준 스킨로션을 바른다.'란 뜻이다. 지금 현재 바른 상태인지 아닌지 모른다. 지금 이 순간에는 바른 상태일 수도 있고 안 바른 상태일 수도 있다. 현재시제는 현재의 습관적 동작을 표현하고, 현재진행시제는 지금 현재 수행하고 있는 동작 또는 현재 상태를 표시한다.

 영어지식 A⁺

화장품의 종류

점성이 있는 흰색 또는 색깔 있는 액체를 한국에서 그냥 '로션'이라고 한다. 또는 '밀크 로션'이라고 하기도 한다. 영어에서도 점성이 있는 액체를 lotion이라고 하기는 하는데, hand lotion, body lotion, baby lotion처럼 얼굴이 아니라 몸에 바르는 것을 주로 지칭한다. 얼굴에 바르는 '로션'(점성이 있는 흰색 액체)은 facial cream 또는 moisturizer라고 부른다. lotion이 가장 heavy, thick하고 moisturizer가 가장 가볍고 얇은 화장품이다. cream은 중간 정도다. lotion은 '화장품'이라 생각하지 않는다고 한다.
남자들이 면도 후에 바르는 물 같은 투명한 액체 형태의 애프터셰이브는 aftershave라고 하면 되고, 점성이 있는 크림 타입 흰색 액체의 경우 aftershave lotion이라고 말한다. 앞서 말한 대로, lotion은 oily, creamy하다는 것이 네이티브의 기본 인식이다.
한편 emulsion은 과학 용어 같은 느낌으로 몸이나 피부에 바르는 것이다. 화장품이 아니다.
이상의 설명이 기본이나 각 업체마다 마케팅을 위해 다양한 명칭을 다 붙이고 있으므로 상표명에 조금 다른 설명이 있다 하더라도 '대충 이렇구나'라고 이해하면 될 것이다. 예를 들어 저자가 지금 사용하고 있는 LAB series 제품 중 남성용 toner를 Water Lotion이라고 이름 붙여 놓은 것이 있다. 앞서 설명한대로 lotion은 oily하다는 것이 네이티브의 기본적인 인식이지만, LAB series의 Water Lotion은 물처럼 되어 있고 바르면 그대로 흡수된다. 전형적인 toner이지만 여러 가지 마케팅 상의 이유 때문에 브랜드에 따라 이름을 다르게 붙이고 있다. 영어사전에 나오는 skin lotion은 우리가 생각하는 물 같은 (water type) toner를 말하는 것이 아니라 점성이 있는 크림 타입을 말하는 것이니 헷갈리지 말아야 한다.[23]

125 그 여자는 히프가 크고 예쁘게 생겼어

여배우의 엉덩이가 탱탱하고 볼륨이 있다는 말을 하고 싶다.

STEP 1 문장만들기

• 표제문을 영어 문장으로 만들어보세요.
[   ]

STEP 2 비교하기

• 표제문을 영어로 잘 옮긴 것에 모두 체크하세요.

1. She has large and beautiful hips.
2. She has curvaceous full hips.
3. She has a large, beautiful butt/bum/bottom/rear/behind/ass/derriere.
4. She has large, beautiful buttocks.
5. She is well-endowed down there.
6. She has a large, tight, curvaceous butt/bum/bottom/rear/behind/ass/derriere.
7. She has a large, beautiful booty.
8. She has a nice ass.
9. She is bootylicious.

| 가능한 문장 | 3, 4, 6, 7, 8, 9

> **STEP 3 확인하기**
> • 문장을 자세히 확인하세요.

★ **영어식 사고로 전환하기**   엉덩이와 궁둥이, '히프'는 같은 것인가? 우리말 '궁둥이'는 의자에 앉았을 때 의자에 닿는 면을 말하고, '엉덩이'는 궁둥이를 포함하는 둔부 전체를 가리킨다고 한다. 실제로는 엉덩이와 궁둥이가 비슷한 의미로 혼용되고 있다. 양자는 호환이 되는 경우도 있고 안 되는 경우도 있다. 반면, 영어에서는 엉덩이와 궁둥이를 구분하지 않는다.

한국인들은 '히프'를 '엉덩이'의 뜻으로 사용하고 있지만 이는 콩글리시다. 영어 hips는 '골반'이라는 의미이다. hip은 엉덩이의 윗 부분 양 옆쪽을 가리키며 그래서 주로 복수형 hips로 쓴다. hips는 한국어 사용자들이 무차별적으로 헷갈리고 잘못 쓰는 단어이다. '골반'은 한국어에서 일상적으로 쓰이는 단어는 아니다.

자, 이제 다시 여배우의 '엉덩이' 얘기로 돌아가 보자. '엉덩이'를 영어로 하면 buttocks, derriere, bum, butt, bottom, behind, rear, booty, ass 등 여러 가지 단어가 있다. 천박한 정도(vulgarity)를 보면 buttocks가 가장 덜하고 뒤로 갈수록 심하다. buttocks는 다소 과학적인 단어이며, 통상 북미에서 통용되는 것은 butt이다. booty 또는 ass는 천박한 단어로 삼가야 할 단어이다. 사람마다, 지역마다(특히 영국식, 미국식 영어간에는 상당한 차이가 있다), 교육 정도에 따라 각 단어들의 뉘앙스가 다르다.

한국어에 엉덩이를 의미하는 말이 몇 개 안 되는 측면이 있기도 하지만, 한국어에서는 같은 단어를 대체로 반복해서 쓰는 경향이 있는 반면에 영어 문장은 그리스 수사학적 전통에 따라 같은 단어가 반복되는 것을 매우 꺼린다. 비슷한 의미를 갖는 다른 말로 계속 바꿔 써서 문장이 단조로워지는 것을 막는다.[24]

1 She has large and beautiful hips.
앞서 누누이 얘기했지만 hips는 틀렸다. a large, beautiful butt이라고 해야 말이 된다.

2 She has curvaceous full hips.
문법적으로 나무랄 데 없는 문장이지만 뜻이 표제문과 조금 달라 틀렸다. '그 여자는 몸매가 죽인다/몸매가 끝내준다/S라인 몸매다.'란 뜻이며, She has an hourglass figure.와 같은 뜻이다. '엉덩이가 크고 예쁘다'는 뜻이 아니다. curvaceous는 '들어가야 할 데는 들어가고 나와야 할 데는 나왔다. 쭉쭉빵빵하다.' 또는 'S라인이다'라는 뜻이다. curvy라고도 한다.[25] full hips는 '골반이 넓다/크다'란 뜻이다. 골반이 커도 엉덩이는 납작할 수 있기 때문에, full hips라고 해도, 엉덩이까지 크다고 장담할 수는 없다. 서양에서도 골반이 커야 아이를 쑥쑥 잘 생산할 수 있다는 관념이 전통적으로 존재했었다. 따라서 full hips는 소녀티를 벗어나서 full grown woman이 되었다는 뉘앙스를 전달한다.

❸ She has a large, beautiful butt/bum/bottom/rear/behind/ass/derriere.
❹ She has large, beautiful buttocks.
좋다. butt/bum/bottom/rear/behind/ass/derriere는 단수형으로 쓰이는데 비해 buttocks는 복수형으로 쓰인다. large butt과 big butt은 단독으로 쓰면 모욕적일 수 있으므로 주의를 요한다. fat ass는 이보다 더 모욕적인 표현이므로 조심해야 한다. 한편, large와 beautiful 사이에는 and가 들어가도 되고 빠져도 상관 없다.

❺ She is well-endowed down there.
썩 자연스러운 문장은 아니다. well-endowed는 여자에게 쓰면 '가슴이 크다', 남자에게는 '물건이 크다'란 의미다. well-endowed down there라고 해서 '엉덩이가 크다'까지 의미를 확장할 수는 있겠지만, 일반적으로는 '가슴이 크다'란 뜻이다. 사용시 이 점을 주의하기 바란다.

❻ She has a large, tight, curvaceous butt/bum/bottom/rear/behind/ass/derriere.
괜찮다. tight은 toned(근육이 탱탱한)와 같은 뜻이고, curvaceous는 'S라인'이란 뜻이다. 따라서 엄밀하게 따지면 curvaceous는 hips와 결합하는 것이지, butt과 결합하지 않는다. 하지만 구어체에서는 큰 문제 없는 표현이다.

❼ She has a large, beautiful booty.
booty는 '엉덩이'란 뜻으로 천박한 단어이지만, 구어체에서는 사용할 수 있다.

❽ She has a nice ass.
좋다. nice 안에 '크고 예쁘다'는 뜻이 모두 포함된다.

❾ She is bootylicious.
bootylicious는 슬랭으로 '엉덩이가 크고 탱탱하다. 그래서 섹시하다.'란 뜻이다. Collins 사전은 이 단어를 sexually attractive, esp with curvaceous buttocks로 풀이하고 있다. 친구들 사이에서 Damn, that chick is bootylicious(와우, 쟤 엉덩이 커서 섹시한데).라고 할 수 있겠다.

126 외국어 능력과 글로벌 마인드는 글로벌 기업들이 인재를 채용할 때 가장 중요하게 여기는 판단 기준입니다

외국어 능력과 글로벌 마인드, 글로벌 기업들이 인재를 채용할 때 신입사원에게 기대하는 / 요구하는 능력이다.

STEP 1 문장만들기
- 표제문을 영어 문장으로 만들어보세요.
  [   ]

STEP 2 비교하기
- 표제문을 영어로 잘 옮긴 것에 모두 체크하세요.

1. Language skill and global mind are the main criteria when global companies hire people.
2. Language skills and a global mindset are the two main criteria when global companies hire people / new employees.
3. Strong language skills an global awareness are two key points when global companies hire people.
4. Global companies put significant weight on language skills and global awareness when hiring people.

5. Applicants are expected to have strong language skills and cross cultural awareness to be hired in global companies.

6. You are supposed to have strong qualifications in terms of language skills and a global mindset to be considered by global companies.

7. Language skills and global mentality are what global companies are putting the most weight on in selection process.

8. Strong language skills and a global mindset are what global companies are putting the most weight on, in their selection process.

| 가능한 문장 | 2, 3, 4, 5, 6, 8

STEP 3 확인하기
- 문장을 자세히 확인하세요.

★ **영어식 사고로 전환하기** 한국어 단어 '글로벌 마인드'는 global mind가 아니다. '글로벌 마인드'는 국제감각 = 범세계적 사고방식 = 세계 지향적 사고방식을 뜻한다. 영어로는 global mindset이라고 해야 말이 된다. 또는 cross cultural awareness, global awareness, global corporate mindset도 좋다. mind는 사람이 가지고 있는 '정신', '마음'을 뜻하며 '사고방식'은 mindset이다. 그렇다면 영어 단어 global mind는 무슨 뜻일까? 이것은 거의 쓰이지 않는 말인데, 쓰인다 하더라도 아주 엉뚱한 뜻이 된다. 말하자면, '정신', '마음'이 개인 차원이 아니라 전세계적 차원에서도 존재할 수 있다는 주장이다. global mind는 개인이 마음을 가지고 있듯이 사람들의 마음의 총 합계 역시 하나의 전 지구적 마음 또는 의식이 될 수 있다는 뉴에이지적 개념이다. 따라서, 한국어 '글로벌 마인드'는 global mind라고 하면 말이 통하지 않는다.

1. Language skill and global mind are the main criteria when global companies hire people.

2. **Language skills** and **a global mindset** are the two main criteria when global companies **hire people/new employees**.

language skills 언어 능력에는 writing, speaking 등 여러 가지 skill이 있기 때문에 복수형 skills로 써야 한다. skill은 가산명사, 불가산명사로 모두 사용된다.

practical skills like carpentry(목공 같은 실용 기술), management skills(관리 기법)에서 보듯이 '개별적, 구체적 기능/기술/능력'을 뜻하는 경우 skills라고 말한다. '언어능력' 또한 이에 해당되므로 language skills라고 말한다.

<u>mindset</u>　mindset은 가산명사이다. 따라서 a global mindset처럼 부정관사 a가 필요하다. 한 사람이 가질 수 있는 global mindset은 아무리 많아야 하나이기 때문에 복수형이 아닌 단수형을 쓴다.

<u>the main criteria</u>　'가장 중요하게 판단하는 기준'을 the main criteria로 바꿨다. the most important criteria라고 하면 어감상 어색하기도 하지만 사실 관계로 봤을 때도 지나치게 과장하는 것이다. the main criteria를 쓰는 것이 적절하다.

<u>글로벌 기업</u>　'글로벌 기업'은 외국에서 사업을 수행하는 경우 multinational company라고 할 수 있으며, 국제적 인지도가 높아진 경우 global company라고 할 수 있다. 예를 들어, SK는 multinational company, 현대자동차는 global company에 해당한다.

<u>인재</u>　'인재'는 복잡하게 생각할 것 없이 people 또는 their employees라고 하면 된다. employees를 '근로자', '노동자', '종업원'이라고만 생각하지 말고 '(전체) 직원', '인재', '부하직원'란 뜻으로 이해하자.

3 Strong language skills and global awareness are two key points when global companies hire people.
좋다. 다만 global awareness는 애매할 수도 있으므로 a global mindset이 더 좋다. 한편 '중요하게 판단하는 기준'은 main criteria, key points, main abilities 등으로 옮길 수 있겠다.

4 Global companies put significant weight on language skills and global awareness when hiring people.
좋다. weight은 불가산명사다. '인재를 채용할 때 가장 중요하게 여기는 판단 기준이다'는 '~에 상당한 가중치를 둔다/~을 아주 중요하게 생각한다'라고 바꿔 생각할 수 있다. 이런 뜻으로 put significant weight on ~을 쓴다.

5 Applicants are expected to have strong language skills and cross cultural awareness to be hired in global companies.
좋다. '글로벌 마인드, 인재를 채용할 때 가장 중요하게 여기는 판단 기준이다'는 '지원자들은 글로벌 마인드를 가지고 있을 것으로 기대된다'라고 바꿔 생각할 수 있다. '인재'를 '지원자'로 바꿀 수 있는 사고의 유연성이 필요하다.

6 **You are supposed to have** strong qualifications **in terms of** language skills **and a global mindset to be** considered **by global companies.**

좋다. '글로벌 마인드, 인재를 채용할 때 가장 중요하게 판단하는 기준이다'는 '당신은 글로벌 마인드를 가지고 있어야 한다'라고 바꿔 생각할 수 있다. '인재'를 '당신'으로 바꿀 수 있는 사고의 유연성이 필요하다. 2인칭 대명사 '당신'은 한국어 문장에서 거의 사용되지 않지만 영어 단어 you는 그 어떤 단어보다 더 자주 사용된다. strong qualifications in terms of language skills도 좋고 strong language skills도 좋다.

7 **Language skills and global mentality are what global companies are putting the most weight on in selection process.**
8 Strong language skills **and a global mindset are what global companies are putting the most weight on, in** their **selection process.**

`mentality` global mentality는 이상하다. mentality는 다양한 단어와 결합하며 한국어로 다양한 뜻으로 변환된다. childish mentality(유치한 사고방식), herd mentality(군중심리), colonial mentality(식민지 근성), abnormal mentality(정신이상, 변태심리), female mentality(여성심리), victim mentality(피해의식), cold war mentality(냉전적 사고) 등이 그 예이다.

`in selection process` in selection process는 무책임한 구(phrase)이다. 영어는 누구 것인지, 단수인지 복수인지 명시해줘야 한다. in their selection process 또는 in their selection processes가 맞다. 화자가 발화하는 순간에 '딱 한 건의 채용절차'만을 상정하는 경우 단수형 process라 말할 수 있겠다. '여러 건의 채용절차'를 머리 속에 염두에 두는 경우 복수형 processes라고도 할 수 있겠다. 어느 것을 써도 무방하다.

`기준` '가장 중요하게 판단하는 기준'에서 '기준'을 굳이 영어로 전환하려고 고민하지 않아도 된다. 이 문장에서는 what으로 나타나고 있다. 즉, 한국어로 직역하면 '가장 중요하게 보는 것' 정도가 되겠다.

`weight` weight 대신에 emphasis, process 대신에 procedures라고 해도 좋다.

127 저 여자 S라인 몸매 끝내주네

쭉쭉빵빵한 몸매의 여성을 보고 하는 말이다.

STEP 1 문장만들기

• 표제문을 영어 문장으로 만들어보세요.

[   ]

STEP 2 비교하기

• 표제문을 영어로 잘 옮긴 것에 모두 체크하세요.

1. Her S line body is killing!
2. Her body has big volume!
3. She is curvaceous!
4. What a body!
5. She has a nice body!
6. She has a good figure!
7. She is in great shape!
8. She has an hourglass figure!
9. Wow! She's got smooth curves!

| 가능한 문장 | 3, 4, 5, 6, 7, 8, 9

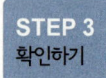
• 문장을 자세히 확인하세요.

★ **영어식 사고로 전환하기**   'S 라인'은 영어에 없는 말이다. '몸매' 역시 직역해서 body line이라고 하면 안 된다. '몸매'는 figure / shape / curves라고 한다. 하지만 '몸매가 예쁘다'는 beautiful body로 표현 가능하다. body는 '몸매'라는 뜻도 있다. 유사한 말로 body type이 있는데, 태어나면서부터 유전적으로 타고나는 것이며 노력한다고 바뀌지 않는 '체형'을 뜻한다.

1 Her S line body is killing!
틀렸다. 앞서 말한 대로 S line은 콩글리시이다.

2 Her body has big volume!
틀렸다. 한국어에서는 '저 여자 볼륨 있는데.'라고 하지만 영어 volume에는 이런 뜻이 전혀 없다.

3 She is curvaceous!
좋다. 'S 라인'은 curvaceous 또는 줄여서 curvy이다.

4 What a body!
5 She has a nice body!
'예쁜 몸매'는 nice/beautiful body이다. 앞서 말한 대로 body가 이 맥락에서 '몸'에서 '몸매'로 뜻이 확장되어 쓰이고 있다.

6 She has a good figure!
7 She is in great shape!
둘 다 좋다. a good figure(좋은 몸매)와 in great shape(좋은 몸매의)은 collocation(연어)[26]이다.

8 She has an hourglass figure!
좋다. hourglass는 '모래시계'이므로 'S 라인 몸매'를 쉽게 연상할 수 있을 것이다.

9 Wow! She's got smooth curves!
좋다. '몸매 죽이는데', '쭉쭉빵빵한데', '참, 자알 빠졌다'에 가까운 표현이다. 한편, She's got은 She has got의 준말이고, has got은 has와 같은 뜻이다. 따라서 **9**는 She has smooth curves.라고 해도 된다.

이런 문장도 생각해보세요

• 다음 중 맞는 문장에 모두 체크하세요.

A 그 사람은 축구 매니아이다

1. He's a football mania.
2. He's a football maniac.
3. He's crazy about football.
4. He's a football buff.
5. He's a football fanatic.

Key point 북미에서 football은 '미식 축구'를 의미하는 것이 보통이다. '축구'는 soccer라고 한다. 북미를 제외한 다른 나라에서 축구를 football이라고 하고 국제축구연맹(FIFA) 역시 football을 사용하므로 저자도 football이라 하겠다. 북미에서는 축구가 인기가 별로 없다. 따라서 '축구 매니아'를 뭐라고 해야 할지도 애매하다. '하키, 골프, 야구 광팬'의 용례를 '축구 광팬'에 응용하기로 한다. 1~2 영어 단어 mania는 '조증'(기분이 들떠서 쉽게 흥분하는 상태가 1주일 이상 계속되는 정신병적 증세) 또는 '~열광/열기'를 뜻한다. 이런 증상에 빠진 사람을 뜻하는 말은 maniac이다. 예를 들어, religious maniac(광신도), sex maniac(색정광) 등이 있다. maniac은 정신병자(a psyco)이므로 football maniac은 우리가 일반적으로 생각하는 '축구광'이 아니라 '훌리건 수준의 축구광'을 뜻한다. 3 좋다. crazy about something은 '~을 광적으로 좋아한다'이다. 4 hockey buff, golf buff, baseball buff가 있으므로 football buff도 가능하다고 본다. 5 축구에 중독된 사람을 말한다. football enthusiast/freak/bug/addict/nut/fan 등도 좋다. 이 중에서 저자는 football nut이 가장 좋다. baseball nut, hockey nut이 친숙하기 때문이다.

B 괜찮은 이삿짐센터 알고 있어?

▶ 곧 이사를 해야 해서 친절하고 저렴한 이삿짐센터를 고르고 있다.

1. Do you know a good moving center?
2. Do you know a good luggage center?
3. Do you know a good/decent moving company?
4. Do you know any decent moving companies?
5. Is there a good moving company?
6. Are there any good movers?

Key point ❶~❷ 틀렸다. '이삿짐 센터'는 콩글리시다. moving center, luggage center는 모두 틀렸다. ❸~❻ '이삿짐 센터'는 moving company 또는 mover라고 한다. ❻은 〈any + 가산명사의 복수형〉이므로 any movers라고 했다.

C 오늘 컨디션 최악이야

▶ 요새 야근에 과로를 하고 있다. 오늘 아침 자고 일어 났더니 힘이 하나도 없고 의욕도 전혀 없다.

❶ My condition is terrible today.
❷ I'm in a bad condition today.
❸ I'm in really bad shape today.
❹ I'm feeling terrible today.

Key point ❶ condition은 매우 범위가 넓은 말이다. 영어 단어 condition은 '상태/상황/조건/환경'이다. 예를 들어, I am in a terrible condition at my current job(현 직장에서 매우 고전하고 있다), The hotel is in a terrible condition(호텔 상태가 엉망이다).처럼 사용된다. 신체적인 건강상태를 뜻하는 경우라 하더라도, ❶은 병원에 이미 입원해 있거나 거의 병원에 입원할 정도의 심각한 상태를 말한다.[27] 따라서 표제문에 잘 들어 맞는 문장이 아니며, 가급적 사용을 자제하는 것이 좋다. ❷ 틀렸다. in a bad condition은 쓰이지 않는다. ❸ 좋다. 한국어 단어 '컨디션'은 영어로 shape에 가깝다. in bad shape은 '컨디션이 안 좋다'는 뜻이다. ❹ 좋다. 신체적으로 '컨디션'이 최악이라는 의미도 되고, 감정적으로/기분상으로 '오늘 정말 기분 더럽다.'는 뜻도 된다. 기분이 최악이라는 쪽에 조금 더 가깝다.

| 정답 | A ❸, ❹, ❺ B ❸, ❹, ❺, ❻ C ❶, ❸, ❹

법칙 35 * 한국 문화와 서양 문화는 달라도 너무 다르다

128 　여기요! 주문 받으세요

129 　남자친구와 100일 기념으로 커플링을 맞췄어요

130 　나는 02학번이에요

131 　발렌타인 17년산은 43도입니다

132 　난 시력이 좌우 1.0, 1.0입니다

133 　야한 장면에서 나도 모르게 그만 침을 꿀꺽 삼켰어

한국 문화와 서양 문화는 달라도 너무 다르다

호칭이 다르다

한국과 서양은 인식과 문화와 제도가 많은 부분에서 다르다. 한국어를 쓴다는 것은 한국인의 인식과 문화와 제도를 '전제'로 그 위에 의사표현을 하는 것이다. 이것을 영어로 전환할 때는 그 전제가 달라지기 때문에 혼란이 생길 수 있다. 독자는 이점을 유념할 필요가 있다.

한국어의 호칭(address term)에는 타이틀을 중시하는 수직적 인간관계가 고스란히 나타난다. 영어를 쓰는 사람들 머리 속에는 인간관계가 대체로 수평적이다. 이사님을 부를 때 영어로는 Mr. Kim!이라고 한다. 한국인의 관념으로는 감히 이사님을 Mr. Kim으로 부른다는 것이 받아들이기 쉽지 않을 것이다. 초등학교에서 선생님을 부를 때도 Mr. Kim!이라고 한다. 다만, 대학 교수에 대한 존경은 상당하기 때문에 '교수님!'은 Professor Kim! 또는 Doctor Kim!이라고 한다.

지칭어(reference term)도 다른 경우가 적지 않다. '우리 부장님이 보자고 합니다.'에서 '우리 부장님'을 My manager라고 해도 되겠지만 흔히 My boss 또는 My supervisor라고 한다. '저 남자'는 that man보다는 that gentleman, '저 여자'는 that woman보다는 that lady 또는 여자친구/애인 등 '이성으로서의 여자'라는 맥락에서는 '소녀'가 아니더라도 that girl이라고 한다. 또, 한국어는 2인칭 대명사 '너/당신'의 사용을 극도로 꺼리지만 영어는 대통령에게도 you라고 말한다.

문화가 다르다

서양 문화에서는 개개인의 독립성을 중시한다. 그래서인지 서양인들은 '커플티'를 우스꽝스럽다고 생각한다. 저자의 튜터였던 Dave는 자기 여자친구와 데이트하러 나가는데 여자친구 옷이 자기와 약간 비슷하게 보인 적이 있었다고 한다. 그 여자친구는 이걸 참지 못하고 집에 가서 옷을 갈아 입고 나왔을 정도라고 한다. 이런 상황에서 '커플티'를 받아들일 수 있겠는가?

'입사 동기'라는 말 역시 마찬가지이다. 한국의 '입사 동기'는 동료이자 친구이자 경우에 따라서는 개인적 고충을 들어주는 상담자이다. 서양에는 대규모의 공개채용이 적기도 하지만 '입사 동기'라고 해서 특별한 의미를 갖지는 않는다. 학교 입학 동기도 마찬가지로 졸업한 해가 중요하지 입학한 해는 거의 중요하지 않다. 한국은 시작한 것을 중요하게 생각하고 영어(서양)에서는 끝내는 것을 중요하게 생각하는 것 같다.

제도가 다르다

인식과 문화가 제도화되면, 법이 달라지고 표준이 달라지고 기술이 달라진다. 북미에서 술의 도수를 측정하는 단위는 도가 아닌 proof이다. 시력도 1.0, 0.1이라고 하지 않고 20/20, 20/200라고 표현한다. 북미에서는 전문대를 다니다가 4년제 대학으로 편입하는 것이 하나도 이상하지 않다. 입학도 수월하고 전문대 학비가 훨씬 싸기 때문에 이런 경로를 택하는 학생들도 적지 않다.

또한 우리끼리는 농담으로 할 수 있는 얘기도 국제적인 기준에서 보면 어색하고 언어 폭력적일 때도 있다. 일부 한국인들의 마초주의적 화법, 프라이버시 침해, 성차별적/성희롱적 언행, 인종차별적 사고는 언어를 떠나 에티켓 차원에서도 조심하는 것이 좋다.

인식이 다르다

영화관에서 야한 영화를 보고 있었다. 정사장면에 사람들이 숨죽이며 몰입하고 있는데 '나도 모르게 그만 침을 꿀꺽 삼켰다.' 옆에 있는 사람들이 들었을까봐 창피했다. 독자가 이런 일을 직접 경험했든지 안 했든지 관계 없이, '침을 꿀꺽 삼킨' 상황을 자연스러운 생리반응 중 하나라고 생각할 것이다. 놀랍게도 영어에는 이런 관념이 없다. I swallowed loudly in spite of myself at a love-making scene.이라고 했더니 네이티브는 전혀 무슨 말을 하려고 하는지 이해를 못 했다. swallow가 '침을 꿀꺽 삼키다'는 맞지만 내가 힘이 없어서 불의를 보고서도 참을 수밖에 없을 때, 발표를 앞두고 긴장될 때 swallow를 사용한다는 것이다. 상당히 오랫 동안 논의를 하고 나서야 영어에는 정사장면에서 침을 꿀꺽 삼킨다는 개념 자체가 아예 없음을 알게 되었다.

이처럼 한국인과 서양 사람의 인식은 상당히 다르다. 영어로 의사소통을 할 때는 이런 부분을 염두에 두고 듣는 사람이 이해하기 쉬운 문장을 구사하는 것이 보다 대화를 잘 풀어가는 방법이다.

128 여기요! 주문 받으세요

한 식당에서 주문하려고 종업원을 부른다.

STEP 1
문장만들기

• 표제문을 영어 문장으로 만들어보세요.
[   ]

STEP 2
비교하기

• 표제문을 영어로 잘 옮긴 것에 모두 체크하세요.

1 Hello! We are ready to order.
2 Hey! We are ready to order.
3 Excuse me! We are ready to order.
4 Excuse me! Mr. We are ready to order.
5 Excuse me! Miss/Ms. We are ready to order.
6 Waiter!/Waitress! We are ready to order.
7 Jeff/Amy! We are ready to order.

| 가능한 문장 | 3, 5, 6, 7

STEP 3 확인하기

• 문장을 자세히 확인하세요.

★ **영어식 사고로 전환하기**   한식이든, 양식이든 고급 식당에 가게 되면 굳이 '여기요!'라고 할 필요가 없다. 종업원들이 손님을 항상 주시하고 있다가 손님이 두리번거리기만 하면 즉각 달려가기 때문이다. 그렇지 않은 일반 음식점을 가면 '여기요!'부터 시작해서 '삼촌!', '이모!', '언니!' 등 다양한 호칭이 등장한다. 한국 문화는 이름을 직접 부르거나 2인칭('너' 또는 '당신')을 쉽게 부르는 문화가 아니다 보니 애로사항이 적지 않다. 하지만 서양에서는 손님이 테이블에 앉으면 웨이터나 웨이트리스가 와서 자기 이름을 알려준다. 이름을 기억하고 있다가 부를 일이 있으면 그 이름으로 부른다. 웨이터나 웨이트리스는 팁이 자기 밥줄이기 때문에 손님 마음에 들도록 항상 손님을 주시하고 있다가 자기를 부르면 쏜살같이 달려간다.

1 Hello! We are ready to order.
2 Hey! We are ready to order.
Hello와 Hey는 아주 무례한 표현으로 깔보는 듯한 말투이다. 맥락에도 전혀 맞지 않는다.

3 Excuse me! We are ready to order.
좋다. 한국어로 '여기요!'에 해당하는 말이다. 웨이터나 웨이트리스의 이름을 모를 때 Excuse me!라고 하면 된다.

4 Excuse me! Mr. We are ready to order.
Mr.는 Mr. Kim, Mr. Smith처럼 last name과 같이 써야 말이 된다. 그냥 단독으로는 쓰이지 않는다.

5 Excuse me! Miss/Ms. We are ready to order.
Mr.는 last name과 같이 써야 하지만, Miss 또는 Ms.는 last name 없이 그냥 써도 된다고 한다. 하지만 썩 달가운 호칭은 아니다.

6 Waiter!/Waitress! We are ready to order.
피하는 것이 좋다. 원래 waiter/waitress를 호칭으로 부르는 게 맞다. 하지만 요즈음 이렇게 부르는 경우는 거의 없다.

7 Jeff/Amy! We are ready to order.
좋다. 웨이터나 웨이트리스의 이름을 알면 이름을 부르는 것이 무난하다.

129 남자친구와 100일 기념으로 커플링을 맞췄어요

100일 기념 커플링을 맞춘 것을 자랑하려고 한다.

STEP 1 문장만들기
- 표제문을 영어 문장으로 만들어보세요.

[   ]

STEP 2 비교하기
- 표제문을 영어로 잘 옮긴 것에 모두 체크하세요.

1. We bought matching rings to celebrate our 100 day anniversary.
2. We bought matching rings to celebrate our 100th day anniversary.
3. We bought matching rings to celebrate being together for 100 days.
4. We bought matching rings to celebrate we've been dating for 100 days.
5. We bought matching rings on the 100th day since we have been together.
6. We bought matching rings on the 100th day of being together.

| 가능한 문장 | 1, 3, 5, 6

STEP 3 확인하기
• 문장을 자세히 확인하세요.

★ **영어식 사고로 전환하기** 한국의 젊은 남녀들은 각종 기념일을 많이 만들어 이벤트를 한다. 북미에서는 100일 기념은 거의 챙기지 않고 만난 지 6개월 기념은 좀 챙기는 편이다. 1년 기념은 대체로 하고 나머지 기념일은 크리스마스, 생일, 발렌타인 데이 때 챙긴다. 이런 때도 '커플링'은 선물 목록에 오르지 않는다. '반지'는 마음의 준비를 하고 중대한 결심을 한 다음에 주기 때문이다.

북미에서 '반지'라고 하는 것은 상당히 큰 의미를 지닌다. 한국에서 생각하는 것보다 훨씬 의미가 크다고 생각해야 한다. 간단하게 얘기하면 남자가 여자에게 반지를 준다는 것은 약혼하겠다든가, 결혼하겠다든가 하는 결심이 전제되어야 가능한 것이다. 물론 중고등학생 남자들이 여자친구에게 완전한 헌신을 다짐하는 promise ring을 주는 경우는 있지만, 이 경우에도 남녀가 같이 착용하지 않고 오로지 남자가 여자에게 반지를 줄 뿐이다.

일반적으로 남자는 결혼하기 전까지 반지를 착용하지 않는다. 심지어 약혼을 하더라도 남자가 여자에게 반지를 줄 뿐 남자는 자기가 반지를 사지도 않고 약혼녀에게 반지를 받지도 않는다. 물론 결혼을 하면 남자, 여자 공히 반지를 착용한다. 북미에서 반지라고 하는 것은 이렇게 중대한 의미가 있다. 따라서 couple rings가 되었건, matching rings가 되었건 데이트하는 남녀가 비슷한 모양의 반지를 착용하는 것은 거의 보기 어려운 일이라는 점을 알아야 한다. '커플링'을 서양 사람이 제대로 이해하기 매우 어려우므로 미리 커플링이 무엇인지 설명한다는 것을 전제로 문장들을 검토하기로 한다.

1 **We bought matching rings to celebrate our 100 day anniversary.**

2 **We bought matching rings to celebrate our 100th day anniversary.**

가급적 사용하지 않는 것이 좋다. anniversary는 의미상 연례적으로 반복되는 기념일을 의미하는 것이므로 100 day anniversary는 틀리다. 구어체에서 대충 통용은 되겠지만 대신 **3**을 쓰는 것이 좋다.

2는 100th day 때문에 아예 틀렸다. 100 day anniversary는 그럭저럭 괜찮지만, 100th day anniversary는 곤란하다. 참고로, '10주년'은 10 year anniversary 또는 10th anniversary라고 한다. 하지만 10th year anniversary는 안 된다.

3 We bought matching rings to celebrate being together for 100 days.
4 We bought matching rings to celebrate we've been dating for 100 days.

3은 좋다. '100일'은 being together for 100 days라고 한다. **4**는 틀렸다. celebrate의 목적어로 that절을 쓰는 것이 매우 어색하다. 한편, celebrate dating for 100 days도 가능은 하겠지만 조금 어색하다. '100일 동안 데이트한 것'을 기념하는 것이 아니라 '100일 동안 함께 해 온 것'을 기념하는 것이기 때문이다.

5 We bought matching rings on the 100th day since we have been together.

사용을 자제하는 것이 좋겠다. 엄밀하게 따지면, **5**는 문법적으로 틀렸다. 주절에 과거형, 종속절에 현재완료를 쓰면 안 된다. 그렇다고 have been을 had been으로 하자니 이미 헤어졌다는 뜻이 되어 진퇴양난이다. 구어에서는 **5**도 괜찮다고 할 수 있겠지만 대신 **6**처럼 쓰는 것이 좋다.

6 We bought matching rings on the 100th day of being together.

좋다. '사귄지'를 of being together라고 표현한 점에 주의하자.

130 나는 02학번이에요

나는 대학(4년제)에 2002년에 입학하였다.

STEP 1 문장만들기

- 표제문을 영어 문장으로 만들어보세요.

[   ]

STEP 2 비교하기

- 표제문을 영어로 잘 옮긴 것에 모두 체크하세요.

1. I was in the class of 2002.
2. I went to college in 2002.
3. I went to the college in 2002.
4. I went to a college in 2002.
5. I went to university in 2002.
6. I went to the university in 2002.
7. I went to a university in 2002.
8. I entered college in 2002.
9. I entered the college in 2002.
10. I entered a college in 2002.

| 가능한 문장 | 2, 3, 5, 6, 8, 9

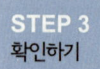 **STEP 3 확인하기** • 문장을 자세히 확인하세요.

★ **영어식 사고로 전환하기** 북미에서는 대학 졸업연도만이 중요하다. 입학연도, 결과적으로 '학번'이 아무런 의미가 없다. 같은 해에 대학에 들어온다 하더라도 5, 6년만에 졸업하는 경우가 있기 때문에 졸업생 기준으로 따진다. George는 자기 과에 80명이 동기생인데 학교 다니면서도 전화번호나 이름을 공유한 적이 없다고 한다. 일반적으로 개인적인 차원에서 몇몇 친구와 어울리기는 하지만 같은 해, 같은 과에 들어왔다는 이유만으로 MT를 가거나 모임을 갖는 등 공동체 의식을 갖는 경우는 없다고 한다. 당연히 졸업 후에도 연락을 주고 받는 경우도 거의 없다.

반면 한국에서는 대학 입학연도, 즉 학번이 매우 중요하다. 몇 년도에 입학했느냐가 중요하므로 동창회에 나가서도 몇 년도 입학생이라고 소개한다. 군대 때문에 일반적으로 사람마다 졸업시기가 다르기 때문이 아닌가 생각도 들지만, 한국은 문화적으로 출발/시작에 상당한 의미를 두기 때문이라고 생각한다. 어쨌든 '02학번이다'는 북미에서는 별 의미가 없다. 입학기준으로 얘기하는 법이 없다. 2002년에 입학했다는 의미밖에는 주는 것이 없으니 참고하기 바란다.

1 I was in the class of 2002.
틀렸다. 문법적으로는 괜찮은데, '2002년도 졸업생이다'라는 뜻이라서 틀렸다.

2 I went to college in 2002.
좋다. '02학번'은 '2002년에 대학에 입학했다'는 말이다. go to college는 '대학에 진학하다'란 뜻이다. 2년제이건, 4년제이건, 단과대학이건, 종합대학이건 관계 없이 모두 go to college가 사용 가능하다. 무관사 college인 점에 주목하자. 2는 일반적으로 예상되는 기간 내에 졸업을 했다는 뜻을 내포하고 있다.

3 I went to the college in 2002.
내가 진학한 대학이 어딘지를 청자가 아는 경우 이렇게 말할 수 있겠다. 물론 I went to my college라고 해도 된다. 청자가 내 대학이 어느 대학인지 모를 때는 2처럼 말한다.

4 I went to a college in 2002.
틀렸다. 아무래도 좋은 대학이 아니기 때문에 어느 학교인지를 밝히고 싶지 않은 경우 일부러 이름을 감추기 위해 애매하게 말한다는 느낌이 든다. 굳이 이름을 밝히고 싶지 않고 대학에 진학했다는 사실만을 말하고 싶은 경우 2를 말하면 된다. 굳이 4를 말해서 눈에 띄게 할 필요가 없다.

또는 어느 대학인지가 전혀 중요하지도 않고 논점도 아니기 때문에 **4**를 쓸 수도 있겠다. 이때도 물론 **2**처럼 말해도 문제가 없겠다. 예를 들어, I went to a college in 2002 but dropped out of the school during my first semester(2002년에 대학에 들어갔는데 한 학기도 마치지 못하고 중퇴했다).라고 말하면, 그 대학에 애착도 없고 어느 대학인지 중요하지 않기 때문이다. 물론 I went to college라고 해도 된다.

5 I went to university in 2002.
4년제 대학에 간 경우 이렇게 말할 수 있다. 역시 무관사 university에 유의하라.

6 I went to the university in 2002.
좋다. **3**을 참고하라. I went to my university in 2002.라고 해도 좋다.

7 I went to a university in 2002.
틀렸다. **4**를 참고하기 바란다.

8 I entered college in 2002.
9 I entered the college in 2002.
10 I entered a college in 2002.
앞에서 한 관사 관련 설명이 똑같이 적용된다. I entered university 역시 I went to university와 마찬가지다.

 영어지식 A⁺

미국의 대학

북미에서 college는 2년제 전문대학(community college) 또는 4년제 단과대학을 말한다. 미국에는 교양학부(Liberal arts) 중심의 규모가 비교적 작은 4년제 단과대학이 적지 않으며 Amherst College, Smith College 등 최고의 교육 수준을 자랑하는 단과대학들은 인기가 매우 높다. 한편 university는 4년제 종합대학을 말하며, college는 university에 딸린 각 학문 영역을 뜻하기도 한다. 예를 들어, 저자는 Georgia State University 밑에 있는 여러 개의 college 중 College of Business Administration, 즉 '경영대학'에서 경영학 석사(MBA) 과정을 이수하였다.

131 발렌타인 17년산은 43도입니다

술의 알콜농도에 대해 얘기하고 있다.

STEP 1
문장만들기

• 표제문을 영어 문장으로 만들어보세요.
[   ]

STEP 2
비교하기

• 표제문을 영어로 잘 옮긴 것에 모두 체크하세요.

1 Ballantine's 17 Years Old is 43 degrees.
2 17 year old Ballantine's is 86 proofs.
3 17 year old Ballantine's is 86 proof.
4 17 year old Ballantine's is 43 percent by volume in alcohol.
5 17 year old Ballantine's contains 43 percent of alcohol by volume.
6 17 year old Ballantine's contains 43 percent alcohol.
7 17 year old Ballantine's is 43 percent alcohol.

| 가능한 문장 | 3, 6, 7

> **STEP 3**
> 확인하기
>
> • 문장을 자세히 확인하세요.

★ **영어식 사고로 전환하기**　술의 도수 표기법은 나라마다 다르다. 우리나라는 주세법에서 용량 퍼센트(Percent by volume)의 방법으로 표기하고 있다. 즉, 섭씨 15℃에서 알코올의 부피가 몇 %인지를 나타내는 것이다. 예를 들어 알코올 43%라는 것은 술 100ml에 알코올이 43ml가 들어 있다는 말이다. 미국이나 영국에서는 프루프(Proof)를 사용하고 있다. 프루프는 '퍼센트×2'이다. 소주가 21도라고 하면 21도에 2배만 해주면 소주의 프루프가 나온다. 즉, 소주는 42 proof이다.

한편 네이티브는 '발렌타인 17년산'은 17 year old Ballantine's이라고 한다. 우리가 '발렌타인'이라고 부르는 스카치 위스키는 영어로 Ballantine's라고 부른다. 이는 Ballantine's scotch whisky의 준말이며 그 원래 뜻은 'George Ballantine이 자기 고유의 방법으로 블렌딩한 스카치 위스키[28]'를 의미한다. 여기서 scotch whisky를 없애 Ballantine's라는 브랜드가 탄생했다.[29]

1 **Ballantine's 17 Years Old is 43 degrees.**
한국어 직역이다. 말이 안 된다. 아울러 '발렌타인 17년산'은 Ballantine's 17 Years Old라고 하지 않고, 17 years old Ballantine's라고 한다.

2 **17 year old Ballantine's is 86 proofs.**
3 **17 year old Ballantine's is 86 proof.**
proof는 단수형만 쓰고 복수형으로 안 쓴다.

4 **17 year old Ballantine's is 43 percent by volume in alcohol.**
5 **17 year old Ballantine's contains 43 percent of alcohol by volume.**
6 **17 year old Ballantine's contains 43 percent alcohol.**
7 **17 year old Ballantine's is 43 percent alcohol.**

북미에서는 proof란 단위를 쓰기는 하지만, 우리가 항상 북미사람들하고만 이야기하는 것은 아니다. 일본사람, 중국사람하고도 영어를 수단으로 해서 의사소통을 할 기회가 얼마든지 많다. 이런 경우 86 proof라고 하면 못 알아들을 가능성이 크다. 이때는 43 percent alcohol이라고 표현해야 의사소통이 될 것이다. percent로 표현할 때, '43도'는 43% alcohol이라고 한다. 43 percent by volume in alcohol과 43 percent of alcohol by volume은 전혀 말이 안 된다.

132 난 시력이 좌우 1.0, 1.0입니다

내 시력이 얼마인지 이야기하고 싶다.

STEP 1 문장만들기
- 표제문을 영어 문장으로 만들어보세요.

[   ]

STEP 2 비교하기
- 표제문을 영어로 잘 옮긴 것에 모두 체크하세요.

1. My eyesight is 1.0, 1.0 for/in/on both eyes.
2. My eyesights are 1.0, 1.0 in both eyes.
3. My eyesight is 20/20 in both eyes.
4. My eyesight is 20/20.
5. My eyes are 20/20.
6. My vision is 20/20.
7. I have a 20/20 vision.
8. I have 20/20 vision.

| 가능한 문장 | 4, 5, 6, 8

STEP 3 확인하기
- 문장을 자세히 확인하세요.

★ **영어식 사고로 전환하기**   한국과 북미의 시력측정 및 표기방식은 많이 다르다. 우리는 1.0, 0.5, 0.1 식으로 말하지만, 북미에서는 20/20, 20/40, 20/200 식으로 말한다. 20/200은 내가 20피트에서 보는 글자 E를 다른 사람들은 200피트 거리에서 구분할 수 있다는 뜻이

다. 따라서 눈이 매우 나쁘다는 뜻이다. 우리 측정 방식으로는 0.1이다. 20/20은 한국 기준으로 1.0을 가리키고 북미에서 20/20 vision은 '완벽한 시력'(하지만 사실은 '완벽한 시력'이 아니라 '평균적인 시력'에 불과하다.)이라는 의미로 사용된다. 오래 전에 사회 고발성 시사보도 프로그램 중 ABC 방송의 〈20/20〉이 있었다. 사회 구석 구석 철저하게 감시하겠다는 뜻이다. 우리의 2.0에 해당하는 20/10도 있기는 하지만 일반인은 20/10이 무슨 뜻인지 전혀 모를 정도로 흔하지 않은 표현이다.

Dave, George는 둘 다 안경을 썼음에도 불구하고 한국에 와서야 자기 시력을 알게 되었다고 한다. 북미에서도 시력을 재기는 하지만 일반인이 자기 시력이 얼마인지 알고 있는 경우는 극히 드물다고 한다. 이들이 오로지 아는 것은 20/20이고 이것이 perfect vision이라고 생각한다. 20/20이 무슨 의미인지 모르며 20/200가 무슨 뜻인지도 당연히 모른다. 북미인들은 자기 시력이 얼마인지 모른다고 보는 것이 얼추 맞을 것이다. 따라서 표제문은 시력을 측정한 결과를 가지고 있는 상황이라 전제를 해둔다.

1 My eyesight is 1.0, 1.0 for/in/on both eyes.
틀렸다. 1.0이라고 하면 북미인들은 전혀 못 알아 듣는다. 거기다 for/in/on both eyes를 쓸 필요가 전혀 없다. My eyesight is라고 하면, 양쪽 시력을 말하는 것이 자명하기 때문이다. 굳이 써야 하는 상황이라면, for both eyes, in both eyes가 맞다.

2 My eyesights are 1.0, 1.0 in both eyes.
틀렸다. eyesight는 단수형으로만 사용한다. 만약 양쪽 시력이 다를 경우라면 다르게 말해야 한다. '오른쪽은 1.0, 왼쪽은 0.2이다.'는 I have 20/20 vision in my right eye and 20/100 in my left eye. 혹은 I have normal eyesight for my right eye and 20/100 for my left eye.라고 한다.

3 My eyesight is 20/20 in both eyes.
4 My eyesight is 20/20.
5 My eyes are 20/20.
좋다. eyesight는 '시력', eyes는 '눈'에 해당한다. 20/20은 twenty twenty라고 읽는다. 3의 in both eyes는 불필요하다.

6 My vision is 20/20.
좋다. vision과 eyesight는 거의 대부분 바꿔 사용할 수 있다. 예를 들어, '눈이 나쁘다.'는 '시력이 안 좋다.'이므로 I have bad eyesight/vision. 또는 I have poor eyesight/vision.이다. bad와 poor가 다 같이 사용되기는 하지만, 원칙적으로 말하면, bad는 '도덕적으로 좋다, 나쁘다 할 때의 '나쁘다'이므로 적절하지 않다. poor는 '성능이 떨어진다'는 뜻의 '나쁘다', '약하다' 이므로 poor가 맞다. 하지만 이것은 원칙적인 구분이고 bad eyesight/vision도 아주 많이 사용된다.

7 I have a 20/20 vision.
8 I have 20/20 vision.

I have 20/20 vision에서 부정관사 a를 사용하지 않는 점에 주의하기 바란다. vision은 가산명사일 것 같지만 '시력'이라는 뜻으로는 불가산명사이다. 따라서 부정관사 a를 써서는 안 된다. 한편, vision 대신 eyesight를 써도 된다.

133 야한 장면에서 나도 모르게 그만 침을 꿀꺽 삼켰어

어제 영화관에 가서 19금 영화를 보다가 정사 장면이 나왔다. 정사장면에 영화관은 쥐 죽은 듯이 조용했다. 꾹 참았는데 어느 순간 나도 모르게 그만 '꿀꺽' 목에 침 넘어가는 소리를 내고 말았다.

STEP 1 문장만들기

- 표제문을 영어 문장으로 만들어보세요.

[   ]

STEP 2 비교하기

- 표제문을 영어로 잘 옮긴 것에 모두 체크하세요.

1. I swallowed with excitement at a love-making scene.
2. I swallowed loudly in spite of myself at a love-making scene.
3. I gulped loudly in spite of myself at a love-making scene.
4. An erotic scene made my mouth water.
5. I drooled at an erotic scene.
6. My eyes bugged out of my head at an erotic scene.
7. I found myself becoming excited in spite of myself during an erotic scene.

8 I felt uneasy at the sight of an erotic scene.
9 I squirmed at the sight of an erotic scene.

| 가능한 문장 | 8, 9

STEP 3 확인하기
• 문장을 자세히 확인하세요.

★ **영어식 사고로 전환하기** 한국 사람이라면 누구나 야한 장면을 보다가 침을 꿀꺽 삼킬 수도 있다는 것은 상식이다. (다만, 실제로 이런 경험을 저자가 직접 했거나 옆에 같이 영화를 보던 사람이 꿀꺽 소리를 낸 것을 들었던 경험은 없다. 우리의 머리 속 관념에는 있지만 실제로 이것을 경험한 사람은 많지 않을 것이다. 그렇지만, 곧 설명하겠지만, 놀랍게도 서양 사람들 머리 속에는 이런 개념/관념 자체가 없다.) 어떤 웹사이트는 아주 친절하게 그 원인을 설명해 주고 있고, 심지어 일간지에서 '야한 영화 지혜롭게 보는 법'이라고 하는 기사까지 내주기도 한다.[30]
한국사람들이 지금과 같은 상황에서 나도 모르게 침을 꿀꺽 삼키는 이유는 성적으로 흥분해서가 아니라 사실 자기도 모르게 약간 긴장했기 때문이다. 서양 사람들에게는 야한 장면을 보다가 침을 꿀꺽 삼킨다는 개념은 아주 낯선 관념이며 전혀 이해를 못한다. 서양 사람들이 침을 삼키는 경우는 프레젠테이션을 앞두고 있다든가, 중요한 시험을 목전에 두고 있다든가 해서 아주 긴장되었을 때뿐이다. swallow(침을 삼키다), gulp(침을 꿀꺽하다) 모두 긴장하고 초조할 때 사용하는 표현에 지나지 않는다.
그렇다면 지구 상에 한국 사람만 침을 꿀꺽 삼키는가? 일본사람은 'どうしてやらしい場面を見るとよだれがでるんだろう'(왜 야한 장면에서는 침이 나오지?) 같이 '침이 나온다'는 식으로 말하며, '침을 꿀꺽 삼킨다'라고 말하지는 않는다고 한다.
영어 네이티브에게는 아무리 표제문을 잘 설명해도 이해를 하지 못한다. 북미에서는 이런 상황에서 다리를 꼬았던 자세를 바꾸거나 몸을 꼼지락거리는 정도는 하겠지만 '야한 장면에서 나도 모르게 침을 꿀꺽 삼킬 수도 있다는 관념'은 갖고 있지 않다.

1 I swallowed with excitement at a love-making scene.
2 I swallowed loudly in spite of myself at a love-making scene.
틀렸다. swallow는 '긴장하고 초조해서 침을 삼키다', '화가 나고 분하지만 힘이 없어 꾹 참다'란 뜻이다.

3 I gulped loudly in spite of myself at a love-making scene.
틀렸다. gulp는 '겁 먹어서 침을 꿀꺽 삼키다'이다.

4 An erotic scene made my mouth water.
5 I drooled at an erotic scene.
틀렸다. 야한 영화를 보다가 성적으로 흥분했다는 뜻이다. 보통 심각한 상태가 아니므로 변태(pervert)가 떠오르는 문장이다.

6 My eyes bugged out of my head at an erotic scene.
나름대로 근접한 표현이라고 생각하고 만들어본 것이다. eyes bug out of one's head 는 보통 '눈이 튀어 나올 정도로 화가 났다/재밌다/즐겁다(out of anger, excitement or joy)'이다. 지금 맥락에서는 '예상치 못한 장면이 나와서 깜짝 놀랐다'는 뜻이다. '너무 노출이 심하게 나와 놀라 당황스러웠다'는 말이므로 상황에 맞지 않는다.

7 I found myself becoming excited in spite of myself during an erotic scene.
틀렸다. 성적으로 흥분했다는 의미로 상황과 맞지 않다.

8 I felt uneasy at the sight of an erotic scene.
9 I squirmed at the sight of an erotic scene.
완전히 다른 뜻이지만 표제문을 대체하는 문장으로 가능하다. squirm은 '초조하거나 불편하거나 하여 몸을 꿈틀대다/꼼지락대다/손발이 오그라들다' 또는 확장된 의미로 '(실수를 생각하며) 창피해 죽을 지경이다'란 뜻이다. 이 맥락에서는 **8**, **9** 정도가 네이티브가 생각할 수 있는 문장이다. 다시 한번 강조하자면 영어 모국어 사용자 머릿속에는 erotic scenes, love scenes, hot chicks를 볼 때 '침을 꿀꺽 삼키다'는 관념이 없다. 생리적 현상 자체가 발생하지 않는 건지, 아니면 그것을 인지하지 못하는 것인지 알 수가 없다. 사람이라면 누구나 겪을 것이라 생각하지만, 언어권에 따라 이런 관념이 전혀 다르다는 것을 명심하자.

야한 장면 '야한 장면'은 영어로 erotic scene, love-making scene, sex scene, lewd scene, blue scene, nude scene, racy scene 등이 가능하다. 한국어의 '야한 장면'에 딱 대응되는 어구가 마땅치 않다. 이 중에서 erotic scene이 가장 '야한 장면'에 가깝다. 참고로 love-making scene, sex scene은 '정사장면', lewd scene은 '선정적인 장면', blue scene은 '야한 장면'(그리 자주 쓰이는 표현은 아니다. 구글 검색 결과도 거의 안 나온다.), nude scene은 '벗은 장면'('야한 장면'이란 뜻으로도 쓰일 수 있다고 한다.), racy는 '(소설, 사진, 광고 등이) 야한/선정적인'이란 뜻이다.

이런 문장도 생각해보세요

• 다음 중 맞는 문장에 모두 체크하세요.

A 선생님! 얘가 저를 괴롭혀요
   ▶ 학생 A가 학생 B에게 자주 괴롭힘을 당하고 있다. 학생 A가 학생 B를 선생님께 이른다. 지금 옆에 있는 학생 B를 가리키며 하는 말이다.

   1 Teacher! This is harassing me.
   2 Ms. Kim! He is making fun of me.
   3 Amy! He is making fun of me.
   4 Ms. Kim! He is teasing me.

Key point 1 teacher를 호칭으로 쓰지 않는다. 한편, '얘'라고 할 때 this는 곤란하다. 남자라면 he, 여자라면 she라고 해주면 된다. '괴롭히다'를 harass로 옮겼는데, 이는 매우 심각한 상황에서 쓰인다. 예를 들어, '성희롱 당했다'를 sexually harassed라고 한다. 2 좋다. 우리는 Ms. Kim!을 도저히 존칭이라 생각하기 어려울 것이다. 하지만 네이티브들은 이렇게 말한다. 3 틀렸다. 선생님 스스로가 자기를 first name으로 불러달라고 한 경우에만 이렇게 부를 수 있다. 하지만 대부분 북미의 초, 중, 고등학교에서는 선생님들은 first name으로 부르라고 하지 않는다. 4 좋다. tease는 '괴롭히다'란 뜻으로 make fun of ~와 같은 뜻이다.

B 이사님! 여깁니다
   ▶ 식당에서 이사님이 날 못 찾고 다른 데를 두리번거리고 있다. 내가 큰 소리로 '이사님!'이라고 외친다. 이사님 이름은 이종호이며, 평소에 이사님을 만날 일은 별로 없다.

   1 Managing Director! I'm here.
   2 Mr. Lee! I'm here.
   3 Sir! I'm here.
   4 Boss! I'm here.
   5 Chongho! I'm here.

Key point 1 틀렸다. 우리나라와는 달리 이렇게 직책을 부르지 않는다. 2 가장 표준적인 호칭이다. 박사학위를 가지고 있는 경우 Mr. 대신에 Dr.라고도 한다. 바로 윗사람을 부를 때도 대부분 〈Mr./Miz. + 성〉 형식으로 부르고, 아주 친한 경우에 한해서만 이름을 부른다고 한다. 따라서 북미라고 하더라도 무턱대고 자기 상사를 이름으로 부르는 일은 상상하기 어렵다. 하물며 내 직근 상사가 아닌 '상사의 상사'에 대해서는 정중하게 부르는 것이 맞다. 3 좋다.

남자에 대한 경칭으로 sir를 쓸 수 있다. **4** 좋다. boss는 지칭어(reference term)로도 쓰이고 제한적으로, 지금 맥락에서처럼, 호칭(address term)으로도 쓰인다. **5** '상사의 상사'가 격의 없이 first name으로 불러달라고 하는 경우에만 가능하다. 그렇지 않은 경우, 아무리 서양이라도 '상사의 상사'를 first name으로 부르는 법은 없다. 물론 직근 상사는 first name으로 부르는 경우가 많다.

C 그 사람하고 나는 입사 동기다

▶ 손지성 과장은 나와 입사 동기이다.

1 He and I joined the company at the same time.
2 He and I entered the company at the same time.
3 He and I started to work in the company at the same time.
4 He and I started with the company at the same time.

Key point 서양문화에서는 '동기'가 별로 중요하지 않다. 같은 날 같이 시작했다고 하는 점에 대해 별다른 감정을 느끼지 않는다. 따라서 '동기'라는 말 역시 없다. 영어로 동기를 표현하기 위해서는 말로 길게 풀어 쓰는 수밖에 없다. **1** '입사 동기'는 '같이 회사에 들어왔다'라고 바꿀 수 있다. **2** 틀렸다. entered the company는 '그 회사 건물에 걸어 들어갔다'라는 뜻으로, walked into the company와 같은 뜻이다. '입사했다'는 뜻으로는 전혀 사용되지 않는다. **3**~**4** **3**이 틀린 표현은 아니지만 **4**가 더 간단명료하고 바람직하다. start with ~는 '~에서 근무하기 시작하다', '~에서 일하기 시작하다', '~에 입사하다'란 뜻이다.

D 나는 이 학교 제 21회 졸업생이다

▶ 나는 이 고등학교의 21회 졸업생이고 1999년에 졸업했다. 재학생 후배에게 말하다.

1 I am 21st year graduate.
2 I was a member of the 21st graduation class.
3 I am a member of the 21st graduation class.
4 I was among the 21st graduation class.
5 I was in the 21st graduation class.
6 I was in the 21st class.
7 I was a member of the class of 1999.

> 8 I am a member of the class of 1999.
> 9 I am a graduate of the class of 1999.
> 10 I was in the class of 1999.
> 11 I was among the graduation class of 1999.
> 12 I graduated in 1999.

Key point 영어로는 21회 졸업생 전체를 제시하고 내가 그 중 일원이었다는 식으로 말한다. 한국어 '21회 졸업생'은 문맥에 따라 사실 졸업생 전체를 뜻하기도 하고 졸업생 1명을 뜻하기도 한다. 영어는 집단으로서의 졸업생 전체와 졸업생 한 명을 반드시 구분한다. '21회 졸업생(졸업생 전체)'은 the 21st class / the 21st graduation class[31]이지만 '나는 21회 졸업생의 한 사람이다'라고 할 때는 I'm a member of the 21st (graduation) class. / I was in the 21st class. / I was among the 21st class.라고 한다. 또한, '1999학년도 졸업생(졸업생 전체)'은 the class of 1999 / the graduation class of 1999이지만 '나는 1999학년도 졸업생의 한 사람이다'는 I'm a member/graduate of the class of 1999. / I was in the class of 1999. / I was among the class of 1999.이라고 한다. 북미에서는 '몇 회 졸업생'보다는 '몇 년도 졸업생'으로 더 많이 쓰인다고 한다. 한국에서는 고등학교가 학연의 중요한 원천이고 동창회가 활성화 되어 있기 때문에 자신이 '몇 회 졸업생'인지 대부분 알지만 북미에서는 별다른 중요성이 없기 때문에 자기가 '몇 회 졸업생'인지 아는 사람이 많지 않다. 대신 '몇 년도 졸업생'이라고 한다. 1 틀렸다. '21년차 대학원생'이라는 뜻이다. 예를 들어, 2nd year graduate student는 '2년차 대학원생'이란 뜻으로 '대학원 2년차'란 말이다. 2~3 1999년에 졸업했기 때문에 왠지 괴기시제를 써야 할 것 같다는 충동을 느낀다. 하지만, 한국어 문장도 현재시제를 쓰고 영어 문장도 현재시제를 쓴다. 과거시제를 쓰면 왠지 어색하다. 영어 역시 과거에도 21회 졸업생, 지금 현재도 21회 졸업생은 변함 없는 사실이므로 현재시제가 맞다. 여기에 과거시제를 쓰게 되면 더 이상 21회 졸업생이 아니라는 느낌을 주게 된다. 4~6 여기서는 과거시제를 썼다. 3에서 나는 과거에도, 지금도, 미래에도 역시 a member of the 21st class이기 때문에 현재시제이고, 4~6은 졸업식이 있었던 그 해에 나도 in the 21st class에 있었기 때문에 과거시제를 쓴 것이라고 보면 된다. 4는 〈among + 사람들〉 형식으로 쓰인다. the 21st graduation class는 '21회 졸업생 전체'를 뜻한다. 5도 좋다. among도 좋고 in도 좋다. 6에서는 graduation class인 것은 다 아니까 class라고만 해도 된다. 7~9 저자는 과거시제가 맞다고 생각했는데 실제로는 현재시제가 쓰인다. 4~6에 나온 설명을 참고하기 바란다. 1에서 graduate는 '대학원생'이고, 9에서 graduate는 '졸업생'이다. 10~11 좋다. 과거시제를 사용한 점에 유의하라. 12 좋다. 가장 간단하고 쉬운 문장이다.

E 선풍기를 정면으로 틀고 자면 저체온증으로 죽을 수도 있다

1 Sleeping while a fan is on in front of you can cause hypothermia to death.
2 Sleeping with a fan directly on you can kill you because of hypothermia.
3 Sleeping with a fan directly on you may cause hypothermia, leading to death.
4 If you sleep with a fan on, in front of you, you may die of hypothermia.
5 If you keep a fan on, in front of you, while sleeping, you may die of hypothermia.

Key point 한국 사람들은 선풍기 틀고 자다가 죽었다는 기사를 수도 없이 본다. 그래서 대부분 한국인들은 선풍기를 틀고 자면 죽을 수도 있다고 알고 있다. 이것을 방지하기 위해 선풍기에 타이머까지 달려 있다. 하지만 이것 역시 한국사람을 제외하고는 세계적으로 전혀 받아들여지지 않고 있는 근거 없는 믿음에 불과하다. 이런 사실이 위키피디아에 fan death라는 항목으로 실렸고[32], 거기에 보면 fan death를 한국에 널리 퍼져있는 믿음(a widely held belief in South Korea)이라고 나와 있다. 1~5 아무리 번역을 잘한다 한들 네이티브가 이 말을 이해하기가 매우 어렵다. 한편, 이 문장들은 모두 문법적으로는 문제가 없다.

| 정답 | A 2, 4 B 2, 3, 4, 5 C 2, 4, 5
D 3, 4, 5, 6, 8, 9, 10, 11, 12 E ×

Part 8 참고하기

1 http://anisacom.blogspot.kr/2011/04/first-night-of-prince-william-and-kate.html

2 http://endic.naver.com/enkrIdiom.nhn?idiomId=e1d3eddf536d458e8428bd9170e65c6b&query=a+lick+and+a+promise

3 http://justaskjudy.blogspot.com/2007/01/lick-and-promise.html

4 http://endic.naver.com/krenEntry.nhn?entryId=84493da70cc845158e4c406722b119d4&query=%EC%B2%B4%EC%A7%88

5 http://en.wiktionary.org/wiki/gay

6 http://endic.naver.com/krenEntry.nhn?entryId=91032aec5519483fb230a4129494ffb5&query=%EC%97%B4%EB%8C%80%EC%95%BC

7 http://endic.naver.com/krenEntry.nhn?entryId=91032aec5519483fb230a4129494ffb5&query=%EC%97%B4%EB%8C%80%EC%95%BC

8 http://e4u.ybmsisa.com/EngPlaza/hotWord.asp?idx=941

9 http://english.yna.co.kr/Engnews/20060804/470100000020060804172917E3.html

10 http://www.koreatimes.co.kr/www/news/nation/2012/07/113_115752.html

11 http://w.hankyung.com/board/view.php?id=english&no=981&ch=comm)

12 http://endic.naver.com/krenEntry.nhn?entryId=b489100de4064045878715fd7ed31463

13 http://endic2009.naver.com/endic.nhn?docid=1300720&rd=s

14 http://www.english-test.net/forum/ftopic82.html 또는 http://www.englishforums.com/English/LastEveningYesterdayEvening/xzdmc/post.htm 또는 http://nz.answers.yahoo.com/question/index?qid=20081006131857AAAKHyb를 참고하라.

15 http://endic.naver.com/krenEntry.nhn?entryId=07415bc01d394d629da799a848be99ca&query=%EC%9A%B4%EB%8F%99%EC%9E%A5

16 http://alldic.nate.com/search/endic.html?q=%B5%BF%B0%A9&f=a; http://blog.naver.com/PostView.nhn?blogId=kyuniitale&logNo=40022032507&parentCategoryNo=29&vi

ewDate=&currentPage=1&listtype=0&from=postList

17 He got married to a woman the same age as him.도 괜찮은데 문장인데, 여기서는 of가 생략 된다.

18 http://www.engadget.com/2010/09/02/the-samsung-galaxy-tab-more-relief-on-the-go/에 광고에 쓰인 엉터리 영어를 비판하는 기사가 실려 있다. 영어 기사가 무슨 말인지 잘 이해가 안 되는 독자를 위해, 이 기사를 한국어로 풀어 쓴 http://www.acropolistimes.com/news/articleView.html?idxno=1131 을 읽어봐도 된다.
심지어 영영사전을 뒤져도 relief가 '오줌 누고 똥싸는 일'을 가리킨다는 설명은 쉽게 잘 안 보인다. 하지만 네이티브에게 relief는 이런 눈에 보이지 않는 뜻이 박혀 있다. 따라서 네이티브에게 more relief on the go는 '이동 중에 급히 용변이 가능한 기기'라는 이면적인 뜻을 은연 중에 전달한다. cosy time / cozy time 역시 '애무하고 키스하는 아주 농밀한 시간' 정도 뜻이다. 이러니 삼성 같은 글로벌 기업에 영어를 잘하는 사람이 더 필요하다는 훈수를 당하는 것이다. (위 기사 원문에 The Samsung Galaxy Tab certainly looks like it's going to be a pretty sweet little tablet, but man -- Samsung really needs to hire some better Korean-to-English translators.라고 되어 있다.)

19 http://www.phonearena.com/news/Samsung-Galaxy-S-III-first-ad-is-out-designed-for-humans-not-aliens_id29766 갤럭시S III를 소개하면서 'designed for people이 아니라 designed for humans라고 하는 것이 좀 어색하게 들린다.(it feels just a bit weird reading that the handset is "designed for humans," not just "people")라고 말하고 있다.
유튜브에서 http://www.youtube.com/watch?feature=player_embedded&v=2lpLGb1WW8E Galaxy SIII TV Commercial (60")을 참고하라.

20 http://uk.news.yahoo.com/18/20101216/tod-un-chief-ban-s-secret-boxers-not-bri-f62056d.html
UN leader Ban Ki-moon has revealed one of the secrets that did not come out on WikiLeaks: he is a boxers not briefs man.

21 삼각팬티(briefs) 중에서도 아주 얍삽하게 가리는 면적이 아주 적은 삼각 팬티를 말한다.

22 http://terms.naver.com/item.nhn?dirId=704&docId=1947

23 http://endic.naver.com/enkrEntry.nhn?entryId=ab19d80f9f5d4293951d6ca82f29b2b2&query=film

예를 들어, I'm not used to this dry weather. I find I have to use a lot of skin lotion.은 '난 이렇게 건조한 날씨에 익숙하지가 않아요. 스킨 로션을 아주 많이 발라야 한다니까요.'라고 번역되어 있다. 한국어 번역 '스킨 로션'을 대부분의 한국 사람들은 water type toner로 생각할 수 있겠지만, 영어 단어 skin lotion은 실제로는 크림 타입 로션을 뜻한다.

24 다음 사례를 참고하기 바란다. http://www.thesun.co.uk/sol/homepage/features/3279072/Kim-Kardashians-got-a-top-bottom.html 이 글에는 영어로 엉덩이를 뜻하는 거의 모든 단어가 총동원 되었다.

25 신체와 관련된 온갖 '라인'은 다 콩글리시다. 어깨라인, 가슴라인, S-line, body line, M-line 모두 콩글리시다.(다만, neckline은 정상적인 영어 단어이다.) 외국인의 눈에 비친 각종 '라인' 열풍에 대해서는 http://thegrandnarrative.wordpress.com/2009/03/28/korean-s-line/ 및 http://thegrandnarrative.com/tag/s-line/을 참고하기 바란다.

26 어떤 단어와 다른 단어가 흔히 함께 쓰이는 것을 연어라고 한다. 모든 언어에는 연어가 존재한다. 우리 말에도 '공포의 도가니', '각고의 노력', '눈먼 돈', '죽는 소리', '객기를 부리다', '시치미를 떼다' 등 수없이 많은 연어들이 있다. 연어를 잘 익혀두면 고급 언어를 구사하는 중요한 바탕이 된다.

27 예를 들어 그 사람이 병원에 입원해 있다고 가정하자. condition은 다음 문장처럼 사용된다.
His condition is stabilizing(상태가 안정되고 있다).
He is in a critical condition(생명이 위태롭다).
His condition is improving(상태가 호전되고 있다).

28 Wikipedia의 Ballantine's 항목(http://en.wikipedia.org/wiki/Ballantine%27s)을 참고하라.

29 이런 브랜드 작명은 서양 전통에서 그렇게 드물지 않게 나타난다. Papa John's와 Domino's도 마찬가지이다.

30 http://www.donga.com/fbin/output?n=200811180161

31 네이티브 의견이 graduation class와 graduating class 사이에 갈린다. 둘 다 문제 없을 것으로 본다. 그리고, graduation이건 graduating이건, 화자와 청자가 다 아는 것이기 때문에, 생략해도 문제 없다.

32 http://en.wikipedia.org/wiki/Fan_death

이 공식만 알면
영어 말하기가 쉽다!

필수 영어 법칙

이 책에서 제시한 문장전환 아이디어들을 정리하는 차원에서 주요 법칙에 이름을 붙여 정리했습니다. 언어에 자연과학처럼 완벽한 법칙을 기대하긴 힘들지만, 일정한 경향이 있기 때문에 법칙으로 정리해두면 큰 도움이 됩니다. 외우기 쉽게 약어를 같이 표기했으니 문장을 만들 때마다 의식적으로 법칙을 떠올려보세요. 이를 염두에 두고 꾸준히 문장을 만들어보면 이런 법칙을 바탕으로 영어식 사고를 할 수 있게 될 것입니다. 이 책에는 다음 법칙들을 전부 언급하지 않았으나, 저자의 블로그 "English Studio"(http://blog.naver.com/engstudio)에서는 수시로 언급하고 있으니 참고하기 바랍니다.

일반 원칙 다음은 한국어를 영어로 바꿀 때 적용되는 일반적인 법칙이다. 영어문장을 만들 때는 우선 아래 나온 사항을 적용해 문장을 만들어보는 것이 좋다.

한국어는 막연히 말하고 영어는 구체적이다. (한국어는 포괄적이고 추상적인 표현이 많다.)
▶ 한막영구

이 옷 어때?
→ How's this dress?
지난 주에 부장님이 바뀌었다.
→ We have a new boss as of last week.

법칙 01
▶ 18p

글자를 곧이곧대로 번역하면 안 된다. (축자 번역이 불가능한 경우가 많다.)
▶ 축자번불

(하늘에서 내리는 눈이 예뻐서) 일부러 눈을 맞았다.
→ I took the time to be outside during the snowfall.
이 영화 정말 재미있다, 그치?
→ This is a great movie, isn't it?

법칙 05
▶ 84p

한 문장으로 생각나지 않거든, 영어로 전환하기 전에 한국어 문장을 여러 가지로 바꿔라.
▶ 에둘러가기

말 한마디 잘못해서 부장님한테 찍혔다.
→ He is not happy with me.
그 사람은 어려운 일들을 술술 잘 풀어나간다.
→ He deals with complicated situations very well.

법칙 07
▶ 112p

영어는 끝까지 따진다. 전치사, 관사를 써서 정교하게 표현한다.
▶ 영끝따

그 사람은 중키다.
→ He is of the medium height.
이 안경은 도수가 맞지 않는다.
→ They are not of the right prescription.

법칙 04
▶ 66p

한국어 긍정문은 영어 부정문으로, 한국어 부정문은 영어 긍정문으로 시도해보고, 한국어 문장에서 in(안)이라고 하면 영어 문장에서는 out(바깥)이라 시도해본다.
▶ 긍부인아

할인카드 더 이상 사용 못하게 돼서 아쉽다.
→ I have to turn it in. I wish I could keep it.
방금 전까지 그걸 계속 주시하고 있었다.
→ I stopped watching it only a few minutes ago.

법칙 09
▶ 142p

주어

영어에서 가장 기초가 되는 말은 주어이다. 영어의 주어는 한국어의 주어와 성격이 상당히 다르므로 문장을 만들 때 주의해야 한다.

예상을 빗나가는 주어를 쓰는 경우가 있다. ▶ 주어예빗 기름이 거의 떨어졌다. → We are running out of gas. 전화가 끊겼다. → I was cut off.	법칙 10 ▶ 162p
한국어는 사물 주어, 영어는 사람 주어를 많이 쓴다. (사람이 수동적으로 당하는 경우 한국어는 사물 주어를 많이 쓰지만, 영어는 거의 모든 경우에 사람 주어를 쓸 수 있다.) ▶ 한물영람 어제 다리가 부러졌다. → I broke my leg yesterday. 먼지 같은 것이 양복에 묻었다. → I have some dust on my suit.	법칙 10 ▶ 162p 법칙 12 ▶ 192p
한국어의 '절'이 영어로는 주어가 된다. ▶ 한절영주 그것을 생각만 해도 마음이 설렌다. → The mere thought of it thrills me. 열심히 준비하더니 결국 성공했구나. → You hard work finally paid off.	법칙 11 ▶ 180p
한국어의 조건절, 원인절이 영어 문장의 주어가 된다. ▶ 한조원영주(한절영주의 일종) 아스피린을 한 알 먹으면 두통이 나을 거야. → An aspirin will help your headache disappear.	법칙 11 ▶ 180p
한국어는 한 문장 안에서 주절, 종속절, 관형절의 주어가 수시로 바뀌지만, 영어의 주어는 대체로 초지일관 변하지 않는다. (분량상 책에서 다루지는 못 했지만, 주어를 잘 빼먹는 한국어와, 예외 없이 주어를 지켜야 하는 영어의 특징에서 오는 중요한 차이점이다.) ▶ 한주수영초일 접속자들이 몰려 서버가 다운되었다 → The website went down when it was overwhelmed by a rush of hits. 내가 아무리 머리를 쥐어짜도 답이 안 나온다. → No matter how hard I try I can't figure out the answer.	없음

서술어	영어의 동사와 서술어는 한국어와 가장 큰 차이를 갖고 있는 요소이다. 동사를 잘 선택해야 좋은 문장을 만들 수 있다.	

영어는 기본동사(특히 do, give, have, take, make, get, put, go, come, bring, gain, turn)를 많이 활용한다.
▶ 영기동
 	
   모든 일이 계획대로 착착 진행되고 있다.
   → Everything is going as planned.
	법칙 14
	▶ 226p

'단일동사' 대신 〈기본동사 + 목적어〉를 잘 활용하면 자연스러운 영어 문장이 된다.
▶ 영기동목 (영기동의 일종)
 	
   그녀에게 전화를 걸었다.
   → He called her.
   → He made a call at her.
   → He gave her a call.
	법칙 14
	▶ 226p

영어는 동사 have로 거의 다 커버한다.
▶ 햅동대 (영기동의 일종)
 	
   그 향수는 냄새가 너무 진하다.
   → It has such a strong scent.
   나는 애완견을 한 마리 키우고 있다.
   → I have a dog.
	법칙 15
	▶ 242p

한국어는 〈부사 + 동사〉로 표현하지만 영어로는 동사 한 개로 표현한다. (의성어, 의태어도 동사 한 개로 표현할 수 있다.)
▶ 한부동영1동
 	
   새벽에 이 아이디어가 갑자기 생각났다.
   → This idea came to me early in the morning.
	법칙 16
	▶ 258p

한국어는 동사를 주로 사용하는데 반해, 영어는 명사로 함축을 한다.
▶ 한동영명
 	
   인터넷이 되었다 안 되었다 한다.
   → We have a poor internet connection.
   인천공항에서 내려 2시간 후에 비행기를 갈아 탔다.
   → We had a two-hour layover at Incheon.
	법칙 02
	▶ 34p

영어는 명사로 명확하게 규정하기를 좋아한다. (student, dancer, swimmer, drinker처럼 사람을 지칭하는 말을 한국어보다 훨씬 자주 사용한다.) ▸ 영명명규 (한동영명의 일종) 걔는 공부를 잘 한다. → He is a good student. 술 잘 못 해요. → I am not much of a drinker.	법칙 02 ▸ 34p
한국어 동사(형용사 포함)가 영어에서는 전명구로 전환된다. ▸ 한동영전명 너 스카이프에 가입했어? → Are you on Skype?	법칙 03 ▸ 52p
걔는 내가 다른 여자와 있는 것을 보고 엄청 화를 냈다. → She got furious at the sight of me hanging out with another girl.	법칙 20 ▸ 322p
한국어는 술어를 중첩해서 표현하는데, 영어는 〈동사 + 부사구〉 형식으로 표현한다. ▸ 한술술영동붓 (대체로 한동영전명에 포함) 그 여자는 눈물을 흘리며 방으로 들어갔다. → She ran into the room in tears. 걔는 청바지를 입고 파티에 갔다. → He wore jeans to the party. / He went to the party in jeans.	법칙 03 ▸ 52p
There is/are를 시도해서 문장을 만들어보자. ▸ 데라즈 (내년 예산이) 아주 많이 삭감되었다. → There is a large cut to the budget. 고함 소리가 들렸다. → There was a shout.	법칙 22 ▸ 350p

능동태와 수동태 우리말 문장의 능동문/피동문을 그대로 능동태와 수동태로 옮겨서는 안 된다.

한국어 능동문이 영어로는 수동태/피동문으로 표현된다.	
▶ 한능영피 나는 양복을 드라이했다. → I had a suit dry-cleaned. 나는 소나기를 맞았다. → I was caught in a shower.	법칙 23 ▶ 364p

한국어 피동문이 영어로는 능동태로 표현된다.	
▶ 한피영능 회의가 어제 개최되었다. → The meeting took place yesterday. 이 열차는 5분 간격으로 운행된다. → The train runs at 5 minute intervals.	법칙 24 ▶ 378p

시제 현재시제, 과거시제, 과거완료시제 등 영어는 한국어보다 더 다양한 시제를 쓴다. 우리말과 다르게 쓰이는 영어의 시제에 주의해야 한다.

한국어로는 과거시제인 문장을 영어로는 현재완료, 현재시제, 미래시제로 표현하기도 한다.	
▶ 한과영현미 그 사람은 휴가 갔다. → He is on vacation.	법칙 03 ▶ 52p
거의 다 왔다. → I'll be there soon. / I'm almost there. 아직 출발 안 했다. → I haven't left yet.	법칙 25 ▶ 396p

목적어	목적어는 동사에 따라 결정된다. 우리말과는 목적어가 완전히 다르게 쓰이는 경우도 많으므로 주의하자.

예상을 빗나가는 목적어가 쓰이기도 한다. ▶ 목적예빗 애가 이빨이 났다. → He cut a tooth. 욕조에 물을 채웠다. → I filled the tub.	법칙 29 ▶ 464p
〈동사 + 목적어 +전치사 +명사〉 구성에서 목적어와 전치사가 자주 헷갈린다. ▶ 동목전헷 그 사람이 내 사진을 한 장 달라고 했다. → He asked me for a picture of myself. (무서워서) 선미가 내 팔을 잡았다. → She grabbed me by the arm.	법칙 30 ▶ 480p
한국어는 〈목적어 + 타동사〉로 표현하는데 영어는 자동사로 표현한다. ▶ 한타영자 어젯밤 술을 너무 많이 마셨다. → I drank too much last night. 그런 얘기는 한 번도 들어본 적이 없다. → I never heard of it.	법칙 31 ▶ 498p
한국어는 자동사로 표현하는데 영어는 〈타동사 + 목적어〉로 표현한다. ▶ 한자영타 걔는 그 일로 몹시 힘들어했다. → He took it really hard. 같이 어울리는 것은 좋은데 남자로는 안 보인다. → I like to hang out with him, but I don't see him as a potential boyfriend.	법칙 32 ▶ 510p

찾아보기

133개 대표 표제문과 '이런 문장도 생각해보세요'에 나오는 99개 표제문을 찾아보기 쉽게 페이지 번호를 실었습니다. 우리말 문장을 보고 해당 페이지를 찾아 영어 문장을 확인하세요.

ㄱ

간밤에 열대야 때문에 잠을 못 잤어 · 532
감기가 들었어 · 203
갓길에 잠깐만 차 좀 세워줄래? · 508
강의를 조금 재미있게 했어야 했는데. · 88
걔는 공부를 못해 · 38
걔는 공부를 잘해 · 36
걔는 대학 시절부터 사귀어 왔던 남자친구와 헤어졌어 · 316
거의 도착했어 · 406
고함 소리가 들렸다 · 358
골목에 가로등이 켜져 있지 않아 어두컴컴했어요 · 353
골프연습장에 간다 · 77
괜찮은 이삿짐센터 알고 있어? · 559
구직 지원하신 것 잘 되시기 바랍니다 · 49
국물을 옷에 쏟았어요 · 490
국자로 국을 떴어요 · 488
그 가게에 새 상품이 들어 왔어요 · 482
그 꼬마애가 엉엉 울었다 · 269
그 남자는 수염이 덥수룩합니다 · 244
그 사람 셔츠가 좀 튀더라 · 205
그 사람 휴가 갔습니다 · 64
그 사람은 사고로 왼쪽 팔에 경상을 입었어 · 383

그 사람은 성격이 명랑해서 남과 잘 어울린다 · 49
그 사람은 어제서야 돌아왔다 · 154
그 사람은 은근히 자존심이 상한 것 같았다 · 318
그 사람은 이미 결혼했어 · 297
그 사람은 축구 매니아이다 · 559
그 사람이 내 사진을 한 장 달라고 했어 · 485
그 사람하고 나는 입사 동기다 · 581
그 사람한테 술 냄새가 나 · 511
그 식당은 양이 푸짐해요 · 213
그 여자가 비를 맞으며 떠났다 · 125
그 여자는 눈물을 흘리며 방으로 뛰어 들어갔다 · 30
그 여자는 대충 입어도 눈에 띄어 · 329
그 여자는 얼굴이 하얗다 · 215
그 여자는 힙프가 크고 예쁘게 생겼어 · 550
그 영화는 지금 용산 CGV에서 상영되고 있습니다 · 380
그 프로는 다음 주 화요일 밤에 방송됩니다 · 385
그저 인터넷에서 찾아봐 · 467
그런 얘기는 한 번도 들어본 적이 없어요 · 508
금연에 성공하시길 빌게요 · 535
기름이 거의 떨어졌다 · 179
기술적인 문제로 그 프로젝트는 추진하지 않기로 했습니다 · 145
기침이 심하고 목이 아파 · 47

ㄴ

나 야후에 들어와 있어 · 296
나는 02학번이에요 · 569
나는 여러 가지 생각으로 고민이 많아 · 209
나는 운동신경이 별로 없다 · 216
나는 이 학교 제 21회 졸업생이다 · 581

나는 이리 치이고 저리 치이는 힘없는 대리다 • 282
나는 체질적으로 잠을 깊이 못 잔다 • 50
나도 올해만 벌써 독감에 세 번이나 걸렸어 • 387
(이 핸드폰) 나온 지 일주일도 안 됐어요 • 371
난 네가 오늘 저녁 늦게나 도착하는 줄 알았다 • 431
난 시력이 좌우 1.0, 1.0입니다 • 574
난 지금 6개월째 수영을 배우고 있어요 • 474
(같이 어울리는 건 좋은데) 남자로는 안 보여 • 524
남자친구와 100일 기념으로 커플링을 맞췄어요 • 566
남편이 비행기를 20시간이나 탔어 • 425
내가 다른 여자와 있는 것을 보고 수지가 엄청 화를 냈어 • 309
내일 건강 검진해요 • 240
내일 날씨가 따뜻하면 좋겠어요 • 456
내일 영업하지 않습니다 • 339
너 스카이프에 로그인했어? • 63
너 싸이(PSY) 알아? • 503
너 어제 저녁에 뭐 했어? • 539
네 정거장 남았어 • 60
네가 사 준 넥타이 맸어 • 105
뉴욕 지사와 통화 중에 전화가 끊겼어요 • 194

ㄷ

다른 색깔 있어요? • 73
답장 늦게 해서 죄송합니다 • 447
대리운전 불러야겠다 • 125
도와주셔서 감사합니다 • 495
두 사람은 3년 사귀었었다 • 427
2시에 데리러 올게 • 109

(방금) 등산복을 입은 두 사람이 들어왔다 • 333
때를 미는 게 피부에는 안 좋대요 • 319

ㄹ

라식 수술을 했다 • 239
룸서비스를 시켜 아침을 먹었다 • 477

ㅁ

마틴 루터 킹은 사람들의 마음 속에 새로운 희망을 심어줬다 • 496
머리가 아프다 • 216
며칠 동안 이메일을 받지 못하다가 드디어 오늘 메일 몇 개를 받았다 • 140
며칠째 컴퓨터가 하드를 인식하지 못하고 있어요 • 197
모든 일이 계획대로 착착 진행되고 있다 • 332
목소리가 들렸다 안 들렸다 해 • 274
목이 많이 좋아졌어 • 175
목이 타서 찬 맥주를 벌컥벌컥 마셨다 • 270
문제가 생겼어. • 204
뭐가 보이니? • 456
뭐가 양복에 묻었는데 떨어지지 않아요 • 306
미안합니다만, 영업이 끝났습니다. • 63

ㅂ

바람이 차서 뼛속까지 시려요 • 514
바쁜 줄 알았으면 거기로 안 갈 걸 그랬어 • 150
밖에 나왔다 • 415
밖이 추우니 따뜻하게 입고 나가라 • 31
반기문 사무총장은 자기는 사각팬티를 입는다고 말했습니다 • 544

(새로 나온 해리포터 시리즈인데) 반쯤 읽었어요 · 324
발렌타인 17년산은 43도입니다 · 572
방귀 참느라 힘들었어 · 234
방금 전까지 그걸 계속 보고 있었다 · 428
방금 점심 먹고 왔어요 · 107
방금 출발했어 · 416
보고서 내일까지 내야 합니다 · 337
부산에 있는 백화점 숫자가 인천에 있는 것보다 훨씬 많다 · 76
부장님은 지금 통화 중이십니다 · 537
부장님이 문을 쾅 닫았다 · 269
(말 한 마디 잘못 해서) 부장님한테 찍혔어 · 117
북한산에 등산 가본 적이 있습니까? · 523
비긴 것으로 하고 그만하자 · 135

ㅅ

사장님이 다음 주까지 해도 된다고 하셨어요 · 434
(옛날에는 여행을 갔다 오면) 사진을 찾는 게 일이었다 · 374
(휴대폰) 산 지 1년도 안 됐잖아 · 341
선생님! 얘가 저를 괴롭혀요 · 580
세 번씩이나 계산했는걸요 · 239
소나기를 만났어 · 366
소리가 너무 작아. 좀 크게 말해줄래? · 100
손과장한테서 아직까지 답장이 안 왔다 · 416
(그 제품에 대한) 수요가 요새 엄청나게 늘었습니다 · 356
수지 때문에 열 받는다 · 178
수지가 내 팔을 잡았어 · 492
수지가 엄청나게 큰 가방을 들고 나왔어 · 253
수지는 값싸고 좋은 물건 찾는 데 일가견이 있어 · 40

술 잘 못 해요 · 43
스카이프 가입했어? · 58
스테이크가 쓱쓱 잘 썰어졌다 · 390
시간이 얼마 없어 · 143
신경 쓰인다 · 389
신용카드가 됐다 안 됐다 해요 · 276
10년 만에 여기 왔습니다 · 148

ㅇ

아까 보낸 내 메일을 지금까지도 박대리가 못 받고 있어요 · 449
아스피린을 한 알 먹으면 두통이 나을 거야 · 183
아이가 사춘기에 접어들면서 부쩍 반항이 심해졌어요 · 408
(내년 예산이) 아주 많이 삭감됐어요 · 351
아직 출발 안 했어 · 400
아직도 그 일이 가끔 생각 나 · 164
아직. 지금 지하철 들어 와. 이제 타려고. · 27
앉았어, 오빠? · 290
애완견을 한 마리 기르고 있다 · 255
야, 너 때문에 놀라 죽을 줄 알았잖아 · 186
야한 장면에서 나도 모르게 그만 침을 꿀꺽 삼켰어 · 577
약 먹을 시간이야 · 99
양복을 드라이했어 · 374
어제 머리를 깎았어 · 369
어제 볼 일이 있어서 부산에 갔다 왔어 · 103
어제 새벽 한 시쯤까지 잠을 잘 수 없었어 · 287
어제는 오랜만에 정말 재미있었어 · 129
어젯밤에 술을 너무 많이 마셨어 · 499
어젯밤에 잠을 늦게 잤어 · 285
어항에 금붕어를 채워 넣었다 · 495
얼굴에 왜 반창고를 붙였어요? · 247

여기요! 주문 받으세요 • 564
여자친구를 사귀려면 어떻게 해야 하지? • 237
오늘 시험 봤어 • 91
오늘 아침 네가 준 스킨로션 발랐어 • 547
오늘 아침 수지에게 문자 메시지를 세 개 보냈
다 • 477
오늘 집 밖으로 한 발자국도 안 나갔어 • 412
오늘 컨디션 최악이야 • 560
오랜만에 외출했어 • 54
오류가 몇 개 나왔어요 • 358
오후에 컴퓨터 바꾼다 • 100
온 몸에 힘이 들어갔다 • 126
와인 마시고 취했다 • 31
외국어 능력과 글로벌 마인드는 글로벌 기업들
이 인재를 채용할 때 가장 중요하게 여기는 판
단 기준입니다 • 553
요가를 하면 몸매가 예뻐지죠 • 188
욕조에 물이 넘치고 있어 • 173
우리 막 결혼했어요 • 293
우리 아들은 중학교 2학년이에요 • 68
우리 아들은 지금 사춘기다 • 76
우리 아들은 키가 잘 안 커요 • 211
우리 오랫동안 못 봤지? • 523
움직일 힘이 하나도 없다 • 99
윗집에서 피아노를 가끔씩 쳐요 • 169
6월에 못 가면 9월이나 되어야 갈 것 같아 •
520
이가 하나 썩었다 • 255
(스마트폰을 사용하면) 이동 중에도 많은 일들
을 처리할 수 있어요 • 327
(방금) 이름이 뭐라고 했지요? • 442
(추우니까) 이불 잘 덮고 자 • 472
이 아이디어가 오늘 새벽에 팍 떠올랐어요 •
260
이 안경을 쓰면 더 잘 보일 겁니다 • 190
이 애들은 동갑입니다 • 540

이 열차는 5분 간격으로 운행됩니다 • 389
이 영화 정말 재미있다. 그치? • 85
이 옷 어때? • 20
이것은 촉감이 정말 부드럽다 • 217
이번 주말에 어디 갔다 왔다면서? • 422
이사님! 여깁니다 • 580
인터넷 됐다 안 됐다 해요 • 279
일요일에 숙취에서 깨려고 하루 종일 잠을 잤
어 • 312

ㅈ

작년에는 비가 많이 왔다 • 204
잔에 와인을 따랐어요 • 470
잘하면 이번 학기에 장학금을 받을 수도 있어.
• 454
잠시 화장실 간 사이에 네가 왔었던 거야 •
419
잠이 들락 말락 할 때 전화가 왔다 • 282
잠이 안 올까 봐 걱정이야 • 451
재채기가 나올락 말락 한다 • 140
저 여자 S라인 몸매 끝내주네 • 557
저녁 먹은 것이 체했다 • 256
저녁에 커피를 마시면 밤새도록 잠을 못 자 •
154
(부담된다.) 저리 가라 • 318
전화 왔어요 • 457
정말 괴로워 • 344
조금 있다가 사진 같이 찍자 • 375
(이 거래를 꼭 성사시키고 싶지만) 조건이 안
맞네요 • 123
조깅하며 운동장을 세 바퀴 돌았어 • 266
지갑 AS 맡겼어 • 56
지금 약을 먹고 있다. 빨리 나았으면 좋겠다 •
295
지난주에 부장이 바뀌었어 • 24

지난주에 우연히 그 사람을 마트에서 만났습니다 • 263
지호가 그 일로 몹시 힘들어했어 • 517
지호가 이번 주말까지는 바쁘겠다고 그랬다 • 441
지호가 일행하고 같이 오늘 출발한다고 했어 • 438
지호가 지난 주말까지는 바쁘겠다고 그랬다 • 441
지호네 이삿짐을 아직 다 못 풀었어 • 501
지호는 고충을 상담하려고 오후에 이사님을 만났어 • 505
지호는 키가 보통이다 • 77

ㅊ

차가 너무 막혔어요 • 347
차에 기름이 떨어졌다 • 179
청바지에 얼룩이 묻었어 • 250
(인터넷을 켜면) 초기화면으로 지정한 적이 없는 이상한 사이트가 떠요 • 231
추워서 옷을 겹겹이 껴입었어 • 403
충치가 너무 깊어 신경치료를 해야 한다 • 256
(집에) 친구 차 타고 갈 거야 • 167
침대에 누워서 책을 읽다가 나도 모르게 잠이 들었다 • 109

ㅋ

커피를 마시면 잠이 달아날 거야 • 190

ㅌ

택배로 보내면 금방 도착할 거예요 • 137
택시 탔어 • 94
퇴근 전까지 내 책상 위에 보고서를 제출하세요 • 120

ㅍ

8월에는 한국이 베트남보다 더울 거야 • 70

ㅎ

하루 종일 밤 늦게까지 공부해야 되는 학생들이 불쌍해 • 132
학생들이 어제 운동장에서 축구를 했다 • 539
한눈을 파는 사이에 사고를 냈어 • 228
할인 카드를 더 이상 사용 못하게 돼서 아쉽네요 • 114
화면 상태가 좋지 않아요 • 200

도움을 받은 책

강낙중, 2010, 『NEW 영어식 사고 & 영어식 표현』, 동양문고

고영근, 구본관, 2008, 『우리말 문법론』, 집문당

김미형, 2010, 『인지적 대조언어학의 방법론 연구—한국어와 영어를 대상으로』, 한국문화사

남기심, 고영근, 2008, 『표준국어문법론』, 탑출판사

문용, 2008, 『고급 영문법 해설』, 박영사

문용, 1999, 『한국어의 발상, 영어의 발상』, 대학교양총서 79, 서울대학교 출판부

박기성, 2009, 『영어와 한국어 의미론 비교 연구 이론과 실제』, 도서출판 동인

우인혜, 1997, 『우리말 피동 연구』, 한국문화사

이기동, 1998, 『영어 전치사 연구(개정판)』, 교문사

이기동, 1992, 『영어 동사의 문법』, 신아사

이희재, 2010, 『번역의 탄생』, 교양인

임지룡 외 6인, 2005, 『학교 문법과 문법 교육』, 도서출판 박이정

한송화, 2000, 『현대 국어 자동사 연구』, 말뭉치 기반 국어 연구 총서 7, 한국문화사

Greenbaum, Sydney, 1996, *The Oxford English Grammar*, Oxford University Press